2023

Fernando Costa
de **Azevedo**

RELAÇÃO JURÍDICA DE CONSUMO

Elementos para uma Teoria Geral

Dados Internacionais de Catalogação na Publicação (CIP) de acordo com ISBD

A993r   Azevedo, Fernando Costa de
         Relação jurídica de consumo: elementos para uma teoria geral / Fernando Costa de Azevedo. - Indaiatuba, SP : Editora Foco, 2023.

         216 p. : 16cm x 23cm.

           Inclui bibliografia e índice.

           ISBN: 978-65-5515-803-8

           1. Direito. 2. Consumo. 3. Relação jurídica. I. Título.

2023-1501   CDD 340   CDU 34

Elaborado por Odilio Hilario Moreira Junior - CRB-8/9949
Índices para Catálogo Sistemático:
1. Direito 340
2. Direito 34

Fernando Costa
de **Azevedo**

RELAÇÃO JURÍDICA DE CONSUMO

Elementos para uma Teoria Geral

2023 © Editora Foco
Autor: Fernando Costa de Azevedo
Diretor Acadêmico: Leonardo Pereira
Editor: Roberta Densa
Assistente Editorial: Paula Morishita
Revisora Sênior: Georgia Renata Dias
Capa Criação: Leonardo Hermano
Diagramação: Ladislau Lima e Aparecida Lima
Impressão miolo e capa: FORMA CERTA

DIREITOS AUTORAIS: É proibida a reprodução parcial ou total desta publicação, por qualquer forma ou meio, sem a prévia autorização da Editora FOCO, com exceção do teor das questões de concursos públicos que, por serem atos oficiais, não são protegidas como Direitos Autorais, na forma do Artigo 8º, IV, da Lei 9.610/1998. Referida vedação se estende às características gráficas da obra e sua editoração. A punição para a violação dos Direitos Autorais é crime previsto no Artigo 184 do Código Penal e as sanções civis às violações dos Direitos Autorais estão previstas nos Artigos 101 a 110 da Lei 9.610/1998. Os comentários das questões são de responsabilidade dos autores.

NOTAS DA EDITORA:
Atualizações e erratas: A presente obra é vendida como está, atualizada até a data do seu fechamento, informação que consta na página II do livro. Havendo a publicação de legislação de suma relevância, a editora, de forma discricionária, se empenhará em disponibilizar atualização futura.
Erratas: A Editora se compromete a disponibilizar no site www.editorafoco.com.br, na seção Atualizações, eventuais erratas por razões de erros técnicos ou de conteúdo. Solicitamos, outrossim, que o leitor faça a gentileza de colaborar com a perfeição da obra, comunicando eventual erro encontrado por meio de mensagem para contato@editorafoco.com.br. O acesso será disponibilizado durante a vigência da edição da obra.

Impresso no Brasil (06.2023) – Data de Fechamento (06.2023)

2023
Todos os direitos reservados à
Editora Foco Jurídico Ltda.
Avenida Itororó, 348 – Sala 05 – Cidade Nova
CEP 13334-050 – Indaiatuba – SP

E-mail: contato@editorafoco.com.br
www.editorafoco.com.br

"No mundo deles, era quase regra desejar sempre mais do que se podia comprar. Não eram eles que tinham decretado isso, era uma lei da civilização, um dado de fato, de que a publicidade em geral, as revistas, a arte das vitrines, o espetáculo da rua, e até, sob certo aspecto, o conjunto das produções comumente chamadas culturais eram as expressões mais adequadas". (PEREC, Georges. *As coisas*, p. 37-38).

Para Daniella e Joaquim, meus amores.

SUMÁRIO

APRESENTAÇÃO DO AUTOR 1

PREFÁCIO 5

Parte I
RELAÇÃO JURÍDICA DE CONSUMO:
PRESSUPOSTOS FÁTICO-NORMATIVOS,
ELEMENTOS CONSTITUTIVOS E CARACTERÍSTICA FUNDAMENTAL

1. RELAÇÃO JURÍDICA DE CONSUMO: PRESSUPOSTOS FÁTICO-NORMATIVOS 11

    1.1 Pressuposto fático: a sociedade de consumo contemporânea 12

        1.1.1 Sociedade moderna e sociedade contemporânea de consumo 13

        1.1.2 As características gerais da sociedade de consumo contemporânea 16

    1.2 Pressuposto normativo: o Direito do Consumidor 24

        1.2.1 O Direito do Consumidor no Brasil: origem a autonomia 25

        1.2.2 Princípios fundamentais do Direito do Consumidor 29

2. RELAÇÃO JURÍDICA DE CONSUMO: ELEMENTOS CONSTITUTIVOS E CARACTERÍSTICA FUNDAMENTAL 43

    2.1 Elementos subjetivos: os sujeitos 44

        2.1.1 O consumidor 45

        2.1.2 O fornecedor 48

    2.2 Elementos objetivos: os objetos (imediatos e mediatos) 52

        2.2.1 Objetos imediatos: produto, serviço e remuneração do consumidor .. 52

        2.2.2 Objetos mediatos: atos de consumo, atividades típicas de fornecimento e atividades profissionais (econômicas) equiparadas 55

    2.3 Característica fundamental: o sinalagma 55

        2.3.1 Relação jurídica e mercado de consumo 55

        2.3.2 Sinalagma na relação jurídica de consumo: bilateralidade e desequilíbrio estrutural 56

Parte II
RELAÇÃO JURÍDICA DE CONSUMO:
DO DESEQUILÍBRIO ESTRUTURAL AO DESEQUILÍBRIO EXCESSIVO

3. O DESEQUILÍBRIO ESTRUTURAL DA RELAÇÃO JURÍDICA DE CONSUMO: UMA ANÁLISE A PARTIR DO PRINCÍPIO DA VULNERABILIDADE DOS CONSUMIDORES... 63

    3.1   O conceito de vulnerabilidade e o reconhecimento jurídico da vulnerabilidade dos consumidores no mercado de consumo............................... 64

        3.1.1   A vulnerabilidade humana e seu reconhecimento jurídico............ 64

        3.1.2   A vulnerabilidade dos consumidores e seu reconhecimento pelo Direito do Consumidor no Brasil... 65

    3.2   Fatores de desequilíbrio estrutural da relação jurídica de consumo: as vulnerabilidades dos consumidores no mercado de consumo................ 65

        3.2.1   As vulnerabilidades gerais dos consumidores............................. 65

        3.2.2   Os desdobramentos das vulnerabilidades gerais dos consumidores no Brasil... 66

4. O DESEQUILÍBRIO EXCESSIVO DA RELAÇÃO JURÍDICA DE CONSUMO E A TUTELA JURÍDICA DOS CONSUMIDORES PELO CÓDIGO DE DEFESA DO CONSUMIDOR 71

    4.1   O "equilíbrio mínimo" da relação jurídica de consumo 72

        4.1.1   O princípio do equilíbrio (ou da equivalência material) no CDC..... 72

        4.1.2   Perspectivas de equilíbrio da relação jurídica de consumo............ 72

    4.2   Situações de desequilíbrio excessivo da relação de consumo e a necessária tutela jurídica dos consumidores pelo CDC................................... 75

        4.2.1   Incidentes e acidentes de consumo: a responsabilidade dos fornecedores pelo vício e pelo fato do produto e do serviço 75

        4.2.2   Perda da equivalência econômica (biletaralidade) pela onerosidade excessiva superveniente: o direito à revisão e à resolução dos contratos de consumo... 83

        4.2.3   O exercício irregular da posição jurídica dos fornecedores: as práticas abusivas e seu regime jurídico de controle e proteção dos consumidores... 90

    4.3   Relações de consumo em desequilíbrio excessivo sistêmico: o superendividamento pessoal e familiar dos consumidores 100

REFERÊNCIAS BIBLIOGRÁFICAS 105

NOTAS.. 125

APRESENTAÇÃO DO AUTOR

A presente obra, como sugere o seu título, pretende trazer uma contribuição ao que se pode denominar *Teoria Geral da Relação Jurídica de Consumo*, sob o argumento de que não é possível pensar em proteção jurídica do consumidor fora da relação jurídica estabelecida com os fornecedores de produtos e serviços na sociedade de consumo contemporânea. Por óbvio, a importância dada ao conceito de relação de consumo não diminui a da pessoa humana vulnerável, sujeito de direito fundamental (CF, art. 5º, XXXII) e figura central da Lei 8.078/1990, o Código de Defesa do Consumidor (CDC). A experiência jurídica brasileira é, de fato, a de um Direito *do Consumidor*, um direito centrado na proteção do vulnerável, e não a de um Direito *do Consumo* ou para a regulação do mercado e das relações de consumo.

Contudo, a própria compreensão do consumidor enquanto sujeito vulnerável torna-se imprecisa se retirada do seu contexto jurídico social, pois a vulnerabilidade dos consumidores é uma realidade *relacional*,[1] uma posição jurídica ocupada por uma categoria social em contraposição a outra categoria social, que detém uma posição dominante (ou, neste caso, mercadológica), evidenciando a existência de um vínculo jurídico entre elas. Portanto, a ideia segundo a qual a relação jurídica de consumo deve ser compreendida como o "conceito jurídico fundamental do Direito do Consumidor"[2] decorre da percepção de que a vulnerabilidade do consumidor só existe *na realidade de relação de consumo*, ocorrendo o mesmo com os fornecedores de produtos e serviços. Em outros termos: tudo converge para a relação de consumo e sem ela, como dito, a proteção jurídica dos consumidores não se justifica, seja no aspecto lógico, seja no fático-jurídico.

Nesse sentido, a proposta deste trabalho é bastante clara: apresentar a relação de consumo como *vínculo jurídico regulado pelo Direito do Consumidor em razão das características gerais da sociedade de consumo contemporânea, que evidenciam o desequilíbrio estrutural desse vínculo e, por conseguinte, a posição de vulnerabilidade dos consumidores*. O Direito do Consumidor e a sociedade de consumo contemporânea são compreendidos, respectivamente, como *pressupostos normativos e fáticos* da relação jurídica de consumo, a qual se constitui (se "visualiza") por seus *elementos* subjetivos (seus sujeitos ou categorias sociais "consumidora" e "fornecedora") e objetivos (seus objetos mediatos e imediatos). Ao mesmo tempo, é uma relação que apresenta uma característica fundamental, o *sinalagma*, cuja compreensão vai além da mera equivalência econômica de prestações, própria do Direito Contratual Civil – que, na precisa lição de Claudia Lima Marques, regula as relações "entre iguais"[3] – supondo ainda o próprio desequilíbrio estrutural dessa relação jurídica. A análise dos pressupostos fáticos e normativos da relação de consumo, de seus elementos constitutivos e de sua característica fundamental constituem, precisamente, os temas da Primeira Parte deste livro, dividida em dois capítulos (Capítulos 1 e 2).

O desequilíbrio estrutural da relação de consumo é o desequilíbrio característico deste vínculo jurídico, de modo que a manutenção dessa realidade evidencia que a própria relação jurídica está, por assim dizer, em um estado de "equilíbrio mínimo", um equilíbrio tolerável pela ordem jurídica. Por esse motivo, a tutela jurídica dos consumidores existe para garantir a manutenção deste estado de "equilíbrio mínimo" (a manutenção do desequilíbrio estrutural) da relação de consumo, evitando e combatendo o estado de *desequilíbrio excessivo* do vínculo jurídico, quando se perde o sinalagma típico que o caracteriza. Essa é, precisamente, a finalidade maior do Direito do Consumidor enquanto ramo autônomo do sistema jurídico brasileiro: reconhecer a proteger a parte vulnerável da relação de consumo, a fim de garantir a manutenção do desequilíbrio estrutural caracterizador desse vínculo jurídico e combater todas as *situações de desequilíbrio excessivo*, seja no campo contratual ou extracontratual, tudo para que se realize e eficácia da defesa do consumidor como direito fundamental da pessoa humana e princípio conformador da ordem econômica brasileira (CF, art. 5º, XXXII e; art. 170, V).

No tocante às situações de desequilíbrio excessivo a obra apresenta as três situações gerais e seus respectivos regimes jurídicos de tutela previstos no CDC e finaliza com uma brevíssima análise acerca da situação especial de desequilíbrio excessivo, compreendido aqui como um desequilíbrio *sistêmico*: a situação de *superendividamento pessoal e familiar* dos consumidores e seu mais recente regime especial de tratamento jurídico, previsto no CDC a partir da atualização produzida pela Lei 14.181/2021. A análise do *desequilíbrio estrutural* a partir da posição (e princípio jurídico) da vulnerabilidade dos consumidores, bem como a das *situações de desequilíbrio excessivo* da relação jurídica de consumo e seus respectivos regimes jurídicos de tutela previstos no CDC constituem os temas da Segunda e última Parte deste livro, dividida igualmente em dois capítulos (Capítulos 3 e 4).

Por fim, cumpre deixar registrado que a presente obra reproduz, com algumas atualizações pontuais, o conteúdo da Primeira Parte da Tese de Doutorado defendida e aprovada com grau máximo junto ao Programa de Pós-Graduação em Direito da Universidade Federal do Rio Grande do Sul – PPGD/UFRGS,[4] e que teve, como orientador, o caríssimo Prof. Dr. Carlos Silveira Noronha. A ele, todo o meu carinho e gratidão!

À Editora Foco, fica o agradecimento pela oportunidade de publicação da presente obra. Que ela seja útil à comunidade jurídica, cumprindo o papel de trazer alguma contribuição, ainda que singela, ao Direito Brasileiro do Consumidor.

Pelotas, janeiro de 2023.

PREFÁCIO

É um grande prazer poder fazer o prefácio deste belo livro do Prof. Dr. Fernando Costa de Azevedo, Doutor em Direito pela UFRGS, Professor na Faculdade de Direito da Universidade Federal de Pelotas e no Programa de Pós-Graduação (Mestrado) em Direito/UFPEL, líder do Grupo de Estudos e Pesquisa em Direito do Consumidor (GECON UFPEL), membro muito ativo do Brasilcon e colaborador assíduo da Revista de Direito do Consumidor.

Conheci Fernando Azevedo como Professor da UFPel nos congressos do Brasilcon e em publicações conjuntas,[5] para nossa alegria veio fazer seu doutorado na UFRGS, cuja primeira parte utiliza como base para este sólido e importante livro intitulado "Relação jurídica de consumo. Elementos para uma Teoria Geral". Saúde-se a publicação de tal contribuição para uma teoria geral da relação de consumo[6] e do direito do consumidor.

Brilhante jurista, autor consolidado[7] e professor renomado,[8] Fernando Azevedo sempre teve uma visão sistemática e profunda do direito do consumidor.[9] Neste sentido, destaco a importância da primeira parte deste livro, em que o autor vai analisar a relação jurídica de consumo, seus pressupostos fático-normativos (uma verdadeira aula de sociologia do direito), seus elementos constitutivos e característica fundamental, assim como os princípios que orientam o direito do consumidor no Brasil. Como afirma, o seu objetivo é:

> apresentar a relação de consumo como *vínculo jurídico regulado pelo Direito do Consumidor em razão das características gerais da sociedade de consumo contemporânea, que evidenciam o desequilíbrio estrutural desse vínculo e, por conseguinte, a posição de vulnerabilidade dos consumidores*.

Em todos os seus textos, chamam atenção a profundidade de sua análise, a enorme bibliografia trabalhada, o domínio do direito civil e a vocação didática. Autor completo, Fernando Azevedo tratou do abuso de direito,[10] da qualidade dos serviços públicos,[11] do direito administrativo[12] e de temas do direito civil em geral.[13] Em direito do consumidor sempre se caracterizou por um estudioso da vulnerabilidade,[14] sempre olhando a proteção das crianças[15] e do núcleo familiar,[16] dos idosos[17] nos planos de saúde,[18] das pessoas com deficiência[19] e novos temas, como proteção de dados,[20] comércio eletrônico,[21] superendividamento,[22] mínimo existencial,[23] assédio de consumo,[24] muitos deles enfrentados neste belo livro como é o caso do tópico 4.3, a respeito do superendividamento do consumidor e a Lei 14.181/2021 que atualizou o CDC.

O tema máximo de Fernando Azevedo sempre foi o desequilíbrio.[25] Sua tese de doutorado, intitulada "O desequilíbrio excessivo da relação jurídica de consumo e sua correção por meio da cláusula geral de proibição de vantagem excessiva no Código de Defesa do Consumidor", sob a orientação do Titular de direito Civil e Processo Civil, Prof. Dr. Carlos Silveira Noronha, apresentada no Programa de Pós-Graduação em Direito, Universidade Federal do Rio Grande do Sul, em 2014 e que tive a honra de integrar a banca, obteve a nota máxima. Em especial, a Parte II deste livro, em que vai analisar a relação jurídica de consumo "do desequilíbrio estrutural ao desequilíbrio excessivo" é primorosa e merece uma leitura atenta, em especial a análise que faz da vulnerabilidade dos consumidores no mercado de consumo e do caminho até o seu reconhecimento no CDC e aprofundamento jurisprudencial. Sobre o tema ensina na apresentação:

> O desequilíbrio estrutural da relação de consumo é o desequilíbrio característico deste vínculo jurídico, de modo que a manutenção dessa realidade evidencia que a própria relação jurídica está, por assim dizer, em um estado de "equilíbrio mínimo", um equilíbrio tolerável pela ordem jurídica. Por esse motivo, a tutela jurídica dos consumidores existe para garantir a manutenção deste estado de "equilíbrio mínimo" (a manutenção do desequilíbrio estrutural) da relação de consumo, evitando e combatendo o estado de *desequilíbrio excessivo* do vínculo jurídico, quando se perde o sinalagma típico que o caracteriza. Essa é, precisamente, a finalidade maior do Direito do Consumidor enquanto ramo autônomo do sistema jurídico brasileiro: reconhecer a proteger a parte vulnerável da relação de consumo, a fim de garantir a manutenção do desequilíbrio estrutural caracterizador desse vínculo jurídico e combater todas as *situações de desequilíbrio excessivo*, seja no campo contratual ou extracontratual, tudo para que se realize e eficácia da defesa do consumidor como direito fundamental da pessoa humana e princípio conformador da ordem econômica brasileira (CF, art. 5º, XXXII e; art. 170, V).

Gentil e concentrado em tudo que faz, é um professor basilar, com muita base clássica, mas que sempre utiliza com teorias e instrumentos novos, como o diálogo das fontes, sobre as quais ensina:

> Conforme a teoria do diálogo das fontes, fundamentada no art. 7º do Código de Defesa do Consumidor (CDC) e que possui bastante força na jurisprudência e na doutrina consumerista, se faz importante que o operador do Direito utilize as diversas legislações existentes no ordenamento pátrio, com a finalidade de concretizar o mandamento constitucional da proteção ao consumidor.[26]

Hoje orgulha nossa casa, com o lançamento desse importante livro, uma verdadeira teoria geral! Para bem honrar este gentil convite gostaria de destacar algumas páginas excelentes deste maravilhoso livro. Os dois pontos que queria destacar (o equilíbrio da relação jurídica de consumo, ameaçado pela contratação digital, e o desequilíbrio excessivo da relação de consumo, ameaçado pela falta de tratamento do superendividamento do consumidor) estão no capítulo 4, intitulado "O desequilíbrio excessivo da relação jurídica de consumo e a tutela jurídica dos consumidores pelo Código de Defesa do Consumidor. Na primeira subparte deste capítulo, Fernando Azevedo vai analisar o que chama de "equilíbrio mínimo" da relação jurídica de consumo e o "princípio do equilíbrio (ou da equivalência material) no CDC" (4.1). E na segunda subparte (4.2) o autor analisa situações de desequilíbrio excessivo da relação de consumo e a necessária tutela jurídica dos consumidores pelo CDC, em especial os incidentes e acidentes de consumo, a perda da equivalência econômica pela onerosidade excessiva superveniente, o direito à revisão e à resolução dos contratos de consumo; o que denomina "exercício irregular da posição jurídica dos fornecedores", isto é, as práticas abusivas e finaliza (4.3) analisando o superendividamento.

O tema do superendividamento das famílias já tinha sido muito bem tratado por Fernando Azevedo,[27] e aqui ele reúne estes pensamentos e reflexões, focando também no digital. O processo de atualização do Código de Defesa do Consumidor no Senado Federal, liderado pelo Ministro Antonio Herman Benjamin, focou nestes dois temas: através da aprovação da Lei 14.181/2021 estabeleceu como paradigma a concessão 'responsável' de crédito para a prevenção do superendividamento e evitar a exclusão social (Art, 4, X c/c Art. 54-A a 54-G do CDC) e impôs a cooperação entre credores com o seu consumidor superendividado, em uma conciliação voluntária (nos PROCONS, CEJUSCs, Defensorias, NAS, Balcão dos Consumidor dentre outros núcleos de conciliação e mediação de conflitos oriundos de superendividamento, art. 5, VII c/c Art. 104-A e Art. 104-C do CDC), mas também criou um processo especial novo: 'processo por superendividamento para revisão e integração dos contratos' no Art. 104-B do CDC, que após a retirada das abusividades dos contratos, também finaliza com um plano compulsório de 'repactuação das dívidas remanescentes' do consumidor superendividado.[28]

Ocorre que hoje mais de 65% dos créditos e compras a prazo, seja na concessão, seja no pagamento são feitos à distância, seja pelo comércio eletrônico, seja pelo PIX, cartões, *Fintechs*, maquininhas etc.[29] A digitalização está em todas as fases do consumo, do entretenimento, da comunicação, da medicina, do ensino, enfim da vida e do dia a dia dos consumidores e como o CDC, que sequer menciona a Internet, pois é de 1990, pode regular tudo isso a contento. Seus princípios da boa-fé, da confiança, da qualidade, da segurança são ótimos, mas há que se ponderar que exigem um grande trabalho do Judiciário, do Sistema Nacional de Defesa do Consumidor e dos advogados. E novos elementos se somam, como a necessidade de rapidez na prestação, de necessidade de poder rapidamente identificar erros e reverter contratações à distância, necessidades básicas como de perenizar as ofertas (agora visuais e em microssegundos) e ter cópia do contrato, de poder perquirir se houve *dark patterns*, discriminação, geolocalização ou *geopricing* etc.[30]

Em recente texto, analisei os resultados desta primeira pesquisa empírica após a aprovação da Lei de atualização do CDC, "referente aos 134 casos de superendividamento atendidos para a conciliação global das dívidas, de julho de 2021 a junho de 2022, no CEJUSC do Foro Central e CEJUSC do Foro Partenon, em Porto Alegre." Mister concluir que a conciliação em bloco, que visa a retirar da 'ruína' este consumidor e permitir a elaboração em conjunto de um plano de pagamento em até 5 anos, tem sofrido dificuldades, pela falta de oferta e cooperação dos credores, por isso a importância do exame realizado neste lvro que volta as origens deste dever de cooperar segundo a boa fé e destaca que depois deste chamado 'processo de repactuação das dívidas' (através de uma conciliação extrajudicial introduzida pela Lei 14.181/2021) há sim um processo para a revisão dos contratos. Aqui este importante livro de Fernando Azevedo pode ser decisivo no país, combater este desequilíbrio excessivo é uma das finalidades desta teoria geral, aqui gestada.

Parabenize-se o autor e a editora FOCO por colocar no mercado editorial brasileiro tão útil e feliz obra. A todos, boa leitura!

Claudia Lima Marques

Doutora em Direito pela Universidade de Heidelberg. Mestre em Direito Civil e Internacional Privado pela Universidade de Tübingen. Especialista pela Universidade do Sarre, Alemanha. Professora Titular e Diretora da Faculdade de Direito da UFRGS (2020-2024) e do Centro de estudos Europeus e Alemães-CDEA. Professora Permanente do PPGD UFRGS e UNINOVE. Presidente do Comitê de Proteção Internacional dos Consumidor, ILA (Londres). Ex-Presidente da ASADIP e do Brasilcon. Líder do Grupo de Pesquisa CNPq 'Mercosul, Direito do Consumidor e Globalização', Pesquisadora 1 A do CNPq, Representante no CSA Direito do CNPq dirinter@ufrgs.br.

Parte I
RELAÇÃO JURÍDICA DE CONSUMO: PRESSUPOSTOS FÁTICO-NORMATIVOS, ELEMENTOS CONSTITUTIVOS E CARACTERÍSTICA FUNDAMENTAL

1
RELAÇÃO JURÍDICA DE CONSUMO: PRESSUPOSTOS FÁTICO-NORMATIVOS

A relação jurídica, como observou Miguel Reale, é um dos elementos essenciais da experiência jurídica.[31] Ocorre que o conceito de relação jurídica, embora não traduza, segundo alguns, a totalidade das realidades humanas as quais a norma jurídica pretende regular,[32] põe em evidência a finalidade maior do Direito, de ser sistema normativo *das (e para as) relações humanas e sociais*,[33] segundo determinada ordem de valores reconhecida por uma comunidade em dado contexto histórico cultural.[34]

Como bem observa Domingues de Andrade, o conceito de relação jurídica pode ser compreendido *em sentido abstrato*, como arquétipo ou modelo de relação social, e *em sentido concreto*, enquanto efetiva realidade no mundo dos fatos.[35] Com efeito, é sabido que a relação jurídica em sentido concreto resulta da *juridicização* de um fato humano ou social pela *incidência* da norma jurídica e seu suporte fático (plano da existência).[36] Nesse sentido, é oportuna a lição de Torquato Castro:

> Nenhuma relação social é, por si mesma, relação jurídica. No direito não há relações sociais, e sim estritamente relações jurídicas ou relações que assumem a configuração jurídica porque levadas ao esquema próprio da norma, na constância de suas formas situacionais de operação.[37]

Identificada com seu modelo ou arquétipo abstratamente previsto na norma (relação jurídica *em sentido abstrato*) e compreendida agora como uma "realidade nova no mundo",[38] a concreta relação jurídica exprime-se como vínculo entre pessoas (naturais ou jurídicas), por meio do qual podem exercer direitos, exigir pretensões, obrigar-se a prestações (deveres) e sujeitar-se a determinado efeito jurídico[39] (plano da eficácia).

O conceito de relação jurídica, abstrata ou concretamente considerado, requer compreensão de seus *pressupostos* e de seus *elementos constitutivos*, sem os quais a própria ideia de relação jurídica não pode ser pensada. A doutrina brasileira, seguindo a consagrada lição de Miguel Reale, considera que os sujeitos, o objeto e a norma jurídica (vínculo de atributividade)[40] são elementos constitutivos de toda e qualquer relação jurídica. Em sentido próximo, Domingues de Andrade, na doutrina portuguesa, observa que os sujeitos, o objeto, o fato jurídico e garantia (meios sancionatórios)[41] são os elementos constitutivos das relações jurídicas. *Data maxima venia* aos eminentes juristas, entende-se que a norma e o fato jurídicos são, antes de elementos constitutivos, verdadeiros *pressupostos fático-normativos* de toda e qualquer relação jurídica,[42] na medida em que são "elementos causais"[43] da mesma, condicionando sua existência, modificação ou extinção.

Nesse sentido, parece mais adequada a tese segundo a qual as relações jurídicas possuem dois pressupostos (a norma e o fato jurídicos) e dois elementos constitutivos: *a) elemento subjetivo*, que diz respeito às pessoas, sujeitos de direitos e deveres, que se vinculam por meio da norma e do fato jurídicos; *b) elemento objetivo*, que diz respeito aos objetos das relações jurídicas. O elemento objetivo, por sua vez, subdivide-se em: *b.1. objeto imediato*: são os bens jurídicos que justificam os *interesses*,[44] patrimoniais e extrapatrimoniais,[45] das pessoas e, portanto, a própria vinculação e; *b.2. objeto mediato*: são os comportamentos (condutas, atividades), comissivos e omissivos, que as pessoas exercem em razão dos bens jurídicos considerados em determinada relação jurídica.[46]

O presente Capítulo pretende analisar a relação de consumo enquanto vínculo jurídico da *sociedade de consumo contemporânea* regulado pelo *Direito do Consumidor*. Com efeito, é da sociedade de consumo contemporânea que surgem os *fatos* "juridicizados" pela incidência das *normas* de Direito do Consumidor, resultando nos vínculos (relações) jurídicos de consumo. Vale dizer então que a sociedade de consumo contemporânea e o Direito do Consumidor são, ao menos no aspecto lógico do fenômeno jurídico, os *pressupostos fático-normativos* das relações jurídicas de consumo, merecendo, por esse motivo, a análise a seguir.

1.1 PRESSUPOSTO FÁTICO: A SOCIEDADE DE CONSUMO CONTEMPORÂNEA

O Direito é, em essência, fenômeno humano e social,[47] de modo que a atividade maior do jurista, o estudo e compreensão da experiência jurídica, pressupõe uma profunda análise a respeito das realidades sociais que justificam sua existência e finalidade em determinado momento histórico cultural. Nesse sentido, salvo para os que pretendam situar a ciência jurídica nos limites de um "positivismo estritamente legalista",[48] parece razoável aceitar a ideia segundo a qual "... o jurista pressupõe o sociólogo e *não pode ser senão o sociólogo que se especializa*".[49]

É, portanto, inegável que o jurista necessita dos conhecimentos de outras ciências sociais (aqui exemplificadas na figura do sociólogo) para uma adequada compreensão e reflexão a respeito da experiência jurídica de seu tempo.[50] No presente tópico serão apresentadas algumas contribuições dessas ciências, no intuito de trazer subsídios para a compreensão do pressuposto fático da relação jurídica de consumo: a *sociedade de consumo contemporânea*.

1.1.1 Sociedade moderna e sociedade contemporânea de consumo

As significativas transformações sociais ocorridas ao longo do século XX, sobretudo na segunda metade deste século,[51] levaram o jurista e o legislador contemporâneos a repensar o modo de compreender a relação entre liberdade e igualdade, princípios fundamentais de qualquer ordem jurídica democrática,[52] considerando-se, principalmente, a necessidade de corrigir (ou amenizar) os desequilíbrios estruturais (intrínsecos) da sociedade[53] a partir daquilo que Josserand, no início da segunda metade do século XX, denominou de *política jurídica de proteção dos fracos*:

> A proteção dos fracos constitui uma das mais constantes preocupações do legislador contemporâneo, representando para ele não sómente um assunto de predileção, mas também um dos artigos de fé que se acham inscritos na pauta da política jurídica mundial (...) O direito moderno é um fenômeno de generalização, senão constantemente espontânea, mas, pelo menos, constantemente universal; surge das entranhas de uma nação e é por isso que desenvolve, mais do que nunca e em todos os seus domínios, uma política de proteção aos fracos, objeto do interesse comum.[54]

E é justamente nesse contexto histórico cultural que se consolidaram as características da sociedade de consumo contemporânea[55] e, em razão delas, a necessidade da proteção jurídica dos consumidores.[56] Há que se considerar, porém, a distinção entre o tempo da sociedade de consumo contemporânea[57] e o tempo da *formação histórica* dessa sociedade. Em outros termos, trata-se de distinguir entre o tempo no qual parecem estar consolidadas as características gerais de uma sociedade (cultura) de consumo e o tempo no qual essas características foram gestadas.

Nesse sentido, duas reflexões merecem especial atenção, pois sugerem a necessidade de um marco histórico geral sobre a origem da sociedade (cultura) de consumo. Em primeiro lugar, a afirmação de Don Slater segundo o qual a sociedade (cultura) de consumo diferencia-se do consumo enquanto fenômeno essencialmente humano (e, por isso mesmo, presente de todas as épocas da história), justamente por ser aquela "... o modo dominante de reprodução cultural desenvolvido no Ocidente durante a modernidade";[58] em segundo lugar, o pensamento de Grant McCracken: "O consumo moderno é, acima de tudo, um artefato histórico. Suas características atuais são o resultado de vários séculos de profunda mudança social, econômica e cultural no Ocidente".[59]

Existe certo consenso nas ciências sociais, sobretudo entre os historiadores, segundo o qual a chamada "*revolução do consumo*" representou, ao lado da revolução industrial, o marco histórico fundamental na transformação dos aspectos econômicos, políticos e sociais da cultura ocidental.[60] Por essa razão, afirma Slater que

> A cultura de consumo parece a muitos algo que só se formou na era pós-moderna, no entanto, está inextricavelmente ligada à modernidade como um todo (...) a cultura de consumo está ligada à ideia de modernidade, de experiência moderna e de sujeitos sociais modernos.[61]

Não obstante essa constatação, a análise dos historiadores revela dissenso quanto ao exato contexto geográfico e temporal onde teriam ocorrido os fatores determinantes para a formação da sociedade de consumo.[62] Assim sendo, e assumindo as dificuldades e os riscos inerentes a uma análise histórica,[63] compreende-se que as origens da sociedade (cultura) de consumo remontam a realidades ocorridas especificamente na Inglaterra e na França, entre os séculos XVI e XIX.[64] A análise dessas realidades, sobretudo das consequências sociais sentidas nesses dois países, permite constatar que, em essência, as características gerais da sociedade de consumo contemporânea são, em grande parte, desdobramentos (transformações) das características existentes desde o tempo de sua formação histórica.[65]

A sociedade de consumo contemporânea está associada ao contexto da *pós modernidade,* denominação que considerável parcela de cientistas sociais atribui ao tempo histórico cultural presente.[66] As características dessa sociedade de consumo pós moderna, não obstante alguns aspectos absolutamente impensáveis no início da era moderna, como a existência das atuais tecnologias da informação (computadores, *internet, smartphones* etc.), são desdobramentos (transformações) de uma sociedade de consumo cujas características (sobretudo, a da massificação da produção e da cultura consumista) se desenvolveram no contexto da *modernidade,* especialmente entre os séculos XVIII e XIX.[67]

A origem do movimento consumerista e dos sistemas jurídicos de proteção e defesa dos consumidores pode ser compreendida como uma resposta ao desequilíbrio estrutural (intrínseco) presente nas relações entre consumidores e fornecedores, sobretudo a partir do contexto histórico cultural que se pode denominar "sociedade de consumo *contemporânea*".[68] Com efeito, as características dessa sociedade – que tem início a partir da segunda metade do século XX e que se consolida já em meados da década de 80 – traçam, em análise conjunta e complementar, a sua configuração geral.[69]

Antes, porém, de apresentar tais características, convém estabelecer a necessária relação entre os termos "sociedade de consumo contemporânea" e "sociedade de consumo *pós moderna*".[70] Com efeito, a *pós modernidade* pode ser apresentada como a denominação que significativa parcela de cientistas sociais[71] atribui a esse tempo presente, o tempo histórico cultural contemporâneo. Para Featherstone "...falar em pós-modernidade é sugerir a mudança de uma época para outra ou a interrupção da modernidade, envolvendo a emergência de uma nova totalidade social, com seus princípios organizadores próprios e distintos".[72]

Assim, em relação ao tempo pós moderno (ou à pós modernidade) há inúmeras análises e impressões,[73] mas parece haver, também, um relativo consenso entre os cientistas sociais quanto ao fato de que esse momento histórico apresenta-se como uma época de ruptura ou incerteza em relação à continuidade de uma "visão geral de mundo", construída e vivenciada ao longo dos últimos séculos, isto é, a visão moderna. Essa, aliás, parece ser a razão pela qual se fala em *crise da pós-modernidade*.

Sobre o tema, manifesta-se Marques:

> Os europeus estão a denominar este momento de queda, rompimento ou ruptura (*Umbruch*), de fim de uma era e de início de algo novo, ainda não identificado, de pós-modernidade. Seria a crise da era moderna e de seus ideais concretizados na Revolução Francesa, de liberdade, igualdade e fraternidade, que não se realizaram para todos, nem são hoje considerados realmente realizáveis.[74]

Ao contrário do contexto moderno, com pretensões de unidade, coerência e universalidade de valores, pode-se dizer que "...a fragmentação, a indeterminação e a intensa desconfiança de todos os discursos universais ou (para usar termo favorito) 'totalizantes' são o marco do pensamento pós-moderno".[75] Trata-se, portanto, de um tempo formado por realidades complexas – de considerável grau de individualismo e de descrença em projetos sociais coletivos – que, segundo Lyotard,[76] perpassam todas as formas de relações sociais e de manifestação de pensamento humano (artístico, político, econômico, científico etc.). Assim, Marques, a respeito de complexidade social existente no tempo pós moderno, observa que:

> Basta observar a sociedade brasileira deste início de século XXI onde convivem a 'idade média' das favelas, a 'modernidade' dos parques industriais fordistas e a 'pós-modernidade' das relações virtuais, desmaterializadas, cada vez mais fluidas e instáveis, a sociedade de informação, a globalização niveladora das culturas, a riqueza especulativa pós-fordista, o renascimento das identidades, tudo na mesma sociedade, convivendo e interagindo entre

tolerância e radicalismo, exclusão e setores de excelência – basta receber esta nova imagem para concluir: algo mudou.[77]

No que se refere à cultura individualista e, de certo modo, avessa a projetos sociais coletivos, observa Ghersi que:

> La dominante lógica de la posmodernidad – lo hemos señalado ya en notas anteriores – ha barrido literalmente con los valores de la modernidad, sobre todo con los sociales, lo colectivo y al disolver aquella axiología e incorporar la etiqueta del individualismo exacerbado, ha sacralizado y coronado el super yo, em reemplazo del yo en la sociedad de este fin de siglo.[78]

Assim sendo, percebe-se que a sociedade de consumo contemporânea integra esse contexto histórico cultural representativo da pós modernidade e que, a partir desse contexto, desenvolve-se, de modo particular, segundo determinadas características gerais a seguir apresentadas.

1.1.2 As características gerais da sociedade de consumo contemporânea

A sociedade de consumo contemporânea pode ser compreendida, em primeiro lugar, como uma *sociedade massificada*. Na verdade, e como visto anteriormente,[79] não se trata de uma característica exclusiva desse tempo atual, já que a massificação da produção/consumo representa o traço fundamental de vinculação entre as duas grandes revoluções sociais da modernidade: a revolução industrial e a revolução do consumo.[80] Contudo, é característica que assume, no tempo histórico pós moderno, contornos específicos, relacionados às demais características que serão adiante analisadas.

A sociedade (moderna e pós moderna) de consumo é, em essência, uma sociedade massificada,[81] que pode ser compreendida a partir de dois importantes aspectos. O primeiro é a *padronização*, pelos fornecedores, das práticas de oferta, produção, distribuição, comercialização de produtos e de prestação de serviços,[82] acompanhada da necessária padronização das contratações[83] e da oferta generalizada de crédito aos consumidores.[84] Em outros termos, revela-se a massificação da sociedade de consumo na *padronização* de todos os aspectos envolvendo produção e consumo, com destaque, no campo jurídico, para a padronização dos instrumentos contratuais que, na profunda reflexão de Vasseur, está associada ao fenômeno de *coletivização* dos contratos:

> Le contrat destiné à traduire les réalités économiques et sociales nouvelles s'élève du plan individuel au plan collectif et, conformément à l'évolution de l'économie d'aujourd'hui, devenue une économie de masse et de groupes, se met à l'échelle de ces groupes plus ou moins denses et les introduit dans le jeu des mécanismes économiques.[85]

O segundo aspecto da sociedade massificada é a *despersonalização* dos destinatários da produção (os consumidores) em relação aos detentores da produção (os fornecedores). Martins-Costa, citando Diez-Picazo, observa que "De algum modo, o fato característico, ainda que constitua uma redundância, é que a sociedade não é de pessoas, mas de massas. As massas pensam-se como *conjuntos humanos*, nos quais o homem se integra como um ser anônimo e despersonalizado".[86]

Assim, os consumidores são, regra geral, seres anônimos (sujeitos "sem rosto", "sem individualidade") perante os fornecedores, importando, para estes, apenas o dado quantitativo (quantos contrataram?) e não o qualitativo (quem são?).[87] Com efeito, a despersonalização torna-se uma exigência da racionalidade econômica capitalista a partir da Revolução Industrial, pois a produção deve alcançar sujeitos indeterminados que se disponham a aceitar as condições unilateralmente estabelecidas pelos fornecedores.[88]

Na precisa lição de Comparato:

> O regime da produção de massa, instaurado com a chamada 'revolução industrial', acabou afeiçoando a sociedade em dois grandes grupos: produtores e consumidores. Produtores são os que controlam bens de produção, ou seja, deles dispõem de fato, sob a forma de empresa, ainda que despidos da propriedade clássica. Consumidores, os que não dispõem de controle sobre bens de produção e, por conseguinte, devem-se submeter ao poder dos titulares destes.[89]

Esses aspectos da sociedade massificada de consumo já evidenciam que a figura do consumidor, sobretudo na época contemporânea, distancia-se em muito da noção moderna de "indivíduo", i.e., do "... homem isolado em sua singularidade, sobre o qual se assentou, como base e justificativa, o padrão de igualdade formal e da liberdade, inscrito no substrato político do dogma da livre manifestação de vontade".[90]

Em outros termos, a sociedade massificada e pós moderna de consumo não se coaduna com a compreensão moderna do indivíduo, centrada em sua autonomia racional que, por sua vez, traduziu-se em autonomia jurídica (o princípio – ou dogma jurídico – da *autonomia da vontade*[91]). Ghestin, a propósito das origens e fundamentos da autonomia da vontade, observa que "Fondé sur une analyse philosophique individualiste des droits subjectifs, le dogme de l'autonomie de la volonté s'est développé au XIXe siècle sous l'influence de la doctrine économique libérale".[92] No plano contratual, como ensinam Alterni e López Cabana, essa autonomia se refletiu na plena liberdade dos sujeitos, onde "...están abarcadas las facultades de celebrar un contrato, de rehusarse a hacerlo, de elegir el cocontratante, de determinar su objeto; se trata de las denominadas *autodecisión y autorregulación"*.[93]

Assim, ao contrário da concepção moderna (e liberal) de indivíduo, compreendido como sujeito racionalmente autônomo e capaz de discernir e escolher, com plena consciência e liberdade, sobre as realidades sociais que o circundam,[94] a concepção pós moderna de indivíduo (o consumidor pós moderno) não dispõe, na realidade, dessa plena capacidade, na medida em que sua existência (e consciência), no contexto da sociedade de consumo contemporânea, revela-se fragmentada (o *homo economicus*)[95] ou, de certo modo, despersonalizada.[96]

Por essa razão, justifica-se o interesse da ciência jurídica pela compreensão do *status* de consumidor.[97] O conceito de *status*, segundo Dosi, "... si configura come un nesso relazionale tra un soggetto e una collettività, volto al soddisfacimento di un interesse che integra un fine superiore rispetto a quello dell'individuo".[98] Nesse sentido, reconhece o jurista italiano que "Il consumatore, oltre ad agire per la soddisfazione di um proprio bisogno, va considerato anche nella sua qualità di membro di un gruppo le cui finalità convergono, senza tuttavia necessariamente coincidere".[99]

O consumidor, sujeito pós moderno, é compreendido em sua relação com o grupo ou coletividade aos quais pertence e a partir dos quais estabelece suas relações com os fornecedores de produtos e serviços, onde o poder decisório sobre a produção e o conteúdo contratual é conferido apenas ao fornecedor,[100] e onde o consumidor encontra-se exposto a toda sorte de danos (patrimoniais e extrapatrimoniais)[101] e de abusos nas práticas (contratuais ou não) de mercado, além de situação marcada pelo que se pode denominar *desequilíbrio excessivo sistêmico*: o superendividamento pessoal a familiar do consumidor pessoa física em seus contratos de crédito.[102]

Contudo, é importante deixar claro que a autonomia da vontade, não obstante ser princípio jurídico próprio do tempo histórico moderno, conserva sua importância como princípio fundamental do direito privado na pós modernidade jurídica (para alguns, como "autonomia privada"[103]), sobretudo nas relações contratuais marcadas pela isonomia,[104] isto é, pela ausência de um desequilíbrio estrutural de posições jurídicas.[105]

Assim sendo, entende Ghestin que

...l'autonomie de la volonté reste, malgré les restrictions qui lui sont aujourd'hui apportées, le príncipe explicatif dont on déduit le regime du contrat. Les solutions incompatibles avec ce principe sont présentées comme des exceptions, des attenuations ou des limitations.[106]

Assim, onde inexistir desequilíbrio estrutural (intrínseco) nas posições dos sujeitos da relação contratual privada, o princípio da autonomia da vontade assume sua centralidade, como norma orientadora para a interpretação dessas relações jurídicas isonômicas; onde, porém, existir esse desequilíbrio – como ocorre nas relações de consumo – a autonomia da vontade perde sua centralidade em detrimento de outro importante princípio: o princípio do *equilíbrio*.[107]

Em segundo lugar, a sociedade de consumo contemporânea é uma *sociedade pluralista*. O pluralismo cultural pode ser compreendido como a existência (e a convivência) de uma multiplicidade de valores, resultantes das necessidades e preferências dos variados grupos de consumidores (homens e mulheres, hetero e homossexuais, brancos, negros, idosos, crianças e adolescentes, com alto ou baixo poder aquisitivo e educacional, ateus, espíritas, católicos, evangélicos etc.)[108] que interagem a partir de seus "códigos de consumo", pois, como ensina Slater, "...ao consumir, não reproduzimos – *jamais* – apenas a nossa existência física; também reproduzimos (...) modos de vida específicos, culturalmente significativos".[109] Assim sendo, percebe-se que a massificação da oferta, produção e contratação da sociedade de consumo pós moderna busca atender a essa intensa diversidade de valores, necessidades e preferências.[110]

É bem verdade que, em qualquer época o consumo é sempre uma realidade cultural, pois está diretamente relacionado ao significado (valor) que a sociedade atribui a determinados bens em certo tempo da história,[111] de modo que o "ser membro de uma sociedade – moderna ou pós moderna – de consumo" implica a necessidade de conhecer e utilizar os "códigos de consumo" dessa sociedade,[112] a fim de obter, para si, o sentimento de participação, de pertença ao corpo social.[113] Como bem observa Cordeiro

> A escolha entre dois produtos de uma mesma classe ou espécie, por exemplo, entre dois celulares, não é meramente uma escolha entre funcionalidades e preço. Envolve também a demonstração de um poder aquisitivo e a representação da classe social a qual você pertence. O poder de compra de um indivíduo tem a capacidade de inseri-lo ou de excluí-lo de determinados contextos sociais.[114]

Essa tendência humana, já perceptível nos primórdios da sociedade (cultura) de consumo, intensificou-se no contexto histórico atual, de tal modo que pode ser caracterizado "...par un pluralisme de styles et de valeurs inconnu autrefois".[115] O pluralismo cultural é, portanto, um dos traços marcantes da sociedade de consumo contemporânea, pois se revela, como em nenhuma outra época, na existência de uma pluralidade de grupos e interesses sociais que buscam, ao invés de valores compartilhados (característica da modernidade), o reconhecimento de seus próprios valores e visões de mundo.[116] Nesse sentido, importa ainda destacar a influência dessa característica pós moderna no direito,[117] na medida em que os distintos grupos e interesses sociais tendem a rejeitar os modernos "sistemas genéricos normativos"[118] – a exemplo do Código Civil[119] – e a reivindicar suas específicas regulações jurídicas,[120] naquilo que se convencionou chamar o "direito à diferença" (*le droit à la différence*).[121]

Enfim, o pluralismo jurídico, como ensina Marques:

> ...manifesta-se na multiplicidade de fontes legislativas a regular o mesmo fato, com a descodificação ou a implosão dos sistemas genéricos normativos (*Zersplieterung*); manifesta-se no pluralismo de sujeitos a proteger, por vezes difusos, como o grupo de consumidores ou dos que se beneficiam da proteção do meio ambiente, e na pluralidade de agentes ativos de uma mesma relação, como os fornecedores que se organizam em cadeia e em relações extremamente despersonalizadas. Pluralismo, também, na filosofia aceita atualmente, onde o diálogo é que legitima o consenso, onde os valores e princípios têm sempre uma dupla função, um *double coding*, e onde os valores são muitas vezes antinômicos. Pluralismo de direitos assegurados, no direito à diferença e ao tratamento diferenciado dos diferentes, ao privilégio de alguns, nos espaços e setores "de excelência".[122]

Percebe-se, assim, que o pluralismo jurídico – compreendido aqui como o pluralismo da produção/interpretação das fontes legislativas – e o pluralismo cultural – a existência e a convivência de expressões culturais distintas em uma mesma ordem social – relacionam-se e implicam-se mutuamente, destacando-se, quanto ao tema da proteção aos consumidores, a necessidade de identificação e proteção jurídica especial a determinadas categorias ou grupos de consumidores, tidos como *hipervulneráveis*.[123] Com efeito, o reconhecimento do grupo social hipervulnerável (pluralismo cultural) dá ensejo ao tratamento jurídico especial ou diferenciado (pluralismo jurídico – aplicação do "direito à diferença" na interpretação e aplicação do próprio sistema jurídico de proteção aos consumidores).[124]

Em terceiro lugar, a sociedade de consumo contemporânea é uma *sociedade da informação*.[125] Em linhas gerais, isso significa que a informação passou a ser, não apenas um valor culturalmente significativo,[126] como também um bem (imaterial) de natureza fundamental para as relações econômicas, políticas e sociais.[127] razão pela qual as ordens jurídicas, nacionais e comunitárias, ocuparam-se, como em nenhuma outra época da história, da regulação acerca do direito à informação e dos limites ao seu exercício,[128] sobretudo no âmbito de relações jurídicas marcadas por forte interesse público social, como nas relações de consumo,[129] onde o acesso dos consumidores a uma informação clara e adequada pode representar o fator decisivo para o exercício de um "consentimento esclarecido" ("consentment éclairé"),[130] capaz de minimizar os riscos de danos[131] e de situações de abuso por parte dos fornecedores.[132]

Como bem observa Ghersi

> La información aparece cumpliendo uma función de transcendéncia, así en la toma de decisiones (aspecto psicológico); em la conveniencia o utilidade de los precios y o sus finan-

ciamientos (aspectos económicos); la cobertura o satisfacción de una necesidad (aspecto antropológico); la defensa o tutela del consumidor (aspecto jurídico) etc.[133]

Assim sendo, importa reconhecer que o consentimento, compreendido como a manifestação objetiva dos consumidores no tocante à aquisição ou utilização de produtos e serviços ofertados pelos fornecedores, pode ou não estar fundado numa vontade esclarecida a respeito dos aspectos relevantes do produto ou serviço (utilidade, preço, validade, garantia, riscos à saúde etc.).[134] Com efeito, à *qualidade* da informação a que tiverem acesso os consumidores corresponderá um consentimento mais ou menos esclarecido no mercado de consumo.[135]

Esses aspectos gerais da sociedade da informação não são, porém, suficientes para explicar essa característica da sociedade de consumo contemporânea (pós moderna). Assim, é importante observar que essa especial valorização da informação também está indissociavelmente vinculada às significativas transformações desencadeadas pela revolução *científica*[136] *ou informacional*,[137] que se desenvolveu no contexto de uma "sociedade pós industrial", sobretudo nas duas últimas décadas do século XX.[138] Essas transformações traduzem-se em dois aspectos fundamentais: a) na significativa valorização e no crescente desenvolvimento do conhecimento *técnico científico* e; b) na incorporação das tecnologias da informação (com destaque para a computação em geral e a *internet*) como bens massificados de informação e consumo.

Sobre o primeiro aspecto (valorização do conhecimento técnico científico), entenda-se, em especial, a produção de conhecimento voltada para as áreas tecnológicas. Nesse sentido, compreende-se que a revolução científica, sobretudo nas últimas duas décadas do século passado, representou um movimento de ascensão do conhecimento tecnológico, sobretudo daquele vinculado às tecnologias da informação. O geógrafo e professor Milton Santos, em um de seus últimos trabalhos, trouxe, a propósito, interessante reflexão:

> O período atual tem como uma das bases esse casamento entre ciência e técnica, essa tecnociência, cujo uso é condicionado pelo mercado. Por conseguinte, trata-se de uma técnica e de uma ciência seletivas. Como, frequentemente, a ciência passa a produzir aquilo que interessa ao mercado, e não à humanidade em geral, o progresso técnico e científico não é sempre um progresso moral.[139]

Quanto ao segundo aspecto (incorporação social das tecnologias da informação), cumpre notar que a sociedade de consumo contemporânea, além da massificação e do pluralismo cultural, é marcada ainda pela intensa influência de uma *cultura técnico científica* (ou *tecnológica*), que conduz os consumidores a buscarem, como necessidades cotidianas, a aquisição e utilização das mais variadas tecnologias da informação – sobretudo a *internet*[140] – a fim de utilizá-las como instrumentos de comunicação e entretenimento e ainda como meios de contratação com os fornecedores de produtos e serviços[141] (o chamado "comércio eletrônico").[142] Em outros termos, pode-se afirmar que na sociedade de consumo contemporânea, além da massificação dos tradicionais processos vinculados à produção/consumo, há também a *massificação da informação*, destinada a um contexto culturalmente pluralista e difundida, em crescente escala, pelas contemporâneas tecnologias da informação.[143]

Assim sendo, pode-se dizer que, na sociedade de consumo contemporânea – compreendida como sociedade da informação – o conhecimento técnico científico e as tecnologias da informação revelam-se os grandes vetores da ciência e da economia, estabelecendo novos padrões de mercado e de comunicação social. Nesse sentido, reconhece Lisboa que:

> A era da informação não é apenas um *slogan*, mas um fato; a economia baseada no conhecimento é, realmente, uma nova economia, com novas regras, exigindo novas maneiras de fazer negócios. A economia do conhecimento ancora-se em três pilares: a) *o conhecimento impregna tudo o que compramos, vendemos e produzimos;* b) *os ativos do conhecimento, isto é, o capital intelectual, passaram a ser mais importantes para as empresas que os ativos financeiros e físicos;* c) *prosperar na nova economia e explorar esses novos ativos significa a maior utilização de novas técnicas de gestão, novas tecnologias e novas estratégias.*[144]

Em relação aos novos padrões de comunicação social na sociedade da informação – em especial, os estabelecidos pelas relações virtuais – observa Claudia Lima Marques, com fundamento em Erik Jayme, que "... as características de nosso tempo (pós-moderno) são a *ubiquidade, a velocidade* e a *liberdade,* todas elas encontráveis neste novo meio de comunicação e de comércio que é a Internet".[145] Além disso, destaca-se ainda a própria noção de espaço virtual, compreendido, segundo Lorenzetti, como

> ...um espaço com todas as características da pós-modernidade, fraturado em múltiplos subterritórios caracterizados pela diferença: clubes, grupos, subgrupos, reunidos ao redor de todo tipo de interesses hiperespecializados, domínios, subdomínios, nacionais, educativos, comerciais etc.[146]

Em quarto e último lugar, a sociedade de consumo contemporânea é uma *sociedade globalizada.* Isso significa que as demais características dessa sociedade (massificação da produção/informação, pluralismo cultural e influência da cultura técnico científica e das tecnologias da informação) difundem-se em escala global,[147] a partir de um contexto de "mundialização das economias e do próprio consumo",[148] isto é, daquilo que Habermas identificou como a "... intensificação dos fenômenos de troca, de comunicação e de trânsito para além das fronteiras nacionais".[149]

Nesse sentido:

> A globalização apresenta-se, pois, como uma noção imprecisa, mas de relevo para o direito, especialmente para o direito do consumidor. Genericamente, se pode afirmar que é a designação dada ao *conjunto de transformações de ordem política, social e econômica verificadas nos últimos tempos em quase todos os estados democráticos de direito, tendentes à integração dos mercados, possibilitando maior circulação de riquezas*. É, enfim, a integração acelerada dos mercados nacionais (...) Nesse passo, é imperioso reconhecer como consectários desse fenômeno a hegemonia do capital financeiro, o crescimento das empresas transnacionais, a internacionalização da produção, a liberalização do comércio e o maior oferecimento de produtos e serviços, mudança nas práticas contratuais, com repercussões claras na sociedade organizada.[150]

A globalização caracteriza-se, portanto, pela presença hegemônica de um sistema econômico e cultural capitalista (entenda-se aqui, de um mercado de consumo global), que desafia a capacidade do "Estado Social de Direito"[151] fazer valer seu poder jurídico político (sua soberania) a partir da imposição de limites à atuação desse mercado globalizado,[152] sobretudo quando essa atuação se dirige aos consumidores em seu estado geral de vulnerabilidade.

A propósito, Irti, em profunda análise sobre o tema da relação entre Estado, Direito e Globalização, observa que a existência de um mercado planetário impõe uma escolha jurídico política fundamental:

> ...o gli affari scelgono il luogo del diritto o gli Stati fissano gli affari ai luoghi del diritto. O l'ordine giuridico del mercato o il mercato degli ordini giuridici. La soluzione dell'alternativa è tutta nella *volontà della politica*, che o accede alla lógica del mercato o si fa disciplinatrice di esso.[153]

Assim, cumpre observar que os desafios impostos pelo processo de globalização econômica e cultural[154] – sobretudo os que envolvem a proteção jurídica dos consumidores – revelam a necessidade de reforçar o papel interventor e regulador desse Estado Social de Direito,[155] para que este possa fazer valer sua ordem jurídica (em especial, a ordem constitucional)[156] sobre os anseios de uma irrestrita (ou demasiadamente flexível) liberdade do mercado.[157]

Nesse sentido, considera Lôbo:

> A tensão entre globalização econômica e Estado social levou à contradição entre a demanda econômica do Estado mínimo, dominado pelo mercado, e a demanda social da função regulatória. Mas a substituição do Estado empreendedor pelo Estado regulador não altera, substancialmente, a natureza jurídica de Estado social, que se diferencia do Estado liberal, da etapa anterior, justamente por intervir nas relações privadas. Ou seja, enquanto houver ordem econômica constitucional, independentemente do grau de intervenção legislativa, judiciária e administrativa, nela fundado, haverá Estado social. O direito do consumidor, incluindo o direito à informação, insere-se nesse contexto de reforço do papel regulatório,

pois suas regras tutelares configuram contrapartida à liberdade irrestrita de mercado, na exata medida do espaço de humanização dos sujeitos consumidores.[158]

Por tudo isso, pode-se afirmar que, no contexto de uma sociedade de consumo contemporânea (pós moderna e globalizada), os sistemas jurídicos de proteção dos consumidores despontaram – e cada vez mais se reafirmam – como expressões de uma "política jurídica mundial de proteção aos fracos".[159] A defesa do consumidor revela-se questão de flagrante interesse público social[160] e de ordem pública econômica,[161] a exigir dos Estados uma adequada e efetiva intervenção nas atividades econômicas[162] – sejam estas prestadas pelo regime jurídico público ou privado[163] – a fim de realizar a correção de situações que caracterizem um desequilíbrio *excessivo* nas relações jurídicas de consumo.[164] Nesse sentido é que se compreende os sistemas jurídicos de proteção aos consumidores (na presente pesquisa, os sistemas de um "Direito do Consumidor") como *pressupostos normativos* das relações jurídicas de consumo.

1.2 PRESSUPOSTO NORMATIVO: O DIREITO DO CONSUMIDOR

As primeiras manifestações sociais envolvendo os interesses dos consumidores, bem como o surgimento de determinadas experiências jurisprudenciais e legislativas sobre o tema são anteriores ao contexto histórico cultural da sociedade de consumo contemporânea, i.e., compreendem o período entre a segunda metade do século XIX e a primeira metade do século XX.[165] Tal realidade demonstra que a sociedade *moderna* de consumo, embora desconhecesse certas características, próprias do tempo pós moderno (expansão do pluralismo cultural, da cultura técnico científica e das tecnologias da informação em crescente e veloz escala global),[166] já se assumia como sociedade *massificada* de bens e serviços, cujos efeitos, nos países que passaram pela experiência da Revolução Industrial, revelavam a problemática do um sistema capitalista de matriz jurídica liberal,[167] alheio às reais desigualdades sociais e econômicas entre fornecedores e seus consumidores finais.

Nesse sentido, importa considerar que, não obstante o fato de já existirem, na primeira metade do século XX, algumas experiências jurídicas a respeito da proteção aos consumidores,[168] foi efetivamente na segunda metade desse século – e, portanto, no contexto de expansão das características gerais de uma sociedade de consumo contemporânea – que o "consumerismo"[169] se desenvolveu e ganhou corpo, sobretudo nos Estados Unidos,[170] expandindo-se para os países da Europa Ocidental[171] e influenciando, a partir da década de 60, o surgimento do movimento consumerista em países economicamente emergentes como o Brasil.[172]

Nesse sentido, importa observar que a influência do consumerismo na segunda metade do século XX, sobretudo em relação aos países de tradição jurídica *romano germânica,* resultou na produção de, pelo menos, quatro experiências legislativas fundamentais sobre proteção jurídica dos consumidores,[173] sendo duas delas representativas de um "Direito *do Consumo*" (as experiências francesa e italiana) e as outras duas, de um "Direito *do Consumidor*" (as experiências alemã e brasileira).[174] Contudo, considerando que a análise do movimento consumerista e dos sistemas jurídicos de proteção aos consumidores transcende os limites desta pesquisa, impõe-se o necessário recorte na análise do tema, privilegiando as experiências da tradição romano-germânica representativas de um Direito *do Consumidor,* com destaque para a experiência jurídica brasileira.[175]

A experiência de um Direito *do Consumidor* na Alemanha ocorreu sem uma sistematização da matéria em lei especial. Ao contrário, a opção alemã foi no sentido de reunir no Código Civil (BGB/1896), por ocasião das reformas da Parte Geral e do Livro referente ao Direito das Obrigações ocorridas entre 2000 e 2002, toda a legislação especial existente em matéria de proteção aos consumidores.[176]

Nesse sentido, destaca Marques a originalidade do modelo alemão, de incluir as definições de consumidor (*Verbraucher*) e empresário/fornecedor (*Unternehmer*) na Parte Geral do BGB-Reformado (§ 13 e 14, respectivamente),[177] demonstrando a clara intenção de incorporar integralmente o tema da proteção aos consumidores no âmbito do Direito Civil.[178] Quanto ao Direito das Obrigações, ressalta que houve a inclusão de "... normas especiais e mesmo cláusulas gerais especiais para a proteção dos consumidores".[179]

Em resumo, conclui a eminente jurista:

> Trata-se de uma opção original em Direito Comparado, uma modificação da parte geral como forma de sistematizar a proteção do consumidor, consolidando as regras especiais para as relações de consumo dentro de seu Código Civil de 1896, como expressão de um renovado Direito Civil social e de proteção dos mais fracos (...) absorvendo, assim, no seio da codificação do Direito Civil, o seu filho mais novo, o direito do consumidor. Assim, as relações de consumo são hoje Direito Civil geral na Alemanha".[180]

Do exposto, percebe-se que a experiência jurídica alemã, embora tenha muita proximidade com a experiência brasileira pela opção jurídico-política de um Direito *do Consumidor,*[181] coloca a proteção jurídica dos consumidores como tema especial do Direito Civil, o que revela, também neste aspecto, uma importante distinção em relação ao Direito do Consumidor no Brasil, cuja análise será feita a seguir.

1.2.1 O Direito do Consumidor no Brasil: origem a autonomia

A análise da experiência jurídica brasileira de proteção dos consumidores, seguindo a linha de raciocínio de Herman Benjamin, deve ser, sobretudo, uma análise a respeito da existência, no Brasil, de um *Direito* do Consumidor (e não apenas de *direitos* do consumidor).

De fato, ensina o eminente jurista que

> El derecho del consumidor es un sistema global de normas, principios e instrumentos de implantación en favor del consumidor. Los derechos del consumidor, al contrario, son modernamente la proyección *individual* del derecho del consumidor. Es la cara más visible del derecho del consumidor, pero no es la única, como veremos. *Derechos* transmite la idea de fragmentación desordenada. En cambio, *derecho del consumidor* simboliza una organicidad sistemática. Los derechos del consumidor dimanan del derecho del consumidor (...) Hablar, pura y simplemente, de los derechos de los consumidores, es permanecer en el estádio anterior a la aparición del derecho del consumidor.[182]

No Brasil, a existência de *direitos* do consumidor é, portanto, anterior à existência do *Direito* do Consumidor.[183] Com efeito, foi apenas no contexto de uma sociedade de consumo contemporânea, sobretudo nas três últimas décadas do século XX, que ganhou corpo no país a consciência jurídica a respeito da necessidade de um sistema jurídico de proteção aos consumidores.[184]

A propósito, observa Cavalieri Filho que

> ... na década de 80 já havia se formado no Brasil forte conscientização jurídica quanto à necessidade de uma lei específica de defesa do consumidor, uma vez que o Código Civil de 1916, bem como as demais normas do regime privatista, não mais conseguiam lidar com situações tipicamente de massa. Essa conscientização foi levada para a Assembleia Nacional Constituinte, que acabou por optar por uma codificação das normas de consumo.[185]

Assim, a experiência jurídica brasileira de proteção aos consumidores, em comparação com as experiências anteriormente apresentadas, revela uma particularidade essencial, associada ao contemporâneo movimento de *constitucionalização das relações jurídico privadas*.[186] Trata-se, pois, da *origem constitucional do Direito do Consumidor*.[187] Bruno Miragem, em profunda análise, exprime a importância da opção jurídico política do constituinte brasileiro de 1988:

> A incorporação pela Constituição de relações jurídicas antes determinadas pelo direito civil faz com que os direitos de titularidade dos sujeitos dessas relações jurídico-privadas também comportem uma alteração qualitativa de *status*, passando a configurar direitos subjetivos de matriz constitucional. E essa alteração, antes de significar mero artifício dogmático, tem consequências concretas na tutela dos respectivos direitos. No *mínimo*, estabelecendo-os como *preferenciais* em relação a outros direitos de matriz infraconstitucional. No *máximo*, determinando providências concretas para sua realização.[188]

Por oportuno, cabe destacar que a proteção constitucional do *status* de consumidor,[189] fixada entre os direitos e garantias fundamentais da pessoa humana,[190] guarda, ao menos, duas importantes "consequências concretas" em relação a tutela dos direitos dessa categoria social. A primeira, de ordem formal, diz respeito à limitação constitucional ao poder reformador (CF, art. 60, § 4º, IV),[191] o que equivale a dizer que o mandamento constitucional de proteção aos consumidores (CF, art. 5º, XXXII) é dispositivo de natureza imutável pela via do processo legislativo, sobretudo o tendente à reforma constitucional (processo de Emenda à Constituição).[192]

A segunda consequência, de ordem material, diz respeito ao grau de vinculação que a norma constitucional traz, não apenas para o Estado – pois atribui aos consumidores um direito subjetivo público de natureza prestacional (direito à prestação positiva do Estado)[193] – como também para os particulares, isto é, aos fornecedores de produtos e serviços no mercado de consumo.[194] Nesse aspecto, cabe ressaltar que o mandamento constitucional de proteção aos consumidores (CF, art. 5º, XXXII) era, à época da promulgação da Constituição, norma de *eficácia limitada*, visto que condicionada à criação de lei necessária para promover, com plenitude, seu conteúdo eficacial.[195] Por essa razão, o constituinte brasileiro determinou (ADCT, art. 48), para a promoção da plena eficácia do art. 5º, XXXII, CF, a edição de um *Código*,[196] demonstrando a clara intenção de conceber um *microssistema jurídico*[197] de defesa do consumidor, estruturado a partir de princípios (fundamentos) e teleologia próprios.[198]

Assim sendo, é interessante observar que a opção do constituinte brasileiro por um *Código* (ADCT, art. 48) em meio a um contexto de "descodificação" do direito privado,[199] parece apontar para uma tendência contrária, de reafirmação da importância das codificações para a sistematicidade do direito privado, desde que não sejam mais o centro (formal e axiológico) desse direito, mas as normas constitucionais. Com efeito, veja-se que o CDC foi editado com força de lei complementar à Constituição Federal de 1988, i.e., seu conteúdo destina-se, sistemática e axiologicamente, a *concretizar* o mandamento constitucional de proteção aos consumidores (CF, art. 5º, XXXII),[200] além de outras normas (princípios) constitucionais que serão analisadas na sequência.[201] Nesse sentido, é oportuna a lição de Lorenzetti, segundo a qual

> A incorporação da figura do consumidor no âmbito constitucional lhe confere uma posição central no sistema, permitindo a derivação direta de direitos por meio de normas constitucionais consideradas auto-aplicáveis.[202]

É inegável, portanto, que Código de Defesa do Consumidor representa um modelo de codificação absolutamente distinto dos tradicionais modelos de códigos privados, concebidos como eixos hermenêuticos do direito privado no contexto da modernidade jurídica.[203] Trata-se, assim, de "...uma concepção de código para a pós-modernidade",[204] isto é, de uma lei em sintonia com o contexto de uma sociedade de consumo contemporânea – como visto, uma sociedade massificada, culturalmente pluralista, influenciada pelo conhecimento técnico científico e pelas tecnologias da informação, cultural e economicamente globalizada[205] – de "... um código flexível, informado pelas diretrizes constitucionais, capaz de dar fluidez necessária aos regramentos da Lei Fundamental".[206]

Por outro lado, o Código de Defesa do Consumidor, justamente porque tem, como finalidade primeira, a concretização da norma constitucional consagradora do direito fundamental de proteção aos consumidores (CF, arts. 5º, XXXII), assume sua centralidade em relação à legislação infraconstitucional que, direta ou indiretamente, estabeleça regulação jurídica acerca dos direitos e interesses dos consumidores.[207] É de se destacar, portanto, que o CDC, sendo efetivamente uma *lei de função social*,[208] tem prevalência sobre as regras jurídicas da legislação especial e do próprio sistema geral do Código Civil, sobretudo quando estas conflitarem com os princípios (fundamentos) jurídicos do Direito do Consumidor.[209]-[210]

Assim sendo, e ao contrário do que ocorreu, p. ex., na experiência jurídica alemã, a experiência brasileira de proteção aos consumidores revela a existência de um Direito do Consumidor com elevado grau de *autonomia* em relação aos outros campos da ordem jurídica infraconstitucional, sobretudo o Direito Obrigacional Civil.[211]

Herman Benjamin, em defesa da autonomia do Direito do Consumidor, entende que:

> ...no hay que dudar de la *necessidad* de que el derecho del consumidor gane autonomía, aunque no se cuestionen sus conexiones com otros campos del derecho (...) Al defenderse la autonomía del derecho del consumidor no se pretende aislarlo de las otras ramas jurídicas: antes al contrario, simplemente resaltar que su estructura gira em torno a un núcleo *particular* – uniforme y coherente – que le da un *régimen especial,* con principios, institutos, conceptos, instrumentos y métodos de interpretación próprios.[212]

Nesse sentido, ressalta o eminente jurista:

> La *autonomía* no es un concepto hostil, envidioso y exclusivista. De la propia unidad fundamental del derecho resultan vínculos entre sus campos más distanciados (...) La autonomía del derecho del consumidor (...) no es, por tanto, absoluta, y está enmarcada por la multidisciplinaridad que informa todo el nuevo sistema (...) en el caso brasileño, el derecho del consumidor presenta todos los pressupuestos de autonomía: la amplitud de la materia, a punto de merecer un estudio particularizado; la especialidad de principios, conceptos, teorías e intrumentos (el concepto de consumidor y proveedor, la convención colectiva de consumo, la contrapropaganda, los crímenes de consumo, la irrenunciabilidad de muchos de los beneficios, la interpretación *in dubio pro* consumidor, la creación de juzgados, tribunales de justicia y delegaciones especializadas), un *método proprio,* esto es, el empleo de procesos

especiales de interpretación de su formulación y problemática. En Brasil, la codificación ha dado un contorno más nítido al derecho del consumidor, fortaleciendo su autonomía.²¹³

Com efeito – e não obstante a pluralidade das propostas classificatórias na doutrina brasileira²¹⁴ – não se pode negar o considerável grau de autonomia do Direito do Consumidor no Brasil, pois se trata um ramo jurídico construído a partir de uma lei sistematizadora própria (um "Código") com natureza "principiológica",²¹⁵ i.e., uma lei que, a partir de sua origem constitucional (CF, art. 5º, XXXII), se reconhece como "um momento de concretização dos princípios e garantias constitucionais vigentes desde 5 de outubro de 1988".²¹⁶ Vale dizer que a correção das situações de desequilíbrio excessivo da relação de consumo pela efetividade das normas jurídicas do CDC²¹⁷ torna eficaz o direito fundamental de proteção aos consumidores (CF, art. 5º, XXXII) e demais princípios jurídicos que, implícita ou expressamente positivados na CF/88, constituem-se verdadeiros *fundamentos* do Direito do Consumidor.

1.2.2 Princípios fundamentais do Direito do Consumidor

O Direito do Consumidor, como visto, é ramo jurídico de considerável grau de autonomia no Direito Privado Brasileiro. Como disciplina jurídica autônoma, rege um campo especial de relações sociais (as relações jurídicas de consumo), fundamentando-se, como já destacado, na existência de certos *princípios constitucionais*.²¹⁸ Hodiernamente, sabe-se que a função dos princípios no sistema jurídico não se restringe a sua tradicional função supletiva (LINDB, art. 4º),²¹⁹ pois se reconhece também sua natureza *normativa*²²⁰ e, por conta disso, sua eficácia imediata nos sistemas jurídicos constitucionais e infraconstitucionais, quer em sua função *hermenêutica* (normas para a interpretação de outras normas), quer em sua função *imperativa* (normas vinculantes das condutas dos sujeitos nas relações jurídicas públicas ou privadas).

Os princípios não são valores – embora estes sejam elementos necessários à interpretação e aplicação dos princípios²²¹ – mas *normas jurídicas*, distintas da outra categoria de normas, as regras.²²² Os critérios distintivos entre princípios e regras, por serem muito numerosos,²²³ transcendem os objetivos deste trabalho.²²⁴ Em apertada síntese, cumpre destacar, com fundamento em Alexy,²²⁵ dois importantes aspectos dessa temática: a) distinção entre regras e princípios não deve ser vista, como tradicionalmente se coloca, apenas como uma distinção estrutural (relativa ao grau de generalidade da norma), mas sobretudo, como uma distinção material (qualitativa), isto é, relativa ao modo como se realizam os atos de interpretação e aplicação dessas normas aos casos concretos;²²⁶ b) por ser qualitativa a distinção entre princípios e regras é também qualitativa a distinção entre o modo como se solucionam os conflitos entre princípios e o modo como se solucionam os conflitos de regras.[227]

O Direito do Consumidor, fundado em seus princípios jurídicos, coexiste com outras regulações jurídicas de interesses e bens (individuais e coletivos) que podem, não raras vezes, colidir com os interesses e bens (individuais e coletivos) dos consumidores. Nesse sentido é que se deve interpretar o primeiro princípio fundamental do Direito do Consumidor, que concebe a *defesa do consumidor* como fundamento (impositivo e conformador)[228] da ordem econômica brasileira (CF, art. 170, V).[229] Com efeito, a defesa do consumidor "divide espaço" com outros princípios constitucionais dessa natureza, havendo, portanto, a necessidade de harmonização desses princípios[230] ou, em caso de eventual conflito entre a defesa do consumidor e outro princípio constitucional da ordem econômica, de *ponderação* dos interesses e bens (individuais e coletivos) para, no caso concreto, dar a prevalência (racionalmente fundamentada) para um deles.[231]

Entende-se, assim, que na composição de eventuais conflitos de interesses e bens relativos à ordem econômica brasileira, o *princípio constitucional da defesa do consumidor* (CF, art. 170. V), não obstante o fato de ter sido também positivado como direito fundamental da pessoa humana (CF, art. 5º, XXXII), deve harmonizar-se com demais princípios jurídicos constitucionais da ordem econômica,[232] e.g. os da *livre concorrência* (CF, art. 170, IV)[233] e da *defesa do meio ambiente* (CF, art. 170, VI).[234]

Nesse sentido, observa Miragem que

> A relação entre as normas de direito do consumidor e outras de ordenação do mercado se estabelecem em diversas áreas, como é o caso das normas de defesa da livre concorrência, direito de propriedade intelectual (marcas e patentes), direitos autorais, a proteção do meio ambiente, o comércio internacional, dentre outras. A compatibilidade entre elas, privilegiando-se o efeito útil que promovem reciprocamente, é exigência que se percebe do projeto de vida comum que a Constituição estabelece, a partir da disciplina da ordem constitucional econômica.[235]

Em outros termos, compreende-se que a interpretação do princípio da *defesa do consumidor* no contexto normativo da ordem (constitucional) econômica brasileira (CF, art. 170) deve ocorrer sempre no sentido de *harmonização* dos seus princípios jurídicos fundamentais.[236] Contudo, em caso de eventual colisão entre esses princípios, a defesa do consumidor poderá ser afastada, em determinado caso concreto, pela ponderação e fundamentação quanto à prevalência condicionada de qualquer um dos mencionados princípios. Essa, aliás, parece ser a linha de raciocínio adequada à interpretação e aplicação do CDC, art. 4º, III, que expressamente reconhece, como forma de garantir o equilíbrio de interesses dos participantes das relações de consumo, a *observância dos princípios da ordem econômica brasileira*.[237]

A propósito do tema, interessante notar que o próprio CDC prevê a nulidade de cláusulas contratuais – ou do próprio contrato de consumo, se não for possível mantê-lo válido e eficaz – que *infrinjam ou possibilitem a violação de normas ambientais* (art. 51, XIV e § 2º). Assim, imagine-se que o interesse de um grupo de consumidores à aquisição de unidades habitacionais possa se chocar com o interesse ambiental de preservação da área onde o conjunto habitacional está sendo construído. Por essa razão – e por expressa previsão em regra jurídica (CDC, art. 51, XIV) – a preservação ambiental, enquanto interesse tipicamente *metaindividual*, deverá prevalecer sobre a proteção jurídica dos consumidores (neste exemplo, um *interesse individual*, embora coletivamente tutelável (CDC, art. 81, parágrafo único, I).[238] Contudo, se não existisse a mencionada regra jurídica no CDC, restaria o recurso à *ponderação* entre os *princípios jurídicos* da defesa do consumidor (CF, art. 170, V) e da defesa do meio ambiente (CF, art. 170, VI), por meio da qual qualquer um dos princípios poderia prevalecer sobre o outro em razão da fundamentação sobre as circunstâncias particulares do caso.

Além da defesa do consumidor como princípio constitucional da ordem econômica brasileira (CF, art. 170, V), são também princípios fundamentais do Direito do Consumidor: a) o princípio da *dignidade da pessoa humana* (CF, art. 1º, III); b) o princípio da *igualdade* (CF, art. 5º, *caput*); c) o princípio da *proporcionalidade* (CF, art. 5º, § 2º); d) o princípio da *solidariedade social* (CF, art. 3º, I) e; e) o princípio da *proteção da confiança* (CF, art. 5º, § 2º). Em meio ao conjunto de funções que podem exercer no sistema jurídico, entende-se que a importância desses princípios jurídicos para o Direito do Consumidor está no fato de que atuam como fundamentos normativos para a interpretação da relação de consumo em suas *dimensões externa e interna*, operacionalizando a ideia de "equilíbrio mínimo" dessa relação jurídica (que se opõe, justamente, a todas as espécies de desequilíbrio *excessivo* as quais se busca evitar e/ou corrigir).[239] E na chamada "dimensão interna" da relação de consumo, cumpre destacar que os citados princípios fundamentais estabelecem as bases hermenêuticas para a interpretação/aplicação das normas infraconstitucionais de proteção dos consumidores, destacando-se a aplicação – por meio de uma "interpretação hierarquicamente orientada"[240] – das normas *abertas* (as cláusulas gerais) no Direito do Consumidor.[241]

O *princípio da dignidade da pessoa humana*, como bem observa a doutrina, consiste no princípio e valor fundamentais da ordem jurídico constitucional brasileira (CF, art. 1º, III),[242] reconhecendo-se na pessoa humana a razão de ser do Direito.[243] Sobre a importância do conceito de dignidade humana para a construção, interpretação a aplicação da ordem jurídica, observa Rosenvald, com fundamento em Joaquim Arce y Flórez-Valdés, que "A dignidade situa o ser humano no epicentro de todo o ordenamento jurídico, como protagonista, tanto no âmbito do direito público como no do privado, repelindo qualquer atentado proveniente de outras pessoas e dos poderes públicos".[244]

A reconhecida importância da norma (regra/princípio) constitucional da dignidade humana não deve, porém, trazer ao intérprete a impressão de que o princípio jurídico, por tratar de qualidade intrínseca à natureza humana,[245] tem aplicabilidade absoluta. Com efeito, Alexy, analisando a previsão do princípio da dignidade humana – que, segundo entende, também é *regra* jurídica[246] – na Lei Fundamental da República Federal da Alemanha (Art. 1º, § 1º – frase 1[247]), reconhece a sua enorme importância para a efetividade dos direitos fundamentais, mas argumenta no sentido de que seu caráter absoluto é uma ideia aparente, que se deve, sobretudo, à existência de um enorme número de situações onde a norma de dignidade humana tende a prevalecer sobre princípios que lhe sejam opostos. Afirma, pois, o notável jurista:

> Por eso, puede decirse que la norma de la dignidad de la persona no es un principio absoluto. La impresión de absolutidad resulta del hecho de que existen dos normas de dignidad de la persona, es decir, una regla de la dignidad de la persona y un principio de la dignidad de la persona, como así también del hecho de que existe una serie de condiciones bajo las cuales el principio da la dignidad de la persona, com un alto grado de certeza, precede a todos os demás principios.[248]

Por essa razão, entende Alexy que o fato do princípio/regra da dignidade humana prevalecer *na maioria* das situações envolvendo colisão de princípios[249] não significa que aquela norma deva prevalecer *em todas* as situações desse tipo. Assim – e após analisar decisões do Tribunal Constitucional Federal Alemão a respeito da norma constitucional da dignidade humana – conclui Alexy que não haverá lesão ao princípio/regra da dignidade da pessoa humana quando

> ...la exclusión de le protección judicial no es motivada por una desconsideración o subestimación de la persona humana, sino por la necessidad de mantener en secreto medidas para la protección del orden democrático y la existencia del Estado.[250]

Contudo, ainda que possam estar corretos os argumentos de Alexy em relação ao caráter não absoluto do princípio da dignidade humana[251] – e, portanto, que o fundamento normativo da dignidade humana possa ser afastado em dado caso concreto (e após ponderação racionalmente fundamentada) quando em conflito com princípios como os da "proteção do Estado" ou da "comunidade estatal" (sociedade)[252] – deve-se reconhecer naquele verdadeiro "paradigma do direito privado",[253] sobretudo na tutela dos sujeitos vulneráveis[254] e, de modo geral, na proteção dos direitos da personalidade,[255] realidade da qual não pode ser destacada.[256]

Assim, é de todo evidente que a proteção jurídica dos consumidores, campo específico do direito privado contemporâneo, vem reforçar o "amplo grupo de condições de precedência"[257] da norma (princípio/regra) da dignidade humana sobre normas que cuidem de interesses/direitos colidentes, vinculados, sobretudo, a pretensões de caráter econômico dos fornecedores de produtos e serviços.[258] Em outros termos, significa que os interesses/direitos de um consumidor ou grupo de consumidores tendem a prevalecer sobre direitos/interesses opostos – incumbindo-se o Estado de reconhecê-los (CF, art. 5º, XXXII c/c art. 170, V)[259] – pelo fato de que a pessoa humana, inserida no já apresentado contexto da sociedade de consumo contemporânea, encontra-se exposta, como em nenhum outro momento histórico cultural, a um mercado de consumo cuja dinâmica permite – senão, muitas vezes, estimula – situações de "desconsideração ou subestimação da pessoa humana",[260] sobretudo da que se encontra, como adiante será tratado, em específica situação de vulnerabilidade (vulnerabilidade agravada ou hipervulnerabilidade).[261]

Vale ressaltar, na esteira de Ingo Sarlet, que a norma (princípio/regra) da dignidade humana

> ...para além de seu enquadramento na condição de princípio (e valor) fundamental, é (são) também fundamento de posições jurídico-subjetivas, isto é, norma(s) definidora(s) de direitos e garantias, mas também de deveres fundamentais.[262]

A norma (princípio/regra) da dignidade humana fundamenta a existência do direito (e garantia) fundamental de proteção dos consumidores (CF, art. 5º, XXXII)[263] e, por conta disso, do próprio microssistema do Código de Defesa do Consumidor que, em vista do mandamento constitucional de proteção, estabelece conjunto (não exaustivo) de deveres fundamentais para os fornecedores (informação,[264] segurança,[265] adequação[266] etc.).

Por fim, pode-se dizer que o princípio/regra da dignidade humana encontra-se na ordem jurídico constitucional como uma "categoria axiológica aberta"[267] – não obstante o fato de ser atributo inerente qualquer ser humano[268] – e, por isso mesmo, "... não poderá ser conceituada de maneira fixista (...) razão pela qual correto afirmar-se que (também aqui) nos deparamos com um conceito em permanente processo de construção e de desenvolvimento".[269]

Além da norma (princípio/regra) da dignidade humana é princípio fundamental do Direito do Consumidor o *princípio da igualdade* (ou *da isonomia*).[270] De fato, o reconhecimento da dignidade da pessoa humana em sua situação existencial de consumidora (entenda-se aqui, no contexto da sociedade de consumo contemporânea) exige do legislador e aplicador do Direito um tratamento jurídico que, complementando o importante, porém insuficiente, critério formal de igualdade *perante a lei*,²⁷¹ encontre sua razão maior no critério material de igualdade *na lei*, isto é, na discriminação tolerável e suficiente – uma "discriminação justificada"²⁷² – que o conteúdo da lei estabelece no intuito de realizar a *real* (e, portanto, justa) isonomia às relações por ela reguladas.²⁷³

Nesse sentido, considera Bandeira de Mello que

> O princípio da igualdade interdita tratamento desuniforme às pessoas. Sem embargo, consoante se observou, o próprio da lei, sua função precípua, reside exata e precisamente em dispensar tratamentos desiguais. Isto é, as normas nada mais fazem que discriminar situações, à moda que as pessoas compreendidas em umas ou em outras vêm a ser colhidas por regimes diferentes. Donde, a algumas são referidos determinados direitos e obrigações que não assistem a outras, por abrigadas em diversa categoria, regulada por diferente plexo de obrigações e direitos.²⁷⁴

Assim, se pelo critério formal do princípio da igualdade a lei deve ser aplicada a todos aqueles que a ela estejam submetidos,²⁷⁵ entende-se, pelo critério material, que havendo razão suficiente para um tratamento jurídico desigual entre certas pessoas ou grupos, este deverá ser dispensado como exigência do próprio princípio da igualdade.²⁷⁶ Portanto, parece de todo claro que o contexto histórico cultural da sociedade de consumo contemporânea é razão suficiente para o tratamento jurídico desigual entre consumidores e fornecedores de produtos e serviços, motivo pelo qual

> ...devem os consumidores ser tratados de forma desigual pela lei a fim de que se atinja efetivamente a igualdade real, em obediência ao dogma constitucional da isonomia (art. 5º, *caput*, CF), pois devem os desiguais ser tratados desigualmente na exata medida de suas desigualdades (isonomia *real, substancial* e não meramente formal).²⁷⁷

Nesse sentido, se é correto afirmar-se que "... a aplicação da igualdade depende de um *critério diferenciador* e de um *fim* a ser alcançado",²⁷⁸ pode-se então dizer que, no Direito do Consumidor, o critério diferenciador reside na *posição jurídica de vulnerabilidade dos consumidores,* justificadora do mandamento constitucional de defesa dos consumidores (CF, art. 5º, XXXII) e reconhecida como específico princípio jurídico no Código de Defesa do Consumidor (art. 4º, I);²⁷⁹ quanto ao fim a ser alcançado pelo Direito do Consumidor, por meio do CDC, esclarece Marques que:

> Visando tutelar um grupo específico de indivíduos, considerados vulneráveis às práticas abusivas do livre mercado, esta nova lei de *função social* intervém de maneira imperativa em relações jurídicas de direito privado, antes dominadas pelo dogma da autonomia da vontade. O Código de Defesa do Consumidor é claro, em seu art. 1º, ao dispor que suas normas

dirigem-se à proteção prioritária de um grupo social, os consumidores, e que se constituem em normas de ordem pública, inafastáveis, portanto, pela vontade individual.[280]

Em outros termos, o CDC é expressão de um *mandamento de tratamento desigual*,[281] de natureza constitucional (CF, art. 5º, XXXII), que encontra sua razão suficiente no reconhecimento da posição jurídica de vulnerabilidade dos consumidores no mercado de consumo e tem, como finalidade maior, a proteção dessa categoria (ou *status*) social a partir de normas cogentes capazes de trazer o adequado e efetivo controle (prevenção) e coibição (repressão) das situações de desequilíbrio *excessivo* nas relações de consumo, como as que decorrem das práticas abusivas pelos fornecedores.[282] Contudo, convém notar que o princípio da igualdade também orienta, em razão do pluralismo cultural existente na sociedade de consumo contemporânea, a sensibilidade do intérprete e aplicador do direito no sentido de reconhecer a existência de grupos *hipervulneráveis* de consumidores (idosos, crianças, doentes, analfabetos etc.) e, em consequência, dispensar um tratamento jurídico especial para os mesmos.[283]

Assim, não é outra a razão pela qual esse mandamento de tratamento desigual entre consumidores e fornecedores (e, ainda, entre grupos de consumidores) – justificado, como visto, pelo princípio da dignidade da pessoa humana (CF, art. 1º, III) – vincula-se a outro importante fundamento para o Direito do Consumidor: o *princípio da proporcionalidade*.[284] Com efeito, pode-se dizer que a ideia de proporção, da qual se origina o princípio jurídico,[285] sugere que se possa atribuir a justa medida[286] (a adequada proporção entre meios e fins),[287] levando-se em conta a igualdade substancial (material) existente entre os sujeitos da relação jurídica,[288] e de modo a se evitar quaisquer manifestações de desequilíbrio excessivo nas posições jurídicas dos sujeitos, decorrentes, sobretudo, de práticas abusivas em relações caracterizadas pelo desequilíbrio estrutural nas posições jurídicas ocupadas por seus sujeitos.[289]

Nesse sentido, entende-se que no campo das relações jurídicas privadas – e, mais precisamente, nas relações de consumo – o princípio da proporcionalidade "...vige nel senso non di imporre una equivalenza delle prestazioni, ma di vietare una sproporzione macroscopica e ingiustificata tra queste".[290] Em outros termos, o princípio da proporcionalidade gera, no âmbito dessas relações, um dever negativo, uma "proibição de excessividade", compreendida como vedação das situações que se traduzem em excessiva desproporção entre direitos e obrigações, entre "vantagens e sacrifícios" para consumidores. Os limites jurídicos entre um desequilíbrio tolerável de posições jurídicas – o desequilíbrio estrutural da uma certa relação jurídica[291] – e a desproporção excessiva de direitos e obrigações devem ser necessariamente estabelecidos pelo legislador,[292] quer por meio da técnica legislativa casuística, quer por meio da técnica legislativa das cláusulas gerais.[293]

Na ordem constitucional brasileira, observa Fernandes Neto que o princípio da proporcionalidade se encontra previsto, de forma implícita, no art. 5º, § 2º da CF (que vincula os direitos e garantias fundamentais aos *princípios* adotados pela própria Constituição) e subsume-se ainda do próprio conceito de *justiça social* (CF, art. 170, *caput*), fundamento para a defesa do consumidor enquanto princípio constitucional da ordem econômica brasileira (CF, art. 170, V).[294] Já no microssistema jurídico do CDC, percebe-se a presença do princípio da proporcionalidade em dispositivos como os que enunciam os específicos princípios da Política Nacional das Relações de Consumo[295] (art. 4º, III e VI) e no art. 6º, V, que dispõe acerca do direito dos consumidores à modificação de contratos que estabeleçam prestações *desproporcionais*.

Por fim, cabe ainda mencionar dois importantes princípios fundamentais do Direito do Consumidor. A construção de uma sociedade justa e *solidária*, enunciada como objetivo fundamental da República Federativa do Brasil (CF, art. 3º, I) é, de fato, um princípio jurídico,[296] o *princípio da solidariedade social*.[297] Na sociedade contemporânea, importa considerar que o conceito jurídico "sociedade solidária", não obstante o elevado grau de vagueza semântica que o caracteriza,[298] encontra adequada significação na ideia de *cooperação* entre os membros do corpo social "...de modo a que sua integração e soma permitam (mesmo e por causa da divisão do trabalho social) que se estruture e mantenha o funcionamento da referida sociedade".[299] Nesse sentido, entende Martins-Costa que

> ...a palavra 'solidariedade' traduz categoria social que exprime uma forma de conduta correspondente às exigências de convivência de toda e qualquer comunidade que se queira como tal, implicando a superação de uma visão meramente individualista do papel de cada um dos seus singulares membros e assim configurando elemento de coesão da estrutura social. Essa categoria social (e igualmente ética e política) é apreendida pelo Direito na Constituição, indicando, em linhas gerais, a exigência de evitar, ou ao menos reduzir, a conflitualidade social mediante a superação de uma visão estreitamente egoística do Direito.[300]

No Direito Privado contemporâneo, compreende-se os vínculos obrigacionais como *relações de cooperação*,[301] onde os sujeitos devem assumir, sobretudo nas obrigações negociais,[302] um comportamento que não imponha obstáculo (ou ainda que colabore ativamente) à realização dos interesses legítimos da outra parte[303] – e que se traduz, em larga medida, no *agir conforme a boa-fé objetiva*[304] (CC, arts. 113, 187 e 422;[305] CDC, arts. 4º, III e 51, IV[306]) – de modo a se concluir que

> ...os deveres de cooperação derivados da conduta segundo a boa-fé densificam e especificam, neste campo da vida jurídica, a diretriz constitucional da solidariedade social, seja na

relação contratual, seja na relação obrigacional *lato sensu* considerada, inclusive a resultante de atos ilícitos.[307]

Além disso, entende-se que o princípio da solidariedade social orienta a interpretação da cláusula geral de *função social do contrato* (CC, art. 421;[308] CDC, art. 1º[309]), que fundamenta – e, ao mesmo tempo, limita – o exercício de direitos relativos à autonomia negocial,[310] tendo em vista, em essência, a utilidade do interesse particular em confronto com o interesse social.[311] Nesse sentido, a limitação no exercício das liberdades contratuais justifica-se pela *visão solidarista* que o direito pretende promover no campo contratual,[312] e que informa o próprio conteúdo daquela norma limitadora.[313]

O *solidarismo contratual*, portanto, compreende o contrato como fenômeno social,[314] cujos efeitos, não obstante interessem, em primeiro momento, apenas aos sujeitos contratantes, repercutem, sobretudo nas relações contratuais massificadas, em todo o contexto social.[315] Essa compreensão do fenômeno contratual se justifica, em grande parte, pelo fato de que o contrato, inserido no contexto da sociedade de consumo contemporânea, é instrumento necessário à circulação de riquezas na economia capitalista[316] e, ao mesmo tempo, instrumento promocional do acesso a bens essenciais à dignidade da pessoa humana[317] (saúde, educação, lazer, alimentação, comunicação, transporte, habitação, crédito etc.).[318]

Nesse sentido, entende-se que

> O contrato é o instrumento de circulação de riquezas da sociedade, mas hoje é também instrumento de proteção dos direitos fundamentais do consumidor, realização dos paradigmas de qualidade, de segurança, de adequação dos serviços e produtos no mercado brasileiro. Estes paradigmas concretizam não só a nova ordem econômica constitucional (art. 170, V da Constituição Federal), mas também os mandamentos constitucionais de igualdade entre os desiguais (art. 5º da Constituição Federal), de liberdade material das pessoas físicas e jurídicas (art. 5º c/c art. 170, V, da Constituição Federal) e, em especial, da dignidade deste sujeito como pessoa humana (art. 1º, III, c/c art. 5º, XXXII, da Constituição Federal).[319]

Na sociedade de consumo contemporânea o contrato não se caracteriza apenas pela tradicional função de ser instrumento de consenso acerca de interesses particulares (mero acordo de vontades), na medida em que também é elevado à condição de "bem socialmente relevante", pela função que exerce no complexo sistema econômico e social, de harmonizar interesses próprios da livre iniciativa econômica (fornecedores) e aqueles próprios do acesso a bens relacionados a uma vida socialmente digna (consumidores).[320] E o Direito do Consumidor revela-se instrumento de *justiça social* na ordem econômica brasileira (CF, art. 170) na medida em que realiza a adequada "distribuição dos riscos" inerentes ao mercado de consumo enquanto exigência do princípio da solidariedade social[321] que, em "aplicação articulada"[322] com os demais princípios aqui analisados (defesa do consumidor, dignidade da pessoa humana, igualdade, proporcionalidade e proteção da confiança), impõe a necessidade de se vincular o exercício dos direitos e prerrogativas dos fornecedores – típicos do regime de *livre iniciativa* que caracteriza a ordem econômica capitalista (CF, art. 170) – ao cumprimento de sua *finalidade econômica e social* (CC, arts. 187 e 421; CDC, art. 1º).

Em outros termos, pode-se dizer que a atuação dos fornecedores no mercado de consumo deve ocorrer em conformidade com finalidade econômica e social dos direitos que a ordem jurídica, pelo regime da livre iniciativa, lhes autoriza a exercer. No âmbito contratual (CC, art. 421; CDC, art. 1º), conforme prestigiosa interpretação doutrinária,[323] entende-se que o cumprimento dessa *finalidade econômica e social* do contrato de consumo pelos fornecedores refere-se a uma atuação não lesiva a interesses metaindividuais[324] ou, no que respeita à eficácia interna do contrato,[325] a uma atuação não lesiva a bem jurídico essencial à dignidade humana de um consumidor individualmente considerado.[326] Além disso – e como consequência da flexibilização que estabelece na relatividade dos efeitos contratuais (*res inter alios acta allius neque nocere neque prodesse potest*)[327] – implica na responsabilidade solidária de todos os fornecedores que compõem a cadeia econômica de produtos e serviços (CC, art. 267; CDC, arts. 7º, parágrafo único; 12; 14; 18; 19; 20) e na obrigação de indenizar não apenas os consumidores contratantes, mas também as demais vítimas do acidente de consumo (CDC, art. 17).

Por fim, cumpre observar que o princípio da solidariedade social, como já destacado, impõe uma "ordem de cooperação"[328] balizada pelo *standard* ético jurídico da *boa-fé objetiva*.[329] Ao analisar-se a incidência da boa-fé objetiva, seja nas relações obrigacionais civis ou nas relações de consumo, não se pode esquecer de outro importante princípio constitucional que, juntamente com o princípio da solidariedade social, revela-se um dos fundamentos para "a interpretação (e o agir) conforme a boa-fé" e, nesse sentido, é também fundamento do próprio Direito do Consumidor. Trata-se do *princípio da proteção da confiança*.[330]

Considerado um princípio constitucional *implícito* (CF, art. 5º, § 2º)[331] – na medida em que representa, ao lado do princípio da segurança jurídica, uma das condições essenciais para a convivência social[332] – o princípio da proteção da confiança revela-se um dos fundamentos essenciais de toda a ordem jurídica,[333] incidindo não apenas nas relações obrigacionais privadas, como também nas relações entre particulares e Administração Pública.[334]

Como observa Carneiro da Frada

> Na verdade, cabe a qualquer ordem jurídica a missão indeclinável de garantir a confiança dos sujeitos, porque ela constitui um pressuposto fundamental de qualquer coexistência ou

cooperação pacíficas, isto é, da paz jurídica (...) A observação da realidade demonstra também que a interação humana requer um mínimo de confiança. Sem ela, não se empreende. O Direito é, ele mesmo, no conjunto dos elementos que o compõem, um factor imprescindível de confiança. Desta perspectiva, as acções levadas a cabo pelos sujeitos têm – e hão-de poder encontrar – nele um referencial de confiança.[335]

Assim sendo, entende-se que a proteção da confiança representa, em sentido geral, a necessária tutela que a ordem jurídica confere a situações jurídicas conhecidas como *expectativas legítimas*.[336]

No campo das relações obrigacionais, sobretudo nas de natureza contratual, pode-se afirmar que

...existem expectativas recíprocas e complementares que influenciam na definição das obrigações contratuais. As expectativas recíprocas e complementares consistem justamente na confiança que cada uma das partes de um contrato tem em relação ao comportamento da outra, razão determinante da incidência do princípio da confiança.[337]

Tal afirmação revela que o princípio da proteção da confiança é fundamento jurídico em qualquer espécie de relação contratual, na medida em que incide tanto nas relações onde há significativo equilíbrio de forças (como ocorre em contratos paritários), quanto nas relações marcadas pelo desequilíbrio estrutural, como nas relações contratuais massificadas.[338]

A propósito da massificação contratual, ensina Roppo que os "processos de objetivação" do contrato, reflexos da consolidação de uma sociedade massificada de produção e consumo no século XX, justificam, em grande medida, a relevância assumida pela proteção de confiança no Direito contemporâneo (pós moderno).[339] A "objetivação" referida pelo jurista italiano (e que também ocorreu no âmbito da responsabilidade civil) representa movimento de redução da importância atribuída, no Direito moderno, a elementos subjetivos – ligados à intencionalidade das condutas e necessários à configuração dos próprios institutos da responsabilidade civil e do contrato[340] – e, ao mesmo tempo, o reconhecimento jurídico das relações obrigacionais provenientes de "comportamentos sociais típicos"[341] e a valorização de demais aspectos objetivos, relacionados à produção dos efeitos da relação jurídica e, principalmente, à manutenção do *sinalagma*[342] enquanto fator de justiça contratual[343] no contexto da sociedade massificada de produção e consumo.

Assim sendo, a confiança pode ser compreendida como "termo teleológico das normas jurídicas em especial",[344] componente fundamental de certo *fim jurídico* que se pretende alcançar com a tutela das legítimas (justas e úteis) expectativas de determinados grupos sociais por meio de um regime jurídico especial (no caso, a finalidade de *proteção da parte mais fraca* pelo especial regime jurídico do *Direito do Consumidor*). Como ensina Carneiro da Frada:

> ...é forçoso reconhecer-se que aquilo que se apresenta na realidade como teleologia de uma disposição apenas poderá ser a pura objectividade do mérito que uma certa confiança receba *abstractamente* da ordem jurídica, *atentos determinados factores que constituem, esses sim, derradeiramente, a autêntica justificação da regulação jurídica*. A decisão de *institucionalizar* expectativas persegue então, na realidade, escopos que se situam *para além da pura e simples tutela das expectativas:* por exemplo, a institucionalização de quadros de segurança e fluidez no tráfico jurídico, a protecção da parte mais fraca, a justiça ou o equilíbrio das prestações contratuais...³⁴⁵

Nesse sentido, a confiança, enquanto fato e valor juridicamente relevantes, integra-se à teleologia própria do *Direito do Consumidor* (identificação e proteção do sujeito vulnerável no mercado de consumo – CDC, art. 4º, I)³⁴⁶ a fim de tutelar as expectativas legítimas dos consumidores em relação aos comportamentos exercidos pelos fornecedores (apresentação de um produto ou serviço, o conteúdo da informação que o consumidor recebeu, a aparência de segurança e confiabilidade no produto/serviço³⁴⁷ e na estrutura/conteúdo da contratação etc.). Deve-se proteger, sobretudo, a legítima expectativa daqueles que, pela posição jurídica ocupada no mercado de consumo, não têm poder diretivo algum nesse processo³⁴⁸ e se veem obrigados a confiar na aparência das informações,³⁴⁹ da apresentação dos produtos e serviços e do próprio sistema de contratação ofertados no mercado³⁵⁰ (a chamada "oferta como aparência e aceitação baseada na confiança").³⁵¹

A propósito desse quadro (necessidade dos consumidores *confiarem* na atuação dos fornecedores), importa a reflexão de Marques segundo a qual a sociedade contemporânea de consumo (pós moderna e "hipercomplexa") vive atualmente um momento de "crise da confiança",³⁵² não apenas nos comportamentos do sujeito em posição jurídica dominante (o fornecedor/cadeia de fornecimento),³⁵³ mas também na própria efetividade do Direito e das instituições de tutela dos consumidores,³⁵⁴ sendo oportuna a afirmação de Miragem, segundo o qual

> ...a proteção da confiança, em nosso sistema, constitui-se tanto na confiança em relação ao comportamento do outro sujeito da relação jurídica quanto na confiança da efetividade do próprio ordenamento jurídico, implicando a sanção pelo comportamento que viole suas normas, bem como a adequação finalística de seus preceitos, em relação às situações sobre as quais devem incidir.³⁵⁵

Em outros termos, pode-se dizer que o princípio da proteção da confiança se refere – sobretudo nas relações marcadas pelo desequilíbrio estrutural de posições jurídicas – à proteção da expectativa da parte mais fraca em relação conduta daquele que ocupa a posição dominante (confiança *relacional*) e, indo além, projeta-se no campo das expectativas sociais em relação à própria *efetividade do sistema jurídico*.³⁵⁶ Assim, percebe-se que nas relações de consumo são absolutamente complementares as duas projeções do princípio da proteção da confiança, de modo que a proteção dos interesses/direitos dos consumidores condiciona-se não apenas à satisfação de suas expectativas em relação aos produtos e serviços, como também a capacidade do sistema jurídico ser efetivo em caso de violação de tais interesses/direitos. Há, portanto, uma situação que representa grande desafio para a ordem jurídica e, de modo particular, para o Direito do Consumidor e suas instituições de proteção: garantir graus satisfatórios de proteção da confiança dos consumidores no mercado de consumo, sendo, ele próprio, fator de confiança (credibilidade) social, pois como ensina Pasqualotto "Enquanto as garantias legais infundem confiança ao cidadão, a falta de efetividade da lei constitui quebra da promessa".[357]

Na lição de Marques, o princípio da proteção da confiança, em sua projeção *relacional*, incide como fundamento do Direito do Consumidor a partir de dois aspectos: a confiança *no vínculo contratual* (proteção da confiança como equilíbrio do contrato e controle das situações de abusividade) e a confiança *na prestação contratual* (proteção de confiança como garantia de adequação e de segurança dos produtos e serviços ofertados no mercado).[358] Por detrás desses aspectos está a ideia de *cooperação* entre os sujeitos da relação, sobretudo a do contratante mais forte (o fornecedor, profissional, *expert*) em relação ao mais fraco (o consumidor, não profissional, leigo).[359]

Vale dizer, portanto, que na ideia de *cooperação* entrelaçam-se os princípios constitucionais da proteção da confiança e da solidariedade social, cuja concretização, em grande medida, se dá por meio da *clausula geral de boa-fé objetiva*.[360] A propósito da relação entre confiança e boa-fé, observa Gerson Branco:

> Princípio da confiança e boa-fé não se confundem (...) a boa-fé tem sido utilizada pela jurisprudência como um instrumento de reenvio a outros princípios e valores, entre eles o próprio princípio da confiança (...) O âmbito de atuação do princípio da confiança é maior que o da boa-fé, mas a boa-fé objetiva atua para tornar concreta a proteção da confiança e, portanto, para proteger o bem confiança. Quem age conforme os deveres que nascem pela incidência do princípio da boa-fé, também age conforme os deveres que derivam do princípio da confiança (...) É correto afirmar a existência do *princípio da boa-fé*, mas é tecnicamente mas adequado tratar-se da cláusula geral da boa-fé, pois o princípio realizado por meio da aplicação concreta de tal cláusula geral é, por via de regra, o *princípio da confiança*.[361]

Como destacado pelo jurista "... a boa-fé objetiva atua para tornar concreta a proteção da confiança",[362] mas com esta não se confunde. De outro modo, pode-se dizer que o princípio da proteção da confiança tem alcance maior do que a boa-fé objetiva,[363] embora o cumprimento dos *deveres próprios* desta cláusula geral[364] represente, em grande medida, a concretização do princípio da proteção da confiança nas relações de consumo, i.e., a satisfação das legítimas expectativas dos consumidores em relação ao denominado "equilíbrio mínimo" da relação de consumo (CDC, art. 4º, III).[365]

Portanto, importa destacar a observação de Marques:

> As expectativas legítimas são, igualmente, o conjunto de circunstâncias cuja existência ou permanência é objetivamente típica ou necessária para aquele tipo de contrato ou para que aquele contrato em especial possa se constituir em uma regulação sensata, com razoável distribuição de riscos. Este conjunto de motivações, de causas iniciais que representam as finalidades do negócio admitidas bilateralmente ou típicas daquela relação, são a base mínima (objetiva) da relação, do contrato de consumo. Excluídas aquelas circunstâncias, que fazem parte dos riscos contratuais típicos, excluídas as expectativas legítimas, que também são denominadas "causas" ou fontes da confiança despertada no parceiro contratual mais fraco e devedor (*Vertrauensumstände*), o desequilíbrio da relação é flagrante.[366]

Em suma: o Direito do Consumidor, pressuposto normativo da relação jurídica de consumo, é ramo jurídico dotado de considerável grau de autonomia na medida em que possui sistematização própria, por meio de lei com matriz (origem) constitucional (CF, art. 5º, XXXII) e de natureza "principiológica", comprometida com a eficácia de importantes princípios constitucionais – defesa do consumidor (CF, art. 170, V), dignidade da pessoa humana (CF, art. 1º, III), igualdade (CF, art. 5º, *caput*), proporcionalidade (CF, art. 5º, § 2º), solidariedade social (CF, art. 3º, I) e proteção da confiança (CF, art. 5º, § 2º) – que são, ao mesmo tempo, os fundamentos jurídicos de sua existência.

2
RELAÇÃO JURÍDICA DE CONSUMO: ELEMENTOS CONSTITUTIVOS E CARACTERÍSTICA FUNDAMENTAL

A relação jurídica de consumo, na lição de Pasqualotto, é relação jurídica *típica*,[367] sendo o principal critério para a fixação do campo de aplicação (incidência) das normas de proteção dos consumidores (em especial, as do CDC), razão pela qual se faz necessário compreender seus elementos constitutivos (subjetivos e objetivos).[368]

Contudo, deve-se desde já registrar que além da configuração dos elementos constitutivos da relação jurídica de consumo, a atual doutrina consumerista aponta para outro importante critério de fixação do campo de aplicação (incidência) das normas de proteção dos consumidores. Atenta ao comportamento da jurisprudência brasileira nos últimos anos (em especial, a do STJ), a doutrina considera insuficiente o critério que condiciona a aplicação do CDC à presença de todos os elementos constitutivos da relação de consumo em situações onde um dos sujeitos encontra-se em concreta *posição de vulnerabilidade,* mas lhe falta o enquadramento no suporte fático da definição legal de consumidor (CDC, art. 2º, *caput*[369]). Pondera, nesse sentido, que a presença da vulnerabilidade deve prevalecer sobre a ausência do elemento constitutivo subjetivo[370] (no caso, o sujeito vulnerável que não se enquadra tecnicamente como um consumidor final).[371]

Embora essa postura jurisprudencial represente apenas uma tendência do STJ na aplicação do CDC,[372] pode-se dizer que ela suscita um segundo esforço de análise acerca da relação jurídica de consumo. Com efeito, se a presença de uma posição concreta de vulnerabilidade é critério suficiente para aplicação analógica do CDC a determinadas relações que não seriam, por "estrita interpretação da lei",[373] relações *de consumo,* isso significa que o intérprete encontrou, naquele fato, o aspecto que revela a necessária "identidade de razão jurídica" entre o modelo abstrato de relação de consumo e a concreta relação jurídica em que se encontra o sujeito vulnerável, porém não consumidor.[374]

Esse aspecto (ou razão jurídica), evidenciado na posição de vulnerabilidade de um dos sujeitos da relação jurídica, vem a ser a existência de um "desequilíbrio de posições jurídicas" e, como consequência, a necessidade de proteção da parte mais fraca. No Direito do Consumidor esse desequilíbrio é *estrutural* (intrínseco) à relação de consumo abstrata e concretamente considerada, o que justifica a necessidade de proteção *em todas* as situações jurídicas caracterizadas como relação de consumo; na concreta relação jurídica civil em que se aplicou o processo analógico, este se justifica tanto pela existência de desequilíbrio estrutural no modelo abstrato dessa relação – e.g. contratos de franquia empresarial (*franchising*)[375] – quanto pela existência de desequilíbrio circunstancial (identificado nas especificidades da relação jurídica concreta).

É fundamental, portanto, que o estudo da relação jurídica de consumo não se restrinja a mera apresentação dos seus elementos constitutivos, mas envolva um segundo esforço de análise a respeito: a) da compreensão do *sinalagma* enquanto característica fundamental dessa relação jurídica[376] e; b) da compreensão do conceito (e princípio) da vulnerabilidade dos consumidores no mercado de consumo (CDC, art. 4º, I).[377] Com efeito, entende-se que sem esse esforço não se pode apreender adequadamente a realidade do "desequilíbrio de posições jurídicas" (desequilíbrio estrutural) presente na relação jurídica de consumo e, de modo abstrato ou circunstancial, em outras relações obrigacionais civis.

Como será visto adiante, entende-se que o desequilíbrio estrutural da relação jurídica de consumo compõe o próprio sinalagma desta relação e, desse modo, representa não apenas um critério para a justificada extensão do campo de aplicação do CDC, mas também um critério distintivo entre situações que caracterizam um desequilíbrio "reconhecido e tolerável pela ordem jurídica" e aquelas que evidenciam um desequilíbrio "além do tolerável", um desequilíbrio *excessivo* da relação jurídica de consumo.[378]

2.1 ELEMENTOS SUBJETIVOS: OS SUJEITOS

A relação jurídica de consumo, abstrata ou concretamente considerada,[379] manifesta-se a partir dos seus elementos constitutivos, de natureza subjetiva (os sujeitos que se vinculam) e objetiva (os objetos, mediatos e imediatos, da vinculação). Deve-se ter presente, porém, que sendo tipificada e regulada por microssistema jurídico criado para a proteção *do consumidor* (CF, art. 5º, XXXII), a relação de consumo destaca-se mais pelo elemento subjetivo – notadamente, pela presença do *consumidor* enquanto sujeito que ocupa a posição jurídica de vulnerabilidade no mercado – do que pelo elemento objetivo, cuja análise ganha em importância na medida em que não se desvirtua da finalidade maior desse microssistema jurídico: a identificação e proteção do sujeito vulnerável.[380]

A primeira fase pela qual passou o Direito do Consumidor no Brasil pode ser compreendida como o momento de formação da efetividade do CDC na sociedade brasileira.[381] A nova lei passou a regular, a partir de março de 1991 (data do início de sua vigência), o especial campo das relações de consumo até então regido pelo sistema geral do direito privado, representado pelo Código Civil de 1916[382] que se fundamentava em "concepção individualista do direito",[383] típica da modernidade jurídica (anterior a sociedade de consumo contemporânea).[384] O CDC representou, portanto, "...verdadeira *revolução* no Direito brasileiro",[385] na medida em que trouxe a reconfiguração legislativa de institutos jurídicos fundamentais do direito privado como o *contrato* e a *responsabilidade civil*. Naquele contexto, era significativa a diferença entre e nova lei (pós moderna, ajustada aos desafios da contemporaneidade) e o antigo Código que se tornou, a partir edição e vigência do CDC, a lei destinada a regular (e proteger) os "não consumidores" nas relações obrigacionais civis.

A consequência desse descompasso histórico e qualitativo entre os dois sistemas jurídicos era previsível: todos os agentes econômicos, quando lesados em suas relações comerciais, passariam a invocar a condição de consumidores para obter os benefícios da lei protetiva.[386] Nesse sentido, e para evitar que o CDC deixasse de realizar sua função no sistema jurídico brasileiro, de identificar e proteger o sujeito vulnerável nas relações de consumo[387] (CF, art. 5º, XXXII c/c CDC, art. 4º, I), o legislador optou por definir os elementos constitutivos da relação de consumo, destacando-se a definição do sujeito constitucionalmente identificado como titular da especial tutela jurídica no CDC.[388]

2.1.1 O consumidor

A definição padrão[389] (*standard*[390] ou *stricto sensu*[391]) de consumidor (CDC, art. 2º, *caput*)[392] reúne três elementos fundamentais. O primeiro (*elemento subjetivo*) diz respeito à pessoa consumidora, pelo que o consumidor, no direito brasileiro, pode ser uma *pessoa física* ou *jurídica*;[393] o segundo (*elemento objetivo*) diz respeito ao ato de consumo realizado pela pessoa consumidora (aquisição ou utilização de produto ou serviço); por fim, o terceiro elemento (*teleológico*), corresponde à *finalidade* do ato de consumo: consumidor é o *destinatário final* do produto ou serviço.[394]

Em torno dessa definição legal, em especial quanto ao seu elemento teleológico, desenvolveu-se a conhecida divergência doutrinária entre os *maximalistas*, adeptos de uma interpretação mais objetiva e extensiva do CDC – compreendido como um "código do mercado",[395] aplicável na proteção de todos os adquirentes ou utentes de produtos ou serviços no mercado de consumo – e os *finalistas*, adeptos de uma interpretação mais subjetiva e restritiva do Código,[396] na qual o consumidor só poderia ser aquele que, não obstante o fato de adquirir ou utilizar produto ou serviço no mercado (*destinação fática*) o fizesse, quando pessoa física, para uso próprio ou de sua família e quando pessoa jurídica, fora de sua área de *expertise*, sem a finalidade lucrativa, i. e, a intenção de reintegrar o produto ou serviço na cadeia produtiva (*destinação econômica*).[397]

A divergência doutrinária, como não poderia deixar de ser, refletiu-se na jurisprudência, sobretudo a do STJ.[398] E se na primeira década de vigência do CDC houve predomínio da corrente maximalista[399] (motivado, em grande parte, pelo já citado descompasso histórico e qualitativo entre CDC e Código Civil de 1916),[400] verificou-se, a partir de meados da década seguinte, uma mudança de posicionamento[401] que resultou no predomínio atual da corrente finalista, embora sob duas variantes: o finalismo *tradicional*, apegado à necessidade da presença, no caso concreto, do elemento teleológico da definição de consumidor (o "destinatário final");[402] e o finalismo *aprofundado*, voltado, como regra geral, à proteção do destinatário final e, excepcionalmente, daqueles que, não gozando dessa qualidade (em especial, as pessoas jurídicas), apresentem posição concreta de vulnerabilidade que, pelas circunstâncias do caso, justifique a incidência das normas protetivas do CDC.[403]

A proteção jurídica do CDC, além do consumidor padrão (ou *stricto sensu*), estende-se também aos consumidores *equiparados* (CDC, arts. 2°, parágrafo único, 17 e 29),[404] i.e., a categorias de pessoas que *a priori* não se enquadram na definição padrão de consumidor,[405] compreendido como *contratante*[406] da aquisição ou utilização de produto ou serviço para *destinação final* (CDC, art. 2°, *caput*).[407]

Assim sendo, a primeira definição de consumidor equiparado (CDC, art. 2°, parágrafo único),[408] referindo-se a "coletividade de pessoas, ainda que indetermináveis", tem a função de enunciar genericamente os titulares da tutela *coletiva* de direitos a que também se propõe o CDC. É, portanto, "...norma genérica, interpretadora, aplicável a todos os capítulos e seções do Código",[409] mas sobretudo aos que tratam da tutela coletiva dos direitos dos consumidores,[410] sejam estes de natureza transidividual (CDC, art. 81, parágrafo único, I e II) ou individual homogênea (CDC, art. 81, parágrafo único, III).[411] Além disso, cumpre observar que a "intervenção" dessa coletividade nas relações de consumo – referida no dispositivo legal em comento como justificadora da tutela jurídica do CDC – não necessita ser, como ocorre na figura do consumidor padrão, a realização de efetivo ato de consumo (aquisição ou utilização efetiva de produto ou serviço), pois é suficiente a mera sujeição (exposição) dos consumidores às práticas dos fornecedores no mercado de consumo.[412] Essa orientação, como será visto na sequência, vai influenciar a interpretação acerca das outras definições de consumidores equiparados, que são mais específicas.

Nesse sentido, a equiparação prevista no art. 17[413] está relacionada especificamente ao tema da responsabilidade civil dos fornecedores por produtos ou serviços defeituosos (CDC, arts. 12 a 17 e 27).[414] A finalidade dessa norma equiparadora é estender os efeitos da responsabilidade civil não apenas aos consumidores destinatários finais (CDC, art. 2º, *caput*) mas a todas as pessoas que, uma vez expostas à situação de risco gerada pela atividade do fornecedor, acabam lesadas pelo acidente de consumo, fruto do produto ou serviço defeituoso.[415] Assim, as "vítimas do evento" (*bystanders*), apesar de estranhas à relação contratual entre fornecedor e consumidores *stricto sensu*, não podem ser compreendidas como "terceiros", pois a equiparação as torna consumidoras, i.e., sujeitos da relação jurídica cujo fato gerador não é propriamente uma relação contratual,[416] mas um "comportamento social típico"[417] (ou, como ensina Pasqualotto, um "contato social de consumo"[418]), caracterizado pela situação de exposição (risco) ao acidente de consumo. Em outros termos, vale dizer que o art. 17 (como também o art. 29) realiza o que Marques denomina a "superação do *status* de terceiro",[419] pois "...a preocupação da lei é antes com o alto caráter ofensivo e danoso da atividade (risco) do que com a identificação do elemento subjetivo da relação jurídica".[420]

A mesma linha de raciocínio está presente na equiparação prevista no art. 29,[421] embora sua incidência ocorra em situações distintas da responsabilidade civil (destina-se à proteção dos consumidores contra a atuação abusiva dos fornecedores no mercado de consumo, por meio de práticas pré ou pós-contratuais, ou pelo próprio conteúdo contratual abusivo – CDC, arts. 30 a 54).[422] Vale dizer que a função da norma equiparadora também é extensiva, pois pretende alcançar sujeitos que, mesmo dispersos em uma coletividade indeterminável de pessoas, possam ser protegidos pelas normas do Código, mais em razão da posição de vulnerabilidade que apresentam do que pela caracterização típica de consumidores como "destinatários finais" do produto ou serviço (CDC, art. 2º, *caput*).[423]

Assim sendo, se a definição prevista no art. 29 – considerada, pela extensão dos fatos objeto de sua incidência, "...tão ou mais importante do que o conceito de consumidor do art. 2º"[424] – fundamentou, na primeira década de vigência do CDC, a possibilidade de aplicação desta lei para proteger indiscriminadamente as pessoas jurídicas "destinatárias finais fáticas" de produtos e serviços (doutrina maximalista),[425] é atualmente invocada como norma justificadora de um *finalismo aprofundado*,[426] compreendida como verdadeira "cláusula de analogia",[427] pela qual se concede aplicação *excepcional* do CDC[428] às pessoas físicas e jurídicas que, no caso concreto, estejam em comprovada situação de vulnerabilidade perante o outro agente econômico,[429] ainda que sua posição jurídica não se enquadre no suporte fático do art. 2º, *caput*, CDC, i.e., que não sejam "destinatárias finais" (fáticas e econômicas) do produto ou serviço.[430]

Resumindo: a interpretação que atualmente vem se colocando como tendência na jurisprudência brasileira (sobretudo no STJ),[431] é a que compreende o Direito do Consumidor como ramo jurídico destinado, em primeiro plano, à proteção dos sujeitos *vulneráveis* (CDC, art. 4º, I), porque *destinatários finais* (*fáticos e econômicos*) de produtos e serviços, i.e., dos consumidores *stricto sensu* (CDC, art. 2º, *caput*). Contudo, e por força da "cláusula de analogia"[432] prevista no CDC (art. 29), reconhece-se a possibilidade de, excepcionalmente, desconsiderar a ausência do elemento teleológico da definição de consumidor (a "destinação final") em razão da existência, no caso concreto, de uma posição jurídica de vulnerabilidade, protegendo-se assim os "vulneráveis não consumidores" contra práticas abusivas no mercado de consumo, além da já mencionada extensão da responsabilidade dos fornecedores por acidentes de consumo (CDC, art. 17).

Vale dizer, o consumidor é o destinatário fático e econômico de produtos e serviços no mercado de consumo (CDC, art. 2º, *caput*), mas a proteção das normas do CDC pode alcançar, além do consumidor *stricto sensu*, todas as pessoas (físicas ou jurídicas) que a ele se equiparem pela existência da situação concreta de *vulnerabilidade*,[433] seja no âmbito da responsabilidade civil (CDC, art. 17), seja no das práticas abusivas (CDC, art. 29).[434]

2.1.2 O fornecedor

A relação jurídica de consumo compõe-se também do sujeito *fornecedor*.[435] A definição jurídica de fornecedor (CDC, art. 3º, *caput*)[436] indica que este é pessoa física ou jurídica (e, inclusive, "ente despersonalizado")[437] que atua no mercado de consumo com *profissionalidade* – e, regra geral, com *habitualidade*[438] – ocupando a posição jurídica dominante na relação de consumo em razão de sua superioridade técnica, econômica (regra geral) e jurídica frente aos consumidores. A definição é significativamente ampla,[439] alcançando os profissionais liberais (fornecedores pessoas físicas)[440] e as pessoas jurídicas em geral (nacionais e estrangeiras, públicas[441] e privadas), não se restringindo, quanto às pessoas jurídicas privadas, apenas ao fornecedor empresário,[442] já que a característica da "profissionalidade", sobretudo no fornecimento de *serviços* (CDC, art. 3º, § 2º), não está necessariamente vinculada a uma atividade lucrativa, mas a uma atividade profissional e *remunerada* pelo consumidor. Em outros termos, vale dizer que também as *associações* e *fundações*, não obstante desenvolvam, por sua natureza, atividades sem finalidade lucrativa, também podem ser consideradas fornecedoras (e.g. algumas universidades privadas cuja constituição jurídica se dá, não raras vezes, na forma de fundação).[443]

Sobre a definição jurídica de fornecedor há ainda dois importantes aspectos a considerar. O primeiro diz respeito à regulação, pelo CDC, de determinadas *atividades* que, embora relacionadas às típicas atividades econômicas e profissionais do fornecimento de produtos e serviços (CDC, art. 3º, *caput* c/c arts. 12, 13 e 14, *caput*),[444] com estas não se confundem (e.g. a atividade de gerenciamento dos bancos de dados e cadastros de consumidores – CDC, art. 43; a atividade de veiculação da mensagem publicitária – CDC, art. 36 a 38; a atividade de cobrança de dívidas – CDC, art. 42 etc.), razão pela qual os agentes econômicos prestadores dessas atividades intermediárias ao fornecimento principal de produtos e serviços têm sido denominados pela doutrina de *fornecedores equiparados*.[445] Com efeito, sustenta-se que a existência de normas no CDC a respeito dessas atividades evidencia que os seus prestadores, ainda que não estabeleçam relação contratual com os consumidores[446] e não percebam remuneração destes, devem se submeter ao microssistema jurídico de proteção dos consumidores da mesma forma que os típicos fornecedores.

Nesse sentido, pode-se afirmar que o fornecedor "... é visto como quem exerce a atividade especificamente regulada e não mais de modo genérico como aquele que atua profissionalmente (mediante remuneração) no mercado de consumo".[447] E do mesmo modo que a equiparação jurídica torna efetivamente consumidora uma coletividade de pessoas (CDC, arts. 2º, parágrafo único; 17 e 29), também a equiparação de determinados agentes econômicos – por força da específica regulação de sua *atividade* no CDC[448] – os torna efetivamente *fornecedores*, inexistindo, portanto, a posição jurídica de "terceiro" em relação ao vínculo de consumo estabelecido entre consumidores e fornecedores *stricto sensu*.

O segundo aspecto, que de certo modo está relacionado ao primeiro, é a necessidade de compreender a definição de fornecedor (em sentido estrito e equiparado) a partir da realidade denominada *"cadeia de fornecimento"*, que aparece na definição legal das típicas atividades de fornecimento de produtos e serviços pelo CDC (art. 3º, *caput*) e justifica, do ponto de vista fático, o sistema de *solidariedade obrigacional* que o CDC impõe aos fornecedores típicos e equiparados[449] (CC, art. 267 c/c CDC, arts. 7º, parágrafo único; 12 a 14; 18 a 20 e; 34).

A propósito, ensina Marques que

> A cadeia de fornecimento é um fenômeno econômico de organização do modo de produção e distribuição, do modo de fornecimento de serviços complexos, envolvendo grande número de atores que unem esforços e atividades para uma finalidade comum, qual seja a de poder oferecer no mercado produtos e serviços para os consumidores. O consumidor muitas vezes não visualiza a presença de vários fornecedores, diretos e indiretos, na sua relação de con-

sumo, não tem sequer consciência – no caso dos serviços, principalmente – de que mantém relação contratual com todos ou de que, em matéria de produtos, pode exigir informação e garantia diretamente daquele fabricante ou produtor com o qual não mantém contrato.[450]

O fenômeno econômico da cadeia de fornecimento na sociedade de consumo contemporânea traz, segundo Marques,[451] dois importantes reflexos para as relações de consumo. Em primeiro lugar, percebe-se, sobretudo nos contratos de duração prolongada no tempo envolvendo *serviços*,[452] a existência de "relações *pós-personalizadas*", i.e., de vínculos entre consumidores e cadeias de fornecedores (notadamente, de "...grandes grupos, com grandes marcas consolidadas, como empresas de transporte, consórcios 'da fábricas de automóveis', cadeias de restaurantes, hotéis, bancos múltiplos, cartões de crédito e outros"[453]), onde estes se identificam menos por sua personalidade jurídica do que pela ideia (marca) que colocam (e representam) no mercado de consumo.[454] Assim, quando o consumidor contrata a aquisição ou utilização de produto ou serviço (este, em especial, de duração prolongada no tempo) sua legítima expectativa (confiança) está propriamente no símbolo (na marca/ideia) que representa toda uma cadeia de fornecedores, sejam estes *stricto sensu* (fabricantes, comerciantes, prestadores de serviço etc.) ou mesmo fornecedores *equiparados*, que intervém, de algum modo, na relação de consumo (e.g. um provedor de acesso ou uma rede social na *internet* que "disponibiliza" anúncios publicitários de produtos e serviços).

Essa *re(pós)personalização* do fornecedor diante dos consumidores, caracterizada pela "confiança na marca", torna-se "... um novo fator de garantia para o consumidor, em que suas expectativas ligadas àquela marca específica e nesta relação específica prevalecerão".[455] No contexto de uma sociedade de consumo *globalizada*,[456] esse fator deve ser levado em conta na extensão da responsabilidade dos fornecedores, sendo significativo, nesse sentido, o *leading case* (STJ) onde a filial brasileira de empresa (marca) multinacional de produtos eletrônicos foi solidariamente responsabilizada por vício no produto adquirido por consumidor brasileiro no exterior.[457]

As relações "pós-personalizadas" estão ligadas ainda à *catividade*[458] enquanto prática de mercado e elemento caracterizador de certos tipos contratuais envolvendo prestação de serviços, denominados "contratos cativos de longa duração".[459] A propósito, reconhece Kuhn que

> A nova realidade contratual substituiu a chamada vontade livre pela catividade, entendida como uma dependência gerada pelos riscos inerentes de uma sociedade complexa e fortalecidos pela oferta, sobretudo de serviços, que prometem mais segurança ante a imprevisibilidade do futuro. Esse fenômeno alimenta o consumo, pois acaba criando novas necessidades e estabelece um novo modelo de contrato não mais instantâneo, mas de execução que se prolonga no tempo, por sua própria natureza.[460]

O segundo reflexo da cadeia de fornecimento relaciona-se ao primeiro. Com efeito, as relações "pós-personalizadas" e de "catividade" entre consumidores e a cadeia de fornecimento representada ("personificada") por determinada marca nacional ou multinacional existente no mercado, potencializam-se na complexidade das *redes e grupos contratuais* aos quais os consumidores se submetem para a aquisição ou utilização de produtos e, sobretudo, de serviços.[461] Tem-se, assim, a chamada "*conexidade (ou coligação) contratual*",[462] que impõe uma nova compreensão das relações de consumo a partir de uma "visão sistêmica",[463] centrada na totalidade do processo obrigacional[464] e, sobretudo, na presença de uma *predominante finalidade de consumo* das relações contratuais estabelecidas pelos consumidores com os integrantes da rede/grupo de fornecimento (o chamado "conjunto contratual"[465]). Como ensina Marques:

> A visão da conexidade contratual das operações econômicas intermediárias e anexas ao consumo complexo de produtos e serviços dos dias hoje é uma necessidade. Os contratos conexos são aqueles cuja finalidade é justamente facilitar ou realizar o consumo (...) Destaque-se, pois, que hoje podemos classificar as relações de consumo como relações de consumo principal (por finalidade de consumo) e relações de consumo por conexidade, por catividade, por acidente (art. 17 do CDC) e incidentais (art. 29 e art. 2º, parágrafo único do CDC) (...) E assim, se uma das atividades (ou um dos fins) é de consumo, acaba por 'contaminar', por determinar a natureza acessória de consumo da relação ou do contrato comercial (...) A conexidade é, pois, o fenômeno operacional econômico de multiplicidade de vínculos, contratos, pessoas e operações para atingir um fim econômico unitário e nasce da especialização das tarefas produtivas, da formação de redes de fornecedores no mercado e, eventualmente, da vontade das partes.[466]

Em suma: pode-se dizer que a relação de consumo é composta por sujeitos que atuam no mercado com finalidades e de modos absolutamente distintos. Conclui-se, portanto, que:

> Relação jurídica de consumo é uma só, porque é típica: aquela em que intervem dois sujeitos com qualificações distintas, um como fornecedor (sujeito que desenvolve atividade econômica) e outro como destinatário final (sujeito que não desenvolve atividade econômica). Quando ambos desenvolvem atividade econômica, relação de consumo não haverá (...) consumidor é o sujeito que, sendo o destinatário final da produção, adquire um produto ou contrata um serviço fora do exercício de qualquer atividade econômica, praticando apenas *atos de consumo*. Não existem *atividades de consumo*.[467]

A distinção entre os sujeitos da relação de consumo é fundamental para a caracterização de uma concreta situação jurídica como relação de consumo, i.e., como relação entre o sujeito profissional (que realiza atividade econômica) e o destinatário fático e econômico de produtos e serviços (que realiza ato de consumo). Com efeito, a relação de consumo – perceptível, como visto, a partir de seus sujeitos (consumidores e fornecedores *stricto sensu*) – segue sendo o principal critério, a regra geral na delimitação do campo de aplicação das normas do CDC.⁴⁶⁸ embora a extensão desse campo de aplicação por meio das equiparações de consumidores e fornecedores justifique-se por critérios distintos: no caso dos consumidores equiparados, pela concreta situação de *vulnerabilidade*;⁴⁶⁹ no caso dos fornecedores equiparados, pela regulação de suas *atividades* no CDC, revelando a influência desses agentes na *cadeia de fornecimento* de produtos ou serviços.⁴⁷⁰

2.2 ELEMENTOS OBJETIVOS: OS OBJETOS (IMEDIATOS E MEDIATOS)

A vinculação dos sujeitos da relação de consumo (consumidores e fornecedores em sentido estrito ou equiparados) ocorre em razão dos objetos que caracterizam essa relação jurídica. Como já analisado, os objetos das relações jurídicas em geral são: a) os bens jurídicos que justificam os interesses patrimoniais e extrapatrimoniais das pessoas e, portanto, da própria vinculação (*objetos imediatos*) e; b) os comportamentos (condutas, atividades), comissivos ou omissivos, que as pessoas exercem em razão dos bens jurídicos considerados em determinada relação jurídica (*objetos mediatos*).

2.2.1 Objetos imediatos: produto, serviço e remuneração do consumidor

Em relação aos bens jurídicos da relação de consumo (objetos imediatos) ocupou-se o CDC em defini-los expressamente, mantendo-se a linha das definições de alcance extensivo utilizada para os sujeitos dessa relação.⁴⁷¹ Sobre a definição de *produto* (CDC, art. 3º, § 1º)⁴⁷² importa destacar dois aspectos. O primeiro diz respeito à relação entre essa definição e a de "bens consumíveis", prevista no art. 86 do Código Civil.⁴⁷³ Pela definição civilista os bens podem ser consumíveis *de fato* (os móveis cuja utilização importa na sua imediata destruição) ou *de direito* (os móveis destinados à alienação),⁴⁷⁴ sendo que apenas o segundo critério, de natureza econômica, identifica-se com a definição de produto no CDC, na medida em que não é essencial para esta definição o critério da "não durabilidade".⁴⁷⁵ Em outros termos, é o critério econômico (estar no mercado para aquisição ou utilização por um destinatário fático e econômico) que prevalece na definição jurídica de produto no CDC e não o fático (consumação pelo uso).⁴⁷⁶

O segundo aspecto na definição de produto é a extensão do conceito para os bens materiais de natureza *imóvel*⁴⁷⁷ e ainda para os bens *imateriais*. Segundo Miragem, a importância maior da expressa previsão dos bens imóveis como produtos está no fato de que "...implica a aplicação das normas do CDC também a contratos imobiliários, assim como àqueles conexos com estes, como é o caso dos contratos de empréstimo ou financiamento para aquisição do bem imóvel".[478] Assim, as normas do CDC incidem sobre contratos como os de incorporação imobiliária[479] e os contratos bancários (financeiros) que, sendo conexos aos primeiros, viabilizam a aquisição do imóvel pelos consumidores.[480]

Há, contudo, que se dar atenção especial aos contratos de *locação*, especialmente se esta for *residencial* e se houver participação de agente profissional intermediando a contratação (imobiliária). Com efeito, ainda que haja posição jurisprudencial afastando a incidência do CDC nessa relação contratual (atualmente regida pela Lei 8.245/91 e, subsidiariamente, pelo próprio Código Civil de 2002),[481] entende-se como correta a posição contrária, de sujeitar as imobiliárias às normas do CDC, pelo reconhecimento de que ocupam a posição jurídica de *fornecedor*[482] e que, portanto, estabelecem com os sujeitos do contrato principal (locação) e do contrato acessório (fiador) efetiva relação *de consumo*.[483]

Além dos bens materiais (móveis e imóveis) a definição de produto no CDC estende-se também aos bens *imateriais*. Com efeito, viu-se que um dos traços marcantes da sociedade de consumo contemporânea (pós moderna) é a influência da "cultura técnico científica", por meio da qual a aquisição e utilização das atuais *tecnologias da informação* (em especial, a *internet*) tornam-se necessidades cotidianas dos consumidores,[484] na medida em que o "meio virtual" permite o acesso a novos espaços (meios) de comunicação, entretenimento (e.g. as redes sociais virtuais[485]) e contratação de produtos e serviços (o "comércio eletrônico"[486]). No caso da contratação por meio virtual, observa-se que, em muitos casos, "...as prestações contratuais dos contratos informáticos são imateriais, como o fornecimento de *software,* de jogos, de filmes e de músicas",[487] situação onde se pode falar em produto *imaterial*.[488]

O CDC também estabeleceu que os *serviços* são bens jurídicos (objetos mediatos) da relação de consumo (CDC, art. 3º, § 2º).[489] A importância maior da expressa regulação dos serviços como objeto das relações de consumo está no fato de que eles constituem, juntamente com os produtos imateriais, os objetos de maior interesse (e necessidade) na sociedade de consumo contemporânea. Assim, além da valorização dos bens imateriais adquiridos por meio eletrônico, é característico da atual sociedade de consumo a busca dos consumidores pelo "... desmaterializado 'fazer' dos serviços, da comunicação, do lazer, da segurança, da educação, da saúde, do crédito",[490] refletindo-se essa tendência, inclusive, no expressivo e crescente número de demandas judiciais envolvendo prestação e consumo de serviços.[491]

A prestação de serviços é, de fato, uma atividade essencial para a própria dinamização do mercado de consumo, i. e, para a efetivação das relações de troca entre consumidores e fornecedores. Rizzatto Nunes, a propósito, observa que "não se vende produto sem serviço",[492] na medida em que a causa principal do contrato, o adimplemento da prestação de dar (a entrega do produto) pelo fornecedor, depende, regra geral, da realização de uma ou mais atividades (de "fazeres"), como o serviço de transporte ("frete") para entrega do produto ao consumidor que realiza contratação pela *internet*. Por outro lado, nos contratos onde a causa principal é a prestação do serviço, esta pode exigir, para sua adequação e qualidade, o adimplemento de prestação de dar acessória, como e.g. nos serviços de "TV a cabo", que necessitam da disponibilização de certos equipamentos (bens materiais, produtos) aos consumidores usuários. Nesse sentido, em que pese a extensão da definição legal de serviço no CDC (art. 3º, § 2º),[493] importa destacar a definição estabelecida por Marques, reveladora da complexidade que representa a relação entre o fornecimento de produtos e serviços, onde o fator determinante é a *causa principal* da contratação para o consumidor (se o "dar" dos produtos ou o "fazer" dos serviços):

> Fornecimento de serviços ou contrato de serviços é o negócio jurídico que propiciar ao titular ou que envolver a prestação de um fazer economicamente relevante, de um ato ou de uma omissão útil e interessante no mercado de consumo, de uma atividade remunerada direta ou indiretamente, um fazer imaterial e principal, que pode ou não vir acompanhado ou complementado por um dar ou pela criação ou entrega de bem material acessório a este fazer principal, fazer que é, em verdade, a causa de contratar e a expectativa legítima do consumidor frente ao fornecedor.[494]

Percebe-se então que a definição legal de serviço no CDC (art. 3º, § 2º), juntamente com a importante contribuição doutrinária de Marques, apontam para três aspectos fundamentais desse tema. O primeiro deles está relacionado ao fato de que os serviços são atividades prestadas mediante *remuneração do consumidor*, o que significa que esta também é, ao lado dos produtos e serviços, objeto imediato das relações de consumo, evidenciando a natureza *onerosa* desta relação jurídica típica,[495] em especial na prestação de serviços, pois estes são atividades *remuneradas* (direta e indiretamente)[496] pelos consumidores.[497]

Consequentemente, os outros dois aspectos fundamentais são: b) os serviços são atividades relacionadas apenas com o *mercado de consumo*;[498] c) a prestação (o "fazer") de serviços, embora possa vir acompanhada de um prestação acessória envolvendo produto (um "dar"), representa, para o consumidor, a *causa principal* da contratação, o fundamento de suas expectativas legítimas, vinculadas a seus *interesses de natureza patrimonial* ou *extrapatrimonial*. Sobre esse último aspecto (os *interesses* do consumidor), convém notar que os consumidores, em vista da natureza onerosa dos contratos de consumo,[499] assumem prestações recíprocas, cujo conteúdo é economicamente mensurável, i. e, tem sempre natureza *patrimonial*. Contudo, o *interesse* que eles possuem na contratação poderá ter natureza patrimonial (e.g. a contratação de *crédito* para quitar dívida no cheque especial ou no cartão de crédito) ou extrapatrimonial (e.g. contratação de *plano/seguro saúde*, de *curso educacional*, de *pacote turístico* etc.).[500]

2.2.2 Objetos mediatos: atos de consumo, atividades típicas de fornecimento e atividades profissionais (econômicas) equiparadas

Por fim, cumpre analisar os objetos *mediatos* das relações de consumo. Como já observado, eles constituem os comportamentos – ou as *prestações* – que consumidores e fornecedores exercem em razão dos bens jurídicos que constituem essa relação jurídica (produtos, serviços e remuneração). Nesse sentido, pode-se dizer que as relações de consumo envolvem, da parte dos consumidores, efetivos *atos de consumo* (CDC, art. 2º, *caput*) e *situações de exposição* aos efeitos da sociedade de consumo (CDC, arts. 17 e 29); da parte dos fornecedores, envolvem *atividades profissionais (econômicas) típicas da cadeia de fornecimento* (CDC, art. 3º, *caput*) e *atividades profissionais (econômicas) equiparadas*, como o gerenciamento dos bancos de dados e cadastros de consumidores e a veiculação de mensagens publicitárias.[501]

2.3 CARACTERÍSTICA FUNDAMENTAL: O SINALAGMA

2.3.1 Relação jurídica e mercado de consumo

As relações entre consumidores e fornecedores, como observado anteriormente, são vínculos jurídicos estabelecidos *no mercado de consumo*. Com efeito, o CDC expressamente se refere aos serviços como atividades prestadas *no mercado de consumo* (art. 3º, §2º) e reconhece os consumidores como vulneráveis *no mercado de consumo* (art. 4º, I), de modo que quaisquer relações existentes fora deste contexto não podem ser caracterizadas como relações de consumo, afastando-se, em princípio, a incidência das normas de proteção dos consumidores.[502] Bessa, a propósito, reconhece que a polêmica doutrinária e jurisprudencial a respeito da prestação de *serviços públicos* como objeto das relações de consumo tem, como pano de fundo, a noção de "mercado de consumo", pois os que defendem a não aplicação do regime jurídico do CDC a determinadas prestações de serviços públicos (como aqueles remunerados por *impostos*) justificam sua posição no sentido de que a relação jurídica entre Poder Público e cidadão é relação de natureza *tributária*, onde o tributo é cobrado compulsoriamente, não havendo a necessária *equivalência* de prestações, típica de uma relação de mercado,[503] como será visto a seguir.

Assim sendo, percebe-se que a adequada compreensão das relações de consumo deve necessariamente passar pela análise acerca do que seja o "mercado de consumo". Segundo Martins-Costa, as reflexões a respeito do conceito de mercado sugerem duas hipóteses gerais, que a jurista denomina "concepção naturalista" (o mercado como "regime natural das relações econômicas", apartado das escolhas políticas e do controle jurídico) e "concepção artificial ou normativa" (o mercado como "regime normativo das atividades econômicas", resultado de opções político-econômicas e delimitado pela ordem jurídica).[504] Sem a pretensão de aprofundar essas reflexões, pelas limitações da presente pesquisa, percebe-se que o *mercado de consumo* a que se refere o CDC não é uma "ordem absolutamente espontânea da sociedade", atemporal e apolítica, mas compreende-se como uma das especificidades do gênero "mercado" em sua concepção *normativa*, pela qual "...o Direito, enquanto emanação de bem precisas escolhas políticas (...) instrumenta o desenvolvimento das relações de mercado e instrumenta, por igual, a atuação do próprio Estado".[505]

O mercado de consumo é, portanto, ambiente de *trocas econômicas* regulado pelo Direito,[506] ambiente que se projeta "... por toda cadeia produtiva, dominando todas as relações sociais voltadas à transformação de bens e troca de mercadorias".[507] Ao mesmo tempo, é ambiente marcado pela assimetria nas posições jurídicas dos sujeitos que nele atuam. Consequentemente, se as relações de consumo são vínculos jurídicos inseridos nesse quadro econômico e social, devem ser então compreendidas a partir de dois aspectos: a) da presença da *bilateralidade* (reciprocidade, interdependência e equivalência econômica) de prestações entre consumidores e fornecedores[508] e; b) da presença do *desequilíbrio* estrutural (assimetria nas posições jurídicas) entre consumidores e fornecedores. Com efeito, são esses dois aspectos que constróem o conceito de *sinalagma*, característica fundamental das relações de consumo.

2.3.2 Sinalagma na relação jurídica de consumo: bilateralidade e desequilíbiro estrutural

A bilateralidade é aspecto que tradicionalmente caracteriza a noção de sinalagma nas relações contratuais privadas,[509] seja em contratos paritários (e.g. contratos entre particulares ou, regra geral, os interempresariais) ou naqueles com desequilíbrio estrutural (e.g. os contratos de consumo). Com efeito, ensina Martins-Costa que:

> O sinalagma é a característica principal dos contratos que se classificam como bilaterais, configurando a dependência recíproca das obrigações. Esta dependência recíproca, verificando-se desde a formação do contrato, diz-se genética. Nos contratos de longa duração, de modo especial, transmuda-se em dependência funcional, ou sinalagma funcional, o qual

acompanha as vicissitures provocadas nos contratos que se projetam no tempo, a fim de manter a relação original de interdependência recíproca das obrigações.[510]

O sinalagma enquanto bilateralidade revela a necessidade de proporção (equilíbrio) na relação jurídica, tanto na formação e conclusão do vínculo contratual quanto na fase de cumprimento (execução) dos seus efeitos. A "causa sinalagmática"[511] revela-se, portanto, na reciprocidade de vantagens e sacrifícios assumidos na relação contratual, i.e., "al hablar de contraprestación ser alude a la proporción existente entre la relación de la prestación con la contraprestación".[512] Essa reciprocidade, que diz respeito a prestações de conteúdo patrimonial,[513] relaciona-se à expectativa dos contratantes na "equivalência econômica" do contrato, uma expectativa na existência do sinalagma genético[514] e na manutenção do sinalagma funcional. Como bem observa Ferreira da Silva, a "causa sinalagmática" nas relações contratuais

> ...serviria de justificativa para (a) a manutenção da relação contratual originada pela vontade, sempre que o sinalagma permanecesse presente na fase funcional; para (b) a mitigação desta relação, quando desaparecesse ao longo da execução do contrato; ou, até mesmo para (c) reestruturar a relação contratual em determinados casos.[515]

Assim sendo, pode-se dizer que a inexistência ou perda do sinalagma enquanto bilateralidade contratual (reciprocidade/equivalência econômica) configura situação de desequilíbrio do vínculo jurídico, ensejando sua recomposição ou, quando esta for impossível ou inútil, sua extinção.[516]

Outra questão importante nesse tema é a necessária distinção entre os conceitos de "bilateralidade" e "comutatividade". Com efeito, se os contratos chamados *comutativos* são necessariamente bilaterais (ou onerosos[517]), a recíproca não é verdadeira. Aguiar Júnior, a propósito, ensina que os contratos onerosos "...podem ser 'comutativos', conhecendo as partes o grau de onerosidade correspectiva que lhes toca, ou 'aleatórios', quando a possibilidade do ganho ou da perda é uma álea, como nos contratos de aposta ou seguro".[518] Vale dizer que a comutatividade corresponde à certeza dos contratantes quanto à reciprocidade de suas vantagens e sacrifícios em razão da natureza do negócio. Nesse sentido, se não há certeza dessa reciprocidade por conta de determinado risco (álea) interente à natureza do negócio, significa que a comutatividade não está presente e o contrato oneroso assume natureza diversa: trata-se de contrato *aleatório*.[519] Assim, importa destacar que no campo das relações de consumo a generalidade dos contratos tem natureza comutativa (e.g. a compra e venda ou locação de produtos, a prestação de serviços em geral etc.), mas há também os de natureza aleatória (e.g. os contratos de seguro em geral – CC, arts. 757 a 802; os jogos e apostas legalmente permitidos, como loterias mantidas por instituições financeiras credenciadas – CC, art. 814, § 2º).

Por fim, cumpre observar que o sinalagma nas relações de consumo, não obstante a importância do aspecto da "bilateralidade contratual" (proporção/ equivalência econômica de prestações), deve ser construído também a partir do aspecto de *desequilíbrio estrutural* caracterizador dessas relações jurídicas.

Como ensina Lorenzetti

> A noção de consumidor se relaciona com o ato de consumo, e não especificamente com a qualidade de credor ou devedor, numa obrigação ou com um contrato em particular (...) Leva em consideração especificamente a posição de debilidade estrutural no mercado. Nos casos anteriores se considerava uma falha conjuntural do mercado, a situação na qual um devedor é débil devido a circunstâncias do caso. Agora, ao contrário, pretende-se apreciar uma posição permanente.[520]

Nesse sentido, ganha importância a afirmação de Marques, segundo a qual o sinalagma "...não significa apenas bilateralidade, como muitos acreditam (...), mas sim contrato, convenção, é um modelo de organização (*Organisationsmodell*) das relações privadas".[521] Em outros termos, pode-se dizer que a "bilateralidade" (proporção/equivalência econômica entre as prestações contratuais) revela-se insuficiente para explicar o sinalagma em relações jurídicas marcadas pelo desequilíbrio estrutural de posições jurídicas, onde a visão deve ser mais ampla, abrangendo outros aspectos que estão diretamente associados a esse desequilíbrio intrínseco e a própria estrutura da relação de consumo.

Em primeiro lugar, nota-se como o sinalagma genético de uma relação contratual de consumo não se origina de um "equilíbrio de vontades", mas do *consentimento* objetivamente manifestado pelo consumidor a condições contratuais previamente estabelecidas;[522] ao mesmo tempo, percebe-se que a própria tipicidade da relação de consumo não reúne, em seu suporte fático, a exigência de estrutura contratual,[523] destacando-se a existência de relações de consumo "paracontratuais",[524] decorrentes de "comportamentos socialmente típicos"[525] (ou "contatos sociais de consumo"[526]) como a oferta/publicidade, na qual se exige a presença do sinalagma, uma vez que já há vínculo jurídico entre o fornecedor ofertante e os consumidores (CDC, art. 30).

Esses dois aspectos parecem impor uma visão distinta acerca do sinalagma funcional das relações (contratuais ou paracontratuais) de consumo, uma visão que se volta, necessariamente, para a proteção jurídica das *expectativas legítimas* que a parte mais fraca da relação, por um "juízo de necessidade social", deposita na atuação da parte mais forte, projetando-se ainda: a) como expectativa na própria dinâmica do mercado de consumo e; b) na efetividade do ordenamento jurídico quanto à finalidade de proteção dos seus direitos.[527] Assim, afirma-se que o "modelo de organização"[528] do mercado (e do contrato) de consumo faz com que "o prometido e esperado"[529] (as expectativas legítimas dos consumidores) seja, enfim, a "base mínima (objetiva) da relação",[530] o fator constitutivo do sinalagma que caracteriza a relação de consumo.

Conclui-se, portanto, que o desequilíbrio estrutural da relação de consumo não é a negação do sinalagma, mas fator constitutivo deste.[531] Ao contrário, as situações de desequilíbrio *excessivo* representam a inexistência ou a perda do sinalagma das relações contratuais (ou paracontratuais) de consumo, comprometendo o "equilíbrio mínimo" esperado para essas relações jurídicas (CDC, art. 4º, III)[532] e exigindo, por esse motivo, a necessária intervenção estatal para a sua garantia (CF, art. 5º, XXXII).[533]

Parte II
RELAÇÃO JURÍDICA DE CONSUMO: DO DESEQUILÍBRIO ESTRUTURAL AO DESEQUILÍBRIO EXCESSIVO

3
O DESEQUILÍBRIO ESTRUTURAL DA RELAÇÃO JURÍDICA DE CONSUMO: UMA ANÁLISE A PARTIR DO PRINCÍPIO DA VULNERABILIDADE DOS CONSUMIDORES

A análise da definição legal de consumidor no CDC revelou que esta lei, embora destinada à proteção do destinatário fático e econômico de produtos e serviços (em especial, se pessoa física), é também vocacionada para a excepcional tutela de destinatários meramente fáticos (compreendidos como "consumidores profissionais" ou "intermediários"[534]), desde que comprovada sua *concreta situação de vulnerabilidade*, traduzida como situação de exposição a acidentes de consumo provocados por produtos ou serviços defeituosos (CDC, art. 17) e a práticas abusivas no mercado de consumo (CDC, art. 29). Isso significa, como já se observou, que a existência da situação de vulnerabilidade, justamente porque traduz um *desequilíbrio* entre as posições jurídicas dos sujeitos de determinada relação, é o critério justificador da aplicação analógica do microssistema jurídico de proteção dos consumidores *stricto sensu* (CDC, art. 2º, *caput*) para aquelas pessoas, físicas e jurídicas, que se equiparam aos primeiros.

O presente Capítulo pretende analisar o desequilíbrio constitutivo do *sinalagma* presente na relação de consumo – o desequilíbrio *estrutural* (intrínseco) desta relação – a partir do princípio da *vulnerabilidade* dos consumidores (CDC, art. 4º, I) e dos fatores (causas) sociais que justificam o reconhecimento jurídico desse status nas relações de consumo.

3.1 O CONCEITO DE VULNERABILIDADE E O RECONHECIMENTO JURÍDICO DA VULNERABILIDADE DOS CONSUMIDORES NO MERCADO DE CONSUMO

3.1.1 A vulnerabilidade humana e seu reconhecimento jurídico

A ideia (ou percepção) da vulnerabilidade humana inspirou, desde a Antiguidade, reflexões de ordem filosófica[535] que, em essência, traduzem sua ideia (ou percepção) contemporânea. Nesse sentido, a vulnerabilidade, compreendida como uma qualidade própria do ser humano,[536] representa a possibilidade de exposição a situações de sofrimento e de morte,[537] em razão do meio social ou de influências da própria natureza. Em outros termos, a percepção da vulnerabilidade humana vem a ser a de uma "vítima em potencial",[538] tanto do meio social quanto do físico (natural), implicando, pois, a ideia de *risco*.[539] Trata-se de uma realidade inerente ao ser humano (uma realidade "pré-jurídica"[540]), de uma realidade *relacional*, que supõe "... a atuação de alguma coisa sobre algo ou sobre alguém".[541] Por fim, a percepção da vulnerabilidade supõe o reconhecimento de um *desequilíbrio estrutural (intrínseco)* na relação entre o sujeito vulnerável e o contexto social onde atuam outros sujeitos e situações naturais.[542]

O Direito Moderno, assentado nos dogmas próprios da ideologia liberal (séculos XVIII e XIX),[543] não reconheceu os desequilíbrios estruturais produzidos pelas duas grandes revoluções sociais desse período: a revolução industrial e a revolução do consumo.[544] Com efeito, a ordem jurídica moderna supôs, sobretudo nas relações privadas, a "igualdade entre os desiguais" com base na "supremacia da vontade",[545] legitimando uma concepção de justiça meramente formal.[546] Assim, vale lembrar que o *voluntarismo jurídico*, traço característico do Direito Privado Moderno, considerava a vontade individual o centro (fonte exclusiva) da criação dos negócios jurídicos, chegando-se mesmo a ignorar a existência anterior do direito objetivo (lei).[547] Consequentemente, foi apenas com a transição da concepção liberal para a concepção social do Estado de Direito ao longo do século XX[548] que se tornou possível realizar, a partir de uma concepção material (substancial) de igualdade, o que Josserand denominou de "política jurídica de proteção dos fracos",[549] i.e., a identificação e tutela efetiva dos grupos sociais em estado (permanente ou transitório) de vulnerabilidade, na tentativa de corrigir (ou amenizar) os desequilíbrios estruturais presentes na sociedade.[550]

Portanto, pode-se afirmar que o reconhecimento de um conceito jurídico de vulnerabilidade e da necessidade de proteção jurídica dos vulneráveis são realidades que ganham destaque em um direito privado *pós moderno*, centrado na afirmação dos princípios e direitos fundamentais como expressões da dignidade humana (CF, art. 1º, III).[551]

3.1.2 A vulnerabilidade dos consumidores e seu reconhecimento pelo Direito do Consumidor no Brasil

O reconhecimento jurídico da vulnerabilidade dos consumidores no mercado de consumo (CDC, art. 4º, I) justifica (explica) a existência do Direito do Consumidor na ordem jurídica brasileira,[552] na medida em que a vulnerabilidade é "...mais do que uma presunção, uma definição constitutiva do consumidor".[553] Com efeito, a presunção (definição) legal de vulnerabilidade (CDC, art. 4º, I) – fundamentada nos princípios constitucionais da dignidade humana (CF, art. 1º, III), igualdade (CF, art. 5º, caput), proporcionalidade (CF, art. 5º, § 2º), solidariedade social (CF, art. 3º, I), proteção da confiança (CF, art. 5º, § 2º) e defesa do consumidor (CF, art. 170, V) – estabelece "critério geral de interpretação"[554] do microssitema jurídico de proteção dos consumidores (inclusive de extensão do campo de aplicação do CDC na proteção dos "vulneráveis não consumidores").[555]

Assim sendo, entende-se que

> A vulnerabilidade não é, pois, o fundamento das regras de proteção do sujeito mais fraco, é apenas a 'explicação' destas regras ou da atuação do legislador, é a técnica para as aplicar bem, é a noção instrumental que guia e ilumina a aplicação destas normas protetivas e reequilibradoras, à procura do fundamento da Igualdade e da Justiça equitativa.[556]

Em suma: o reconhecimento da posição de vulnerabilidade dos consumidores demonstra que as relações de consumo jamais serão vínculos paritários, mas *sempre* vínculos desequilibrados.[557] Esse reconhecimento jurídico – que, em razão da sociedade globalizada de consumo,[558] desenvolve-se cada vez mais em perspectiva internacional[559] – evidencia o desequilíbrio estrutural (intrínseco) das relações de consumo[560] e justifica, portanto, o conjunto de limites legais a existência de situações que possam comprometer o sinalagma dessa relação.[561] As situações de vulnerabilidade dos consumidores, próprias da sociedade de consumo contemporânea, traduzem os fatores de desequilíbrio estrutural das relações de consumo, cuja análise será feita a seguir.

3.2 FATORES DE DESEQUILÍBRIO ESTRUTURAL DA RELAÇÃO JURÍDICA DE CONSUMO: AS VULNERABILIDADES DOS CONSUMIDORES NO MERCADO DE CONSUMO

3.2.1 As vulnerabilidades gerais dos consumidores

A sociedade de consumo contemporânea (sociedade massificada, pluralista, da informação e globalizada) produz, segundo a doutrina francesa, dois fatores gerais de desequilíbrio estrutural nas relações de consumo: a vulnerabilidade econômica e a cognitiva ou informacional.⁵⁶² Essas são, precisamente, as *vulnerabilidades gerais dos consumidores* na medida em que todas as demais situações de vulnerabilidade reconhecidas pela doutrina revelam-se como *desdobramentos* dessas duas situações, sobretudo no campo da informação, seja enquanto déficit ou quanto abundância informacional, como será visto na sequência.

3.2.2 Os desdobramentos das vulnerabilidades gerais dos consumidores no Brasil

No Brasil, a doutrina jurídica realizou importantes desdobramentos desses dois fatores gerais apontados pelos franceses (notadamente o cognitivo ou informacional),⁵⁶³ inclusive desconstituindo, para alguns desses desdobramentos, o entendimento geral acerca da presunção absoluta (*iure et de iure*) de vulnerabilidade⁵⁶⁴ quando presentes consumidores pessoas jurídicas e mesmo "vulneráveis não consumidores".⁵⁶⁵

Nesse sentido, entende Marques que a vulnerabilidade dos consumidores pode ser *fática, técnica, jurídica ou informacional*. A *vulnerabilidade fática (ou socioeconômica)* corresponde ao fator geral econômico da doutrina francesa, i.e., a fragilidade dos consumidores está presente em razão da disparidade de forças entre eles e o fornecedor que "...por sua posição de monopólio, fático ou jurídico, por seu grande poder econômico ou em razão da essencialidade do serviço, impõe sua superioridade a todos os que com ele contratam".⁵⁶⁶ Trata-se de um fator diretamente relacionado à *massificação* da produção/consumo (como visto, uma característica já presente na sociedade *moderna* de consumo),⁵⁶⁷ e potencializado pela *globalização* contemporânea (pós moderna) do mercado de consumo.⁵⁶⁸ Quanto às demais espécies de vulnerabilidade apontadas por Marques, constituem elas desdobramentos do fator cognitivo ou informacional⁵⁶⁹ e relacionam-se não apenas com a massificação e a globalização, mas também com as outras características da sociedade de consumo contemporânea, i.e., com o pluralismo e o "informacionismo" (sociedade da informação).⁵⁷⁰

A *vulnerabilidade técnica* evidencia o desequilíbrio da relação de consumo pela falta de conhecimentos técnicos dos consumidores sobre os produtos e serviços ofertados no mercado.⁵⁷¹ Em outros termos, a posição de destinatário final ocupada no mercado massificado demonstra que os consumidores não têm poder diretivo sobre a produção e funcionamento de produtos e serviços, expondo-se a risco de acidentes com produtos e serviços potencial ou altamente perigosos (CDC, arts. 9º e 10 c/c arts. 12 a 17), além da exposição a informações enganosas e abusivas (CDC, arts. 30 a 38) e outras formas de abuso por parte dos fornecedores (CDC, arts. 39 a 51).⁵⁷²

Por oportuno, cumpre observar que esse déficit informacional, no contexto de uma sociedade de consumo massificada e *culturalmente pluralista* (com distintos grupos de consumidores), potencializa todos esses riscos para alguns grupos compreendidos como "hipervulneráveis", ensejando níveis mais qualificados de informação.[573] Segundo Marques a vulnerabilidade técnica deve ser considerada uma presunção *absoluta* para qualquer destinatário fático e econômico do produto ou serviço (o consumidor *stricto sensu*, sobretudo se pessoa física[574]) e uma presunção *relativa* para ao destinatário meramente fático (o "vulnerável não consumidor" ou "consumidor profissional (intermediário)").[575]

A *vulnerabilidade jurídica (ou científica)* decorre da falta de conhecimentos necessários à compreensão e atuação dos consumidores no próprio mercado de consumo, i.e., "...conhecimentos jurídicos específicos, conhecimentos de contabilidade ou de economia".[576] Assim como ocorre na vulnerabilidade técnica, o *pluralismo cultural* da sociedade de consumo contemporânea também justifica a existência de grupos de consumidores "hipervulneráveis", com maior carência de informações jurídicas e afins. Convém notar, porém, que o grau geral de vulnerabilidade jurídica deve ser compreendido como uma presunção *absoluta* apenas para os consumidores *pessoas físicas*, pois as pessoas jurídicas, ainda que destinatárias finais fáticas e econômicas do produto ou serviço (CDC, art. 2º, *caput*), possuem, em princípio, a estrutura e organização necessárias para obter tais conhecimentos antes de contratarem.[577]

Quanto à vulnerabilidade jurídica, cumpre destacar ainda a posição de Moraes, para quem essa espécie de vulnerabilidade não está relacionada à carência de conhecimentos jurídicos, contábeis e de economia. Segundo o autor a falta desses conhecimentos corresponderia à já analisada vulnerabilidade técnica dos consumidores[578] e a vulnerabilidade jurídica seria então a dificuldade de acesso dos consumidores aos mecanismos judiciais e extrajudiciais de solução de conflitos, mais pela ausência de informações do que pela inexistência de tais instrumentos de tutela.[579]

Sobre tal divergência doutrinária, entende-se que a proposta classificatória de Marques busca especializar os variados tipos de informações cujo déficit torna vulneráveis os consumidores. Nesse sentido, parece mais adequado não confundir o déficit de conhecimentos a respeito de produtos e serviços com o aquele relacionado a conhecimentos jurídicos e afins.[580] Aliás, a ausência de conhecimentos jurídicos em geral – e.g. informações sobre os direitos básicos do consumidor (CDC, art. 6º) e sobre a existência e finalidade de órgãos que, direta e indiretamente, possam defender os direitos do consumidor – representa, no mais das vezes, uma deficiência na atuação dos órgãos integrantes do Sistema Nacional de Defesa do Consumidor (CDC, arts. 105 a 106)[581] em garantir o direito básico *à educação para o consumo* (CDC, art. 6º, II) que, em essência, é o direito dos consumidores receberem informações suficientes e adequadas que os capacitem para atuar, de modo mais consciente, no mercado de consumo.[582]

Por fim, existe a *vulnerabilidade informacional*, onde notadamente se destaca a fragilidade do consumidor pessoa física.[583] Afirma Marques que essa espécie de vulnerabilidade poderia ser confundida com a vulnerabilidade técnica, na medida em que sugere uma fragilidade por déficit de informações.[584] Contudo, sustenta a eminente jurista que se trata de uma vulnerabilidade específica, típica do contexto contemporâneo (pós moderno), em que a sociedade de consumo identifica-se com o já apresentado conceito de "sociedade da informação".[585] Nesse contexto, frise-se, a informação apresenta-se como bem e valor culturalmente significativos, de modo que o consumo de informação – preferencialmente se abundante e veloz – revela-se sinônimo de qualidade de vida e de poder.[586] Justifica-se, então, a valorização dos consumidores pelas novas tecnologias da informação (*internet, smartphones* etc.), como bens massificados de comunicação, entretenimento e contratação, o chamado "comércio eletrônico".[587]

Assim sendo, a vulnerabilidade informacional dos consumidores é, em primeira análise, uma vulnerabilidade por *abundância* (e não déficit) informacional. Na feliz expressão de Miragem, caracteriza-se por uma "*hiperinformação que desinforma*".[588] Com efeito, afirma Marques que nas novas tecnologias da informação esta "...não falta, ela é abundante, manipulada, controlada e, quando fornecida, nos mais das vezes, desnecessária".[589] Essa abundância de informações, justamente porque controlada (manipulada) pelos fornecedores, pode resultar em ausência (ou dificuldade de acesso e/ou compreensão) das informações mais importantes, sobretudo no âmbito da *internet*. Por isso, considera Marques que no espaço virtual os consumidores experimentam uma aparência de liberdade que é, na verdade, causa de sua vulnerabilidade informacional.[590]

Outro aspecto que chama a atenção nessa "sociedade da informação" – pautada pela abundância de informações e pelo controle e manipulação das mesmas pelos agentes econômicos[591] – é o que Moraes denomina *vulnerabilidade neuropsicológica*,[592] i.e., a indução de necessidades de consumo pelas técnicas de *marketing*[593] que agem no complexo funcionamento do sistema nervoso humano.[594]

Para Moraes, a vulnerabilidade neuropsicológica não se confunde com a vulnerabilidade técnica, na medida em que todos os consumidores – mesmo os que possam ter algum conhecimento técnico sobre os métodos utilizados pelos profissionais do *marketing* – estão expostos a essa possibilidade de manipulação de desejos e necessidades de consumo.[595] É importante notar ainda que a vulnerabilidade informacional, no contexto de uma sociedade de consumo *pluralista*,[596] pode ser agravada na medida em que essa abundância de informações controladas e transmitidas pelos novos meios tecnológicos, bem como a própria manipulação dos desejos e necessidades pelos profissionais do *marketing*,[597] estiver direcionada aos já mencionados grupos "hipervulneráveis" de consumidores.[598]

Todas essas situações de vulnerabilidade relacionadas ao campo da informação evidenciam, sobretudo quanto ao fator neuropsicológico, uma vulnerabilidade *comportamental* dos consumidores,[599] na medida em que suas decisões e atos de consumo, envoltos nesse contexto de controle e manipulação socialmente consentidos, diminuem significativamente as chances de escolhas pautadas por critérios menos emocionais,[600] considerando que o próprio consumo, segundo Lipovetsky, é sentido de vida e de felicidade na sociedade contemporânea.[601]

Por fim, cabe destacar, além das situações especiais de vulnerabilidade aqui apresentadas, outras duas que, segundo Moraes, repercutem no princípio jurídico da vulnerabilidade dos consumidores (CDC, art. 4º, I) e estão diretamente relacionados à dimensão *transidividual* (CDC, art. 2º, parágrafo único c/c art. 81, parágrafo único, I e II) incidente nas relações jurídicas de consumo: a *vulnerabilidade política ou legislativa* e a *vulnerabiliade ambiental*.[602]

Esses são, portanto, os principais fatores do desequilíbrio estrutural (intrínseco) das relações de consumo,[603] cuja existência constitui aspecto fundamental do sinalagma caracterizador desses vínculos jurídicos. Com efeito, o desequilíbrio *excessivo* (situações de perda do sinalagma) da relação jurídica de consumo será analisado a seguir.

4
O DESEQUILÍBRIO EXCESSIVO DA RELAÇÃO JURÍDICA DE CONSUMO E A TUTELA JURÍDICA DOS CONSUMIDORES PELO CÓDIGO DE DEFESA DO CONSUMIDOR

A existência de um Estado Social de Direito, interventor nas atividades econômicas privadas, traduz, no aspecto jurídico (e, especificamente, no campo do direito privado), uma mudança de postura em relação ao conceito de *justiça contratual*.[604] Com efeito, se no Estado Liberal de Direito (séculos XVIII, XIX e primeira metade do século XX), a justiça contratual estava associada à efetividade quase absoluta da *autonomia da vontade*,[605] com o Estado Social a interpretação do conceito de justiça contratual passa a depender, fundamentalmente, da manutenção de equilíbrio de prestações e direitos, compreendido como condição para a eficácia da relação jurídica.[606] Essa condição passa a valer mesmo para as relações contratuais sinalagmáticas caracterizadas por equilíbrio estrutural de posições jurídicas (e.g. nas relações comerciais entre empresas de semelhante porte), onde o princípio da autonomia da vontade mantem sua centralidade,[607] porém condicionada à existência de equivalência econômica (bilateralidade) entre prestações.[608]

Contudo, a tônica maior dessa mudança parece ser o reconhecimento do *desequilíbrio estrutural* de posições jurídicas em deteminadas relações obrigacionais, a exigir um regime jurídico tutelar da parte mais frágil,[609] como concretização, sobretudo, dos princípios constitucionais da dignidade da pessoa humana (CF, art. 1º, III) e da igualdade material (CF, art. 5º, *caput*).[610] Como ensina Marques:

> A nova concepção de contrato é uma concepção *social* deste instrumento jurídico, para a qual não só o momento da manifestação de vontade (consenso) importa, mas onde também e principalmente os *efeitos* do contrato na sociedade serão levados em conta e onde a condição social e econômica das pessoas nele envolvidas ganha em importância.[611]

Nesse contexto, onde se destacam as relações de consumo (CF, art. 5º, XXXII), a imperatividade da lei atua para tornar ainda mais relativa a força da "autonomia da vontade",[612] no intuito de garantir o "equilíbrio mínimo" dessas relações e evitar, assim, as situações de desequilíbrio *excessivo*.[613]

4.1 O "EQUILÍBRIO MÍNIMO" DA RELAÇÃO JURÍDICA DE CONSUMO

4.1.1 O princípio do equilíbrio (ou da equivalência material) no CDC

No sistema jurídico brasileiro, a garantia de "equilíbrio mínimo" nas relações de consumo foi reconhecida expressamente no CDC (art. 4º, III).[614] Trata-se do chamado "princípio do equilíbrio"[615] (ou da *equivalência material*),[616] específico princípio infraconstitucional que pretende operacionalizar o conceito de "equilíbrio mínimo" no contexto da ordem econômica brasileira (CF, art. 170) e, ao mesmo tempo, balizar, em conformidade com os fundamentos constitucionais do Direito do Consumidor,[617] a aplicação das normas do CDC para o exercício de adequada tutela dos direitos e interesses (econômicos ou não) dos consumidores.[618]

4.1.2 Perspectivas de equilíbrio da relação jurídica de consumo

O princípio do equilíbrio (ou da equivalência material) opera a partir de duas perspectivas de equilíbrio para as relações de consumo: a *perpectiva externa*, na qual importa a harmonização da proteção dos consumidores (CF, art. 170, V) com os demais interesses/bens constitutivos da ordem econômica brasileira, tais como a livre iniciativa, a livre concorrência e proteção ambiental[619] (CF, art. 170, *caput*, IV e VI) e; a *perspectiva interna*, na qual importa a preservação dos aspectos constitutivos do *sinalagma* (bilateralidade como proporção/equivalência econômica das prestações contratuais e proteção das demais expectativas legítimas (confiança) dos consumidores em razão do desequilíbrio estrutural).[620]

Importante destacar que a busca dessas duas perspectivas de equilíbrio deve ocorrer "... com base na boa-fé" (CDC, art. 4º, III). Isso significa que a boa-fé objetiva, mais do que uma cláusula geral a estabelecer deveres (anexos, instrumentais) de conduta aos fornecedores, atua como princípio infraconstitucional[621] cuja função consiste: *em perspectiva externa*, servir de critério funcional para a concretização da principiologia constitucional, no intuito de buscar, sempre que possível, a harmonização (ou uma "ordem de cooperação") dos interesses constitutivos da ordem econômica brasileira (CF, art. 170) com a proteção do agente em posição vulnerável no mercado de consumo (CF, arts. 5º, XXXII e 170, V)[622] e; *em perspectiva interna*, orientar, a partir dos princípios fundamentais do Direito do Consumidor,[623] a aplicação das normas de proteção dos consumidores para a preservação do *sinalagma* nas relações de consumo.

Aguiar Júnior, a propósito da relevância do princípio da boa-fé objetiva na perspectiva *externa* de equilíbrio das relações de consumo, chama a atenção para a adequada interpretação que se deve dar ao princípio.

Afirma, pois, o eminente jurista:

> ...a boa-fé não serve tão só para a defesa do débil, mas também atua como fundamento para orientar interpretação garantidora da ordem econômica, compatibilizando interesses contraditórios, onde eventualmente poderá prevalecer o interesse contrário ao do consumidor, ainda que a sacrifício deste, se o interesse social prevalente assim o determinar. Considerando dois parâmetros de avaliação: a natureza da operação econômica pretendida e o custo social decorrente desta operação, a solução recomendada pela boa-fé poderá não ser favorável ao consumidor.[624]

Já na perspectiva *interna* de equilíbrio das relações de consumo, esclarece Marques que a relevância do princípio da boa-fé está no fato de que ele:

> ...valoriza os interesses legítimos que levam cada uma das partes a contratar, e assim o direito passa a valorizar, igualmente e de forma renovada, o nexo entre as prestações, sua interdependência, isto é, o sinalagma contratual (*nexum*). Da mesma forma, ao visualizar, sob influência do princípio da boa-fé objetiva, a obrigação como uma totalidade de deveres e direitos no tempo e ao definir também como abuso a unilateralidade excessiva ou o desequilíbrio irrazoável da engenharia contratual, valoriza-se, por consequência, o equilíbrio intrínseco em sua totalidade e redefine-se o que é razóavel em matéria de concessões do contratante mais fraco (*Zumutbarkeit*).[625]

Em perspectiva interna o "equilíbrio mínimo" da relação de consumo consiste na manutenção dos aspectos constitutivos do sinalagma que, como visto, caracteriza esse tipo de relação jurídica.[626] Seguindo a orientação de Marques, pode-se dizer então que o "equilíbrio mínimo" da relação de consumo realiza-se na *garantia de proteção das expectativas legítimas (confiança)* dos consumidores,[627] que dizem respeito: a) à adequação e segurança dos produtos e serviços ofertados pelos fornecedores; b) à bilateralidade (proporção ou equivalência econômica) nos contratos de consumo, sobretudo os que se prolongam no tempo, onde fatos supervenientes podem onerar excessivamente o valor da prestação assumida pelo consumidor e; c) ao exercício regular (não abusivo) da posição jurídica dos fornecedores, seja no sentido de atender aos interesses imediatamente econômicos (proporção econômica da relação/contrato de consumo) ou aos interesses mediatamente econômicos (acesso à informação[628] e demais bens existenciais) dos consumidores.

Nesse sentido, duas observações são necessárias. Em primeiro lugar, entende-se que o aspecto da bilateralidade (proporção/equivalência econômica das prestações) encontra-se também na pauta das expectativas legítimas (confiança) dos consumidores, mesmo que a perda dessa equivalência possa ser atribuída a fatos alheios à atuação dos fornecedores do mercado. Em outros termos, os consumidores têm a legítima expectativa de que o valor da prestação assumida em contrato de execução prolongada no tempo não sofrerá excessiva alteração de valor (perda do *sinalagma funcional*), ainda que essa situação possa ocorrer por fato não imputável à atuação dos fornecedores, como um grau inesperado de desvalorização monetária (inflação) ou uma crise econômica mundial.

Por outro lado, ainda que seja oportuno estabelecer certa distinção entre "equilíbrio econômico" e "equilíbrio de posição jurídica",[629] entende-se que ambas as situações remetem à necessidade de proteção da confiança (expectativas legítimas) dos consumidores, em razão da própria teleologia do CDC.[630] Ocorre que o paradigma da confiança na sociedade de consumo contemporânea, segundo a precisa lição de Marques, apresenta-se como

> ...um paradigma mais visual (...) menos valorativo ou ético das condutas (do que a 'boa'-fé) [e] mais voltado para as percepções coletivas e para o resultado fático da conduta de um agente (relembre-se aqui a teoria da confiança como declaração que cria expectativas legítimas em um grupo, que deve ser mantida). Parece-me, pois, um paradigma mais adaptado aos novos tempos visuais (valorando a aparência e o resultado fático do dano), tempos rápidos em seus atos e efeitos (delitos e contratos), onde os controles estão cada vez mais fracos, o déficit informacional dos consumidores cada vez profundo e os desafios de reequilíbrio das relações de consumo cada vez maiores.[631]

Em segundo lugar, percebe-se que essa garantia de proteção da confiança dos consumidores compreende a relação como um todo,[632] i.e., a totalidade do "processo obrigacional"[633] constitutivo da relação de consumo, e não apenas o cumprimento dos efeitos *contratuais*. Em outros termos, trata-se da garantia do sinalagma no momento pré-contratual (oferta/publicidade), contratual propriamente dito (conclusão e execução do contrato) e pós-contratual da relação de consumo.

Como bem observa Lôbo:

> O princípio da equivalência material busca realizar e preservar o equilíbrio real de direitos e deveres no contrato, antes, durante e após sua execução, para harmonização dos interesses. Esse princípio preserva e equação e o justo equilíbrio contratual, seja para manter a proporcionalidade inicial dos direitos e obrigações, seja para corrigir os desequilíbrios supervenientes, pouco importando que as mudanças e circunstâncias pudessem ser previsíveis. O que interessa não é mais a exigência cega do cumprimento do contrato, da forma como foi assinado ou celebrado, mas se sua execução não acarreta vantagem excessiva para uma das partes ou desvantagem excessiva para outra, aferível objetivamente, segundo as regras da experiência ordinária.[634]

Em suma: O desequilíbrio *excessivo* da relação de consumo pode ser compreendido como situação que compromete o "equilíbrio mínimo" esperado para essa relação, sobretudo na sua perspectiva interna, referente à proteção do "sinalagma interno"[635] da relação. Este sinalagma, como visto, pressupõe a realidade de desequilíbrio estrutural da relação de consumo, "...uma instabilidade que precisa ser mantida no ponto equânime, eis que alguém ou alguma coisa se equilibra para não cair".[636] E a manutenção deste "equilíbrio mínimo" condiciona-se à garantia de proteção das expectativas legítimas dos consumidores que, como visto, projetam-se no aspecto *relacional* – confiança na qualidade (adequação e segurança) dos produtos e serviços, na preservação da bilateralidade econômica dos contratos e na atuação regular (sem abusividade) dos fornecedores no mercado de consumo – e no da própria efetividade do sistema jurídico.[637]

4.2 SITUAÇÕES DE DESEQUILÍBRIO EXCESSIVO DA RELAÇÃO DE CONSUMO E A NECESSÁRIA TUTELA JURÍDICA DOS CONSUMIDORES PELO CDC

O presente tópico pretende apresentar as situações de desequilíbrio excessivo nas relações jurídicas de consumo, seguindo a tese de que são, em essência, situações de violação da "base mínima (objetiva)"[638] dessas relações, i.e., das legítimas expectativas (confiança) que os consumidores, sujeitos vulneráveis na sociedade de consumo contemporânea, possuem em relação ao comportamento dos fornecedores, à dinâmica do mercado de consumo e à efetividade do próprio ordenamento jurídico. A confiança, como se percebe, não representa apenas a expectativa de um consumidor individualmente considerado, mas o conjunto das legítimas expectativas de uma comunidade[639] inserida em determinado contexto histórico cultural, denominado "sociedade de consumo contemporânea".[640]

A finalidade deste tópico é, portanto, a de apresentar as três situações de desequilíbrio excessivo nas relações jurídicas de consumo e a resposta a elas pelo sistema jurídico de proteção e defesa dos consumidores no Brasil, notadamente o Código de Defesa do Consumidor, a fim de produzir plena eficácia ao direito fundamental de proteção aos consumidores (CF, art. 5º, XXXII) e demais princípios fundamentais do Direito do Consumidor,[641] com destaque para o princípio da proteção da confiança (CF, art. 5º, § 2º), cuja base jurídica e social se pretende recuperar a partir da efetividade do próprio sistema jurídico.

4.2.1 Incidentes e acidentes de consumo: a responsabilidade dos fornecedores pelo vício e pelo fato do produto e do serviço

O desequilíbrio excessivo da relação de consumo pode ocorrer pela frustração de legítima expectativa (confiança) dos consumidores acerca da *garantia de adequação* e/ou *segurança* dos produtos e serviços ofertados no mercado. Nesse sentido, o microssistema jurídico de proteção dos consumidores (CDC), com especial fundamento no princípio constitucional da proteção da confiança[642] (CF, art. 5º, § 2º), tem como finalidade a prevenção e responsabilização dos fornecedores em razão de *acidentes* e/ou *incidentes de consumo*, caracterizando-se, de um lado, a responsabilidade pelo *fato* do produto e do serviço (CDC, arts. 8º a 17 e 27)[643] e, de outro, a responsabilidade pelo *vício* do produto e do serviço (CDC, arts. 18 a 26).[644]

Como ensina Marques:

> O consumidor que adquire um produto ou utiliza um serviço oferecido no mercado brasileiro passa a ter, no sistema do CDC, dois tipos de garantia: a garantia legal de adequação do produto ou do serviço, que será concretizada através da utilização de novas normas sobre o *vício*, e a garantia de segurança razoável do produto, imposta pelo CDC nos arts. 8º a 17, que tem por fim a proteção da incolumidade física do consumidor e daqueles equiparados a consumidores.[645]

Assim sendo, os dois sistemas de *responsabilidade legal* no CDC[646] põem em evidência os "critérios (ou deveres) gerais de *qualidade*" dos produtos e serviços no mercado de consumo (adequação e segurança), que constituem precisamente um dos conteúdos (fato/valor relevantes) representativos das expectativas legítimas dos consumidores e, por isso mesmo, do próprio princípio constitucional da proteção da confiança (CF, art. 5º, § 2º) enquanto fundamento da teleologia de proteção jurídica dos consumidores. Em outros termos, os sistemas legais de responsabilidade no CDC, com nexo de imputação objetivo (responsabilidade objetiva), consagram uma "teoria da qualidade", cuja finalidade maior é a proteção da confiança.[647]

Vale dizer então que o desequilíbrio excessivo da relação de consumo surge: a) quando há frustação da legítima expectativa de *adequação* no produto ou serviço – i.e., quando o produto ou serviço não cumpre, parcial ou totalmente, a finalidade que dele se espera – caracterizando-se o *incidente de consumo* (vício de inadequação) e impondo-se aos fornecedores o cumprimento do dever geral (garantia) de adequação e; b) quando há frustração da legítima expectativa de *segurança* no produto ou serviço, caracterizando-se o *acidente de consumo* (vício de insegurança ou defeito) e impondo-se aos fornecedores o dever de reparação de danos (garantia legal de segurança) a todas as pessoas lesadas em sua incolumidade físico-psíquica ou ainda patrimonial (os destinatários finais do produto ou serviço e as pessoas equiparadas a estes – CDC, art. 17[648]).

Sobre a responsabilidade dos fornecedores por *incidentes de consumo* – ou a responsabilidade por vícios de inadequação (CDC, arts. 18 a 26) – importa observar que ela demonstra uma aproximação com a tradicional responsabilidade do alienante por "vícios redibitórios"[649] (CC, art. 441 a 446), embora haja, pelo menos, duas sensíveis diferenças entre os dois regimes jurídicos:[650] a) no sistema civilista a garantia de adequação atinge apenas os "vícios ocultos" do bem adquirido, enquanto que o microssistema do CDC estabelece uma garantia de adequação mais ampla, alcançando, além dos vícios ocultos (CDC, art. 26, § 3º), também os "aparentes ou de fácil constatação" (CDC, art. 26, *caput*)[651] e; b) no sistema civilista a exigência da garantia fundamenta-se apenas no vínculo contratual entre as partes (alienante e adquirente),[652] enquanto que no microssistema do CDC, em razão da percepção do fornecedor como "cadeia de fornecimento", a exigência da garantia fudamenta-se na lei, impondo-se expressamente um regime de solidariedade (CDC, arts. 18 a 20 c/c CC, art. 265) entre o fornecedor imediato (comerciante-contratante) e os demais fornecedores (fabricante, importador etc.),[653] como expressão do princípio constitucional da solidariedade social (CF, art. 3º, I), que exige, como já observado,[654] uma justa repartição (ou "socialização") dos riscos inerentes ao mercado de consumo.[655]

O regime de responsabilidade por vícios de inadequação no CDC revela, assim, a imposição da uma "ordem (dever geral) de *cooperação*" à cadeia de fornecimento, como expressão dos princípios constitucionais da solidariedade social ("socialização" dos riscos/custos inerentes ao mercado de consumo) e da proteção da confiança (proteção da adequação "legitimamente esperada" para o produto ou serviço). Contudo, a eficácia desse dever geral de cooperar realiza-se por motivos (e de modos) distintos, conforme se trate de *garantia legal de adequação* (CDC, arts. 24 e 26) ou de *oferta contratual de garantia* (CDC, art. 50). Em outros termos, entende-se que

> ...o regime da garantia contratual e o da garantia legal são diversos. Na *garantia contratual* não se pergunta se o vício é *oriundo* de mau uso, ou de culpa exclusiva do consumidor ou de terceiro, não se pergunta pela *vida útil* do bem. Se a garantia contratual existe, se a garantia prevista abrange aquele detalhe do produto e se não transcorreu seu prazo, o fornecedor conserta ou substitui o produto e o devolve ao consumidor. Já a *garantia legal* é a adequação, de funcionalidade do produto ou serviço, não abrangendo os casos de mau uso ou de caso fortuito posterior ao contrato, que tornem o bem inadequado ao uso. O fornecedor tem o dever legal de entregar um produto em perfeitas condições, adequado ao seu uso, que resista ao uso normal, que dure o tempo ordinário da vida útil deste tipo de produto.[656]

Assim sendo, percebe-se que a obrigação de cooperar com os consumidores, na hipótese de garantia *contratual*, decorre do risco livremente assumido pelos fornecedores em razão do contrato,[657] i.e., torna-se *álea normal* do fornecedor, de sanar a imperfeição existente no produto ou serviço independentemente do motivo que tenha originado o vício. Nesse sentido, convém notar que se trata de um *complemento* à garantia legal de adequação (CDC, art. 50)[658] e que, sendo livremente ofertada pelo fornecedor, pode ser direcionada apenas a determinados componentes/atividades do produto ou serviço, não se podendo exigir seja uma garantia integral do produto ou serviço.[659] Nessa hipótese, as expectativas legítimas dos consumidores prendem-se, necessariamente, à cobertura contratualmente estabelecida pelo fornecedor e à possibilidade de invocá-la no prazo contratualmente fixado.[660]

Já na hipótese de garantia *legal,* o dever de cooperação decorre da imperatividade da lei e tem como finalidade corrigir o desequilíbrio excessivo da relação de consumo causado pela violação de expectativa legítima de adequação (funcionalidade) do produto ou serviço.[661] Por esse motivo, é uma garantia *integral,* aplicando-se a todo e qualquer vício de inadequação (e não apenas ao que foi contratualmente delimitado pelo fornecedor),[662] desde que invocada pelo consumidor no prazo legalmente estabelecido (CDC, art. 26).[663] Contudo, a responsabilidade dos fornecedores pode ser afastada se ficar demonstrado, no caso concreto, que a imperfeição no produto ou serviço não pode ser atribuída à atuação da cadeia de fornecimento (e.g. utilização indevida pelo consumidor,[664] término da *vida útil* do produto[665] etc.), pois tal situação descaracteriza o "vício de inadequação". Portanto, nota-se que o CDC estabelece, como modo de corrigir o desequilíbrio excessivo da relação de consumo, a garantia legal contra vícios de inadequação em produtos e serviços, uma garantia de natureza imperativa e inderrogável por disposição contratual (CDC, arts. 24, 25 e 51, I). Não obstante essa garantia legal, prevê ainda a possibilidade de *oferta contratual de garantia* pelo fornecedor, de natureza facultativa (eventual), e cuja cobertura e prazos são determinados pelo próprio ofertante.[666]

A propósito, convém observar, na esteira de Marques, que a contagem dos *prazos* de garantia legal (estabelecidos no CDC, art. 26)[667] e contratual (estabelecidos pelo fornecedor) não deve obedecer a um rígido critério hermenêutico, por meio do qual o termo inicial da garantia legal, em razão da "complementariedade" das garantias (CDC, art. 50), deve necessariamente iniciar após esgotado o prazo de garantia contratual do fornecedor.[668] Com efeito, percebe-se que tal critério se justifica na hipótese de vício *oculto* – em que a manifestação do vício (CDC, art. 26, § 3º) pode ocorrer em momento posterior ao término da garantia contratual e anterior ao término da vida útil do produto[669] – mas pode ser inútil para o consumidor: a) se o vício for percebido logo no início da garantia contratual – se for um vício aparente ou de fácil constatação (CDC, art. 26, § 1º) – mas essa garantia for apenas parcial e não cobrir o específico vício, ou; b) se for mais vantajoso para o consumidor utilizar-se da garantia contratual para solucionar um problema que não se caracteriza propriamente um "vício de inadequação", por ter sido gerado, p. ex., por caso fortuito posterior à aquisição do produto (nesse caso, frise-se, a garantia contratual deverá ser cumprida pelo fornecedor). Assim, a solução deve ser mais "flexível", casuística, adotando-se interpretação mais favorável ao consumidor para a concreta satisfação de suas legítimas expectativas.

Na precisa lição de Marques:

> ... a garantia legal implícita de adequação é *per se* um momento positivo para o consumidor, e deve a ela o consumidor poder recorrer sempre. Assim, se há garantia contratual (*express warranty*) e esta foi estipulada para vigorar a partir da data do contrato (termo de garantia), as garantias começariam a correr *juntas*, pois a garantia legal nasce necessariamente com o contrato de consumo, *com a entrega do produto, sua colocação no mercado de consumo*. Ao consumidor cabe escolher de qual delas fará uso (...) Logo, com a aplicação imperativa dos arts. 18 e 50 do CDC, parece-nos superada a jurisprudência que afirmava começar a garantia legal só após o fim do prazo da contratual.[670]

O desequilíbrio excessivo da relação de consumo pode ocorrer ainda pela violação da legítima expectativa de segurança no produto ou serviço, situação na qual o cumprimento da *garantia de segurança* pelos fornecedores corresponde ao dever de reparar os danos à incolumidade físico-psíquica e/ou patrimonial dos consumidores e demais vítimas do *acidente de consumo* (CDC, art. 17).[671] Com efeito, as garantias de segurança correspondem ao que Carneiro da Frada denomina "deveres de proteção", que cumprem a função de "... proteger a contraparte dos riscos de danos na sua pessoa e património que nascem da (e por causa da) relação particular estabelecida".[672]

Assim sendo, a responsabilidade dos fornecedores por *vícios de insegurança* – a responsabilidade pelo *fato* do produto e do serviço (CDC, arts. 8º a 17 e 27) – apresenta-se como regime especial de responsabilidade civil *extracontratual*, direcionado a todos os fornecedores que integram a cadeia de fornecimento[673] (CDC, art. 7º, parágrafo único c/c arts. 12 a 14).[674] A propósito, cumpre destacar que na responsabilidade civil dos fornecedores ocorre a "superação do vínculo contratual" na medida em que não é o contrato, mas o "contato social de consumo" (ou o "comportamento social típico")[675] entre consumidores e a cadeia de fornecimento o fato gerador dessa espécie de responsabilidade.[676] Sobre o tema, ensina Pasqualotto que

> No contato social passa a existir um relacionamento particular, em que alguém fica exposto à atuação ou influência de outrem, sem que necessariamente o passo seguinte seja a celebração de um negócio jurídico ou que ocorra um ato ilícito. Essa proximidade exige uma conduta especialmente cuidadosa por parte de quem possa eventualmente prejudicar o patrimônio jurídico alheio. Há um incremento de perigo por um lado e um acréscimo de responsabilidade pelo outro. O eventual dano sofrido por uma das partes durante esse contato social é indenizável, e o fundamento jurídico da obrigação de fazê-lo é a confiança.[677]

Em outros termos – e a exemplo do que ocorre na responsabilidade por vícios de inadequação – a responsabilidade por vícios de insegurança exprime uma "ordem (dever geral) de cooperação" à cadeia de fornecimento, com especial fundamento nos princípios constitucionais da confiança (proteção de "segurança legitimamente esperada" para o produto ou serviço)[678] e da solidariedade social (socialização ou justa repartição dos riscos/custos inerentes ao mercado de consumo).[679]

A responsabilidade civil dos fornecedores no CDC apresenta-se, regra geral, como responsabilidade *objetiva*,[680] de modo a facilitar a defesa dos direitos do consumidor (CDC, art. 6º, VIII), sobretudo o de ser integralmente reparado pelos danos que sofreu (CDC, art. 6º, VI).[681] Contudo, e embora não haja dúvida acerca da natureza objetiva da responsabilidade civil no Direito do Consumidor, deve-se destacar a existência de interessante divergência doutrinária acerca do *fundamento fático* dessa responsabilidade.[682] Assim, encontra-se, de um lado, a *teoria do risco da atividade* que, inspirada na experiência jurídica norte-americana,[683] fundamenta a responsabilidade dos fornecedores *nas atividades lícitas, porém perigosas* que envolvem o fornecimento dos produtos e serviços[684] e, de outro, a *teoria da responsabilidade objetiva não culposa* que, inspirada na experiência do direito comunitário europeu,[685] fundamenta a responsabilidade dos fornecedores *no resultado ilícito* das atividades (lícitas) de fornecimento dos produtos e serviços, i.e., na existência de *defeito*, compreendido como violação do dever legal (garantia) de segurança previsto no CDC (arts. 12, §1º e 14, §1º).[686]

Sem a pretensão de aprofundar essa questão, entende-se que a teoria do risco da atividade (ou teoria das "garantias implícitas" – *implied warranties*),[687] embora possa seguramente explicar a razão pela qual foi adotada a responsabilidade civil objetiva no Direito do Consumidor,[688] parece não resistir ao fato de que o legislador do CDC exigiu expressamente a presença do *defeito* como requisito essencial para imputação objetiva de responsabilidade aos fornecedores (arts. 12 e 14), o que revela, ao final, a decisiva influência do direito comunitário europeu (sobretudo, da Diretiva 85/374/CEE)[689] e, a partir dele, da teoria da responsabilidade objetiva não culposa.

Em outros termos, entende-se que

... da aceitação de uma teoria da qualidade nasceria, no sistema do CDC, um dever anexo para o fornecedor (uma verdadeira garantia implícita de segurança razoável, como no sistema anterior norte-americano) (...) Mas no sistema do CDC só haverá *violação* deste *dever*, nascendo a responsabilidade de reparar os danos, quando existir um *defeito no produto* (por influência europeia). No sistema do CDC, pode haver o *dano* e o *nexo causal* entre o dano e o produto (explosão de um botijão de gás), mas, se não existir o *defeito* (art. 12, §3º, II), não haverá obrigação para o fornecedor, arcando este, porém, com o ônus da prova da inexistência do defeito de seu produto. (...) O dever legal instituído no CDC seria, então, de *só introduzir no mercado produtos livres de defeitos* (art. 12, § 3º, I e II). Por conseguinte, não basta a *atividade de risco* de introduzir o produto no mercado e lucrar com isso (*cujus commodum, ejus periculum*), porque também os comerciantes finais o fazem e não são responsáveis principais no sistema do CDC (art. 12, *caput*.)[690]

Percebe-se, assim, que a responsabilidade dos fornecedores por "vícios de insegurança" (CDC, arts. 12 a 14) parte da experiência jurídica norte-americana (a existência de um dever legal – ou *garantia implícita* – de segurança nos produtos e serviços ofertados pela cadeia de fornecimento), mas nela não se esgota, porquanto a imputação de responsabilidade condiciona-se à presença do *defeito* como critério identificador da violação daquele dever,[691] cujo conteúdo é, precisamente, a legítima expectativa de segurança do consumidor.[692] Portanto, pode-se dizer que

> No defeito, não se discute o elemento subjetivo da conduta do fornecedor. Basta a ocorrência objetiva de defeito no produto ou no serviço para o surgimento da obrigação de indenizar. É suficiente que o produto apresente uma falha que lhe retire a segurança legitimamente esperada para que seja considerado defeituoso, não se exigindo qualquer participação ou colaboração subjetiva do fornecedor ou seus prepostos na sua ocorrência. Ainda que não tenha havido uma conduta negligente de parte do fornecedor ou dos seus prepostos, constatado o defeito do produto ou do serviço, aquele será responsabilizado pelos danos sofridos pelo consumidor.[693]

A opção do legislador brasileiro pelo modelo europeu acarretou, como observa Marques, a necessidade de uma "valoração legal específica" na distribuição do ônus (responsabilidade) aos integrantes da cadeia de fornecimento[694] (ao contrário do modelo norte-americano, onde todos dividem, na mesma proporção, o risco pela introdução de produtos e serviços potencialmente defeituosos no mercado de consumo[695]). Em outros termos, levou-se em conta o fato de que os danos ao consumidor são geralmente provocados por defeitos cuja existência se atribui a atividades de *certos fornecedores* que, por essa razão, foram expressamente identificados no CDC (art. 12, *caput*) como *solidariamente* responsáveis (*o fabricante, o produtor, o construtor, nacional ou estrangeiro, e o importador*).[696] Já o *comerciante* recebeu tratamento jurídico distinto dos demais, com responsabilidade objetiva, porém *subsidiária* como regra,[697] salvo se presentes as hipóteses do art. 13, quando, então, responderá *solidariamente* com a cadeia de fornecimento.[698-699]

Além da "valoração específica"[700] na responsabilidade do comerciante, também os *profissionais liberais* receberam tratamento jurídico diferenciado dos demais prestadores de serviços, imputando-se àqueles profissionais a responsabilidade *subjetiva* (CDC, art. 14, §4º).[701-702] Com efeito, merecem destaque, na análise do tema, os seguintes aspectos: a) o tratamento diferenciado refere-se apenas à responsabilidade por vícios de insegurança (CDC, arts. 12 a 17), mantendo-se a responsabilidade objetiva desses profissionais em caso de vícios de inadequação (CDC, art. 18 a 26);[703] b) a justificativa para o tratamento diferenciado está, sobretudo, na diferença entre as atividades desenvolvidas por esses profissionais e a prestação de serviços pelo fornecedor pessoa jurídica;[704] c) o tratamento diferenciado alcança apenas a responsabilidade *pessoal* do profissional liberal, não se estendendo às pessoas jurídicas que tenham intervindo na relação de consumo entre aquele e o consumidor;[705] d) a distribuição do ônus da prova nas ações reparatórias contra profissionais deve levar em conta a oportuna distinção entre *obrigação de meio* (na qual a legítima expectativa do consumidor concentra-se apenas no adequado emprego dos meios técnicos pelo profissional) e *obrigação de resultado* (onde a expectativa legítima do consumidor irá se concentrar na realização do fim (resultado) prometido pelo fornecedor)[706] e; e) a possibilidade da concessão do direito à *inversão do ônus da prova* (CDC, art. 6º, VII) nas ações reparatórias contra profissionais liberais é tema controverso na doutrina brasileira.[707]

O regime de responsabilidade por vícios de insegurança, como expressão do direito básico dos consumidores à reparação de danos em razão de acidentes de consumo, também se efetiva por medidas *preventivas,* i.e., tal regime expressa, do mesmo modo, o direito básico à efetiva *prevenção* de danos aos consumidores (CDC, art. 6º, VI). Com efeito, ensina Miragem que "...*prevenir* significa eliminar ou reduzir, antecipadamente, causas capazes de produzir um determinado resultado".[708] Assim, entende-se que a efetividade das medidas de prevenção condiciona-se ao cumprimento, pelos fornecedores, do dever de *informar* sobre os riscos (normais e potenciais) de danos à vida, saúde e segurança dos consumidores (CDC, art. 6º, I e III c/c arts. 8º e 9º)[709] e do dever de *não inserir produtos e serviços altamente perigosos (com defeito) no mercado de consumo* (CDC, art. 10 c/c art. 12, § 3º, I e II);[710] e, da parte do Estado, compreende o exercício do dever fundamental de garantir a proteção aos consumidores (CF, art. 5º, XXXII) por meio de ações da Administração Pública no exercício do seu poder de polícia (CDC, art. 55)[711] e de medidas judiciais como o provimento antecipado do bem jurídico requerido individualmente pelo consumidor ou por seu substituto processual em sede de tutela judicial coletiva (CDC, art. 83 e 84 c/c CPC, arts. 273 e 461)[712] e a condenação ao pagamento de indenizações com finalidade *dissuasória* e, inclusive, *punitiva*.[713]

Por fim, destaque-se a atual posição da doutrina e jurisprudência brasileiras que, após a entrada em vigor do Código Civil de 2002, fixou a norma prevista no art. 27 do CDC[714] como a mais favorável aos consumidores e vítimas dos acidentes de consumo (CDC, art. 17) quanto ao prazo *prescricional* para o exercício da pretensão indenizatória contra os fornecedores.[715] Nesse sentido, importa observar que o conhecimento da *autoria* (e não apenas o conhecimento do dano) é o critério fundamental para a fixação do termo inicial da contagem do prazo,[716] entendendo-se, na esteira da Sanseverino, que, na falta de melhor regulamentação (como a da Diretiva 85/374/CEE, art. 10), considera-se implícito no "conhecimento da autoria" (CDC, art. 27) também o "conhecimento do *defeito*" no produto ou serviço.[717]

Em suma: os dois sistemas de responsabilidade legal dos fornecedores no CDC pretendem corrigir o *desequilíbrio excessivo* (perda do "equilíbrio mínimo" ou *sinalagma*) da relação de consumo pela frustração das legítimas expectativas dos consumidores nos critérios (ou deveres gerais) de *qualidade* dos produtos e serviços: adequação e segurança. Trata-se, como observa Marques, do desequilíbrio gerado pela violação da confiança na *prestação* dos fornecedores,[718] i.e., no dever anexo (garantia implícita) aos contratos de consumo,[719] de ofertar produtos seguros à integridade físico-psíquica dos consumidores e adequados aos fins que deles se esperam.

4.2.2 Perda da equivalência econômica (biletaralidade) pela onerosidade excessiva superveniente: o direito à revisão e à resolução dos contratos de consumo

Além da confiança nas garantias de qualidade (segurança e adequação) dos produtos e serviços, o *sinalagma* presente nas relações de consumo caracteriza-se pela confiança dos sujeitos da relação de consumo – notadamente os consumidores, sujeitos vulneráveis – no próprio *vínculo jurídico*, i.e., nos aspectos que envolvem, de um lado, a possibilidade de preservação da equivalência econômica dos contratos de consumo e, de outro, o exercício regular (não abusivo), pelos fornecedores, das prerrogativas (liberdades, direitos) inerentes à posição jurídica ocupada no mercado (posição mercadológica).[720] Assim, qualquer violação a um desses aspectos compromete o "equilíbrio mínimo" (sinalagma) da relação de consumo, caracterizando, portanto, situação de desequilíbrio *excessivo*.

No que se refere à bilateralidade (proporção/equivalência econômica) dos contratos de consumo – e, portanto, aos interesses "imediatamente econômicos" dos consumidores[721] – cumpre observar que seu comprometimento pode ter como causas: a) um fato externo ao vínculo contratual, não imputável à atuação dos fornecedores, e que se manifesta apenas durante a fase de cumprimento dos efeitos contratuais, notadamente daqueles cuja execução se prolonga no tempo (CDC, art. 6º, V, 2ª Parte) ou; b) o exercício irregular (ilícito/abusivo) da própria liberdade contratual, pela atuação dos fornecedores, na fase de formação/conclusão do contrato (CDC, art. 6º, V, 1ª Parte).[722] Assim, entende-se que há, na primeira hipótese, perda do *sinalagma funcional* do contrato, caracterizando-se o instituto jurídico da *onerosidade excessiva superveniente*; na segunda hipótese, ao contrário, compromete-se o *sinalagma genético* do contrato, caracterizando-se o instituto jurídico da *lesão enorme*,[723] situação gerada pelo que se pode denominar, nas relações jurídicas privadas em geral, de *abuso do direito* (ou de *exercício inadmissível de direitos*) e, de modo específico em certas relações jurídicas, de *abuso* (ou *exercício abusivo*) *de posição jurídica*.[724] A existência dessas situações (onerosidade excessiva superveniente e lesão enorme), sobretudo no Direito do Consumidor, conduzem à necessidade de correção do excessivo desequilíbrio econômico presente no contrato[725] e o (re)estabelecimento do "equilíbrio mínimo" da relação jurídica, pois, como ensina Iturraspe, são situações "... incompatibles con la justicia commutativa, con la buena fe que debe reinar en los negocios jurídicos y con un ejercicio regular o funcional de los derechos".[726]

Sobre o exercício abusivo de direitos (ou, no caso dos fornecedores, o exercício abusivo *de sua posição* jurídica),[727] importa observar que ele não compromete apenas o sinalagma enquanto bilateralidade (proporção/equivalência econômica) da relação de consumo. Em outros termos, o exercício abusivo de direitos (ou de posição jurídica) não gera apenas situações de "lesão enorme" – desproporções excessivas na prestação ou preço assumido pelo consumidor (e.g. as "cláusulas contratuais leoninas", previstas no CDC, art. 6º, V, 2ª Parte)[728] – pois alcança também outras hipóteses em que a atuação abusiva ofende interesse legítimo do consumidor que não está diretamente relacionado ao valor econômico (preço) da prestação que assumiu, mas aos chamados "interesses mediatamente econômicos", como os de acesso à informação de qualidade e a bens existenciais da pessoa humana (saúde, educação etc.).[729]

Além disso, importa destacar que o exercício abusivo de posição jurídica pelos fornecedores, ao contrário do que ocorre com o fato gerador da onerosidade excessiva superveniente, pode se manifestar em momento *pré contratual* da relação de consumo – onde há apenas o "contato social" entre consumidor e cadeia de fornecimento (e.g. no momento da oferta/publicidade de produtos e serviços)[730] – e mesmo em momento *pós contratual*.[731] Por essas particularidades, o exercício abusivo da posição jurídica dos fornecedores, inclusive no aspecto da equivalência econômica ("bilateralidade") do contrato, será analisado em tópico à parte (2.2.2.3), deixando-se para o presente tópico apenas a análise acerca da *onerosidade excessiva superveniente* nos contratos de consumo.

A onerosidade excessiva superveniente representa, no âmbito dos contratos bilaterais (ou onerosos),[732] a situação de desequilíbrio econômico provocada por fato superveniente à conclusão do contrato, e que torna *excessivamente gravosa* a prestação assumida por um dos contratantes,[733] de modo que se mostra injusta a exigência do adimplemento segundo as circunstâncias inicialmente estabelecidas. Nesse sentido, ensina Gomes que em tais situações de onerosidade excessiva superveniente:

> ... o que legitima o afastamento do princípio da força obrigatória do contrato é, no fim de contas, a equidade, a consideração de que constitui injustiça deixar-se que alguém se arruíne porque se obrigou a satisfazer prestação que se tornou, em razão de circunstâncias, extremamente gravosa. Levam em conta, portanto, a situação do devedor.[734]

Como se percebe, a causa de eventual resolução (ou revisão) do contrato por onerosidade excessiva superveniente não é a impossibilidade do cumprimento da prestação pelo inadimplemento (absoluto) do devedor[735] ou pela frustração do fim contratual em razão da perda de interesse do credor na utilidade da prestação.[736] Ao contrário, é a alegação de "grave dificuldade"[737] para adimplir a prestação, em razão de fato não imputável à conduta de qualquer das partes, o que possibilita ao devedor invocar o direito à *inexigibilidade* da obrigação assumida em situação de equilíbrio econômico não mais existente.[738] As consequências da perda do sinalagma *funcional*[739] do contrato pela onerosidade excessiva superveniente podem ser, portanto, a *extinção* (resolução) da relação contratual ou a *manutenção* (revisão) dessa relação, se possível e interessante a recomposição *equitativa*[740] da "base objetiva do negócio",[741] i.e., do conjunto das "...circunstâncias que levaram as partes a contratar, de comum acordo, e a contratar assim (...) de modo que seria injusto manter as partes vinculadas se essas circunstâncias sofressem modificação essencial".[742] Em síntese, pode-se dizer que quando se analisam pedidos judiciais de revisão ou resolução contratual por onerosidade excessiva superveniente, está em discussão o fato de que a alteração superveniente da "base objetiva do negócio" é causa de *inexigibilidade* da prestação,[743] posto que ainda é possível o adimplemento, mas não é razoável exigi-lo do devedor (ou ainda, em algumas hipóteses, submeter o credor a aceitá-lo).[744]

No âmbito do Direito Civil, sua sede tradicional, as matérias referentes à resolução e à revisão contratual por onerosidade excessiva – especialmente a primeira – são, de longa data, objeto de vasta doutrina, em especial a do *direito italiano*,[745] fonte maior da legislação[746] e doutrina brasileiras[747] sobre o tema.[748] Com efeito, cumpre observar que o direito à resolução contratual por onerosidade excessiva superveniente pode ser invocado em contratos bilaterais *de duração prolongada* (conhecidos, no direito italiano, como "contratti di durata").[749] Esses contratos, de *execução continuada* ou *diferida*,[750] têm em comum o fato de que estabelecem um lapso temporal entre o momento de sua celebração (conclusão) e o da produção de seus efeitos.[751] Assim sendo, se presente um desses contratos, a resolução pode ser solicitada em juízo se for possível a verificação de determinadas condições, apontadas pela doutrina civilista a partir da previsão legislativa.

A primeira condição é a de que a perda do sinalagma *funcional* entre as prestações contratuais decorra de fato *superveniente* à celebração do contrato, de natureza *extraordinária* e *imprevisível*.[752] Como bem observa Ascensão "Há inteira harmonia entre os dois qualificativos, porque é por ser extraordinário que o acontecimento é imprevisível".[753] A chamada *Teoria da Imprevisão* – não obstante as críticas que recebeu[754] – inspirou os legisladores italiano e brasileiro nessa matéria,[755] já que estabeleceu, como condição para a extinção do contrato, a necessidade da prova de que a ocorrência do fato causador da excessiva onerosidade – ou, ao menos, do seu *grau de intensidade e consequências*[756] – não poderia ter sido prevista pelos contratantes à época da formação do vínculo, considerando as particularidades do caso.[757]

A segunda condição é a de que o fato superveniente, extraordinário e imprevisível tenha ultrapassado a *álea normal* do contrato,[758] situação que varia de acordo com a espécie e a finalidade do vínculo entre os sujeitos.[759] A terceira condição é a de que o contratante que busca a resolução contratual por onerosidade excessiva não esteja em mora, pois como ensina Roppo tal condição "É uma consequência do princípio geral, segundo o qual o devedor em mora suporta todos os riscos que se concretizam no período da mora (cfr. o art. 1221º Cód. Civ.)".[760]

Já a quarta e última condição – não prevista nas disposições do *Codice Civile* e bastante criticada, inclusive, pela doutrina brasileira – diz respeito à necessidade do fato superveniente e imprevisível ter gerado *extrema vantagem* para a parte não prejudicada pela excessiva onerosidade (CC, art. 478).[761] Com efeito, tal requisito, mesmo em contratos paritários, parece não se ajustar às situações de onerosidade excessiva superveniente,[762] onde o fato gerador do desequilíbrio contratual não é imputável à conduta de qualquer dos contratantes, ao contrário do que ocorre, por exemplo, nas situações de desequilíbrio gerado pelo exercício abusivo da posição jurídica, em que o fato gerador do desequilíbrio é, necessariamente, imputável à conduta do sujeito mais forte da relação.

Sobre a *revisão* contratual por onerosidade excessiva superveniente, cumpre observar que o Código Civil brasileiro, em atenção à necessidade, já sentida pelo direito italiano,[763] de possibilitar às partes instrumentos de conservação do vínculo contratual,[764] prevê a possibilidade de manutenção dos contratos bilaterais quando, por iniciativa do contratante não atingido diretamente pela onerosidade excessiva, houver oferta no sentido de restabelecer o equilíbrio perdido (CC, art. 479).[765] Além desse dispositivo, também a norma do art. 480 destina-se à revisão de contratos *unilaterais* (ou gratuitos), i.e., aqueles em que apenas um dos contratantes assume obrigações[766] (como ocorre nos contratos de *doação pura* e de *comodato*). Trata-se de modalidade de revisão judicial, onde se busca a modificação equitativa das condições contratuais,[767] seja pela correção do valor da prestação pecuniária (como ocorre na hipótese do CC, art. 317)[768] ou a alteração do modo de executar a prestação assumida.[769]

Apresentadas as considerações fundamentais sobre a resolução/revisão contratual nos contratos civis, cumpre ainda destacar outro tema na análise da onerosidade excessiva superveniente, cuja importância se projeta não apenas no âmbito das relações contratuais civis, mas também (e principalmente!) no âmbito das relações contratuais de consumo. Trata-se da possibilidade da cláusula geral de *boa-fé objetiva*[770] atuar como norma de correção das situações de onerosidade excessiva superveniente, não obstante os requisitos expressamente estabelecidos na lei (CC, art. 478; CDC, art. 6°, V). Ocorre que "Il criterio di buona fede nasce, storicamente, in connessione com l'esigenza di dare giuridica voce ad interessi apprezzabili e degni di tutela, ma soffocati dal positivo rigore della 'forma', dalla lettera della legge o del contratto".[771]

Por essa razão é que Larenz atribuía à boa-fé uma função especial de possibilitar a liberação do devedor em razão do desaparecimento da base do negócio, como nas situações de onerosidade excessiva superveniente.[772] Na doutrina brasileira, Couto e Silva, com influência no direito alemão, sustentava que a fundamentação sistemática da base objetiva do negócio estaria "...no princípio da boa-fé, podendo o juiz, no caso de rompimento da base objetiva do contrato, adaptá-lo às novas realidades, ao mesmo tempo que atribui ao contratante prejudicado o direito de resolver o contrato".[773] Por fim, é possível encontrar esse mesmo posicionamento também nas doutrinas francesa e italiana.[774]

A questão é oportuna, pois se por um lado não se pode dizer que o fato gerador da onerosidade excessiva superveniente é a conduta de qualquer dos contratantes,[775] por outro parece razoável exigir-se do credor, como conduta *conforme a boa-fé*,[776] o cumprimento de um dever (anexo) de *cooperação*[777] a partir da ocorrência da onerosidade excessiva e do pedido de revisão/resolução contratual.[778] Com efeito, esse dever de cooperar se traduz, sobretudo nos contratos *de consumo*, no dever de *renegociar a dívida* do contratante mais fraco[779] que, em razão do fato superveniente encontra-se em extrema dificuldade de adimplir sua prestação excessivamente onerosa,[780] considerando o risco de sua ruína econômica pessoal e, no caso do consumidor pessoa física, também familiar.[781]

Assim, se aceito esse entendimento,[782] importa destacar que o fato gerador da onerosidade excessiva superveniente não necessita ser, como sustenta a tradicional doutrina civilista, uma situação cujos efeitos se manifestem sempre em "*carácter de generalidade*",[783] mas pode ser uma situação de "onerosidade excessiva *subjetiva*",[784] cujos efeitos repercutam apenas na esfera pessoal do contratante prejudicado (*e.g.* perda do emprego, doença grave etc.),[785] estabelecendo-se, nessas hipóteses, a necessidade de assegurar a manutenção do "mínimo existencial" da pessoa como exigência do princípio constitucional da dignidade da pessoa humana (CF, art. 1º, III), concretizado pela cláusula geral de *função social do contrato* (CC, art. 421).[786]

Do exposto, entende-se que a aplicação da cláusula geral de boa-fé objetiva às situações de onerosidade excessiva superveniente justifica-se, de modo especial nas relações de consumo, como exigência do "princípio do equilíbrio" (ou da "equivalência material") previsto no CDC, art. 4º, III, cuja aplicação, para a preservação do sinalagma da relação de consumo, deverá necessariamente ocorrer *em conformidade com a boa-fé*.[787] Convém observar, porém, que mesmo a previsão expressa da boa-fé em legislação específica sobre o tema não é obstáculo a autorizados entendimentos contrários à utilização dessa cláusula geral. Nesse sentido, sustenta Ascensão – não obstante a expressa previsão da boa-fé objetiva no Código Civil Português (art. 437/1)[788] – que a aplicação da boa-fé objetiva às situações de onerosidade excessiva superveniente (no direito português, de "alteração anormal das circunstâncias") é vazia de sentido, pois não está em questão a "valoração da conduta de qualquer dos contratantes", mas apenas a análise acerca da proporção (equilíbrio) entre prestação e contraprestação contratuais.[789]

Seja como for, percebe-se que os dois regimes jurídicos das relações contratuais privadas no direito brasileiro (o Direito Civil e o Direito do Consumidor), não obstante tenham em comum a preocupação com a preservação do "fim útil do contrato"[790] a partir da equivalência econômica ("bilateralidade") entre as prestações, estabelecem, em razão dos distintos *fins sociais* (LINDB, art. 5º) que justificam sua existência, diferentes critérios para a revisão contratual por onerosidade excessiva superveniente.[791] Com efeito, se o Código Civil exige (arts. 317 e 478) que o fato gerador da onerosidade excessiva tenha certa qualidade (no caso, que seja *extraordinário e imprevisível*,[792] ao menos, quanto ao grau de intensidade dos seus efeitos[793]), o CDC, ao contrário, adotou critério diverso, dispensando qualquer qualidade ao fato gerador da onerosidade excessiva superveniente e concentrando-se, antes, no seu efeito negativo, a *excessiva onerosidade* da prestação para o consumidor contratante[794] (art. 6º, V, 2ª Parte).[795]

Em outros termos, percebe-se que no Direito do Consumidor a revisão contratual é cabível se ficar demonstrada a situação de onerosidade excessiva em razão de fatos supervenientes à celebração do contrato, sendo irrelevante a demonstração de imprevisibilidade desses fatos à época da contratação.[796] Com efeito, desde a entrada em vigor do CDC formou-se importante acervo jurisprudencial em torno da matéria, com destaque para o *leading case* das ações revisionais envolvendo contratos de arrendamento mercantil (*"leasing"*), a partir de 1999:[797]

> Revisão de Contrato. Arrendamento Mercantil (Leasing). Relação de consumo. Indexação em Moeda Estrangeira (Dólar). Crise Cambial de Janeiro de 1999. Plano Real. Aplicabilidade do Art. 6º, inciso V do CDC. Onerosidade excessiva caracterizada. Boa-fé objetiva do consumidor e direito de informação. Necessidade de prova da captação de recurso financeiro proveniente do exterior. O preceito insculpido no inciso V do artigo 6º do CDC dispensa a prova do caráter imprevisível do fato superveniente, bastando a demonstração objetiva da excessiva onerosidade advinda para o consumidor. A desvalorização da moeda nacional frente à moeda estrangeira que serviu de parâmetro ao reajuste contratual, por ocasião da crise cambial de 1999, apresentou grau expressivo de oscilação, a ponto de caracterizar a onerosidade excessiva que impede o devedor de solver as obrigações pactuadas. A equação econômico-financeira deixa de ser respeitada quando o valor da parcela mensal sofre um reajuste que não é acompanhado pela correspondente valorização do bem da vida no mercado, havendo quebra da paridade contratual, à medida que apenas a instituição financeira está assegurada quanto aos riscos da variação cambial, pela prestação do consumidor indexada em dólar americano. É ilegal a transferência de risco da atividade financeira, no mercado de capitais, próprio das instituições de crédito, ao consumidor, ainda mais que não observado o seu direito de informação (art. 6º, III, e 10, 'caput', 31 e 52 do CDC). Incumbe à arrendadora se desincumbir do ônus da prova de captação de recursos provenientes de empréstimo em moeda estrangeira, quando impugnada a validade da cláusula de correção pela variação cambial. Esta prova deve acompanhar a contestação (art. 297 e 396 do CPC), uma vez que os negócios jurídicos entre a instituição financeira e o banco estrangeiro são alheios ao consumidor, que não possui meios de averiguar as operações mercantis daquela, sob pena de violar o art. 6º da Lei n. 8.880/94" (STJ. REsp 268.661/SP, 3ª T., Rel. Min. Nancy Andrighi. DJ. 16.08.2001).[798]

Nessas situações envolvendo os contratos de *leasing*, percebe-se claramente que o fato gerador da onerosidade excessiva não foi a atuação da cadeia de fornecimento, mas uma inesperada mudança de posicionamento do governo federal em relação a sua política cambial. Assim é que Aguiar Júnior, comentando o caso, destaca que o fato superveniente também causou problemas ao fornecedor (no caso, a instituição financeira) "...que se obrigou junto ao credor externo e deve a este pagar em dólares".[799] Com efeito, esse dado é fundamental para a distinção entre o desequilíbrio econômico por fato não imputável ao fornecedor (desequilíbrio por onerosidade excessiva superveniente) e aquele que caracteriza a *lesão* nos contratos, e cuja causa é a *conduta abusiva do fornecedor* (desequilíbrio por abuso da posição jurídica).[800]

Por fim, quanto à possibilidade de *resolução* contratual por onerosidade excessiva superveniente em contratos de consumo, cumpre destacar que o CDC não a previu expressamente.[801] Contudo, com bem observa Aguiar Júnior, o consumidor, se preferir, pode ajuizar ação buscando a resolução do contrato em função "...do previsto no art. 83 do CDC: 'Para a defesa dos direitos e interesses protegidos por este Código, são admissíveis todas as espécies de ações capazes de propiciar sua adequada e efetiva tutela'".[802] Nesse caso, pode ser suscitada dúvida quanto aos pressupostos legais para a resolução: seriam os mesmos previstos no Código Civil (art. 478)? Ao que parece, a dúvida é apenas aparente, pois em razão do direito básico à *facilitação da defesa dos consumidores em juízo* (CDC, art. 6º, VIII),[803] foge à razoabilidade aplicar pressupostos distintos dos que o CDC já estabelece para a revisão contratual, considerando o fato de que são *mais favoráveis aos consumidores* do que os pressupostos do Direito Civil.[804]

Em suma: as situações de onerosidade excessiva superveniente, ainda que não tenham sido geradas pela conduta dos próprios fornecedores, representam situações de desequilíbrio excessivo nas relações contratuais de consumo, na medida em que comprometem o sinalagma interno do vínculo contratual, sua bilateralidade (equivalência/proporção econômica entre as prestações). Com efeito, entende-se que a posição jurídica de vulnerabilidade dos consumidores no mercado de consumo – sobretudo em seu aspecto técnico e informacional – faz com que esses, por imperativo de necessidade social, depositem suas legítimas expectativas (confiança), não apenas na regularidade (não abusividade) da conduta dos fornecedores, mas também na possibilidade do equilíbrio econômico do contrato não se perder em razão de fatores externos ao próprio vínculo contratual, relacionados, de modo geral, à dinâmica do próprio mercado de consumo e, de modo particular, a fatos inesperados da vida do próprio consumidor contratante.

Portanto, entende-se que a existência de tais fatores, com repercussão geral ou particular,[805] pode representar a violação das expectativas legítimas dos consumidores na manutenção do equilíbrio econômico do contrato (traduzida pela avaliação objetiva de excessiva onerosidade da prestação do consumidor) e ensejar, como exigência de conduta *conforme a boa-fé* (CDC, art. 4º, III), o cumprimento de um dever anexo de *cooperação* (revisão contratual/renegociação de dívida) por parte do fornecedor, a fim de reestabelecer o "equilíbrio mínimo" da relação de consumo e garantir, sobretudo, a preservação do mínimo existencial do consumidor prejudicado (CF, art. 1º, III c/c CC, art. 421).[806]

4.2.3 O exercício irregular da posição jurídica dos fornecedores: as práticas abusivas e seu regime jurídico de controle e proteção dos consumidores

A terceira e última situação de desequilíbrio excessivo das relações de consumo associa-se ao exercício abusivo de todas as liberdades, prerrogativas e direitos que caracterizam a posição jurídica dos fornecedores no mercado de consumo.⁸⁰⁷ Com efeito, essa situação de desequilíbrio não se confunde com a que se verifica pela existência de vícios de inadequação ou insegurança, pois embora as responsabilidades pelo fato e pelo vício de produtos e serviços se estabeleçam pela violação objetiva de deveres legais (as "garantias de adequação e segurança"), não é o abuso da atuação dos fornecedores a sua causa, mas a própria imperfeição do sistema massificado ("seriado") de produção.⁸⁰⁸ Do mesmo modo, a causa do desequilíbrio econômico gerado pela onerosidade excessiva superveniente nos contratos de consumo é sempre um fato externo ao vínculo contratual, alheio à conduta dos contratantes, não se podendo falar em atuação abusiva dos fornecedores, já que até mesmo eles podem ser afetados negativamente em seus interesses econômicos.⁸⁰⁹

No exercício abusivo da posição jurídica, ao contrário, os fornecedores atuam de modo excessivamente desproporcional em relação aos legítimos interesses e ao valor das prestações assumidas pelos consumidores, violando a "proibição de excessividade"⁸¹⁰ que resulta, como dever jurídico, do princípio constitucional da proporcionalidade (CF, art. 5º, § 2º).⁸¹¹

Como ensina Marques, a atuação abusiva nas relações de consumo busca "... melhorar a situação contratual daquele que redige o contrato ou detém posição preponderante, o fornecedor, transferindo riscos ao consumidor".⁸¹² O fornecedor, em razão da posição de vulnerabilidade dos consumidores no mercado de consumo (CDC, art. 4º, I), exerce as liberdades e prerrogativas próprias de sua posição mercadológica para além dos limites estabelecidos, específica ou genericamente, pela ordem jurídica, obtendo uma *vantagem excessiva* sobre os consumidores, relacionada à cobrança de prestações pecuniárias desproporcionais, à transferência de riscos e responsabilidades ou à restrição de direitos básicos, com destaque para os de "dimensão existencial" (informação, saúde, educação etc.).⁸¹³ Por essa razão é que Martins-Costa afirma ser a atuação abusiva dos fornecedores "...a marca mais flamante do desequilíbrio, da desatenção aos interesses alheios, da ausência de solidariedade social".⁸¹⁴

A análise adequada do desequilíbrio excessivo gerado pelo exercício irregular (abusivo) da posição jurídica dos fornecedores nas relações de consumo pressupõe, em primeiro lugar, a compreensão acerca do *abuso do direito* (ou *exercício inadmissível de direitos*), instituto jurídico expressamente reconhecido no atual Código Civil brasileiro (art. 187)⁸¹⁵ como reflexo do "movimento de funcionalização dos direitos subjetivos"⁸¹⁶ que teve início no final do Século XIX e se consolidou na experiência jurídica ocidental – em especial, nos sistemas romano-germânicos – ao longo do Século XX, afirmando o próprio conceito de direito subjetivo, não obstante as autorizadas críticas que recebeu (Duguit, Kelsen), como "noção fundamental do direito privado contemporâneo".⁸¹⁷ Para

Josserand, um dos grandes expoentes do movimento de funcionalização dos direitos subjetivos na experiência jurídica francesa, não seria essencial para a caracterização do abuso a demonstração da intenção de lesar (*aemulatio*), mas a constatação de um exercício *disfuncional* do direito, i.e., de um exercício que se desviaria da função em razão da qual o direito foi atribuído a seu titular pela ordem jurídica.[818] Vale dizer, o direito subjetivo passa a ser compreendido como uma prerrogativa concedida pela ordem jurídica à pessoa humana que, sendo igualmente membro de um corpo social, precisa exercê-lo de maneira útil, não apenas para si mesma, mas também para o bem da sociedade em que vive, para o bem comum.[819]

Em apertada síntese, pode-se dizer que a configuração contemporânea do instituto do abuso do direito/exercício inadmissível de direitos sintetiza o processo de sua evolução histórica, desde as primeiras objeções acerca da própria existência do instituto,[820] passando por sua aceitação, porém com natureza subjetiva (abuso como ato *emulativo*).[821] Superados esses dois momentos, chega-se ao abuso do direito de matriz objetiva (CC, art. 187), em que os requisitos para a existência do ato abusivo são apenas dois: "a) *o exercício de direito próprio;* b) a *violação dos limites objetivos,* a saber, o *fim econômico ou social* do próprio direito, a *boa-fé* ou os *bons costumes*".[822]

Assim, a importância dessa relação entre o abuso/exercício inadmissível de direitos (Direito Civil) e o abuso/exercício inadmissível de *posição jurídica* (Direito do Consumidor) está no fato de que a cláusula geral de abuso do direito (CC, art. 187),[823] reunindo em seu suporte fático os limites objetivos ao exercício de direitos (fim econômico ou social, boa-fé e bons costumes),[824] estabelece as pautas gerais acerca do controle das situações de abuso *no sistema jurídico brasileiro*, auxiliando na interpretação acerca do específico conceito de "abusividade" no Direito do Consumidor.[825] Como bem observa Miragem, trata-se de cláusula geral de "ilicitude objetiva", pois a configuração do abuso como ato ilícito no Direito Civil prescinde do elemento subjetivo (culpa) no suporte fático da norma jurídica,[826] bastando a configuração do excesso no exercício do direito.[827]

O exercício dos direitos na ordem jurídica brasileira, para ser regular (lícito), deve, em primeiro lugar, estar de acordo com *o fim econômico ou social* em razão do qual o específico direito – direito subjetivo propriamente dito, direito potestativo, poder funcional ou qualquer outra prerrogativa ou liberdade jurídicas – foi atribuído a alguém pela ordem jurídica.[828] Se a ordem jurídica, bem observou Bobbio, não deve ser compreendida apenas como estrutura normativa, mas sobretudo pela função a desempenhar na sociedade,[829] então o exercício dos direitos subjetivos que ela confere deve encontrar sua medida e razão de ser na atenção a certa *finalidade* (ou *função*) no âmbito social. Trata-se de um limite interno, imanente ao próprio conteúdo dos direitos subjetivos[830] e, nesse sentido, a expressa previsão do "fim econômico ou social" no art. 187 do Código Civil significa que a regularidade no exercício dos direitos – inclusive os da personalidade, de natureza *extrapatrimonial*[831] – está condicionada à satisfação de uma finalidade social que, por sua vez, pode ou não coincidir com uma finalidade econômica.[832]

> Em linha de princípio, um mesmo direito subjetivo pode ter fim econômico e fim social específicos que, todavia, devem coincidir ou ao menos não se contradizer em vista da coerência lógico sistemática do ordenamento jurídico. Assim, por exemplo, os direitos de crédito têm o fim econômico de assegurar o cumprimento e a satisfação do crédito pelo devedor, e aí reside igualmente seu fim social, em vista da proteção da utilidade, previsibilidade e segurança das relações econômicas. Por outro lado, há direitos em relação aos quais não se há de falar em fins econômicos, mas exclusivamente em fins sociais, como no caso dos direitos subjetivos pertinentes às relações jurídicas de direito de família.[833]

O cumprimento da finalidade socioeconômica atribuída a determinado direito, quando a ordem jurídica não estabelecer critérios específicos para o intérprete[834] – e, por conta disso, for necessário concretizar a cláusula geral prevista no art. 187 do Código Civil – deve ser verificado, no caso concreto, pelo confronto entre as duas "medidas de utilidade" no exercício dos direitos: a utilidade para o próprio titular e a utilidade para a sociedade.[835] Isso significa que para haver exercício regular do direito impõe-se, como condição, que "... a utilidade econômica para o titular do direito não seja contraditória com uma medida de utilidade econômica para a sociedade".[836]

No campo específico das relações contratuais, essa linha de entendimento encontra-se presente na orientação doutrinária a jurisprudencial acerca da cláusula geral de *função social do contrato* (CC, art. 421).[837] Com efeito, a "função social" estabelece uma medida de utilidade econômica que condiciona o exercício da liberdade contratual de modo a não haver condutas que possam lesar interesses metaindividuais[838] ou, no que respeita à eficácia interna do contrato,[839] que possam lesar interesse individual relativo à dignidade da pessoa humana (CF, art. 1º, III), como o que diz respeito à manutenção do "mínimo existencial" do contratante devedor.[840]

Assim sendo, percebe-se que essas medidas de utilidade sócio econômica representam, no campo contratual, a *visão solidarista* atribuída ao direito privado contemporâneo, fundamentada no princípio constitucional da solidariedade social (CF, art. 3º, I).[841] E entende-se que a realização da finalidade social de um direito poderá não se identificar, como bem observa Miragem, com a finalidade de ordem coletiva, i.e., fim *social* não é necessariamente um fim *coletivo*.[842] Conclui-se, assim, que se o exercício do direito de crédito não atender a uma dessas medidas de utilidade social (CC, art. 421) poderá estar presente a situação de abuso pela desatenção ao fim socioeconômico da liberdade contratual (CC, art. 187).

O exercício regular dos direitos também se condiciona a um comportamento conforme a *boa fé objetiva*. Considerada um "modelo de conduta social, arquétipo ou *standard* jurídico"[843] (ou ainda, uma "norma de comportamento leal"[844]) a boa-fé objetiva assume importância decisiva na funcionalidade do sistema de direito privado contemporâneo,[845] com destaque para a função limitadora do exercício de direitos, expressamente reconhecida pelo direito brasileiro (CC, art. 187) – sobretudo pela influência da experiência jurídica alemã[846] – e identificada pela doutrina como uma de suas três funções gerais no sistema jurídico.[847] Com efeito, importa frisar que boa-fé objetiva, na Alemanha, apresentou-se como categoria autônoma – distinta, portanto, do abuso do direito[848] – e critério normativo para o controle do exercício inadmissível de direitos a partir de situações que, ao longo do século XX, foram reconhecidas como comportamentos contrários à boa-fé e hipóteses típicas de abuso no exercício de direitos (sobretudo, os de natureza obrigacional):[849] a *exceptio doli*, o *venire contra factum proprium*, o *tu quoque*, a *supressio* e a *surrectio*, as hipóteses de responsabilidade *pré-contratual*, de adimplemento substancial do contrato e de inalegabilidade de nulidades formais.[850]

Em outros termos, entende-se que

> ...o abuso do direito, na Alemanha, não nasceu de um aprofundamento doutrinário em termos centrais relativamente ao próprio conceito de abuso, mas, ao contrário, foi construído pela sedimentação jurisprudencial e doutrinária de uma série de situações tipicamente abusivas, reconduzidas principalmente à boa-fé objetiva como princípio e critério jurídico distintivo e basilar para a configuração das hipóteses. Assim, torna-se mais preciso falar em exercício inadmissível de direitos, e não em abuso (...)
> No desenvolvimento histórico da proibição do exercício inadmissível de direitos, demonstrou-se que o recurso à boa-fé objetiva, pela remissão à cláusula geral constante no §242 do BGB, foi o que possibilitou na Alemanha o desenvolvimento adequado do tratamento das hipóteses típicas, a viabilizar, posteriormente, pela sistematização, a elaboração de uma teoria.[851]

Essa experiência alemã, de rejeição ao instituto do abuso do direito e de adoção da boa-fé objetiva como norma limitadora do exercício de direitos,[852] embora tenha influenciado a experiência jurídica brasileira antes do Código Civil de 2002,[853] não foi, contudo, decisiva para o legislador brasileiro. Ao contrário, a opção legislativa do direito pátrio foi pelo reconhecimento da existência do abuso do direito (CC, art. 187),[854] no qual a boa-fé se insere como *um dos* critérios gerais para balizar o exercício de direitos, evidenciando que a interpretação das situações de abuso não pode ficar circunscrita apenas às tradicionais hipóteses típicas do direito alemão, de comportamentos contrários à boa-fé, mas pressupõe "atividade judicial criadora" capaz de concretizar a cláusula geral a partir dos demais critérios limitadores ao exercício de direitos (fim social e econômico e bons costumes).[855]

Assim sendo, pode-se dizer que a boa-fé objetiva, enquanto critério limitador do exercício de direitos (CC, art. 187), apresenta-se como "...norma que não admite condutas que contrariem o mandamento de agir com lealdade e correção",[856] estendendo-se tal proibição a todas as espécies de relações jurídicas no direito privado,[857] sobretudo as de natureza obrigacional, nas quais a incidência da cláusula geral de boa-fé estabelece, entre os sujeitos, um dever geral de *cooperação*[858] – a assunção de comportamentos que não imponham obstáculo ou que colaborem ativamente para a realização dos interesses legítimos da outra parte – como decorrência dos princípios constitucionais da solidariedade social (CF, art. 3º, I) e da proteção da confiança (CF, art. 5º, § 2º).[859]

Por fim, o exercício regular de direitos será aquele que ocorrer em conformidade com os *bons costumes*. A distinção entre os conceitos de bons costumes e de boa-fé objetiva, como observou Couto e Silva – com fundamento na experiência jurídica alemã – pode, em princípio, ser percebida apenas como uma distinção de grau, pois é fato que "...não se pode considerar conforme com a boa fé o que contradiga os bons costumes".[860] Contudo, pode-se dizer que apesar da proximidade entre os conceitos a cláusula geral de bons costumes não produziu, no direito alemão (BGB, §826), a mesma efetividade da cláusula geral de boa-fé objetiva (BGB, §242) como fonte normativa para a sistematização das hipóteses típicas de exercício inadmissível de direitos.[861] Por outro lado, influenciou significativamente na proibição da *lesão* em negócios bilaterais[862] (BGB, §138), sendo também fonte para o direito comparado sobre o tema.[863]

A distinção entre bons costumes e boa-fé objetiva é, portanto, algo que não se pode ignorar. Na lição de Couto e Silva, entende-se que:

> ...os bons costumes referem-se a valores morais indispensáveis ao convívio social, enquanto que a boa fé tem atinência com a conduta concreta dos figurantes, na relação jurídica. Assim, quem convenciona não cumprir determinado contrato age contra os bons costumes, decorrendo a nulidade do negócio jurídico. De outro lado, quem deixar de indicar circunstância necessária ao fiel cumprimento da obrigação, terá apenas violado dever de cooperação para com o outro partícipe do vínculo, inexistindo, porém, infringência à cláusula dos bons costumes.[864]

Em princípio, pode-se dizer que, ao contrário da função social e/ou econômica dos direitos, a boa-fé e os bons costumes não são limites internos (constitutivos do próprio conteúdo do direito), mas limites externos e esse conteúdo.[865] Contudo, são limites que se projetam sobre o exercício dos direitos de modos diferentes. Em outros termos, pode-se dizer que a cláusula geral de boa-fé objetiva atua na *eficácia interna* da relação jurídica, valorando a conduta dos sujeitos segundo padrões objetivos de comportamento socialmente esperados por estes em razão da natureza da relação, da posição jurídica ocupada pelos sujeitos ou de outras circunstâncias relevantes.[866] Já a cláusula geral de bons costumes transcende a realização das expectativas e interesses dos sujeitos da relação, pois se refere a comportamentos e valores compartilhados pela sociedade em dado contexto histórico-cultural, razão pela qual se pode atribuir à cláusula de bons costumes, como bem observa Miragem, uma *eficácia geral* (distinta da *eficácia relacional* da boa-fé).[867]

Nesse sentido, é fundamental a compreensão de que o conceito de bons costumes não deve traduzir uma moralidade subjetiva, nem tampouco uma moralidade social, porém restrita aos comportamentos de ordem sexual.[868] Ao contrário, a função atribuída aos bons costumes, de ser critério limitador ao exercício dos direitos no sistema jurídico brasileiro (CC, art. 187), impõe ao intérprete uma compreensão mais ampla do conceito, que deve, assim, ser percebido como moralidade objetiva referente a valores, comportamentos e instituições que representam o "interesse social dominante"[869] e, por isso mesmo, devem ser garantidos pela ordem jurídica.[870]

Enfim, parece correta a afirmação de que "...o conceito de bons costumes não depende de apreciações subjetivas (...) senão de um 'critério objetivo e transcendente, perdurável no tempo, e ligado a uma ponderação axiológica'".[871] Com efeito, pode-se dizer que esse "critério objetivo e transcendente" revela-se, em essência, na figura do *Estado Constitucional de Direito* enquanto instituição e valor socialmente relevantes,[872] cuja justificação se dá pela positivação e garantia dos *princípios* e *direitos fundamentais* da pessoa humana.[873] A propósito, ensina Novaes que:

> ...as formas de organização do poder político e os sistemas de governo não serão necessariamente idênticos, mas só haverá Estado de Direito quando no cerne das *preocupações* do Estado e dos seus fins figurar a protecção e garantia dos direitos fundamentais, verdadeiro ponto de partida e de chegada do conceito (...) Estado de Direito será, então, o Estado vinculado e limitado juridicamente em ordem à protecção, garantia e realização efectiva dos direitos fundamentais, que surgem como indisponíveis perante os detentores do poder e o próprio Estado.[874]

Assim sendo, entende-se que a proteção e garantia dos princípios e direitos fundamentais, enquanto finalidade do Estado Constitucional de Direito, informa o conteúdo da cláusula geral de bons costumes (CC, art. 187) na medida em que traduz os "valores ético fundantes do ordenamento jurídico"[875] e, por isso mesmo, reflete o estado de moralidade objetiva de determinada sociedade.[876]

Em síntese, as pautas gerais para o controle do abuso no exercício de direitos no sistema jurídico brasileiro são representadas: a) por um limite interno, constitutivo do próprio conteúdo de qualquer direito subjetivo enquanto *finalidade* para o exercício deste: *fim social e econômico;* b) por um limite externo, não constitutivo do conteúdo do direito, e com eficácia relacionada aos interesses (legítimas expectativas) dos sujeitos da relação jurídica – sobretudo, nas relações obrigacionais – impondo, no exercício de direitos, uma conduta cooperativa (ética) com o outro sujeito da relação: *boa-fé objetiva* e; c) por um limite externo, não constitutivo do conteúdo do direito, e com eficácia relacionada aos interesses (legítimas expectativas) da sociedade onde o próprio direito é exercido, impondo, no exercício de direitos, uma conduta em conformidade com a moralidade objetiva, materializada na efetividade dos direitos (princípios) fundamentais: *bons costumes*.[877]

O exercício de direitos para além dos limites legalmente estabelecidos, justamente porque se caracteriza como espécie de ilícito civil,[878] pode desencadear determinadas consequências que representam a sua rejeição pela ordem jurídica, como o dever de indenizar os eventuais danos resultantes do ato abusivo (CC, art. 187 c/c art. 927),[879] e ainda outras, que visam "...à eliminação dos efeitos do abuso ou, quando possível, o impedimento dos danos que por ele possam ser causados".[880] Nesse sentido, percebe-se que o abuso/exercício inadmissível de direitos, por ser conduta *antijurídica* (contrária à ordem jurídica),[881] produz eficácia jurídica (sanção) mesmo em situações onde o abuso não gera dano, pois "...ainda que não necessite existir dano individual imediato decorrente do ato abusivo, o mesmo não se diga do prejuízo à ordem jurídica, à confiança do outro sujeito da relação jurídica e à confiança na efetividade do direito".[882] Assim sendo, pode-se dizer que o controle do exercício abusivo de direitos *no sistema jurídico brasileiro* – e, portanto, no Direito do Consumidor – fundamenta-se, sobretudo nos princípios constitucionais da solidariedade social (CF, art. 3º, I) e da proteção da confiança (CF, art. 5º, § 2º),[883] destacando-se ainda a influência do princípio constitucional da proporcionalidade (CF, art. 5º, § 2º), enquanto fonte normativa do dever jurídico que Larenz reconheceu como "proibição de excessividade".[884]

Nesse sentido, e a partir das considerações até aqui apresentadas sobre a cláusula geral de abuso no exercício de direitos (CC, art. 187), é possível realizar, enfim, uma adequada análise do conceito de abusividade no Direito do Consumidor, capaz de extrair do conteúdo da norma geral a possível contribuição ao conceito de ato abusivo nas relações de consumo. Com efeito, entende-se que a cláusula geral do Código Civil, sendo uma norma para o sistema jurídico brasileiro,[885] fornece ao Direito do Consumidor um *conceito geral de abusividade*, cujos elementos constitutivos formam a "base mínima" para a compreensão do conceito de abusividade nas relações de consumo,[886] orientada pelo método hermenêutico do "diálogo das fontes".[887]

Vale dizer que a existência das práticas abusivas no mercado de consumo deve ser compreendida como *ilícito objetivo*,[888] afastando-se, por ultrapassada, a demonstração do elemento intencional da conduta do fornecedor (culpa)[889] e levando-se em conta apenas a relação causal entre o *modo* como exerce as liberdades atribuídas pela ordem jurídica e o *resultado* desse exercício sobre o consumidor.[890] Além disso, as sanções gerais aos atos abusivos (Código Civil) devem incidir também no Direito do Consumidor[891] – ainda que não haja expressa previsão delas no microssistema jurídico do CDC[892] – pois sua finalidade, como bem observa Miragem, é garantir a confiança social *no sistema jurídico,* sobretudo quando a confiança *relacional* (a expectativa legítima no comportamento do *alter*) é violada.[893]

Essa é, portanto, a influência do conceito geral de abusividade (CC, art. 187) no campo das relações de consumo. A influência é, porém, insuficiente, pois não apreende todos os traços específicos da relação de consumo, perceptíveis a partir da compreensão do sinalagma caracterizador dessa relação jurídica que, como visto,[894] é uma situação marcada pelo desequilíbrio de *posições jurídicas*.[895] Sobre o conceito de "posição jurídica" ensina Castro que

> ... A posição de um sujeito não é *posição da pessoa,* ou posição que esta deva *a si mesma,* como pensou o naturalismo psiquista ou voluntarista do direito; mas posição que ela deve à norma. A posição jurídica é por excelência o vínculo normativo que *define* a situação de direito, enquanto constrói, de um só golpe, até quanto e até quando a pessoa se entende ser sujeito e até quanto e até quando a coisa, a qualificação social ou o ato humano podem constituir-se em *objeto* da ação normativa que configura a situação de direito.[896]

Trata-se, portanto, da posição ocupada por um sujeito (unissubjetiva)[897] no contexto sócio-normativo de determinada situação jurídica subjetiva[898] (ou, no caso do Direito do Consumidor, de uma situação intersubjetiva ou *relação jurídica*).[899] Assim sendo, convém notar que, no âmbito dessa relação jurídica típica (a relação de consumo),[900] as posições jurídicas de consumidor e fornecedor, em razão da massificação presente na sociedade de consumo contemporânea,[901] não são redutíveis a posições de duas pessoas individualmente consideradas, mas a posições de duas *categorias sociais*, identificadas, de um lado, na cadeia de fornecimento de produtos e serviços (CDC, art. 3º, *caput*) e, de outro, no grupo social determinável ou até mesmo indeterminado de pessoas (CDC, art. 2º, parágrafo único). É precisamente nessa "posição grupal" (nesse *status*)[902] que o indivíduo consumidor (CDC, art. 2º, *caput*) se insere e é dela que ele retira sua posição jurídica vulnerável (CF, art. 5º, XXXII c/c art. 4º, I),[903] valendo a mesma premissa para o indivíduo fornecedor e sua posição mercadológica. Por tais razões, pode-se dizer que:

4 • DESEQUILÍBRIO DA RELAÇÃO JURÍDICA DE CONSUMO E TUTELA DOS CONSUMIDORES

Em direito do consumidor, todavia, o abuso do direito vincula-se a duas concepções-chave para sua identificação e controle dos atos abusivos: o *status* constitucional do consumidor como sujeito de direitos fundamentais e a razão lógica deste reconhecimento como, de resto, das demais normas de proteção em nosso ordenamento: a presunção jurídica da sua vulnerabilidade (...) Enquanto no direito civil o desrespeito dos limites impostos pelo fim econômico ou social, pela boa-fé e pelos bons costumes, implicam a caracterização da conduta abusiva, no direito do consumidor esta se dá por uma posição de dominância do fornecedor em relação ao consumidor (...) O abuso do direito no direito do consumidor, neste sentido, é antes o abuso de uma posição jurídica dominante de uma das partes (*Machtstellung einer Partei*), do fornecedor no mercado de consumo, cujo reconhecimento qualifica determinados modos de exercício da liberdade de contratar como abusivos, sobretudo quando de algum modo se utiliza ou aproveita da vulnerabilidade do consumidor.[904]

Assim sendo, pode-se dizer que as situações de abuso no Direito do Consumidor se identificam menos com o exercício abusivo de um específico direito – como sugere a interpretação da cláusula geral do abuso no Código Civil (art. 187) – e mais com o exercício abusivo de *todas as liberdades e prerrogativas* inerentes ao *status* daquele que ocupa a posição mercadológica em contraposição ao *status* daquele que ocupa a posição de vulnerabilidade.[905] A posição mercadológica dos fornecedores é, assim, posição jurídica *dominante* no mercado de consumo. Convém notar, porém, que a situação de abuso no Direito do Consumidor, embora guarde certa semelhança com outras situações de abuso no exercício da posição economicamente mais forte – e.g. o abuso de poder pelo acionista controlador de uma empresa,[906] o abuso de poder na concorrência interempresarial (CF, art. 170, IV)[907] etc. – não se confunde com essas situações, pois não se trata apenas de exercício abusivo *do poder econômico*,[908] mas de todos os demais fatores que caracterizam o desequilíbrio estrutural da relação de consumo (técnico, jurídico, informacional etc.).

Nesse sentido, a correção dos abusos praticados pelos fornecedores "... perpassa os três pontos cernes regulados pela lei [refere-se ao CDC]: a prática comercial, a publicidade e o contrato".[909] Em outros termos, o microssistema jurídico do CDC, em atenção aos princípios fundamentais do Direito do Consumidor – concretizados no específico princípio (ou diretrtiz) de repressão eficiente aos abusos no mercado de consumo (CDC, art. 4º, VI)[910] – estabeleceu conjunto de normas gerais de correção do desequilíbrio excessivo provocado pelo gênero "práticas abusivas dos fornecedores"[911] e suas especificidades:[912] a) as *práticas pré-contratuais*, que envolvem a publicidade abusiva (CDC, art. 37, § 2º)[913] e certas práticas previstas no art. 39 (p. ex., nos incisos I, II e III);[914] b) as *práticas contratuais*, que dizem respeito às cláusulas contratuais abusivas (CDC, art. 51 a 53) e à situação prevista no art. 39, XII e; c) as *práticas abusivas pós-contratuais*, que decorrem dos efeitos de um contrato de consumo (CDC, arts. 39, VII; 32; 42, 43 etc.).[915]

As práticas abusivas dos fornecedores, como situação de desequilíbrio excessivo da relação de consumo, comprometem o "equilíbrio mínimo" dessa relação (CDC, art. 4º, III), violando as expectativas legítimas dos consumidores no exercício regular da posição jurídica dos fornecedores. Com efeito, o resultado objetivo da atuação abusiva dos fornecedores pode ser: a) *a desproporção econômica da relação* – seja em razão do contrato já celebrado ou da prática pré-contratual – que afeta "interesses imediatamente econômicos" dos consumidores (excessiva desproporção entre o valor (preço) da "remuneração" do consumidor em relação ao produto ou serviço)[916] e; b) a *desproporção relacionada a outros fatores de desequilíbrio estrutural da relação* – seja em razão do contrato já celebrado ou da prática pré-contratual – que afeta "interesses mediatamente econômicos" dos consumidores, como o de acesso à informação de qualidade e a bens existenciais da pessoa humana (saúde, educação etc.).[917]

Por derradeiro, cumpre destacar que os interesses legítimos dos consumidores podem ser "imediatamente econômicos" ou "mediatamente econômicos" na medida em que as relações de consumo, enquanto relações *de mercado* – como visto, relações de trocas econômicas – sempre envolvem, em maior ou menor intensidade, expectativas legítimas de natureza econômica por parte dos consumidores.[918] Assim, quando o consumidor contrata, p. ex., um plano de saúde e o fornecedor decide fazer um reajuste exorbitante no preço pago pelo segurado, está em jogo um interesse *imediatamente* econômico. Quando, porém, a seguradora omite informação essencial sobre o contrato ou se recusa a cobrir determinado tratamento médico, está em jogo um interesse *mediatamente* econômico, ou seja, um interesse que não está imediatamente relacionado ao valor (preço) da remuneração, embora também diga respeito a este.

4.3 RELAÇÕES DE CONSUMO EM DESEQUILÍBRIO EXCESSIVO SISTÊMICO: O SUPERENDIVIDAMENTO PESSOAL E FAMILIAR DOS CONSUMIDORES

As três situações de desequilíbrio excessivo vistas anteriormente possuem causas bem definidas, as quais produzem seus efeitos em *uma* relação jurídica de consumo determinada. Vale dizer: ainda que seus efeitos alcancem a coletividade de consumidores (CDC, arts. 2º, parágrafo único; 17 e 29) a causa[919] desses efeitos incidirá na singularidade de uma dada relação de consumo.

Para encerrar esta proposta de uma Teoria Geral da Relação Jurídica de Consumo não é possível ignorar a existência de uma situação *sui generis*, que não se confunde com as situações anteriores pelas seguintes razões: a) é uma situação com *múltiplas causas*; b) é uma situação que traz *uma consequência bem definida (o superendividamento)*, e que não se vincula apenas a uma relação de consumo determinada, mas a um *conjunto de relações jurídicas de consumo*, sendo, portanto, uma situação de maior complexidade; c) é uma situação cujo regime jurídico tutelar não existia no Brasil até pouco tempo, impossibilitando-se o seu tratamento adequado.

O *superendividamento pessoal e familiar dos consumidores* é um fenômeno típico da sociedade de consumo contemporânea,[920] que adquiriu maior relevância nas últimas duas décadas, em especial no Brasil, com a democratização do acesso ao crédito e novas ofertas de crédito aos consumidores ocorridas na primeira década deste século (2003-2010).[921] Essas duas realidades, dissociadas de um efetivo controle do Estado sobre a atividade econômica de concessão de crédito e de efetivas políticas públicas de educação para o consumo deste produto financeiro, contribuíram, na década seguinte, para um maior empobrecimento das famílias que passaram a ver no crédito a solução para as dívidas já assumidas em contratações anteriores, gerando a famosa "bola de neve" financeira e a impossibilidade de pagamento, com a renda líquida pessoal e/ou familiar, do conjunto global das dívidas de consumo, inclusive as mais essenciais (alimentação, saúde etc.).[922] E a situação de superendividamento pessoal e familiar dos consumidores, que já era preocupante antes do período mais intenso da Pandemia da COVID-19,[923] adquiriu contornos dramáticos a partir dos efeitos gerados pela crise sanitária global, com perda de empregos e renda, sobretudo nas famílias mais pobres, agravando ainda mais a sua situação de vulnerabilidade e exclusão social.

No superendividamento o desequilíbrio excessivo é *sistêmico* porque além das múltiplas causas que pode ter,[924] não afeta apenas uma determinada relação jurídica de consumo, mas todo um conjunto de relações do consumidor em que este se coloca na posição de *devedor insolvente* frente aos seus fornecedores-credores, agravando ainda mais sua já existente vulnerabilidade.[925] E além dos efeitos econômicos há os reflexos de ordem existencial para o consumidor e seu núcleo familiar, pois são conhecidos os problemas psíquicos e físicos que resultam do *stress* e da chamada "ansiedade financeira",[926] os quais atentam contra a saúde das pessoas envolvidas em situação de superendividamento (insônia, perda de concentração no trabalho, dificuldade de convivência familiar, alcoolismo etc.) e, em casos mais graves, podem levar até ao suicídio. Daí porque se pode dizer que o consumidor (e seu núcleo familiar) superendividado encontra-se em situação de *hipervulnerabilidade*, necessitando de um tratamento jurídico mais qualificado, para além do regime tutelar já existente no Código de Defesa do Consumidor, o qual consegue ser plenamente eficaz apenas para as três situações de desequilíbrio excessivo vistas anteriormente.[927]

No Brasil, esse tratamento jurídico qualificado foi assegurado pela Lei 14.181/2021, lei atualizadora do CDC que estabeleceu um regime especial de prevenção e tratamento dos consumidores superendividados, com inspiração no modelo legislativo francês, de reeducação e repactuação de dívidas, em detrimento do modelo norte-americano (*fresh start*), fundamentado no perdão das dívidas para inserção dos consumidores "falidos" no mercado de consumo, porém a juros mais altos para novas ofertas de crédito.[928] Em linhas gerais, e segundo a doutrina brasileira, o novo regime jurídico de prevenção e tratamento dos consumidores superendividados se fundamenta em "10 paradigmas", a saber:[929]

> 1) O paradigma da preservação do "mínimo existencial" e do "patrimônio mínimo": o respeito aos direitos fundamentais e a dignidade da pessoa humana; 2) O paradigma da "informação obrigatória" e do "crédito responsável": o respeito à lealdade e à transparência no mercado de crédito de consumo; 3) O paradigma da quebra positiva do contrato de crédito ou sanção pelo descumprimento dos deveres de informação e boa-fé; 4) O paradigma de combate ao "assédio de consumo" e à falta de reflexão: combate às novas práticas abusivas; 5) O paradigma da correção dos erros e combate às fraudes na concessão e cobrança de crédito: introdução do direito ao "charge back"; 6) O paradigma da conexão dos contratos de consumo e de crédito: complementação ao Art. 52 do CDC; 7) O paradigma do "tratamento extrajudicial e judicial do superendividamento: sistema binário, com valorização do Sistema Nacional de Defesa do Consumidor e a necessidade de um processo por superendividamento"; 8) Paradigma da "proteção especial do consumidor pessoa natural" e reforço na "ordem econômica de proteção": a consequente superação da Súmula 381 do STJ; 9) Paradigma da boa-fé e da cooperação na repactuação da dívida: a exceção da ruína e a revisão judicial das dívidas de consumo; 10) Paradigma da (re)educação financeira com o plano de pagamento e da novação-plano: a reinclusão do consumidor e o combate à exclusão social.

Todos esses paradigmas fundamentam as alterações legislativas produzidas no texto do CDC pela Lei 14.181/2021: a) novo princípio (diretriz) da Política Nacional das Relações de Consumo (art. 4º, X); b) novos instrumentos de execução da Política Nacional das Relações de Consumo (art. 5º, VI e VII); c) novos direitos básicos do consumidor (art. 6º, XI, XII e XIII); d) novo Capítulo no campo da proteção contratual do consumidor (Capítulo VI-A), estabelecendo o novo regime de "prevenção e tratamento do superendividamento" (arts. 54-A a 54-G); no Título III (Defesa do Consumidor em Juízo), um novo Capítulo dispõe sobre a conciliação e o processo por superendividamento (Capítulo V – arts. 104-A a 104-C).[930]

De todo esse conjunto de atualizações, convém dar destaque ao conceito de superendividamento (art. 54-A, § 1º) como sendo "a impossibilidade manifesta de o consumidor pessoa natural, de boa-fé, pagar a totalidade de suas dívidas de consumo, exigíveis e vincendas, sem comprometer seu mínimo existencial, nos termos da regulamentação". Com efeito, o novo regime jurídico protege apenas os consumidores classificados como *superendividados passivos* (são compelidos a contrair crédito por acidentes da vida) e os *superendividados ativos inconscientes* (agem por impulso, com imprevidência, acreditando poder saldar as dívidas que está contraindo), pois nestas situações há presença do estado de boa-fé por parte dos consumidores. Já nas hipóteses dos *superendividados ativos conscientes,* que contraem a dívida com a intenção de inadimpli-la, a má-fé está presente, razão pela qual essa categoria não recebe a proteção legal, ficando impedida de obter a eficácia do direito à repactuação.[931]

A atualização do CDC pela Lei 14.181/21 foi uma enorme conquista para a sociedade brasileira, concretizando os princípios fundamentais do Direito do Consumidor – com destaque para o princípio fundamental da solidariedade (CF, art. 3º, I)[932] e a "ordem de cooperação" que dele emana[933] – na realidade das famílias superendividadas. Contudo, importa observar que, uma vez implantado o novo regime de prevenção e tratamento dos consumidores superendividados, impõe-se agora a tarefa de garantir sua efetividade, sendo complexos os desafios que se apresentam, dentre os quais: a) o desconhecimento, por parte das instituições públicas (notadamente o Judiciário e os órgãos administrativos de defesa do consumidor) a respeito da operacionalidade das novas regras; b) a edição de normativas, pelo Governo Federal (2019-2022), que tendem a enfraquecer a tutela administrativa dos consumidores,[934] bem como a efetividade do paradigma de preservação do "mínimo existencial" dos consumidores.[935] Tais desafios são superáveis, quer pelo investimento na formação/capacitação dos agentes públicos,[936] quer pela necessidade de revisão dos atos infralegais do Executivo Federal, notadamente a do Decreto 11.150/2021 (Decreto do "Mínimo Existencial").[937] Além disso, e como já observado em outra oportunidade, há de se ter presente a possível falta de interesse dos fornecedores, sobretudo os grandes fornecedores de crédito, na *conciliação* com seus devedores pelo novo regime previsto no art. 104-A do CDC, restando aos consumidores, nestas hipóteses, o processo de superendividamento com a imposição do dever de renegociar (CDC, art. 104-B). Desse modo, a efetividade das conciliações extrajudiciais ficaria reservada apenas às relações de consumo envolvendo fornecedores de menor poder econômico.[938]

REFERÊNCIAS BIBLIOGRÁFICAS

AGUIAR JÚNIOR, Ruy Rosado de. A boa-fé na relação de consumo. *Revista de Direito do Consumidor*. n. 14, p. 20-27, São Paulo, 1995.

AGUIAR JÚNIOR, Ruy Rosado de. Cláusulas abusivas no Código do Consumidor. In: MARQUES, Claudia Lima (Coord.). *A proteção do consumidor no Brasil e no Mercosul*. Porto Alegre: Livraria do Advogado, 1994.

AGUIAR JÚNIOR, Ruy Rosado de. *Extinção dos contratos por incumprimento do devedor. Resolução*. 2. ed. Rio de Janeiro: Aide, 2004.

AGUIAR JÚNIOR, Ruy Rosado de. O novo Código Civil e o Código de Defesa do Consumidor – Pontos de convergência. *Revista de Direito do Consumidor*. n. 48, p. 55-68, São Paulo, out.-dez. 2003.

AGUIAR JÚNIOR, Ruy Rosado de. Os contratos nos Códigos Civis francês e brasileiro. *Revista do CEJ*. n. 28, p. 05-14, Brasília, jan.-mar. 2005.

ALBUQUERQUE, Ronaldo Gatti de. Constituição e codificação: a dinâmica atual do binômio. In: MARTINS-COSTA, Judith H. (Org.). *A reconstrução do direito privado*. São Paulo: Revista dos Tribunais, 2002.

ALEXY, Robert. *Teoria de los derechos fundamentales*. Madrid: Centro de Estudios Constitucionales, 1993.

ALMEIDA, Carlos Ferreira de. *Os direitos dos consumidores*. Coimbra: Almedina, 1982.

ALPA, Guido. Nouvelles frontières du droit des contrats. *Revue internationale de droit comparé*. n. 4 (1), p. 1.015-1.030, Paris, 1998.

ALTERNI, Atilio A.; LÓPEZ CABANA, Roberto M. *La autonomía de la voluntad en el contrato moderno*. Buenos Aires: Abeledo-Perrot, 1989.

AMARAL, Francisco. *Direito Civil. Introdução*. 3. ed. Rio de Janeiro: Renovar, 2000.

AMARAL, Luiz Otávio de Oliveira. História e fundamentos do direito do consumidor. *Revista dos Tribunais*. v. 648. São Paulo, out. 1989.

AMARAL JÚNIOR, Alberto do. Os vícios dos produtos e o Código de Defesa do Consumidor. In: MARQUES, Claudia Lima; MIRAGEM, Bruno (Coord.) *Doutrinas Essenciais*. Direito do Consumidor. São Paulo: Revista dos Tribunais, 2011. v. I.

ANDRADE, Manuel A. Domingues de. *Teoria Geral da Relação Jurídica*. 3. Reimpressão. Coimbra: Almedina, 1972. v. I. (Sujeitos e Objecto).

ANDREAZZA, Cauê Molina; AZEVEDO, Fernando Costa de. A vulnerabilidade comportamental do consumidor. *Revista de Direito do Consumidor*. n. 138, p. 109-130, São Paulo, nov.-dez. 2021.

ANTUNES VARELA, João de Matos. O movimento de descodificação do Direito Civil. In: BARROS, Hamilton de Moraes e (Org.). *Estudos em homenagem ao Professor Caio Mário da Silva Pereira*. Rio de Janeiro: Forense, 1984.

ARAÚJO FILHO, Luiz Paulo da Silva. *Comentários ao Código de Defesa do Consumidor*. Direito Processual. São Paulo: Saraiva, 2002.

ASCENSÃO, José de Oliveira. Alteração das circunstâncias e justiça contratual no novo Código Civil. *Revista CEJ*. n. 25, p. 59-69, Brasília, abr.-jun. 2004.

ASCENSÃO, José de Oliveira. *Direito Civil*. 2. ed. São Paulo: Saraiva, 2010. v. 3 (Teoria geral. Relações e situações jurídicas).

ÁVILA, Humberto. *Teoria dos princípios*. 7. ed. São Paulo: Malheiros, 2007.

AZEVEDO, Antonio Junqueira de. O direito pós-moderno e a codificação. *Revista de Direito do Consumidor*. n. 33, p. 123-129, São Paulo, jan.-mar. 2000.

AZEVEDO, Antonio Junqueira de. Relatório brasileiro sobre revisão contratual apresentado para as Jornadas Brasileiras da Associação Henri Capitant. In: AZEVEDO, Antonio Junqueira. *Novos estudos e pareceres de direito privado*. São Paulo: Saraiva, 2009.

AZEVEDO, Fernando Costa de. A cláusula geral de proibição de vantagem excessiva – norma fundamental de correção do abuso nas relações de consumo. *Revista de Direito do Consumidor*. n. 109, p. 207-233, São Paulo, 2017.

AZEVEDO, Fernando Costa de. A relação jurídica de consumo como conceito jurídico fundamental no Direito Brasileiro do Consumidor. In: AZEVEDO, Fernando Costa de (Org.). *Temas de Direito do Consumidor*. Pelotas: Editora Delfos, 2009.

AZEVEDO, Fernando Costa de. A suspensão do fornecimento de serviço público essencial por inadimplemento do consumidor-usuário. Argumentos doutrinários e entendimento jurisprudencial. *Revista de Direito do Consumidor*. n. 62, p. 86-123, São Paulo, abr.-jun. 2007.

AZEVEDO, Fernando Costa de. Considerações sobre o direito administrativo do consumidor. *Revista de Direito do Consumidor*. n. 68, p. 38-90, São Paulo, out.-dez. 2008.

AZEVEDO, Fernando Costa de. *Defesa do consumidor e regulação*. A participação dos consumidores brasileiros no controle da prestação de serviços públicos. Porto Alegre: Livraria do Advogado, 2002.

AZEVEDO, Fernando Costa de. *Lições de teoria geral do direito civil*. Porto Alegre: Livraria do Advogado, 2008.

AZEVEDO, Fernando Costa de. *O desequilíbrio excessivo da relação jurídica de consumo e sua correção por meio da cláusula geral de proibição de vantagem excessiva no Código de Defesa do Consumidor*. 2014. 265f – Tese (Doutorado em Direito) – Programa de Pós-Graduação em Direito, Universidade Federal do Rio Grande do Sul. 2014.

AZEVEDO, Fernando Costa de. O direito do consumidor e a questão ambiental. In: LOBATO, Anderson O. Cavalcante; MAGALHÃES, José Luiz Quadros de; LONDERO, Josirene Candido. *Direito e Sociedade na América Latina do Século XXI*. Pelotas: Editora e Gráfica Universitária/UFPel. 2009.

REFERÊNCIAS BIBLIOGRÁFICAS

AZEVEDO, Fernando Costa de. O núcleo familiar como coletividade hipervulnerável e sua proteção contra os abusos da publicidade dirigida ao público infantil. *Revista de Direito do Consumidor.* n. 123, p. 17-35, São Paulo, maio-jun. 2019.

AZEVEDO, Fernando Costa de. Os desafios do Direito Brasileiro do Consumidor para o Século XXI. In: AZEVEDO, Fernando Costa de (Org.). *Consumo e vulnerabilidade na sociedade contemporânea.* (E-book). Erechim: Editora Deviant. 2022.

AZEVEDO, Fernando Costa de. O desequilíbrio contratual provocado pela alteração superveniente da base negocial: a resolução e a revisão contratual por onerosidade excessiva no Código Civil e no Código de Defesa do Consumidor. *Revista Jurídica Empresarial.* n. 16, p. 68-78, Sapucaia, set.-out. 2010.

AZEVEDO, Fernando Costa de. Tolerância e diálogo no tratamento das famílias superendividadas. In: MARQUES, Claudia Lima; MARTINS, Fernando Rodrigues; MARTINS, Guilherme Magalhães; CAVALLAZZI, Rosângela Lunardelli. *Direito do consumidor aplicado*: garantias do consumo. São Paulo: Editora Foco, 2022.

AZEVEDO, Fernando Costa de. Uma introdução ao direito brasileiro do consumidor. *Revista de Direito do Consumidor.* n. 69, p.32-86, São Paulo, jan.-mar. 2009.

AZEVEDO, Fernando Costa de; KLEE, Antonia Espíndola Longoni. Considerações sobre a proteção dos consumidores no comércio eletrônico e o atual processo de atualização do Código de Defesa do Consumidor. *Revista de Direito do Consumidor.* n. 85, p. 209-260, São Paulo, jan.-fev. 2013.

AZEVEDO, Fernando Costa de; LUZZARDI, Gabriel Marques. A lei 14.181/2021 como forma de efetivação do princípio da solidariedade, dos direitos sociais e do mínimo existencial dos consumidores. *Revista de Direito do Consumidor.* n. 142, p. 15-39, São Paulo, jul.-ago. 2022.

AZEVEDO, Fernando Costa de.; OLIVEIRA, Lúcia Dal Molin. O efeito "Matriosca": desvendando as especificidades dos grupos universais hipervulneráveis de consumidores nas relações jurídicas de consumo. *Revista de Direito, Globalização e Responsabilidade nas Relações de Consumo.* v. 04 (n. 02), p. 88-107, Porto Alegre, jul.-dez. 2018.

AZEVEDO, Fernando Costa de; PEDOTT, Nathércia. Superendividamento: um olhar a partir da sociedade de consumo. *Revista FIDES.* v. 11 (n. 01), p. 184-202, Natal, 2020. Disponível em: http://www.revistafides.ufrn.br/index.php/br/article/view/460/474. Acesso em: 25 nov. 2022.

BARLETTA, Fabiana Rodrigues. *A revisão contratual no Código Civil e no Código de Defesa do Consumidor.* São Paulo: Saraiva, 2002.

BARROSO, Luís Roberto. Neoconstitucionalismo e Constitucionalismo do Direito: o triunfo tardio do Direito Constitucional no Brasil. *Boletim da Faculdade de Direito.* v. LXXXI, Coimbra, 2005.

BAUDRILLARD, Jean. *A sociedade de consumo.* Trad. Artur Morão. Lisboa: Edições 70. 2007.

BRANCO, Gerson Luiz Carlos. A proteção das expectativas legítimas derivadas das situações de confiança: elementos formadores do princípio da confiança e seus efeitos. *Revista de Direito Privado.* n. 12, p. 169-225, São Paulo, out.-dez. 2002.

BAUMAN, Zigmunt. *O mal-estar da pós-modernidade*. Trad. Mauro Gama e Claudia M. Gama. Rio de Janeiro: Zahar, 1998.

BAUMAN, Zigmunt. *Vida para consumo*. Trad. Carlos Alberto Medeiros. Rio de Janeiro: Zahar. 2008

BECK, Ulrich. O que é a globalização? Trad. André Carone. São Paulo: Paz e Terra. 1999.

BECKER, Anelise. A natureza jurídica da invalidade cominada às cláusulas abusivas pelo Código de Defesa do Consumidor. *Revista de Direito do Consumidor*. n. 22, p. 123-134, São Paulo, abr.-jun. 1997.

BELL, Daniel. *The Coming of Post-Industrial Society*. New York: Basic Books. 1999.

BELMONTE, Cláudio. *Proteção Contratual do Consumidor*. Conservação e redução do negócio jurídico no Brasil e em Portugal. São Paulo: Revista dos Tribunais, 2002.

BENETI, Sidnei. O "fator STJ" no direito do consumidor brasileiro. *Revista de Direito do Consumidor*. n. 79, p.11-44, São Paulo, jul.-set. 2011.

BENJAMIN, Antonio Herman V. El derecho del consumidor (Trad. Instituto Nacional del Consumo – España). In: STIGLITZ, Gabriel (Director). *Defensa de los consumidores de productos y servicios*. Daños-contratos. Buenos Aires: La Rocca. 1994.

BENJAMIN, Antonio Herman V. O Código Brasileiro de Proteção do Consumidor. In: MARQUES, Claudia Lima; MIRAGEM, Bruno (Org.). *Doutrinas Essenciais*. Direito do Consumidor. São Paulo: Revista dos Tribunais, 2011. v. I.

BENJAMIN, Antonio Herman; MARQUES, Claudia Lima; LIMA, Clarissa Costa de; VIAL, Sophia Martini. *Comentários à Lei 14.181/2021*: a atualização do CDC em matéria de superendividamento. São Paulo: Revista dos Tribunais, 2022.

BENJAMIN, Antonio Herman V.; MARQUES, Claudia Lima; MIRAGEM, Bruno. *Comentários ao Código de Defesa do Consumidor*. 2. ed. São Paulo: Revista dos Tribunais, 2006.

BENJAMIN, Antônio Herman V.; MARQUES, Claudia Lima; BESSA, Leonardo Roscoe. *Manual de Direito do Consumidor*. 3. ed. São Paulo: Revista dos Tribunais, 2010.

BERTHIAU, Dennis. *Le principe d'égalité et le droit civil des contrats*. Paris: LGDJ, 1999.

BERTONCELLO, Káren Rick Danilevicz. *Superendividamento do Consumidor*. Mínimo existencial – Casos concretos. São Paulo: Revista dos Tribunais, 2015.

BESSA, Leonardo Roscoe. *Relação de consumo e aplicação do Código de Defesa do Consumidor*. 2. ed. São Paulo: Revista dos Tribunais, 2009.

BESSONE, Mario. *Adempimento e rischio contrattuale*. Seconda Ristampa Inalterata. Milano: Giuffrè, 1998.

BOBBIO, Norberto. *Dalla struttura alla funzione*. Milano: Edizioni di comunità, 1977.

BONATTO, Cláudio. *Código de Defesa do Consumidor*. Cláusulas abusivas nas relações contratuais de consumo. 2. ed. Porto Alegre: Livraria do Advogado, 2004.

BONATTO, Claudio; MORAES, Paulo Valério Dal Pai. *Questões controvertidas no Código de Defesa do Consumidor*. 4. ed. Porto Alegre: Livraria do Advogado, 2003.

BOSELLI, Aldo. *La risoluzione del contratto per eccessiva onerosità*. Torino: Torinese. 1952.

BOURGOIGNIE, Thierry. O conceito de abusividade em relação aos consumidores e a necessidade de seu controle através de uma cláusula geral. Trad. Maria Henriqueta A. F. Lobo. *Revista de Direito do Consumidor*. n. 06, p. 07-16, São Paulo, abr.-jun. 1993.

BRASILCON – Instituto Brasileiro de Política e Direito do Consumidor. Proposta de regulamentação do CDC por Decreto Presidencial – Mínimo Existencial. In: MARQUES, Claudia Lima; MARTINS, Fernando Rodrigues; MARTINS, Guilherme Magalhães; CAVALLAZZI, Rosângela Lunardelli. *Direito do Consumidor aplicado*. Garantias do consumo. São Paulo: Foco, 2022.

BUFFA, Alberto. Di alcuni principi interpretativi in matéria di risoluzione per onerosità eccessiva. *Rivista del Diritto Commerciale e del Diritto Generale delle Obbligazioni*. p. 53-61. anno XLVI (Parte Seconda). Milano: Casa Editrice.

CALAIS-AULOY, Jean. L'influence du droit de la consommation sur le droit des contrats. *Revue Trimestrielle de Droit Commercial et de Droit Économique*. n. 51 (1), p. 115-119, Paris, janvier-mars 1998.

CALAIS-AULOY, Jean. *Propositions pour un code de la consummation* (rapport de la commission pour la codification du droit de la consommation au Premier ministre). [S.I.:s.n.]. Avril/1990.

CALAIS-AULOY, Jean. Un Code, um Droit. In: CALAIS-AULOY, Jean; CAUSSE, Hervé. *Aprés le Code de la Consommation. Grands problèmes choisis* (Cet ouvrage a été publié avec le concours du Centre de Droit des Affaires de l'Université de Reims), n. 19. Paris: Librairie de la Cour de Cassation. 1995.

CALMON, Eliana. As gerações de direitos e as novas tendências. *Revista de Direito do Consumidor*. n. 39, p. 41-48, São Paulo, jul.-set. 2001.

CAMARGO, Pedro de. *Neuromarketing*. A nova pesquisa de comportamento do consumidor. São Paulo: Atlas, 2013.

CAMINHA, Vivian Josete Pantaleão. *A equidade no direito contratual: uma contribuição para o debate sobre o tema*. 2010. 216 f. Tese (Doutorado em Direito) – Universidade Federal do Rio Grande do Sul, Porto Alegre, 2010.

CANARIS, Claus-Wilhelm. *Direitos fundamentais e direito privado*. Trad. Ingo W. Sarlet e Paulo Mota Pinto. Coimbra: Almedina, 2006.

CANARIS, Claus-Wilhelm. *Pensamento sistemático e conceito de sistema na ciência do direito*. 3. ed. Lisboa: Fundação Calouste Gulbenkian, 2002.

CANOTILHO, J. J. Gomes. *Direito Constitucional*. Coimbra: Almedina, 1993.

CARNEIRO DA FRADA, Manuel António C. P. Contrato e deveres de protecção. *Boletim da Faculdade de Direito*. v. XXXVIII, p. 11-295. Coimbra, 1994.

CARNEIRO DA FRADA, Manuel António C. P. *Teoria da confiança e responsabilidade civil*. Coimbra: Almedina, 2004.

CARPENA, Heloisa. *O consumidor no direito da concorrência*. Rio de Janeiro: Renovar, 2005.

CASSANO, Giuseppe (a cura di). *Commercio Elettronico e Tutela del Consumatore.* Milano: Giuffrè, 2003.

CASTELLS, Manuel. *The Information Age*: Economy, Society and Culture. 2. ed. Wiley-Blackwell. 2011. v. I (*The Rise of the Network Society*).

CASTRO, Torquato. *Teoria da situação jurídica em direito privado nacional.* São Paulo: Saraiva, 1985.

CATALAN, Marcos. *A morte da culpa na responsabilidade contratual.* São Paulo: Revista dos Tribunais, 2013.

CAVALIERI FILHO, Sergio. *Programa de Direito do Consumidor.* São Paulo: Atlas, 2008.

CHAISE, Valéria Falcão. *A publicidade em face do Código de Defesa do Consumidor.* São Paulo: Saraiva, 2001.

CHAZAL, Jean-Pascal. Vulnérabilité et droit de la consommation. In: COHET-CORDEY, Frédérique. *Vulnérabilité et droit.* Le développement de la vulnérabilité et ses enjeux en droit. Presses Universitaires de Grenoble, 2000.

CHIAVENATO, Júlio José. *Ética globalizada & Sociedade de consumo.* 2. ed. São Paulo: Moderna, 2004.

CNJ – CONSELHO NACIONAL DE JUSTIÇA. *Cartilha sobre o tratamento do superendividamento do consumidor.* Brasília. CNJ. 2022. Disponível em: https://www.cnj.jus.br/wp-content/uploads/2022/08/cartilha-superendividamento.pdf. Acesso em: 12 dez. 2022.

COELHO, Fábio Ulhoa. *Curso de Direito Civil.* São Paulo: Saraiva, 2005. v. 3.

COMPARATO, Fábio Konder. A proteção do consumidor: importante capítulo de direito econômico. *Revista de Direito do Consumidor.* São Paulo, n. 79, p. 27-46, janeiro-março de 2011.

CORDEIRO, Carolina Souza. O comportamento do consumidor e a antropologia da linguagem. *Revista de Direito do Consumidor.* n. 84, p. 45-69, São Paulo, out.-dez. 2012.

COSTA, Geraldo de Faria Martins da. *Superendividamento.* São Paulo: Revista dos Tribunais, 2002.

COSTA, Mário Júlio de Almeida. *Direito das obrigações.* 9. ed. Coimbra: Almedina.

COUTO E SILVA, Almiro do. O princípio da segurança jurídica (proteção da confiança) no Direito Público brasileiro e o direito da administração pública de anular os seus próprios atos administrativos: o prazo decadencial do art. 54 da lei do processo administrativo da União (Lei n. 9.784/99). *Revista de Direito Administrativo.* n. 237, Rio de Janeiro, jul.-set. 2004.

COUTO E SILVA, Clóvis Veríssimo do. *A obrigação como processo.* São Paulo: José Bushatsky Editor, 1976.

COUTO E SILVA, Clóvis Veríssimo do. O conceito de dano no direito brasileiro e comparado. *Revista dos Tribunais.* v. 667, p. 07-16. São Paulo, maio 1991.

CUNHA, Alexandre Santos. Dignidade da pessoa humana: conceito fundamental do direito civil. In: MARTINS-COSTA, Judith. (Org.). *A Reconstrução do Direito Privado.* São Paulo: Revista dos Tribunais, 2002.

DALL'AGNOL JÚNIOR, Antonio Janyr. Cláusulas abusivas: a opção brasileira. *Revista de AJURIS*. n. 60 (Ano XXI), p. 129-142, Porto Alegre, mar. 1994.

D'AQUINO, Lucia Souza. *A criança consumidora e os abusos do comunicação mercadológica*. Passado, presente e futuro da proteção dos hipervulneráveis. Curitiba: Editora CRV. 2021.

D'AQUINO, Lucia Souza; AZEVEDO, Fernando Costa de. Proteção da criança consumidora: comunicação mercadológica, assédio de consumo e hipervulnerabilidade do núcleo familiar. In: MARQUES, Claudia Lima; RANGEL, Andréia Fernandes de Almeida (Org.). *Superendividamento e proteção do consumidor*. Estudos da I e II Jornada de Pequisa CDEA. Porto Alegre: Editora Fundação Fênix. 2022. Disponível em: https://www.fundarfenix.com.br/_files/ugd/9b34d5_fce4881103004178aa4a0992c1bf8bb7.pdf. Acesso em: 28 dez. 2022.

DE LUCCA, Newton. *Aspectos Jurídicos da Contratação Informática e Telemática*. São Paulo: Saraiva, 2003.

DELFINI, Francesco. *Autonomia Privata e Rischio Contrattuale*. Milano: Giuffrè, 1999.

DELFINO, Lúcio. Reflexões acerca do art. 1º do Código de Defesa do Consumidor. *Revista de Direito do Consumidor*. n. 48, p. 161-195, São Paulo, out.-dez. 2003.

DELL'UTRI, Marco. Poteri privati e situazioni giuridiche soggettive (Riflessioni sulla nozione di interesse legitimo in diritto privato). *Rivista di Diritto Civile*. n. 3, anno XXXIX, p. 303-331, Padova, 1993.

DERANI, Cristiane. Política Nacional das Relações de Consumo e o Código de Defesa do Consumidor. In: MARQUES, Claudia Lima; MIRAGEM, Bruno. *Doutrinas Essenciais*. Direito do Consumidor São Paulo: Revista dos Tribunais, 2011. v. I.

DORNELES, Renato Moreira. A intervenção estatal brasileira nas relações de consumo: estrutura legislativa e fundamentos. *Revista de Direito do Consumidor*. n. 50, p. 58-70, São Paulo, abr.-jun. 2004.

DOSI, Laurence Klesta. Lo *status* del consumatore: prospettive di diritto comparato. *Rivista di Diritto Civile*. n. 6, anno XLIII, p. 667-687, Padova, nov.-dic. 1997.

DUQUE, Marcelo Schenk. Direitos fundamentais e direito privado: a busca de um critério para o controle do conteúdo dos contratos. In: MARQUES, Claudia Lima (Coord.). *A nova crise do contrato*. São Paulo: Revista dos Tribunais, 2007.

DUQUE, Marcelo Schenk. O transporte da teoria do diálogo das fontes para a teoria da Constituição. In: MARQUES, Claudia Lima (Coord.). *Diálogo das Fontes*. São Paulo: Revista dos Tribunais, 2012.

DWORKIN, Ronald. *Taking Rights seriously*. Cambridge: Harvard Univ. Press. 1977.

EFING, Antônio Carlos. Direito do consumo e direito do consumidor: reflexões oportunas. *Revista Luso-Brasileira de Direito do Consumo*. v. 1, Curitiba, mar. 2011.

FABIAN, Christoph. *O dever de informar no direito civil*. São Paulo: Revista dos Tribunais, 2002.

FACCHINI NETO, Eugênio. Da responsabilidade civil no novo Código. In: SARLET, Ingo Wolfgang (Org.). *O novo Código Civil e a Constituição*. 2. ed. Porto Alegre: Livraria do Advogado, 2006.

FARIA, José Eduardo. *Direito e globalização econômica*. Implicações e perspectivas. São Paulo: Malheiros, 1996.

FARIAS, Cristiano Chaves de. A proteção do consumidor na era da globalização. *Revista de Direito do Consumidor*. n. 41, p. 81-95, São Paulo, jan.-mar. 2002.

FAVIER, Yann. A inacalçavel definição de vulnerabilidade aplicada ao direito: abordagem francesa. Trad. Vinícius Aquini e Káren Rick D. Bertoncello. *Revista de Direito do Consumidor*. n. 85, p. 16-24, São Paulo, jan.-fev. 2013.

FEATHERSTONE, Mike. *Cultura de Consumo e pós-modernismo*. Trad. Júlio Assis Simões. São Paulo: Nobel, 1995.

FERNANDES NETO, Guilherme. *Cláusulas, práticas e publicidades abusivas*. São Paulo: Atlas, 2012.

FERRARA, Luigi. *Diritto Privato Attuale*. 2. ed. Torino: Unione Tipografico Editrice Torinese, 1948.

FERRI, Luigi. *La Autonomía Privada*. Trad. Luis S. Mendizábal. Madrid: Revista de Derecho Privado, 1969.

FERRIER, Didier. *Traité de Droit de la Consommation*. Paris: Presses Universitaires de France, 1986.

FIECHTER-BOULVARD, Frédérique. La notion de vulnérabilité et sa consecration par le droit. In: COHET-CORDEY, Frédérique. *Vulnerabilité et droit*. Le développement de la vulnérabilité et ses enjeux en droit. Presses Universitaires de Grenoble, 2000.

FIN-LANGER, Laurence. *L'équilibre contractuel*. Paris: LGDJ, 2002.

FISSOTTI, Carlo. Risoluzione del contratto per eccessiva onerosità ed inadempimento della obbligazione. *Rivista del Diritto Commerciale e del Diritto Generale delle Obbligazioni*. anno LV. Gruppo 4º. n. 3-4, p. 102-138, Milano: Casa Editrice, mar.-apr. 1957.

FLORES, André Stringhi; DOSSENA JÚNIOR, Juliano; ENGELMANN, Wilson. Nanotecnologias e Código de Defesa do Consumidor: um olhar a partir do princípio da precaução. *Revista de Direito do Consumidor*, n. 50, p. 152-175, São Paulo, abr.-jun. 2004.

FRADERA, Vera Maria Jacob de. O direito dos contratos no século XXI: a construção de uma noção metanacional de contrato decorrente da globalização, da integração regional e sob influência da doutrina comparatista. In: DINIZ, Maria Helena; LISBOA, Roberto Senise (Coord.). *O direito civil no Século XXI*. São Paulo: Saraiva, 2003.

FRISON-ROCHE. Marie-Anne. Remarques sur la distinction de la volonté et du consentement en droit des contrats. *Revue Trimestrielle de Droit Civil*. n. 3, p. 573-578, Paris, juillet-septembre 1995.

GALLO, Paolo. Buona fede oggettiva e transformazioni del contratto. *Rivista di Diritto Civile*. n. 2 anno XLVIII, p. 239-263, Padova, mar.-apr. 2002.

GAMBINO, Agostino. Eccessiva Onerosità della prestazione e superamento dell'alea normale del contratto. *Rivista del Diritto Commerciale e del Diritto Generale delle Obbligazioni*. anno LVII. Gruppo 4º, n. 1-2, p. 416-449, Milano: Casa Editrice, gen.-feb. 1960.

GAVIÃO FILHO, Anizio Pires. A atualidade da teoria do *status* de Georg Jellinek como estrutura para o sistema de posições fundamentais jurídicas. *Revista da Faculdade de Direito (FMP-RS)*. n. 1, Porto Alegre, 2007.

GIONENNE, Achille. *L'impossibilità della prestazione e la "sopravvenienza" – La dottrina della clausola rebus sic stantibus*. Padova: Cedam, 1941.

GHERSI, Carlos Alberto. Derecho e información. In: NERY JÚNIOR, Nelson; NERY, Rosa Maria Andrade (Org.). *Doutrinas Essenciais*. Responsabilidade Civil. São Paulo: Revista dos Tribunais, 2010. v. VIII

GHERSI, Carlos Alberto. *La posmodernidad jurídica*. Buenos Aires: Gowa, 1995.

GHESTIN, Jacques. L'utile et le juste dans les contrats. *Archives de Philosophie du Droit*. t. 26, p. 35-57, Paris, 1981.

GHEZZI, Leandro Leal. *A Incorporação Imobiliária*. À luz do Código de Defesa do Consumidor e do Código Civil. São Paulo: Revista dos Tribunais, 2007.

GLÓRIA, Daniel Firmato de Almeida. *A livre concorrência como garantia do consumidor*. Belo Horizonte: Del Rey; FUMEC, 2003.

GOMES, Orlando. *Contratos de adesão*. São Paulo: Revista dos Tribunais, 1972.

GOMES, Orlando. *Introdução ao Direito Civil*. 13. ed. Rio de Janeiro: Forense, 1999.

GOMES, Orlando. *Transformações Gerais do Direito das Obrigações*. 2. ed. São Paulo: Revista dos Tribunais, 1980.

GRAU, Eros Roberto. *A Ordem Econômica na Constituição de 1988*. 5. ed. São Paulo: Malheiros, 2000.

GRAU, Eros Roberto. Interpretando o Código de Defesa do Consumidor: algumas notas. *Revista de Direito do Consumidor*. n. 5, p. 183-189, São Paulo, 1993.

GRAU, Eros Roberto. *O direito posto e o direito pressuposto*. 5. ed. São Paulo: Malheiros, 2003.

GRAU, Eros Roberto. Um novo paradigma dos contratos? *Revista da Faculdade de Direito (USP)*. v. 96, p. 423-433, São Paulo, 2001.

GRINOVER, Ada Pellegrini et al. *Código Brasileiro de Defesa do Consumidor*. Comentado pelos autores do anteprojeto. 7. ed. Rio de Janeiro: Forense Universitária, 2001.

GRYNBAUM, Luc. La notion de solidarisme contractuel. In: GRYNBAUM, Luc; NICOD, Marc. *Le Solidarisme Contractuel* (Collection Études Juridiques Dirigée par Nicolas Molfessis). Paris: Economica, 2004. v. 18.

HABERMAS, Jürgen. *A constelação pós-nacional*: ensaios políticos. Trad. Márcio Seligmann-Silva. São Paulo: Littera Mundi, 2001.

HAN, Byung-Chul. *Infocracia*: digitalização e a crise da democracia. Petrópolis: Editora Vozes, 2022.

HARTMANN, Ivar Alberto Martins. O princípio da precaução e sua aplicação no direito do consumidor: dever de informação. *Revista de Direito do Consumidor*, n. 70, p. 172-235, São Paulo, abr.-jun. 2009.

HARVEY, David. *Condição pós-moderna*: uma pesquisa sobre as origens da mudança cultural. Trad. Adail Sobral e Maria S. Gonçalves. 14. ed. São Paulo: Loyola, 2005.

HESSE, Konrad. *Elementos de Direito Constitucional da República Federal da Alemanha*. Trad. Luís Afonso Heck. Porto Alegre: Sérgio Antônio Fabris, 1998.

HOSBSBAWM, Eric. *A era dos extremos*. O breve século XX (1914-1991). 2. ed. São Paulo: Companhia das Letras, 1995.

IDEC – INSTITUTO DE DEFESA DO CONSUMIDOR. *Senado pode melhorar PL do Superendividamento aprovado na Câmara* (Notícias). Publicada em 11.05.2021. Disponível em: https://idec.org.br/noticia/com-pressao-do-idec-camara-aprova-projeto-de-lei-do-superendividamento. Acesso em: 25 nov. 2022.

ILA – International Law Association/Committee on the International Protection of Consumers. *Resolution n. 4/2012 – Sofia Statement on the development of international principles on consumer protection*. Disponível em: http://www.brasilcon.org.br/?pag=noticia&id=2770. Acesso em: 12 set. 2012.

IRTI, Natalino. *L'età della decodificazione*. Milano: Giuffrè, 1979.

IRTI, Natalino. Le categorie giuridiche della globalizzazione. *Rivista di Diritto Civile*. n. 5, anno XLVIII, p. 625-635, Padova, set.-ott. 2002.

ITURRASPE, Jorge Mosset. *Justicia Contractual*. Buenos Aires: Ediar, 1978.

JAYME, Erik. *Identité Culturelle et Intégration*: le droit internacional privé postmoderne (Recueil des Cours de l'Académie de Droit Internacional de La Haye). Kluwer: Doordrecht, 1995. v. II.

JAYME, Erik. Osservazioni per una teoria postmoderna della comparazione giuridica. *Rivista di Diritto Civile*. n. 6, p. 813-827, Padova, 1997.

JOSSERAND, Louis. A proteção aos fracos pelo direito. Trad. Francisco de Assis Andrade. *Revista Forense*. v. 128, p. 363-368, Rio de Janeiro, mar. 1950.

JOSSERAND, Louis. *L'abus des droits*. Paris: Arthur Rousseau Éditeur, 1905.

KELSEN, Hans. *A democracia*. Trad. Vera Barkow. São Paulo: Martins Fontes, 1993.

KENNEDY, John F. Special Message to the Congress on Protecting the Consumer Interest (March 15, 1962). In: Woolley, John T.; PETERS, Gerhard. *The American Presidency Project*. Santa Bárbara (Califórnia). Disponível em: http://www.presidency.ucsb.edu. Acesso em: 20 ago. 2011.

KLEE, Antonia Espindola Longoni. *Comércio eletrônico*. São Paulo: Revista dos Tribunais, 2014.

KUHN, Adriana Menezes de Simão. O tempo e a catividade nos contratos: elementos para uma abordagem sistêmica da teoria dos contratos. In: MARQUES, Claudia Lima (Coord.). *A nova crise do contrato*. São Paulo: Revista dos Tribunais, 2007.

LARENZ, Karl. *Derecho de Obligaciones* Trad. Jaime S. Briz. Madrid: Editorial Revista de Derecho Privado, 1958. t. I.

LARENZ, Karl. *Derecho Justo*. Fundamentos de etica juridica. Trad. Luis Díez-Picazo. Madrid: Civitas, 1993.

LARENZ, Karl. O estabelecimento de relações obrigacionais por meio de comportamento social típico (1956). Trad. Alessandro Hirata. *Revista DireitoGV.* v. 2, n. 1, p. 55-64, São Paulo, jan.-jun. 2006.

LIMONGI FRANÇA, R. *Princípios Gerais do Direito*. 2. ed. Revista dos Tribunais, 1971.

LIPOVETSKY, Gilles. *A felicidade paradoxal*. Ensaio sobre a sociedade do hiperconsumo. São Paulo: Companhia das Letras, 2007.

LIPOVETSKY, Gilles. *Os tempos hipermodernos*. São Paulo: Editora Barcarolla, 2007.

LIMA, Clarissa Costa de. *O tratamento do superendividamento e o direito de recomeçar dos consumidores*. São Paulo: Revista dos Tribunais, 2014.

LIMA, Ricardo Seibel de Freitas. Pautas para a interpretação do art. 187 do novo Código Civil. *Revista da Procuradoria-Geral do Estado – RS.* v. 27, n. 57, p. 99-134, Porto Alegre, 2003.

LIRA, Ricardo Pereira. A onerosidade excessiva nos contratos. *Revista de Direito Administrativo*. n. 159, p. 10-19, Rio de Janeiro, jan.-mar. 1985.

LISBOA, Roberto Senise. O consumidor na sociedade da informação. *Revista de Direito do Consumidor.* n. 61, p. 203-229, São Paulo, jan.-mar. 2007.

LISBOA, Roberto Senise. *Responsabilidade civil nas relações de consumo* São Paulo: Revista dos Tribunais, 2001.

LÔBO, Paulo Luiz Netto. A informação como direito fundamental do consumidor. In: NERY JÚNIOR, Nelson; NERY, Rosa Maria de Andrade (Org.). *Doutrinas Essenciais*. Responsabilidade Civil. São Paulo: Revista dos Tribunais, 2010. v. VIII.

LÔBO, Paulo Luiz Netto. Princípios sociais dos contratos no Código de Defesa do Consumidor e no novo Código Civil. *Revista de Direito do Consumidor*. n. 42, p. 187-195, São Paulo, abr.-jun. 2002.

LOPES, José Reinaldo de Lima. Direito Civil e Direito do Consumidor – Princípios. In: PFEIFFER, Roberto A. C.; PASQUALOTTO, Adalberto. *Código de Defesa do Consumidor e o Código Civil de 2002*. Convergências e assimetrias. São Paulo: Revista dos Tribunais, 2005.

LOPES, José Reinaldo de Lima. O aspecto distributivo do direito do consumidor. *Revista de Direito do Consumidor*. n. 41, p. 146-149, São Paulo, jan.-mar. 2002.

LORENZETTI, Ricardo Luis. *Comércio Eletrônico*. Trad. Fabiano Menke. São Paulo: Revista dos Tribunais, 2004.

LORENZETTI, Ricardo Luis. *Fundamentos do Direito Privado*. Trad. Vera J. Fradera. São Paulo: Revista dos Tribunais, 1998.

LORENZETTI, Ricardo Luis; MARQUES, Claudia Lima. *Contratos de servicios a los consumidores*. Buenos Aires/Santa Fé: Rubinzal-Culzoni Editores, 2005.

LUHMANN, Niklas. *Confianza*. Introdución Darío Rodriguez Mansilia. México: Universidad Iberoamericana, 1996.

LUZZATI, Claudio. *La vaghezza delle norme*. Un'analisi del linguaggio giuridico. Milano: Giuffrè, 1990.

LYOTARD, Jean-François. *A condição pós-moderna*. 2. ed. Trad. José B. de Miranda. Lisboa: Gradiva,. 1989.

McCRACKEN, Grant. *Cultura & Consumo*. Trad. Fernanda Eugenio. Rio de Janeiro: Mauad, 2003.

MACARIO, Francesco. Riesgo contractual y relaciones a largo plazo: de la presuposición a la obligación de renegociar. *Responsabilidad civil y seguros*. Buenos Aires: La Ley, 2005

MACEDO JÚNIOR, Ronaldo Porto. *Contratos relacionais e defesa do consumidor*. São Paulo: Max Limonad, 1998.

MAFFINI, Rafael. *Princípio da proteção substancial da confiança no direito administrativo brasileiro*. Porto Alegre: Verbo Jurídico, 2006.

MANDELBAUM, *Contratos de Adesão e Contratos de Consumo*. São Paulo: Revista dos Tribunais, 1996.

MARIGUETTO, Andrea. O "diálogo das fontes" como forma de passagem da teoria *sistemático-moderna* à teoria *finalística* ou *pós-moderna* do Direito. In: MARQUES, Cláudia Lima (Coord.). *Diálogo das Fontes*. São Paulo: Revista dos Tribunais, 2012.

MARIGUETTO, Andrea. Proposta de leitura comparativa e sistemática do Código de Consumo Italiano. *Revista de Direito do Consumidor*. n. 80, p. 13-47, São Paulo, out.-dez. 2011.

MARINO, Francisco Paulo De Crescenzo. *Contratos coligados no direito brasileiro*. São Paulo: Saraiva, 2009.

MARINONI, Luiz Guilherme. A tutela específica do consumidor. *Revista de Direito do Consumidor*. n. 50, p. 71-116, São Paulo, abr.-jun. 2004.

MARQUES, Claudia Lima. A proteção dos consumidores em um mundo globalizado: *Studium Generale* sobre o consumidor como *homo novus*. *Revista de Direito do Consumidor*. n. 85, p. 25-63, São Paulo, jan.-fev. 2013.

MARQUES, Claudia Lima. *Confiança no comércio eletrônico e a proteção do consumidor*. São Paulo: Revista dos Tribunais, 2004.

MARQUES, Claudia Lima. *Contratos no Código de Defesa do Consumidor*. 5. ed. São Paulo: Revista dos Tribunais, 2005.

MARQUES, Claudia Lima. Novos temas na teoria dos contratos: confiança e conjunto contratual. *Revista da AJURIS*. n. 100, p. 73-97, Porto Alegre, dez. 2005.

MARQUES, Claudia Lima. O "diálogo das fontes" como método da nova teoria geral do direito: um tributo à Erik Jayme. In: MARQUES, Cláudia Lima (Coord.). *Diálogo das Fontes*. São Paulo: Revista dos Tribunais, 2012.

MARQUES, Claudia Lima. Proposta de uma Teoria Geral dos Serviços com Base no Código de Defesa do Consumidor – A Evolução das Obrigações Envolvendo Serviços Remunerados Direta ou Indiretamente. *Revista da Faculdade de Direito (UFRGS)*. v. 18, p. 35-76, Porto Alegre, 2000.

MARQUES, Claudia Lima. Três tipos de diálogos entre o Código de Defesa do Consumidor e o Código Civil de 2002: superação das antinomias pelo "diálogo das fontes". In: PASQUALOTTO, Adalberto; PFEIFFER, Roberto A. C. *Código de Defesa do Consumidor e o Código Civil de 2002*. Convergências e assimetrias. São Paulo: Revista dos Tribunais, 2005.

MARQUES, Claudia Lima; CAVALLAZZI, Rosângela Lunardelli (Coord.). *Direitos do consumidor endividado*. São Paulo: Revista dos Tribunais, 2006.

MARQUES, Claudia Lima; MIRAGEM, Bruno. *O novo direito privado e a proteção dos vulneráveis*. São Paulo: Revista dos Tribunais, 2012.

MARTINEZ, Ana Paula. A defesa dos interesses dos consumidores pelo direito da concorrência. *Revista do IBRAC*. São Paulo, v. 11 (n.1), p. 67-99, 2004.

MARTINS, Fernando Rodrigues. *Princípio da justiça contratual*. São Paulo: Saraiva, 2009.

MARTINS, Guilherme Magalhães. *Responsabilidade civil por acidente de consumo na Internet*. São Paulo: Revista dos Tribunais, 2008.

MARTINS, Guilherme Magalhães; LONGHI, João Victor Rozatti. A tutela do consumidor nas redes sociais virtuais – Responsabilidade civil por acidentes de consumo na sociedade da informação. *Revista de Direito do Consumidor*. n. 78, p. 191-221, São Paulo, abr.-jun. 2011.

MARTINS, Raphael Manhães. O princípio da confiança legítima e o Enunciado n. 362 da IV Jornada de Direito Civil. *Revista CEJ*. n. 40, p. 11-19, Brasília, jan.-mar. 2008.

MARTINS-COSTA, Judith. *A boa-fé no direito privado*. São Paulo: Revista dos Tribunais, 1999.

MARTINS-COSTA, Judith. A proteção da legítima confiança nas relações obrigacionais entre a Administração e os particulares. *Revista da Faculdade de Direito (UFRGS)*. v. 22, Porto Alegre, set. 2002.

MARTINS-COSTA, Judith. Crise e modificação da idéia de contrato no direito brasileiro. *Revista da AJURIS*. n. 56, p. 56-86, Porto Alegre, 1992.

MARTINS-COSTA, Judith. Mercado e solidariedade social entre *cosmos* e *taxis*: a boa-fé nas relações de consumo. In: MARTINS-COSTA, Judith (Org.). *A reconstrução do direito privado*. São Paulo: Revista dos Tribunais, 2002.

MARTINS-COSTA, Judith; PARGENDLER, Mariana Souza. Usos e abusos da função punitiva (*punitive damages* e o Direito Brasileiro). *Revista do CEJ*. n. 28, p. 15-32, Brasília, jan.-mar. 2005.

MAZEAUD, Denis. L'attraction du droit de la consommation. *Revue Trimestrielle de Droit Commercial et de Droit Économique*. Paris, n. 51 (1), p. 95-114, janvier-mars 1998.

MELLO, Celso Antônio Bandeira de. *Conteúdo jurídico do princípio da igualdade*. 3. ed. São Paulo: Malheiros, 2000.

MELLO, Marcos Bernardes de. *Teoria do fato jurídico*. Plano da existência. 12. ed. São Paulo: Saraiva, 2003.

MENEZES CORDEIRO, António Manuel da Rocha. *A boa fé no direito civil*. Coimbra: Almedina, 1984. v. II.

MESSINEO, Francesco. *Doctrina general del contrato*. Trad. R. O. Fontanorrosa, S Sentís Mellendo e M. Volterra. Buenos Aires: EJEA, 1986.

MICHAÉLIDÈS-NOUVAROS, G. L'évolution récente de la notion de droit subjectif. *Revue Trimestrielle de Droit Civil*. t. 64. p. 216-235, Paris, 1966.

MIRABELLI, Giuseppe. Eccessiva onerosità e inadempimento. *Rivista del Diritto Commerciale e del Diritto Generale delle Obbligazioni*. p. 84-93, anno LI (Parte Sconda). Milano: Casa Editrice, 1953.

MIRAGEM, Bruno. *Abuso do Direito*. Proteção da Confiança e limite ao exercício das prerrogativas jurídicas no direito privado. Rio de Janeiro: Forense, 2009.

MIRAGEM, Bruno. *Curso de direito do consumidor*. 3. ed. São Paulo: Revista dos Tribunais, 2012.

MIRAGEM, Bruno. *Eppur si muove*: diálogo das fontes como método de interpretação sistemática no direito brasileiro. In: MARQUES, Claudia Lima (Coord.). *Diálogo das fontes*. São Paulo: Revista dos Tribunais, 2012.

MIRAGEM, Bruno. Direito do consumidor e ordenação do mercado: o princípio da defesa do consumidor e sua aplicação na regulação da propriedade intelectual, livre concorrência e proteção do meio ambiente. *Revista de Direito do Consumidor*. n. 81, p. 39-88, São Paulo, jan.-mar. 2012.

MIRAGEM, Bruno. Função social do contrato, boa-fé e bons costumes: nova crise dos contratos e a reconstrução da autonomia negocial pela concretização das cláusulas gerais. In: MARQUES, Claudia Lima (Coord.). *A nova crise do contrato*. São Paulo: Revista dos Tribunais, 2007.

MIRAGEM, Bruno. Nulidades de cláusulas abusivas nos contratos de consumo: entre o passado e o futuro do direito do consumidor. *Revista de Direito do Consumidor*. n. 72, p. 41-77, São Paulo, out.-dez. 2009.

MIRAGEM, Bruno. O direito do consumidor como direito fundamental – Consequências jurídicas de um conceito. *Revista de Direito do Consumidor*. n. 43, São Paulo, jul.-set. 2002.

MIRAGEM, Bruno. Responsabilidade por danos na sociedade da informação e proteção do consumidor: desafios atuais da regulação jurídica da Internet. In: NERY JÚNIOR, Nelson; NERY, Rosa Maria de Andrade. *Doutrinas Essenciais*. Responsabilidade Civil. São Paulo: Revista dos Tribunais, 2010. v. VIII.

MORA, Monica. *A evolução do crédito no Brasil entre 2003 e 2010*. Texto para Discussão / IPEA – Instituto de Pesquisa Econômica Aplicada. 2015. Disponível em: http://repositorio.ipea.gov.br/bistream/11058/3537/1/td2022.pdf. Acesso em: 18 jan. 2022.

MORAES, Paulo Valério Dal Pai. *Código de Defesa do Consumidor*. O princípio da vulnerabilidade. 3. ed. Porto Alegre: Livraria do Advogado, 2009.

MOREIRA, Vital. *A ordem jurídica do capitalismo*. Coimbra: Centelha, 1978.

NEGREIROS, Teresa. *Teoria do contrato*: novos paradigmas. 2. ed. Rio de Janeiro: Renovar, 2006.

NERY JÚNIOR, Nelson. *Princípios do processo na Constituição Federal*. 10. ed. São Paulo: Revista dos Tribunais, 2010.

NISHIYAMA, Adolfo Mamoru. *A proteção constitucional do consumidor*. 2. ed. São Paulo: Atlas, 2010.

NORDMEIER, Carl Friedrich. O novo direito das obrigações no Código Civil alemão – A reforma de 2002. In: MARQUES, Claudia Lima (Coord.). *A nova crise do contrato*. São Paulo: Revista dos Tribunais, 2007.

NORONHA, Carlos Silveira. Distinção entre princípio, regra e "norma-objetivo". *Revista da Faculdade de Direito (UFRGS)*. p. 91-104. Porto Alegre, 2011.

NORONHA, Carlos Silveira. Revisitando a tutela do consumidor nos precendentes históricos e no Direito Pátrio. *Revista da Faculdade de Direito (UFRGS)*. v. 24, p. 91-104. Porto Alegre, 2004.

NORONHA, Fernando. *Direito das obrigações*. São Paulo: Saraiva, 2003. v. I.

NORONHA, Fernando. *O direito dos contratos e seus princípios fundamentais*. São Paulo: Saraiva, 1994.

NOVAIS, Jorge Reis. Contributo para uma teoria do Estado de Direito. *Boletim da Faculdade de Direito*. v. XXIX, p. 257-496. Coimbra, 1986.

ODY, Lisiane Feiten Wingert. *O equilíbrio contratual nos contratos de crédito bancários e a aplicabilidade do Código Civil e do Código de Defesa do Consumidor*. 2010. Tese (Doutorado em Direito) – Universidade Federal do Rio Grande do Sul, Porto Alegre, 2010.

OLIVEIRA, Amanda Flávio de. Defesa da concorrência e proteção do consumidor. *Revista do IBRAC*. v. 14, n. 1, p. 169-181, São Paulo, 2007.

OLIVEIRA, José Ernesto Furtado de. *Reformatio in pejus* do Código de Defesa do Consumidor: impossibilidade em face das garantias de proteção. *Revista de Direito do Consumidor*. n. 42, p. 130-148, São Paulo, abr.-jun. 2002.

PASQUALOTTO, Adalberto. O destinatário final e o "consumidor intermediário". In: MARQUES, Claudia Lima; MIRAGEM, Bruno (Org.). *Doutrinas Essenciais*. Direito do Consumidor. São Paulo: Revista dos Tribunais, 2011. v. I.

PASQUALOTTO, Adalberto. *Os efeitos obrigacionais da publicidade no Código de Defesa do Consumidor*. São Paulo: Revista dos Tribunais, 1997.

PASQUALOTTO, Adalberto. Os serviços públicos no Código de Defesa do Consumidor. *Revista de Direito do Consumidor*. n. 1, p. 130-147, São Paulo, 1992.

PASQUALOTTO, Adalberto. Proteção contra produtos defeituosos. Das origens ao Mercosul. *Revista de Direito do Consumidor*. n. 42, p. 49-85, São Paulo, abr.-jun. 2002.

PEREC, Georges. *As coisas*: uma história dos anos sessenta. São Paulo: Companhia das Letras, 2012.

PFEIFFER, Roberto Augusto Castellanos. Proteção do consumidor e defesa da concorrência: paralelo entre práticas abusivas e infrações contra a ordem econômica. *Revista de Direito do Consumidor*, n. 76, p. 131-151, São Paulo, out.-dez. 2010.

PODESTÁ, Fábio Henrique. *Interesses Difusos, qualidade da comunicação e controle judicial*. São Paulo: Revista dos Tribunais, 2002.

PONTES DE MIRANDA, Francisco Cavalcanti. *Systema de Sciencia Positiva do Direito*. Rio de Janeiro: Jacinto Ribeiro dos Santos Editor. 1922. v. I.

PONTES DE MIRANDA, Francisco Cavalcanti. *Tratado de Direito Privado*. 4. ed. São Paulo: Revista dos Tribunais, 1983. t. I.

PONTES DE MIRANDA, Francisco Cavalcanti. *Tratado de Direito Privado*. 3. ed. São Paulo: Revista dos Tribunais, 1984. t. XXV.

PONTES DE MIRANDA, Francisco Cavalcanti. *Tratado de Direito Privado*. 2. ed. Rio de Janeiro: Borsói, 1962. t. XXXVIII.

PERLINGIERI, Pietro. Equilibrio normativo e principio di proporzionalità nei contratti. *Revista Trimestral de Direito Civil*. v. 12, p. 131-151, Rio de Janeiro, out.-dez. 2002.

PFEIFFER, Roberto Augusto Castellanos. Proteção do consumidor e defesa da concorrência: paralelo entre práticas abusivas e infrações contra a ordem econômica. *Revista de Direito do Consumidor*. São Paulo, n. 76, p. 131-151, out.-dez. 2010.

PIZZIO, Jean-Pierre. *Code de la Consommation* (Commenté par J. P. Pizzio). Paris: Montchrestien, 1995.

PRATA, Ana. *A tutela constitucional da autonomia privada*. Coimbra: Almedina, 1982.

QUADRI, Enrico. Il comportamento del debitore nella dinâmica della risoluzione per eccessiva onerosità. *Rivista di Diritto Civile*. anno XXII. n. 4, p. 333-358, Padova: Cedam, lug.-ago. 1976.

RAISER, Ludwig. *Il compito del diritto privato*. Saggi di diritto privato e di diritto dell'economia di tre decenni. Trad. Marta Graziadei. Milano: Giuffrè, 1990.

RÁO, Vicente. *O direito e a vida dos direitos*. 6. ed. São Paulo: Revista dos Tribunais, 2004.

REALE, Miguel. *Lições preliminares de direito*. 27. ed. São Paulo: Saraiva, 2004.

REALE, Miguel. *O direito como experiência*. 2. ed. São Paulo: Saraiva, 1999.

REICH, Norbert. Algumas proposições para a filosofia da proteção do consumidor. Trad. Débora Gozzo. In: MARQUES, Claudia Lima; MIRAGEM, Bruno (Org.). *Doutrinas Essenciais*. Direito do Consumidor. São Paulo: Revista dos Tribunais, 2011. v. I.

RESCIGNO, Pietro. Situazione e status nell'esperienza del diritto. *Rivista di Diritto Civile*. anno XIX, p. 209-229, Padova, Parte I, 1973.

RIBEIRO, Luciana Antonini. A nova pluralidade de sujeitos e vínculos contratuais: contratos conexos e grupos contratuais. In: MARQUES, Claudia Lima (Coord.). *A nova crise do contrato*. São Paulo: Revista dos Tribunais, 2007.

RIOS, Josué. *A defesa do consumidor e o direito como instrumento de mobilização social*. Rio de Janeiro: Mauad, 1998.

RIPERT, Georges. *A regra moral nas obrigações civis*. Trad. Osório Oliveira. 2. ed. Campinas: Bookseller, 2002.

RIZZATTO NUNES, Luiz Antônio. *Curso de Direito do Consumidor*. 2. ed. São Paulo: Saraiva, 2006.

RIZZATTO NUNES, Luiz Antônio. *Manual de Introdução ao Estudo do Direito*. 4. ed. São Paulo: Saraiva, 2002.

RODRIGUES NETTO, Bernard. O consumidor para além do seu conceito jurídico. Contribuições da filosofia, sociologia e antropologia. *Revista de Direito do Consumidor*. n. 84, p. 71-125, São Paulo, out.-dez. 2012.

ROPPO, Enzo. *O contrato*. Trad. Ana Coimbra e M. Januário C. Gomes. Coimbra: Almedina, 1988.

ROSENVALD, Nelson. *Dignidade humana e boa-fé no Código Civil*. São Paulo: Saraiva, 2005.

SAN TIAGO DANTAS, F. C. de. *Problemas de direito positivo*. Estudos e pareceres. Rio de Janeiro: Forense, 1953.

SANSEVERINO, Paulo de Tarso Vieira. *Responsabilidade civil no Código do Consumidor e a defesa do fornecedor*. São Paulo: Saraiva, 2002.

SANTANA, Héctor Valverde. *Prescrição e decadência nas relações de consumo*. São Paulo: Revista dos Tribunais, 2002.

SANTOLIM, Cesar. Anotações sobre o Anteprojeto da Comissão de Juristas para a atualização do Código de Defesa do Consumidor, na parte referente ao comércio eletrônico. *Revista de Direito do Consumidor*. n. 83, p. 73-82, São Paulo, jul.-set. 2012.

SANTOS, Boaventura de Sousa. *Pela mão de Alice*: o social e o político na pós-modernidade. 7. ed. São Paulo: Cortez, 2000.

SANTOS, Fernando Gherardini. *Direito do Marketing*. São Paulo: Revista dos Tribunais, 2000.

SANTOS, Milton. *Por uma outra globalização*. 6. ed. Rio de Janeiro: Record. 2001.

SARLET, Ingo Woflgang. *A eficácia dos direitos fundamentais*. Porto Alegre: Livraria do Advogado, 1998.

SARLET, Ingo Wolfgang. *Dignidade da Pessoa Humana e Direitos Fundamentais na Constituição Federal de 1988*. 2. ed. Porto Alegre: Livraria do Advogado, 2002.

SAUPHANOR, Nathalie. *L'influence du droit de la consommation sur le système juridique*. Paris: LGDJ, 2000.

SCHMIDT NETO, André Perin. *O livre-arbítrio na Era do Big Data*. São Paulo: Tirant lo Blanch, 2021.

SCHMITT, Cristiano Heineck. A proteção do interesse do consumidor por meio da garantia à liberdade de concorrência. *Revista dos Tribunais*. v. 880, p. 09-32. São Paulo, fev. 2009.

SCHMITT, Cristiano Heineck. *Cláusulas abusivas nas relações de consumo*. 2. ed. São Paulo: Revista dos Tribunais, 2008.

SCHMITT, Cristiano Heineck. *Consumidores hipervulneráveis*. A proteção do idoso no mercado de consumo. São Paulo: Atlas, 2014.

SILVA, Ivan de Oliveira. *Relação de Consumo Religiosa*. A vulnerabilidade do fiel-consumidor e a sua tutela por meio do Código de Defesa do Consumidor. São Paulo: Atlas, 2012.

SILVA, Luis Renato Ferreira da. A função social do contrato no novo Código Civil e sua conexão com a solidariedade social. In: SARLET, Ingo Wolfgang (Org.). *O novo Código Civil e a Constituição*. 2. ed. Porto Alegre: Livraria do Advogado, 2006.

SILVA, Luis Renato Ferreira da. A lesão enorme e o Direito brasileiro. In: MEDEIROS, Antonio Paulo Cachapuz de (Org.). *Faculdade de Direito da PUCRS*: o ensino jurídico no limiar do novo século. Porto Alegre: EDIPUCRS, 1997.

SILVA, Luis Renato Ferreira da. O princípio da igualdade e o Código de Defesa do Consumidor. *Revista de Direito do Consumidor*. n. 08, p. 146-156, São Paulo, out.-dez. 1993.

SILVA, Luis Renato Ferreira da. *Reciprocidade e contrato*. A teoria da causa e sua aplicação nos contratos e nas relações "paracontratuais". Porto Alegre: Livraria do Advogado, 2013.

SILVEIRA, Marco Antonio Karam. Contratos cativos de longa duração: tempo e equilíbrio nas relações contratuais. In: MARQUES, Claudia Lima (Coord.). *A nova crise do contrato*. São Paulo: Revista dos Tribunais, 2007.

SLATER, Don. *Cultura de Consumo & Modernidade*. Trad. Dinah de Abreu Azevedo. São Paulo: Nobel, 2002.

SOARES, Marcos Cáprio Fonseca. A interpretação do conjunto contratual sob a perspectiva do diálogo das fontes. In: MARQUES, Claudia Lima (Coord.). *Diálogo das fontes*. São Paulo: Revista dos Tribunais, 2012.

SODRÉ, Marcelo Gomes. *A construção do direito do consumidor*. São Paulo: Atlas, 2009.

SODRÉ, Marcelo Gomes. *Formação do sistema nacional de defesa do consumidor*. São Paulo: Revista dos Tribunais, 2007.

SOUZA, Sergio Iglesias Nunes de. *Lesão nos contratos eletrônicos na sociedade da informação*. São Paulo: Saraiva, 2009.

STIGLITZ, Gabriel. La función del Estado para la protección del consumidor. In: STIGLITZ, Gabriel (Director). *Defensa de los consumidores de productos y servicios*. Daños-contratos. Buenos Aires: La Rocca, 1994.

TARTUCE, Flávio; NEVES, Daniel Amorin Assumpção. *Manual de Direito do Consumidor*. São Paulo: Gen/Método, 2012.

TEIXEIRA, Sálvio de Figueiredo. A proteção do consumidor no sistema jurídico brasileiro. *Revista de Direito do Consumidor*. n. 43, p. 69-95, São Paulo, jul.-set. 2002.

TEPEDINO, Gustavo; SCHERIBER, Anderson. A boa-fé objetiva no Código de Defesa do Consumidor e no Código Civil de 2002. In: PASQUALOTTO, Adalberto; PFEIFFER, Roberto A. C. *Código de Defesa do Consumidor e o Código Civil de 2002*. Convergências e assimetrias. São Paulo: Revista dos Tribunais, 2005.

TRAJANO, Fábio de Souza. O princípio da sustentabilidade e o direito do consumidor. *Revista de Direito do Consumidor*. n. 71, p. 65-76, São Paulo, jul.-set. 2009.

USTÁRROZ, Daniel. O solidarismo no direito contratual brasileiro. In: MARQUES, Claudia Lima (Org.). *Diálogo das fontes*. São Paulo: Revista dos Tribunais, 2012.

VAL, Olga Maria do. Política Nacional das Relações de Consumo. In: MARQUES, Claudia Lima; MIRAGEM, Bruno (Org.). *Doutrinas Essenciais*. Direito do Consumidor. São Paulo: Revista dos Tribunais, 2011. v. I.

VASSEUR, Michel. Un nouvel essor du concept contractuel. Les aspects juridiques de l'économie concertée et contractuelle. *Revue Trimestrielle de Droit Civil*. Tome Soixante-deuxième, p. 05-48. Paris, 1964.

VERDÚ, Pablo Lucas. *A Luta pelo Estado de Direito*. Trad. Agassiz Almeida Filho. Rio de Janeiro: Forense, 2007.

WEINGARTEN, Celia. El valor economico de la confianza para empresas y consumidores. *Revista de Direito do Consumidor*. n. 33, p. 33-50, São Paulo, 2000.

WIEACKER, Franz. *História do Direito Privado Moderno*. Trad. A. M. Botelho Hespanha. 3. ed. Lisboa: Fundação Calouste Gulbenkian, 2004.

ZANELLATO, Marco Antonio. Considerações sobre o conceito jurídico de consumidor. *Revista de Direito do Consumidor*. n. 45, p. 172-176, São Paulo, jan.-mar. 2003.

ZUBOFF, Shoshana. *A era do capitalismo de vigilância*. Rio de Janeiro: Editora Intrínseca, 2021.

NOTAS

Apresentação pelo autor

1. MORAES, Paulo Valério Dal Pai. *Código de Defesa do Consumidor*. O princípio da vulnerabilidade. 3. ed. Porto Alegre: Livraria do Advogado, 2009, p. 125.
2. AZEVEDO, Fernando Costa de. A relação jurídica de consumo como conceito jurídico fundamental no Direito Brasileiro do Consumidor. In: AZEVEDO, Fernando Costa de (Org.). *Temas de Direito do Consumidor*. Pelotas: Editora Delfos, 2009, p. 11-38.
3. BENJAMIN, Antonio Herman V.; MARQUES, Claudia Lima; BESSA, Leonardo Roscoe. *Manual de Direito do Consumidor*. 3. ed. São Paulo: Revista dos Tribunais, 2010, p. 43.
4. AZEVEDO, Fernando Costa de. *O desequilíbrio excessivo da relação jurídica de consumo e sua correção por meio da cláusula geral de proibição de vantagem excessiva no Código de Defesa do Consumidor*. 2014. 265f – Tese (Doutorado em Direito) – Programa de Pós-Graduação em Direito, Universidade Federal do Rio Grande do Sul, 2014.

Prefácio

5. Veja AZEVEDO, Fernando Costa de. Os desequilíbrios gerados por vantagem e onerosidade excessivas no Direito do Consumidor e a possibilidade de aplicação do *Diálogo das Fontes* entre o Código de Defesa do Consumidor e o Código Civil de 2002. In: MARQUES, Claudia Lima (Coord.). *Diálogo das Fontes*. Do conflito à coordenação de normas no direito brasileiro. São Paulo: Revista dos Tribunais, 2012, p. 307-352.
6. Veja sobre o tema o primoroso, AZEVEDO, Fernando Costa de. A relação de consumo como conceito jurídico fundamental no direito brasileiro do consumidor. In: AZEVEDO, Fernando Costa de. (Org.). *Temas de Direito do Consumidor*. Pelotas: Delfos, 2009, p. 11-38.
7. Veja entre seus livros, AZEVEDO, Fernando Costa de. *Defesa do consumidor e regulação*. A participação dos consumidores brasileiros no controle da prestação de serviços públicos. Porto Alegre: Livraria do Advogado, 2002 e AZEVEDO, Fernando Costa de. *Lições de teoria geral do direito civil*. Porto Alegre: Livraria do Advogado, 2008.
8. Veja AZEVEDO, Fernando Costa de (Org.). *Consumo e vulnerabilidade na sociedade contemporânea*. (E-book). Erechim: Editora Deviant, 2022.
9. AZEVEDO, Fernando Costa de. Uma introdução ao direito brasileiro do consumidor. *Revista de Direito do Consumidor*. n. 69, p. 32-86, São Paulo, jan.-mar. 2009.
10. Veja AZEVEDO, Fernando Costa de. A cláusula geral de proibição de vantagem excessiva – Norma fundamental de correção do abuso nas relações de consumo. *Revista de Direito do Consumidor*. n. 109, p. 207-233, São Paulo, 2017.
11. Veja AZEVEDO, Fernando Costa de. A proteção dos consumidores-usuários de serviços públicos no Direito Brasileiro: uma abordagem a partir do Diálogo das Fontes. *Revista de Direito do Consumidor*. n. 102, p. 123-137, São Paulo, nov.-dez. 2015; AZEVEDO, Fernando Costa de. A suspensão do fornecimento de serviço público essencial por inadimplemento do consumidor-usuário. Argumentos doutrinários e entendimento jurisprudencial. *Revista de Direito do Consumidor*. n. 62, p. 86-123, São Paulo, abr.-jun. 2007.
12. Veja AZEVEDO, Fernando Costa de. Considerações sobre o direito administrativo do consumidor. *Revista de Direito do Consumidor*. n. 68, p. 38-90, São Paulo, out.-dez. 2008.
13. Veja AZEVEDO, Fernando Costa de. *Lições de teoria geral do direito civil*. Porto Alegre: Livraria do Advogado, 2008.

14 Veja, por todos, AZEVEDO, Fernando Costa de; ANDREAZZA, Cauê Molina. A vulnerabilidade comportamental do consumidor. *Revista de Direito do Consumidor*. n. 138, p. 109-130, São Paulo, nov.-dez. 2021.

15 Veja AZEVEDO, Fernando Costa de; VASCONCELLOS, Estela Maris Foster. Hipervulnerabilidade das crianças consumidoras: uma reflexão à luz dos princípios da dignidade da pessoa humana e da solidariedade. *Revista Húmus (UFMA)*. v. 10, n. 28, p. 309-335. São Luís, 2020.

16 Veja, por todos, AZEVEDO, Fernando Costa de. O núcleo familiar como coletividade hipervulnerável e sua proteção contra os abusos da publicidade dirigida ao público infantil. *Revista de Direito do Consumidor*. n. 123, p. 17-35, São Paulo, maio-jun. 2019. Veja também D'AQUNO, Lucia Souza; AZEVEDO, Fernando Costa de. Proteção da criança consumidora: comunicação mercadológica, assédio de consumo e hipervulnerabilidade do núcleo familiar. In: MARQUES, Claudia Lima; RANGEL, Andréia Fernandes de Almeida (Org.). *Superendividamento e proteção do consumidor*. Estudos da I e II Jornada de Pesquisa CDEA. Porto Alegre: Editora Fundação Fênix, 2022, p. 371-384.

17 Veja AZEVEDO, Fernando Costa de.; OLIVEIRA, Lúcia Dal Molin. O efeito "Matriosca": desvendando as especificidades dos grupos universais hipervulneráveis de consumidores nas relações jurídicas de consumo. *Revista de Direito, Globalização e Responsabilidade nas Relações de Consumo*. v. 04, n. 02, p. 88-107, Porto Alegre, jul.-dez. 2018.

18 Veja AZEVEDO, Fernando Costa de; LUZZARDI, Gabriel Marques. As tutelas provisórias de urgência requeridas em caráter antecedente como instrumental processual de proteção ao consumidor: a situação das ações envolvendo planos de saúde. *Revista da Faculdade de Direito da UFRGS*. n. 49, p. 163-183, Porto Alegre, ago. 2022. dreito da UFRGS, Po Alegre, n. 49, p.163-183, ago.

19 Veja AZEVEDO, Fernando Costa de; LUZZARDI, Gabriel Marques. Direito à acessibilidade do consumidor-passageiro com deficiência no serviço de transporte aéreo: uma análise da decisão do Recurso Especial n. 1.611.915/RS. *Revista Eletrônica Direito e Sociedade – REDES*. v. 10, n.1, p. 269-284, Canoas, abr. 2022.

20 Veja AZEVEDO, Fernando Costa de; SANTOS, Karinne Emanoela Goettems dos; MOREIRA, Tássia Rodrigues. Vulnerabilidade dos consumidores na sociedade de informação e a necessidade da proteção jurídica de seus dados nas relações estabelecidas em ambiente digital. *Revista de Direito do Consumidor*. n. 141, p. 201-218, São Paulo, maio-jun. 2022.

21 AZEVEDO, Fernando Costa de; KLEE, Antonia Espíndola Longoni. Considerações sobre a proteção dos consumidores no comércio eletrônico e o atual processo de atualização do Código de Defesa do Consumidor. *Revista de Direito do Consumidor*. n. 85, p. 209-260, São Paulo, jan.-fev. 2013.

22 AZEVEDO, Fernando Costa de; PEDOTT, Nathércia. Superendividamento: um olhar a partir da sociedade de consumo. *Revista FIDES*. v. 11, n. 01, p. 184-202. Natal, 2020.

23 Veja AZEVEDO, Fernando Costa de; LUZZARDI, Gabriel Marques. A Lei 14.181/2021 como forma de efetivação do princípio da solidariedade, dos direitos sociais e do mínimo existencial dos consumidores. *Revista de Direito do Consumidor*. n. 142, p. 15-39, São Paulo, jul.-ago. 2022.

24 Veja AZEVEDO, Fernando Costa de; D'AQUINO, Lúcia Souza. Proteção da criança: comunicação, assédio de consumo e vulnerabilidade da família. In: MARQUES, Claudia Lima; MARTINS, Fernando Rodrigues; MARTINS, Guilherme Magalhães; CAVALLAZZI, Rosângela Lunardelli. *Direito do Consumidor aplicado*: garantias do consumo. São Paulo: Foco, 2022, p. 227-232.

25 Veja AZEVEDO, Fernando Costa de. O desequilíbrio contratual provocado pela alteração superveniente da base negocial: a resolução e a revisão contratual por onerosidade excessiva no Código Civil e no Código de Defesa do Consumidor. *Revista Jurídica Empresarial*. n. 16, p. 53-90, set.-out. 2010.

26 AZEVEDO, Fernando Costa de; LUZZARDI, Gabriel Marques. As tutelas provisórias de urgência requeridas em caráter antecedente como instrumental processual de proteção ao consumidor: a situação das ações envolvendo planos de saúde. *Revista da Faculdade de Direito da UFRGS*. n. 49, p. 164, Porto Alegre, ago. 2022.

27 Veja AZEVEDO, Fernando Costa de. Tolerância e diálogo no tratamento das famílias superendividadas. In: MARQUES, Claudia Lima; MARTINS, Fernando Rodrigues; MARTINS, Guilherme Magalhães; CAVALLAZZI, Rosângela Lunardelli. *Direito do Consumidor aplicado*: garantias do consumo. São Paulo: Foco, 2022, p. 457-460.

28   Veja BENJAMIN, Antônio Herman; MARQUES, Claudia Lima; LIMA, Clarissa Costa; VIAL, Sophia Martini. *Comentários à lei 14.181/2021*: a atualização do CDC em matéria de superendividamento. São Paulo: Revista dos Tribunais, 2021, p. 70-71 e s.
29   MARQUES, Claudia Lima; MARTINS, F. R. . Sociedade digital de crédito e responsabilidade civil: novos direitos básicos. In: Jonas Sales. (Org.). *Direito do consumidor aplicado*: garantias de consumo. Indaiatuba, SP: Foco, 2022, v. 1, p. 347-352.
30   MARQUES, Claudia Lima; SCHERTEL MENDES, Laura; BERGSTEIN, Laís. Dark Patterns e padrões comerciais escusos. *Revista de Direito do Consumidor.* n 132, p. 295-317, jan.-fev. 2023.

Capítulo 1

31   REALE, Miguel. *Lições Preliminares de Direito*. 27. ed. São Paulo: Saraiva, 2004, p. 213. Clóvis do Couto e Silva, a propósito, observou que "...o direito como Ciência exige conceitos, que não podem ser considerados eqüiponderantes com os sociais. Conceito inafastável é, e.g., o de relação jurídica entre, pelo menos, duas pessoas" (COUTO E SILVA, Clóvis V. *A obrigação como processo*. São Paulo: José Bushatsky Editor, 1976, p. 113). Sobre o conceito de "experiência jurídica" ensina o grande jusfilósofo brasileiro: "O Direito é, pois, espécie de experiência cultural, isto é, uma realidade que resulta da natureza social e histórica do homem, o que exige nêle se considere, concomitantemente, tanto o que é *natural* como o que é *construído*, as contribuições criadoras, que consciente e voluntariamente se integraram e continuam se integrando nos sistemas jurídico-políticos" (REALE, Miguel. *O direito como experiência*. 2. ed. São Paulo: Saraiva, 1999, p. 111-112).
32   Nesse sentido, a lição de José de Oliveira Ascensão: "Nem toda valoração pelo Direito origina uma *relação jurídica*. Há situações jurídicas, no sentido de situações valoradas pelo Direito, que se não podem reduzir à categoria intersubjetiva da relação (...) Assim, o Direito regula a pessoa em si – e a pessoa define-se independentemente da relação (...) Há que recorrer a um conceito mais genérico que é o conceito de *situação jurídica*. Este conceito, mais incolor, abrange como uma sua modalidade a relação jurídica" (ASCENSÃO, José de Oliveira. *Direito Civil*. 2. ed. São Paulo: Saraiva, 2010, v. 3 (Teoria Geral. Relações e Situações Jurídicas), p. 09-10). No mesmo sentido, Orlando Gomes considera a categoria "situação jurídica" mais abrangente do que a de "relação jurídica" (GOMES, Orlando. *Introdução ao Direito Civil*. 13. ed. Rio de Janeiro: Forense, p. 102).
33   Na lição de Luigi Ferrara "Anche secondo il comum modo di vedere, il diritto è la norma della condotta umana, sai nei rapporti individuali, sai nei rapporti sociali" (FERRARA, Luigi. *Diritto Privato Attuale*. 2. ed. Torino: Unione Tipografico Editrice Torinese, 1948, p. 03).
34   Indentificando esse sistema normativo com a ordem jurídica estatal, v. HESSE, Konrad. *Elementos de Direito Constitucional da República Federal da Alemanha*. Trad. Luís Afonso Heck. Porto Alegre: Sérgio Antônio Fabris, 1998, p. 36.
35   ANDRADE, Manuel A. Domingues de. *Teoria geral da relação jurídica*. 3. reimp. Coimbra: Almedina, 1972, v. I. (Sujeitos e Objecto), p. 03-04.
36   Assim, a clássica definição do mestre Pontes de Miranda: "Relação jurídica é a relação inter-humana, a que a regra jurídica, incidindo sobre os fatos, torna jurídica" (PONTES DE MIRANDA, Francisco Cavalcanti. *Tratado de Direito Privado*. 4. ed. São Paulo: Revista dos Tribunais, 1983, t. I, p. 117). Sobre o tema, v. MELLO, Marcos Bernardes de. *Teoria do fato jurídico*. Plano da existência. 12. ed. São Paulo: Saraiva, 2003, p. 71.
37   CASTRO, Torquato. *Teoria da situação jurídica em direito privado nacional*. São Paulo: Saraiva, 1985, p. 45).
38   Pois como ensina o mestre brasileiro "Todo fato é, pois, *mudança* no mundo. O mundo compõe-se de fatos, em que novos fatos se dão" (PONTES DE MIRANDA, Francisco Cavalcanti. Op. cit., p. 04).
39   ANDRADE, Manuel A. Domingues de. *Teoria geral da relação jurídica*. 3. reimp. Coimbra: Almedina, 1972, v. I. (Sujeitos e Objecto), p. 02-03.
40   REALE, Miguel. *Lições Preliminares de direito*. 27. ed. São Paulo: Saraiva, 2004, p. 217-218.
41   ANDRADE, Manuel A. Domingues de. Op. cit., p. 19.
42   NORONHA, Fernando. *Direito das Obrigações*. São Paulo: Saraiva, 2003, v. I, p. 15.

43 BESSA, Leonardo Roscoe. *Relação de consumo e aplicação do Código de Defesa do Consumidor*. 2. ed. São Paulo: Revista dos Tribunais, 2009, p. 50.

44 A propósito, considera Dell'Utri que "...per 'interesse' si impone di intendere la tensione del soggetto verso un bene della vita e, per questo, una concreta utilità idonea a realizzare, soddisfandolo, il bosogno dell'uomo" (DELL'UTRI, Marco. Poteri privati e situazioni giuridiche soggettive (Riflessioni sulla nozione di interesse legitimo in diritto privato). *Rivista di Diritto Civile*. n. 3, anno XXXIX, p. 313. Padova, 1993).

45 Nas relações obrigacionais, importa distinguir o conteúdo da prestação do devedor – que sempre terá natureza econômica – do conteúdo do *interesse* do credor, que poderá ser patrimonial ou extrapatrimonial. Sobre o tema, na doutrina brasileira, v., por todos: NORONHA, Fernando. *Direito das obrigações*. São Paulo: Saraiva, 2003, v. I, p. 19 e 22-23.

46 Idem, p. 62. No mesmo sentido, v. RIZZATTO NUNES, Luiz Antônio. *Manual de Introdução ao Estudo do Direito*. 4. ed. São Paulo: Saraiva, 2002, p. 143-144.

47 Na lição de Pontes de Miranda: "... *onde ha espaço social ha direito*, como onde ha espaço atmospherico ha corpos sólidos, liquidos ou fluidos que o occupem" (PONTES DE MIRANDA, Francisco Cavalcanti. *Systema de Sciencia Positiva do Direito*. Rio de Janeiro: Jacinto Ribeiro dos Santos Editor. 1922, v. I. p. 63); e de Vicente Ráo: "Por isso, é que sociedade e direito forçosamente se pressupõem, não podendo existir aquela sem este, nem este sem aquela. *Ubi societas ibi jus*" (RÁO, Vicente. *O direito e a vida dos direitos*. 6. ed. São Paulo: Ed. RT. 2004, p. 53).

48 Na lição de Martins-Costa encontra-se uma síntese do positivismo legalista (Século XIX): "O raciocínio jurídico e, por extensão, a interpretação das normas jurídica amarram-se fortemente ao contido no texto da lei, ponto de referência exclusivo do jurista, o qual entende ter por missão deduzir passivamente os dados que lhe são transmitidos pela vontade da lei ou pela vontade do legislador" (MARTINS-COSTA, Judith. *A boa-fé no direito privado*. São Paulo: Revista dos Tribunais, 1999, p. 268). Sobre as origens e características do positivismo legalista na Europa, sobretudo na experiência jurídica alemã, v., por todos: WIEACKER, Franz. *História do direito privado moderno*. Trad. A. M. Botelho Hespanha. 3. ed. Lisboa: Fundação Calouste Gulbenkian, 2004, p. 524-525. Sobre as insuficiências do positivismo legalista, v. o prefácio de António Menezes Cordeiro à edição portuguesa de: CANARIS, Claus-Wilhelm. *Pensamento sistemático e conceito de sistema na ciência do direito*. 3. ed. Lisboa: Fundação Calouste Gulbenkian, 2002, p. XX-XXIII.

49 PONTES DE MIRANDA, Francisco Cavalcanti. *Systema de Sciencia Positiva do Direito*. Rio de Janeiro: Jacinto Ribeiro dos Santos Editor, 1922, v. II. p. 593. E finaliza o mestre brasileiro: "Donde se conclue que aquelles conhecimentos são igualmente indispensáveis ao scientista do direito, principalmente na missão politica de influir na matéria social, objeto das suas próprias indagações" (*Idem*, p. 593). Na doutrina italiana, observa Luzzati que o trabalho do jurista se coloca, necessariamente, "entre lógica e política" (*tra logica e politica*), pois transita entre o domínio dos conceitos e o conhecimento – que também leva a um juízo de valores – acerca da realidade social (LUZZATI, Claudio. *La vaghezza delle norme*. Un'analisi del linguaggio giuridico. Milano: Giuffrè, 1990, p. 118-123).

50 Ainda na esteira do mestre brasileiro, pode-se dizer que "O conhecimento dos factos é de grande importância; e é por elle que se restitue à realidade o principio juridico, que della se tirou como realizado ou reclamado por ella (...) Porém, para conhecermos objectivamente os factos da vida social, temos de procurar *no tempo* as realidades" (PONTES DE MIRANDA, Francisco Cavalcanti. *Systema de Sciencia Positiva do Direito*. cit., v. I, p. 395 e 397).

51 Uma profunda análise histórica dessas transformações pode ser vista em HOSBSBAWM, Eric. *A era dos extremos. O breve século XX (1914-1991)*. 2. ed. São Paulo: Companhia das Letras, 1995.

52 Renda-se, aqui, a justa homenagem a Kelsen: "... a ideologia política não renuncia a unir liberdade com igualdade. A síntese desses dois princípios é justamente a característica da democracia" (KELSEN, Hans. *A Democracia*. Trad. Vera Barkow. São Paulo: Martins Fontes, 1993, p. 27). Sobre a relação entre Democracia e Estado de Direito a partir da relação entre liberdade e igualdade, v. NOVAIS, Jorge Reis. Contributo para uma teoria do Estado de Direito. *Boletim da Faculdade de Direito*. v. XXIX, p. 474 et. Seq. Coimbra, 1986.

53 Carlos Ferreira de Almeida, a propósito de tais desequilíbrios sociais, enfatiza que eles foram, não raras vezes, produzidos por conta da própria ordem jurídica (no caso, a ordem jurídica *liberal* dos séculos XVIII e XIX). Sobre o tema: ALMEIDA, Carlos Ferreira de. *Os direitos dos consumidores.* Coimbra: Almedina, 1982, p.19; no mesmo sentido, v. TEIXEIRA, Sálvio de Figueiredo. A proteção do consumidor no sistema jurídico brasileiro. *Revista de Direito do Consumidor.* n. 43, p. 70-71. São Paulo, jul.-set. 2002.

54 JOSSERAND, Louis. A proteção aos fracos pelo direito. Trad. Francisco de Assis Andrade. *Revista Forense.* v. 128, p. 363-364. Rio de Janeiro, mar. 1950. Pois como observou Kelsen "A liberdade de uns pode ser a escravidão de outros" (KELSEN, Hans. Op. cit., p. 278).

55 Segundo Baudrillard o consumo contemporâneo – e, por conseguinte, a sociedade de consumo – se caracteriza por uma realidade de *objetificação* das relações humanas e pessoais, ao mesmo tempo em que se vislumbra uma realidade de *excessos,* seja das necessidades quanto dos "objetos" (produtos e serviços) etc. (BAUDRILLARD, Jean. *A sociedade de consumo.* Trad. Artur Morão. Lisboa: Edições 70. 2007, p. 15-16).

56 Nesse sentido, a afirmação de Herman Benjamin "El derecho del consumidor nace, se desarrolla y se justifica en la sociedad de consumo" (BENJAMIN, Antonio Herman V. El derecho del consumidor (Trad. Instituto Nacional del Consumo – España). In: STIGLITZ, Gabriel (Dir.). *Defensa de los consumidores de productos y servicios.* Daños-contratos. Buenos Aires: La Rocca, 1994, p. 89).

57 Como já se destacou esse tempo tem início na segunda metade do século XX, mas compreende, sobretudo, a duas últimas décadas desse século até os dias atuais.

58 SLATER, Don. *Cultura de Consumo & Modernidade.* Trad. Dinah de Abreu Azevedo. São Paulo: Nobel, 2002, p. 17. Zigmunt Bauman, por sua vez, observa: "De maneira distinta do *consumo,* que é basicamente uma caracerística e uma ocupação dos seres humanos como indivíduos, o *consumismo* é um atributo da *sociedade* (BAUMAN, Zigmunt. *Vida para consumo.* Trad. Carlos Alberto Medeiros. Rio de Janeiro: Zahar, 2008, p. 41). Com efeito, o consumo, como ato humano tendente à satisfação de necessidades, esteve sempre presente nas sociedades humanas, mesmo nas mais primitivas. Nesse sentido, a observação do professor Carlos Silveira Noronha "No concerto histórico-universal os bens de consumo e serviços sempre estiveram presentes na vida do ser humano, como exigência necessária, material, fisiológica, psicológica e hedonística da humanidade, no endereço à satisfação de suas necessidades" (p. 61).

59 McCRACKEN, Grant. *Cultura & Consumo.* Trad. Fernanda Eugenio. Rio de Janeiro: Mauad, 2003, p. 21.

60 Idem, p. 21.

61 SLATER, Don. *Cultura de consumo & modernidade.* Trad. Dinah de Abreu Azevedo. São Paulo: Nobel, 2002, p. 18. Sobre o tema, v. ainda: FEATHERSTONE, Mike. *Cultura de Consumo e pós-modernismo.* Trad. Júlio Assis Simões. São Paulo: Nobel, 1995, p. 20 et. seq.

62 Assim, "McKendrick (1982), por exemplo, reivindica a descoberta do nascimento da revolução do consumo na Inglaterra do século XVIII, enquanto Williams (1982) a localiza na França do século XIX e Mukerji (1983) na Inglaterra dos séculos XV e XVI" (McCRACKEN, Grant. Op. cit., p. 22).

63 Sobre esses riscos e dificuldades, v. SODRÉ, Marcelo Gomes. *Formação do Sistema Nacional de Defesa do Consumidor.* São Paulo: Revista dos Tribunais, 2007, p. 24. Segundo o mestre Pontes de Miranda: "Sómente os factos presentes e actuaes são observáveis; os passados sómente indirectamente podem ser conhecidos (testemunho, raciocínio)" (PONTES DE MIRANDA, Francisco Cavalcanti. *Systema de Sciencia Positiva do Direito.* Rio de Janeiro: Jacinto Ribeiro dos Santos Editor, 1922, v. I. p. 395).

64 McCRACKEN, Grant. *Cultura & Consumo.* Trad. Fernanda Eugenio. Rio de Janeiro: Mauad, 2003, p. 28. Don Slater, por sua vez, afirma que a cultura (sociedade) de consumo "Surgiu no Ocidente, a partir do século XVIII, como parte da afirmação ocidental que a diferenciava do resto do mundo como uma cultura moderna, progressiva, livre, racional" (SLATER, Don. *Cultura de consumo & modernidade.* Trad. Dinah de Abreu Azevedo. São Paulo: Nobel, 2002, p. 17-18).

65 Sobre a formação histórica da sociedade de consumo brasileira (e sua configuração contemporânea) v. a excelente análise de SODRÉ, Marcelo Gomes. *Formação do sistema nacional de defesa do consumidor.* São Paulo: Revista dos Tribunais, 2007, p. 23 et seq.

66 Dentre os pensadores contemporâneos há os que negam a ideia de pós-modernidade, considerando que o tempo presente não seria propriamente uma época de ruptura com a (ou de superação da) era moderna, mas, ao contrário, pode ser caracterizado com um tempo de exacerbação do *individualismo* enquanto característica fundamental da Modernidade, embora com uma "nova roupagem" ou um novo modo de exercício desse individualismo que caracterizou os últimos três séculos. Assim, o filósofo francês Gilles Lipovetsky compreende o tempo presente como o de uma era *hipermoderna*, razão pela qual, em sua análise acerca do fenômeno do consumo, reconhece a existência de uma "sociedade do *hiperconsumo*", na qual o consumo adquire uma nova finalidade, ainda que vinculada ao individualismo do "hiperconsumidor": muito mais a satisfação de sua felicidade e desejos existenciais do que a ideia do pertencimento a determinada classe ou status social. Sobre o tema, v. LIPOVETSKY, Gilles. *Os tempos hipermodernos*. São Paulo: Editora Barcarolla, 2007 e; LIPOVETSKY, Gilles. *A felicidade paradoxal*. Ensaio sobre a sociedade do hiperconsumo. São Paulo: Companhia das Letras. 2007.

67 Pela delimitação e finalidade do presente trabalho não será feita análise mais pormenorizada sobre o processo de formação histórica da sociedade moderna a partir do recorte histórico-geográfico sugerido. Sobre o tema v., por todos: McCRACKEN, Grant. *Cultura & consumo*. Trad. Fernanda Eugenio. Rio de Janeiro: Mauad, 2003. Na doutrina brasileira, v. RODRIGUES NETTO, Bernard. O consumidor para além do seu conceito jurídico. Contribuições da filosofia, sociologia e antropologia. *Revista de Direito do Consumidor*. n. 84, p. 74 et seq. São Paulo, out.-dez. 2012.

68 Nesse sentido, Calais-Auloy é enfático ao afirmar que "Le desequilibre s'est aggravé dans la seconde moitié du XXe siècle" (CALAIS-AULOY, Jean. Un Code, um Droit. In: CALAIS-AULOY, Jean; CAUSSE, Hervé. *Aprés le Code de la Consommation*. Grands problèmes choisis (Cet ouvrage a été publié avec le concours du Centre de Droit des Affaires de l'Université de Reims), n. 19. Paris: Librairie de la Cour de Cassation, 1995, p. 13.

69 Segundo Ronaldo Porto Macedo Júnior "A história do direito do consumidor está associada diretamente ao surgimento dos mercados de massa, especialmente após a Segunda Guerra Mundial, período em que houve uma expansão no consumo de bens duráveis jamais vista na história do capitalismo" (MACEDO JÚNIOR, Ronaldo Porto. *Contratos relacionais e defesa do consumidor*. São Paulo: Max Limonad. 1998, p. 261).

70 Vale dizer que tempo histórico contemporâneo e tempo histórico pós moderno são expressões que, em certa medida, se equivalem e serão assim tratadas nesta pesquisa.

71 Cientistas sociais como Boaventura de Sousa Santos, David Harvey, Jean Baudrillard, Jean-François Lyotard, Mike Featherstone, Zigmunt Bauman e Erik Jayme.

72 FEATHERSTONE, Mike. *Cultura de Consumo e pós-modernismo*. Trad. Júlio Assis Simões. São Paulo: Nobel, 1995, p. 20.

73 Bauman, por exemplo, estabelece um interessante paralelo entre modernidade e pós-modernidade a partir dos valores "segurança" e "liberdade". Sua análise, baseada na obra de *O Mal Estar da Civilização* (Freud), revela que: "Os mal-estares da modernidade provinham de uma espécie de segurança que tolerava uma liberdade pequena demais em busca da felicidade individual. Os mal-estares da pós-modernidade provêm de uma espécie de liberdade de procura do prazer que tolera uma segurança individual pequena demais" (BAUMAN, Zigmunt. *O mal-estar da pós-modernidade*. Trad. Mauro Gama e Claudia M. Gama. Rio de Janeiro: Zahar, 1998, p. 10). Em outra obra, sublina o sociólogo que a percepção do próprio tempo na cultura pós moderna não é a de um tempo cíclico nem linear. Ao contrário, afirma Bauman que é "... um tempo *pontuado*, marcado tanto (se não mais) pela profusão de *rupturas* e *descontinuidades* (...) é fragmentado, ou mesmo pulverizado, numa multiplicidade de 'instantes eternos'..." (Idem. *Vida para consumo*. Trad. Carlos Alberto Medeiros. Rio de Janeiro: Zahar, 2008, p. 46).

74 MARQUES, Claudia Lima. *Contratos no Código de Defesa do Consumidor*. 5. ed. São Paulo: Revista dos Tribunais, 2005, p. 172. Com efeito, a análise da eminente jurista encontra amparo em trabalhos como o de Boaventura de Sousa Santos, para quem a pós-modernidade parece contestar a racionalidade emancipatória da modernidade, aquilo que o autor denomina "projecto sócio-cultural da modernidade" (SANTOS, Boaventura de Sousa. *Pela mão de Alice*: o social e o político na pós-modernidade. 7. ed. São Paulo: Cortez, 2000, p. 77-78).

75 HARVEY, David. *Condição pós-moderna*: uma pesquisa sobre as origens da mudança cultural. Trad. Adail Sobral e Maria S. Gonçalves. 14. ed. São Paulo: Loyola, 2005, p. 19.
76 LYOTARD, Jean-François. *A condição pós-moderna*. 2. ed. Trad. José B. de Miranda. Lisboa: Gradiva, 1989, p. 11.
77 MARQUES, Claudia Lima. *Contratos no Código de Defesa do Consumidor*. 5. ed. São Paulo: Revista dos Tribunais, 2005, p. 170-172.
78 GHERSI, Carlos Alberto. *La posmodernidad jurídica*. Buenos Aires: Gowa, 1995, p. 24-25. Para Eric Robsbawm, uma das transformações mais marcantes do final do século XX e do início do século XXI vem a ser *a desintegração de velhos padrões de relacionamento social humano e com ela, aliás, a quebra dos elos entre as gerações, quer dizer, entre passado e presente*. Nesse sentido, Robsbawm cita o exemplo de certos países de capitalismo mais desenvolvido, onde predominam o que denomina de "valores de um individualismo associal absoluto" (HOBSBAWN, Eric. *A era dos extremos*. O breve século XX (1914-1991). 2. ed. São Paulo: Companhia das Letras, 1995, p. 24).
79 No tópico anterior (1.1), viu-se que o consumo de massa já era uma realidade da sociedade *moderna* de consumo. A propósito, v. McCRACKEN, Grant. *Cultura & consumo*. Trad. Fernanda Eugenio. Rio de Janeiro: Mauad, 2003, p. 36-52.
80 Idem, p. 21.
81 Nesse sentido, v. PODESTÁ, Fábio Henrique. *Interesses difusos, qualidade da comunicação e controle judicial*. São Paulo: Revista dos Tribunais, 2002, p. 63-108.
82 Como ensina Rizzatto Nunes "Essa produção homogeneizada, 'standartizada', em série, possibilitou uma diminuição profunda dos custos e um aumento enorme da oferta, indo atingir, então, uma mais larga camada de pessoas" (RIZZATTO NUNES, Luiz Antônio. *Curso de direito do consumidor*. 2. ed. São Paulo: Saraiva, 2006, p. 03-04).
83 Sobre o tema, na doutrina brasileira, v. MARQUES, Claudia Lima. *Contratos no Código de Defesa do Consumidor*. 5. ed. São Paulo: Revista dos Tribunais, 2005, p. 71-91; MANDELBAUM, *Contratos de adesão e contratos de consumo*. São Paulo: Revista dos Tribunais, 1996; e GOMES, Orlando. *Contratos de adesão*. São Paulo: Revista dos Tribunais, 1972.
84 SODRÉ, Marcelo Gomes. *Formação do Sistema Nacional de Defesa do Consumidor*. São Paulo: Revista dos Tribunais, 2007, p. 25 e 81-82. Cumpre observar que embora a oferta de crédito e os sistemas de venda à crédito, como visto anteriormente (1.1), já existissem na Europa do século XIX, a verdade é que, a partir da segunda metade do século XX, intensificaram-se essas práticas de mercado, capitaneadas agora pelo modelo capitalista dominante dos Estados Unidos da América, a uma proporção e diversidade desconhecidas.
85 VASSEUR, Michel. Un nouvel essor du concept contractuel. Les aspects juridiques de l'économie concertée et contractuelle. *Revue Trimestrielle de Droit Civil*. Tome Soixante-deuxième,. p. 11. Paris, 1964.
86 DIEZ-PICAZO, Luís. *Derecho y Masificación Social*. Madrid: Civitas. 1987, p. 23 Apud MARTINS-COSTA, Judith. Crise e modificação da idéia de contrato no direito brasileiro. *Revista da AJURIS*. n. 56, p. 69-70. Porto Alegre, 1992.
87 A propósito, reconhece Bessa que "O consumidor tem deixado de ser uma *pessoa* para se tornar apenas um *número*" (BESSA, Leonardo Roscoe. *Relação de consumo e aplicação do Código de Defesa do Consumidor*. 2. ed. São Paulo: Revista dos Tribunais, 2009, p. 31).
88 Marques chama a atenção para o fato de que na sociedade de consumo contemporânea também os fornecedores, de certo modo, se despersonalizam em relação aos consumidores, o que se deve ao contexto da *cadeia de fornecimento* na qual estão inseridos e pela qual se apresentam aos consumidores de produtos e serviços (principalmente, de serviços cuja execução se prolonga no tempo), em relações denominadas "pós-personalizadas" (MARQUES, Claudia Lima. *Contratos no Código de Defesa do Consumidor*. 5. ed. São Paulo: Revista dos Tribunais, 2005, p. 403-407). O tema será desenvolvido no Capítulo 2, quando da análise acerca do conceito de fornecedor nas relações de consumo.
89 COMPARATO, Fábio Konder. A proteção do consumidor. Importante capítulo de direito econômico. *Revista de Direito do Consumidor* n. 77,, p. 29 São Paulo, jan.-mar. 2011. No mesmo sentido, v. TEIXEIRA, Sálvio de Figueiredo. A proteção do consumidor no sistema jurídico brasileiro. *Revista de Direito do Consumidor*. n. 43, p. 69. São Paulo, jul.-set. 2002.

90 MARTINS-COSTA, Judith. Crise e modificação da idéia de contrato no direito brasileiro. *Revista da AJURIS*. n. 56, p. 70. Porto Alegre, 1992.

91 Para significativa parcela da doutrina jurídica, a passagem do Estado Liberal para um Estado Social (interventor de modo mais acentuado nas relações jurídicas privadas) trouxe a necessidade de reformular o princípio da autonomia da vontade, traduzido, a partir de então, como "autonomia privada" (poder de auto regulamentação dos interesses privados nos limites – agora maiores do que no período do Estado Liberal – da ordem jurídica). Sobre o tema, na doutrina italiana, v. FERRI, Luigi. *La Autonomía Privada*. Trad. Luis S. Mendizábal. Madrid: Revista de Derecho Privado, 1969, p. 5-7. Na doutrina portuguesa, v. PRATA, Ana. *A tutela constitucional da autonomia privada*. Coimbra: Almedina, 1982; Na doutrina brasileira, v., por todos: GOMES, Orlando. *Contratos de adesão*. Condições gerais dos contratos. São Paulo: Revista dos Tribunais, 1972, p. 30-31

92 GHESTIN, Jacques. L'utile et le juste dans les contrats. *Archives de Philosophie du Droit*. Paris, 1981, t. 26, p. 36. Michaélidès-Nouvaros, sobre a construção do conceito de "direito subjetivo" no direito privado moderno, ensina que ela ocorreu a partir de determinadas premissas filosóficas, como a da "responsabilidade moral do homem" ("la responsabilité morale de l'homme") e da "liberdade do homem" ("la liberté de l'homme") (MICHAÉLIDÈS-NOUVAROS, G. L'évolution récente de la notion de droit subjectif. *Revue Trimestrielle de Droit Civil*. t. 64, p. 216-219. Paris, 1966). Por fim, sobre o princípio da autonomia da vontade e o "voluntarismo jurídico" do direito privado liberal v., por todos: RIPERT, Georges. *A regra moral nas obrigações civis*. Trad. Osório Oliveira. 2. ed. Campinas: Bookseller, 2002, p. 53-55; ALTERINI, Atilio A.; LÓPEZ CABANA, Roberto M. *La autonomía de la voluntad en el contrato moderno*. Buenos Aires: Abeledo-Perrot, 1989, p. 17 et. seq.; SAN TIAGO DANTAS, F. C. de. *Problemas de direito positivo*. Estudos e Pareceres. Rio de Janeiro: Forense, 1953, p. 14-16; GOMES, Orlando. *Transformações gerais do direito das obrigações*. 2. ed. São Paulo: Revista dos Tribunais, 1980, p. 09-11; NORONHA, Fernando. *O direito dos contratos e seus princípios fundamentais*. São Paulo: Saraiva, 1994, p. 64 e; MARQUES, Claudia Lima. *Contratos no Código de Defesa do Consumidor*. 5. ed. São Paulo: Revista dos Tribunais, 2005, p. 51-64.

93 ALTERINI, Atilio A.; LÓPEZ CABANA, Roberto M. *La autonomía de la voluntad en el contrato moderno*. Buenos Aires: Abeledo-Perrot, 1989, p. 36. Sobre o tema, v. MARQUES, Claudia Lima. *Contratos no Código de Defesa do Consumidor*. 5. ed. São Paulo: Revista dos Tribunais, 2005, p. 60-61.

94 Como ensina Michaélidès-Nouvaros "Le principe de la responsabilité morale de l'homme présuppose l'existence chez chaque individu d'une volonté libre, d'une certaine liberte de décision" (MICHAÉLIDÈS-NOUVAROS, G. Op. cit., p. 218). Sobre o tema, na doutrina brasileira, v. MARQUES, Claudia Lima. *Contratos no Código de Defesa do Consumidor*. 5. ed. São Paulo: Revista dos Tribunais, 2005, p. 60-61).

95 Marques e Miragem, a propósito, consideram que "...a condição pós-moderna da pessoa no mercado pode ter como consequência no Brasil uma passagem do *homo faber* ao *homo economicus*. Isto é, uma fragmentação do sujeito em muitos papéis conectados (*soggetto scisso*), com uma prevalência da visão ativa na economia desta pessoa (...) Seria um *Homo* fragmentado, plúrimo e resultaria desta pluralidade de papéis, fontes e regimes conectados, o necessário diálogo das fontes" (MARQUES, Claudia Lima; MIRAGEM, Bruno. *O novo direito privado e a proteção dos vulneráveis*. São Paulo: Revista dos Tribunais, 2012, p. 20).

96 Nesse sentido, observa Ludwig Raiser que "Oggi il modello di personalità libera ed autoresponsabile elaborato dalla filosofia ottocentesca e adottato dalla dottrina giuridica di quell'epoca non può più essere accettato in modo acritico. Affermare la própria persona e valutare le conseguenze delle proprie azioni per poterne rispondere è diventato un compito estremamente complesso" (RAISER, Ludwig. *Il compito del diritto privato*. Saggi di diritto privato e di diritto dell'economia di tre decenni. Trad. Marta Graziadei. Milano: Giuffrè, 1990, p. 57).

97 DOSI, Laurence Klesta. Lo *status* del consumatore: prospettive di diritto comparato. *Rivista di Diritto Civile*. Padova, n. 6, anno XLIII, p. 667, nov.-dic. 1997. Segundo outro autor italiano, Pietro Rescigno, o *status* pode ser definido como "... relazione giuridica personale per sua natura non temporanea e non risolubile per la mera volontà delle parti, situazione che riguarda anche i terzi e lo Stato" (RESCIGNO, Pietro. Situazione e status nell'esperienza del diritto. *Rivista di Diritto Civile*. anno XIX, p. 211. Padova, Parte I 1973).

98 DOSI, Laurence. Op. cit., p. 675.
99 DOSI, Laurence Klesta. Lo *status* del consumatore: prospettive di diritto comparato. *Rivista di Diritto Civile*. Padova, n. 6, anno XLIII, p. 675, nov.-dic. 1997.
100 A propósito, Enzo Roppo, em obra já consagrada, traz importantes reflexões a respeito dos "processos de objetivação do contrato", necessários ao dinamismo das relações contratuais massificadas ao longo do século XX (ROPPO, Enzo. *O contrato*. Trad. Ana Coimbra e M. Januário C. Gomes. Coimbra: Almedina, 1988, p. 295-311).
101 A respeito da distinção entre danos patrimoniais e extrapatrimoniais, na doutrina brasileira, v. COUTO E SILVA, Clóvis Veríssimo do. O conceito de dano no direito brasileiro e comparado. *Revista dos Tribunais*. v. 667, p. 07-16. São Paulo, maio 1991. Sobre a responsabilidade dos fornecedores no direito brasileiro do consumidor, v., por todos: LISBOA, Roberto Senise. *Responsabilidade civil nas relações de consumo*. São Paulo: Revista dos Tribunais, 2001, p. 193 et seq.; SANSEVERINO, Paulo de Tarso Vieira. *Responsabilidade civil no Código do Consumidor e a defesa do fornecedor*. 1São Paulo: Saraiva, 2002, p. 113 et. seq.
102 O tema será brevemente desenvolvido no final deste trabalho, na Parte II (Capítulo 4).
103 FERRI, Luigi. *La Autonomía Privada*. Trad. Luis S. Mendizábal. Madrid: Revista de Derecho Privado, 1969; PRATA, Ana. *A tutela constitucional da autonomia privada*. Coimbra: Almedina, 1982 e; GOMES, Orlando. *Contratos de adesão*. Condições gerais dos contratos. São Paulo: Revista dos Tribunais, 1972, p. 30-31.
104 Sobre o tema, v. COELHO, Fábio Ulhoa. *Curso de Direito Civil*. São Paulo: Saraiva, 2005, v. 3. p. 28.
105 Nesse sentido, observa a professora Vera Fradera que "... a autonomia da vontade, no plano internacional, tem sido ampliada de forma extraordinária, criando um círculo liberal na área contratual, quase imune à interferência do Estado, tendo como único limite os já clássicos *ordem pública* e *bons costumes*" (FRADERA, Vera Maria Jacob de. O direito dos contratos no século XXI: a construção de uma noção metanacional de contrato decorrente da globalização, da integração regional e sob influência da doutrina comparatista. In: DINIZ, Maria Helena; LISBOA, Roberto Senise (Coord.). *O direito civil no Século XXI*. São Paulo: Saraiva, 2003, p. 552).
106 GHESTIN, Jacques. L'utile et le juste dans les contrats. *Archives de Philosophie du Droit*, Paris, 1981, t. 26, p. 39.
107 O princípio do equilíbrio (ou o "equilíbrio mínimo") das relações de consumo será analisado no Capítulo 2 (subitem 2.2.1). A propósito, convém destacar que a expressão "equilíbrio mínimo", adotada neste trabalho, é inspirada na obra de Marques (MARQUES, Claudia Lima. *Contratos no Código de Defesa do Consumidor*. 5. ed. São Paulo: Revista dos Tribunais, 2005, p. 288 et seq.).
108 Nesse sentido, é oportuna a análise de Mike Featherstone sobre a 'estetização da vida cotidiana' e as 'culturas pós-modernas da cidade' (FEATHERSTONE, Mike. *Cultura de Consumo e pós-modernismo*. Trad. Júlio Assis Simões. São Paulo: Nobel, 1995, p. 98-148. passim). Sergio Iglesias de Souza enfatiza que, na pós modernidade, a sociedade é formada por "estratos culturais heterogêneos" (SOUZA, Sergio Iglesias Nunes de. *Lesão nos contratos eletrônicos na sociedade da informação*. São Paulo: Saraiva, 2009, p. 24). Sobre o aspecto religioso, v. SILVA, Ivan de Oliveira. *Relação de consumo religiosa*. A vulnerabilidade do fiel-consumidor e a sua tutela por meio do Código de Defesa do Consumidor. São Paulo: Atlas, 2012.
109 SLATER, Don. *Cultura de Consumo & Modernidade*. Trad. Dinah de Abreu Azevedo. São Paulo: Nobel. 2002, p. 14.
110 Como ensina Ghersi "La sociedad de consumo se nos ofrece en si misma como un "bien" de disfrute abundante y de infinitas posibilidades" (GHERSI, Carlos Alberto. Derecho e información. In: NERY JÚNIOR, Nelson; NERY, Rosa Maria Andrade (Org.). *Doutrinas Essenciais*. Responsabilidade Civil. São Paulo: Revista dos Tribunais, 2010. *v.* VIII, p. 55).
111 CORDEIRO, Carolina Souza. O comportamento do consumidor e a antropologia da linguagem. *Revista de Direito do Consumidor*. n. 84, São Paulo, out.-dez. 2012, p. 56 et seq. A propósito da modificação na importância social dos bens ao longo dos tempos, observa Marques: "Se, na idade média, os bens economicamente relevantes eram os bens imóveis, na idade moderna, o bem móvel material, indiscutível que hoje, na idade atual pós-moderna, valorizado está o bem móvel imaterial (*software*

etc.) ou o desmaterializado 'fazer' dos serviços, da comunicação, do lazer, da segurança, da educação, da saúde, do crédito" (MARQUES, Claudia Lima. *Contratos no Código de Defesa do Consumidor*. 5. ed. São Paulo: Revista dos Tribunais, 2005, p. 180).

112 Nesse sentido é que, segundo Lyotard, o saber pós-moderno "(...) refina a nossa sensibilidade para as diferenças" (LYOTARD, Jean-François. *A condição pós-moderna*. 2. ed. Trad. José B. de Miranda. Lisboa: Gradiva, 1989, p. 13).

113 SLATER, Don. *Cultura de consumo & modernidade*. Trad. Dinah de Abreu Azevedo. São Paulo: Nobel, 2002, p. 131.

114 CORDEIRO, Carolina Souza. Op. cit., p. 64.

115 JAYME, Erik. *Identité Culturelle et Intégration*: le droit internacional privé postmoderne (Recueil des Cours de l'Académie de Droit Internacional de La Haye). Kluwer: Doordrecht, 1995, v. II, p. 251.

116 AZEVEDO, Antonio Junqueira de. O direito pós-moderno e a codificação. *Revista de Direito do Consumidor*. n. 33, p. 123. São Paulo, jan.-mar. 2000.

117 MARQUES, Claudia Lima. *Contratos no Código de Defesa do Consumidor*. São Paulo: Revista dos Tribunais, 2005, p. 174-175.

118 MARQUES, Claudia Lima. *Contratos no Código de Defesa do Consumidor*. São Paulo: Revista dos Tribunais, 2005, p. 175.

119 Sobre a perda de centralidade do Código Civil nas relações jurídicas privadas, v. IRTI, Natalino. *L'età della decodificazione*. Milano: Giuffrè, 1979, p. 33-39; LORENZETTI, Ricardo Luis. *Fundamentos do Direito Privado*. Trad. Vera J. Fradera. São Paulo: Revista dos Tribunais, 1998, p. 52-53. Na doutrina brasileira, v., dentre outros, FRADERA, Vera Maria Jacob de. O direito dos contratos no século XXI: a construção de uma noção metanacional de contrato decorrente da globalização, da integração regional e sob influência da doutrina comparatista. In: DINIZ, Maria Helena; LISBOA, Roberto Senise (Coord.). *O Direito Civil no Século XXI*. São Paulo: Saraiva, 2003, p. 547-550.

120 Antônio Junqueira de Azevedo, a propósito, denominava esse fenômeno de "hipercomplexidade" (AZEVEDO, Antonio Junqueira de. Op. cit., p. 123). Assim, como observou Natalino Irti, no final da década de 70: "La crisi della "centralità" del códice è soltanto una immagine della crisi dello Stato moderno; e così dell'emersione storica di gruppi e classi, di categorie economiche ed élites, che esigono specifici statuti e tavole di diritto" (IRTI, Natalino. Op. cit., p. 38).

121 JAYME, Erik. Op. cit., p. 251. Em outra passagem, reconhece o eminente jurista alemão que o pluralismo das fontes jurídicas expressa ainda a ideia da *multiplicidade*: "Dal punto di vista giuridico la molteplicità si traduce nella predisposizione di alternative, opzioni, possibilità (...) Confrontare secondo i canoni della postmodernità significa dunque testare l'approccio dei diversi sistemi verso simili propositi" (Idem. Osservazioni per una teoria postmoderna della comparazione giuridica. *Rivista di Diritto Civile*. n. 6, p. 818-819. Padova, 1997). Sobre o direito "pós moderno", observam Marques e Miragem: "Pós-moderno é o direito a ser (e continuar) diferente, como afirma Erik Jayme o *droit à la differene* é o direito à igualdade material (e tópica) reconstruída por ações positivas (*Rechte auf positive Handlugen*) do Estado em pró do indivíduo identificado com determinado grupo" (MARQUES, Claudia Lima; MIRAGEM, Bruno. *O novo direito privado e a proteção dos vulneráveis*. São Paulo: Revista dos Tribunais, 2012, p. 116).

122 MARQUES, Claudia Lima. *Contratos no Código de Defesa do Consumidor*. São Paulo: Revista dos Tribunais, 2005, p. 175. Sobre o pluralismo das fontes legislativas, v. MARQUES, Claudia Lima. Três tipos de diálogos entre o Código de Defesa do Consumidor e o Código Civil de 2002: superação das antinomias pelo "diálogo das fontes". In: PASQUALOTTO, Adalberto; PFEIFFER, Roberto A. C. *Código de Defesa do Consumidor e o Código Civil de 2002. Convergências e Assimetrias*. São Paulo: Revista dos Tribunais, 2005, p. 11-82.

123 Como afirmam Marques e Miragem "...a tendência atual e de futuro é identificar a diferença e respeitá-la (sejam crianças, adolescente, idosos, pessoas portadoras de necessidades especiais, consumidores). Isto é, identificar os grupos em que há uma 'unidade diferencial' coletiva e mantê-la sem suprimi-la, sem querer transformar a diferença em 'igualdade' ou 'normalidade'" (MARQUES, Claudia Lima; MIRAGEM, Bruno. *O novo direito privado e a proteção dos vulneráveis*. São Paulo: Revista dos Tribunais, 2012, p. 179). Assim sendo, entende-se que no campo das relações jurídicas de consumo as referidas

noções de "direito à diferença" e "multiplicidade" (Jayme) estão relacionadas ao reconhecimento e aplicação de um tratamento jurídico diferenciado a consumidores (em especial, pessoas físicas) em situações de vulnerabilidade agravada, a chamada *hipervulnerabilidade* dos consumidores. Sobre o tema v. ainda: AZEVEDO, Fernando Costa de.; OLIVEIRA, Lúcia Dal Molin. O efeito "Matriosca": desvendando as especificidades dos grupos universais hipervulneráveis de consumidores nas relações jurídicas de consumo. *Revista de Direito, Globalização e Responsabilidade nas Relações de Consumo*. v. 04, n. 02, p. 88-107. Porto Alegre, jul.-dez. 2018.

124 Veja-se que o próprio CDC reconhece expressamente a necessidade de identificação e proteção de certos grupos cuja vulnerabilidade é agravada em consequência de "...sua idade, saúde e condição social" (CDC, art. 39, IV). Sobre o tema, v., por todos: MARQUES, Claudia Lima; MIRAGEM, Bruno. Op. cit., p. 184-195.

125 Alguns autores consideram superado o conceito "sociedade da informação", pois ele remeteria a um tempo anterior ao da consolidação de uma *era digital*, com superação quase absoluta das tecnologias da informação por meios analógicos. De fato, não se pode desconsiderar a consolidação desse processo, ocorrida sobretudo na última década do Século XXI (2010-2020), e dentro da qual o sistema jurídico brasileiro acolheu importante legislação relacionada à regulação da circulação e proteção de dados por meios eletrônicos e digitais. Assim sendo, e com respeito aos argumentos contrários, a ideia de uma "sociedade da informação" não parece estar superada, uma vez que se vincula mais à importância da informação como valor e bem jurídico do que aos meios pelos quais ela é transmitida. Por óbvio, a reconhecimento jurídico de uma *era digital* e da proteção dos consumidores enquanto usuários desses meios digitais de comunicação e contratação de produtos e serviços é um dos desafios do Direito do Consumidor no Século XXI (Sobre o tema, v. AZEVEDO, Fernando Costa de. Os desafios do direito brasileiro do consumidor para o Século XXI. In: AZEVEDO, Fernando Costa de (Org.). *Consumo e vulnerabilidade na sociedade contemporânea*. (Ebook). Erechim: Editora Deviant. 2022, p. 41-44).

126 GHERSI, Carlos Alberto. Derecho e información. In: NERY JÚNIOR, Nelson; NERY, Rosa Maria Andrade (Org.). *Doutrinas Essenciais*. Responsabilidade Civil. São Paulo: Revista dos Tribunais, 2010, v. VIII, p. 56. Sobre o tema, v. MARQUES, Claudia Lima. *Contratos no Código de Defesa do Consumidor*. 5 ed. São Paulo: Revista dos Tribunais, 2005, p. 175.

127 Segundo Han, a sociedade digital concebe um novo sistema político, a *Infocracia*, no qual a formação das decisões políticas não é mais moldada pelas fontes de autoridade do sistema democrático tradicional (família, escola, partidos políticos etc.), mas pelos novos *influencers* e formadores de opinião nas redes e mídias digitais (HAN, Byung-Chul. *Infocracia*: digitalização e a crise da democracia. Petrópolis: Editora Vozes. 2022).

128 Sobre o tema, no plano da ordem jurídica constitucional brasileira, v. NUNES, Luiz Antônio Rizzatto. *Curso de Direito do Consumidor*. 2. ed. São Paulo: Saraiva, 2005, p. 49-53. No plano comunitário, considerando a experiência histórica da Comunidade Econômica Europeia, v. ALMEIDA, Carlos Ferreira de. *Os direitos dos consumidores*. Coimbra: Almedina, 198, p. 35-39.

129 MARQUES, Claudia Lima. Op. cit., p. 173. Paulo Lôbo, nesse sentido, observa que "Os direitos do consumidor, é cediço, radicam no interesse público social, que não se compagina no clássico interesse público estatal" (LÔBO, Paulo Luiz Netto. A informação como direito fundamental do consumidor. In: NERY JÚNIOR, Nelson; NERY, Rosa Maria de Andrade (Org.). *Doutrinas Essenciais*. Responsabilidade Civil. São Paulo: Revista dos Tribunais, 2010, v. VIII, p. 96).

130 CAS, Gérard; FERRIER, Didier. *Traité de Droit de la Consommation*. Paris: Presses Universitaires de France, 1986, p. 377-378.

131 A propósito, o CDC, em seus arts. 18, 19 e 20, dispõe a respeito dos vícios *de informação* nos produtos e serviços.

132 Segundo Marques "...se, na sociedade atual, é na informação que está o poder, a falta desta representa intrinsecamente um *minus*, uma vulnerabilidade tanto maior quanto mais importante for esta informação detida pelo outro" (MARQUES, Claudia Lima. *Contratos no Código de Defesa do Consumidor*. 5 ed. São Paulo: Revista dos Tribunais, 2005, p. 330).

133 GUERSI, Carlos Alberto. Op. cit., p. 55.

134 Sobre a distinção entre vontade e consentimento, sobretudo nas relações contratuais massificadas, v. FRISON-ROCHE. Marie-Anne. Remarques sur la distinction de la volonté et du consentement en droit des contrats. *Revue Trimestrielle de Droit Civil*. n. 3, p. 573-578. Paris, juillet-septembre 1995.

135 Fala-se em *qualidade* (e não em quantidade) da informação como critério necessário à formação de um consentimento esclarecido. Nesse sentido, a observação de Ghersi: "Es cierto que la información evita la alienación del consumidor, pero hay una correlación inversa entre el grado de información como fenômeno superficial y la justificación del nivel de decisión, es decir, 'mas', no es 'mejor'" (GUERSI, Carlos Alberto. Derecho e información. In: NERY JÚNIOR, Nelson; NERY, Rosa Maria Andrade (Org.). *Doutrinas Essenciais*. Responsabilidade Civil. São Paulo: Revista dos Tribunais, 2010, v. VIII p. 57).

136 SANTOS, Fernando Gherardini. *Direito do Marketing*. São Paulo: Revista dos Tribunais, 2000, p. 19.

137 LISBOA, Roberto Senise. O consumidor na sociedade da informação. *Revista de Direito do Consumidor*. n. 61, p. 208. São Paulo, jan.-mar. 2007.

138 Acredita-se que, em certa medida, se equivalem os contextos da sociedade de consumo contemporânea (pós moderna) e da sociedade pós industrial. Para Daniel Bell, sociólogo e professor da Universidade de Harvard: "Industrial society is the coordination of machines and men for production of goods. Post-industrial society is organized around knowledge, for the pourpose of social control and the directing of innovation and change; and this in turn gives rise to new social relationships and new structures which have to be managed politically" (BELL, Daniel. *The Coming of Post-Industrial Society*. New York: Basic Books, 1999, p. 20). Como se observa, do ponto de vista econômico a sociedade pós industrial organiza-se menos em torno da produção física (bens materiais, produtos) e mais em torno da produção intelectual (o conhecimento) que supõe o domínio sobre bem imaterial chamado *informação*, configurando-se o sistema capitalista pós industrial no que Castells denominou "capitalismo informacional" (CASTELLS, Manuel. *The Information Age*: Economy, Society and Culture. 2. ed. Wiley-Blackwell. 2011. v. I (*The Rise of the Network Society*), passim).

139 SANTOS, Milton. *Por uma outra globalização*. 6. ed. Rio de Janeiro: Record, 2001, p. 65. A propósito, é crescente o desenvolvimento, no mercado de consumo mundial, de produtos concebidos a partir da "tecnologia do futuro", a *nanotecnologia*. Os riscos efetivos que a utilização desses produtos pode causar na saúde humana são, porém, ainda desconhecidos. Sobre o tema, v. FLORES, André Stringhi; DOSSENA JÚNIOR, Juliano; ENGELMANN, Wilson. Nanotecnologias e Código de Defesa do Consumidor: um olhar a partir do princípio da precaução. *Revista de Direito do Consumidor*, n. 50,, p. 154-160. São Paulo, abr.-jun. 2004.

140 No âmbito das relações de consumo, um dos temas mais importantes é o da responsabilidade civil dos fornecedores em geral e dos provedores de *internet* em relação aos consumidores. Sobre o tema v., dentre outros: MIRAGEM, Bruno. Responsabilidade por danos na sociedade da informação e proteção do consumidor: desafios atuais da regulação jurídica da Internet. In: NERY JÚNIOR, Nelson; NERY, Rosa Maria de Andrade. *Doutrinas Essenciais*. Responsabilidade Civil. São Paulo: Revista dos Tribunais, 2010, v. VIII, p. 843-892 e; MARTINS, Guilherme Magalhães; LONGHI, João Victor Rozatti. A tutela do consumidor nas redes sociais virtuais – Responsabilidade civil por acidentes de consumo na sociedade da informação. *Revista de Direito do Consumidor*. n. 78, p. 191-221. São Paulo, abr.-jun. 2011.

141 Segundo Marques "A revolução da comunicação rápida e acesso abundante de informações pela rede mundial da Internet e dos novos meios – cada vez mais rápidos, capazes e móveis – de comunicação de massa e individuais (celulares, pagers, memórias etc.) teria apressado o aparecimento desta nova fase mais internacional, globalizada e visual da pós-modernidade" (MARQUES, Claudia Lima. Novos temas na teoria dos contratos: confiança e conjunto contratual. *Revista da AJURIS*. n. 100, p. 80. Porto Alegre, dez. 2005).

142 Sobre o tema do comércio eletrônico: DE LUCCA, Newton. *Aspectos Jurídicos da contratação informática e telemática*. São Paulo: Saraiva, 2003; LORENZETTI, Ricardo Luis. *Comércio Eletrônico*. Trad. Fabiano Menke. São Paulo: Revista dos Tribunais, 2004; MARQUES, Claudia Lima. *Confiança no Comércio Eletrônico e a Proteção do Consumidor*. São Paulo: Revista dos Tribunais, 2004; na doutrina italiana, v. CASSANO, Giuseppe (a cura di). *Commercio Elettronico e Tutela del Consumatore*. Milano: Giuffrè, 2003.

143 Nesse sentido, reconhece Lisboa que "A massificação da informação estabeleceu-se como a mola propulsora da economia e gerou transformações sociais igualmente profundas, cujas extensões últimas ainda não foram alcançadas, nem de fato cogitadas" (LISBOA, Roberto Senise. O consumidor na sociedade da informação. *Revista de Direito do Consumidor*. n. 61, p. 211. São Paulo, jan.-mar. 2007).
144 Idem, p. 211. Guilherme Martins, por sua vez, dá notícia de que "Na Internet é que o fenômeno da concentração empresarial ganha impulso jamais visto ao longo da História, tendo sido celebrada, no início do ano de 2000, a fusão considerada a maior já ocorrida ao longo de todo o capitalismo, quando a *America On Line*, com apenas 15 anos de vida, absorveu o grupo *Time Warner*, formando o maior conglomerado de comunicação e entretenimento do mundo, movimentando a soma de 184 bilhões de dólares" (MARTINS, Guilherme Magalhães. *Responsabilidade Civil por Acidente de Consumo na Internet*. São Paulo: Revista dos Tribunais, 2008, p. 43-44).
145 MARQUES, Claudia Lima. *Confiança no comércio eletrônico e a proteção do consumidor*. São Paulo: Revista dos Tribunais, 2004, p. 40.
146 LORENZETTI, Ricardo Luis. *Comércio Eletrônico*. Trad. Fabiano Menke. São Paulo: Revista dos Tribunais, 2004, p. 31-32. Lorenzetti reconhece as dificuldades de regulação jurídica do comércio eletrônico quanto à proteção dos consumidores em meio ao mercado global (Ibidem, p. 370-372).
147 Nesse sentido, afirmamos em outra oportunidade que: "...a civilização *pós-moderna* acontece também como civilização *globalizada*. Em outros termos, a *pós-modernidade* compreende o fenômeno da *globalização* em seus múltiplos aspectos" (AZEVEDO, Fernando Costa de. Uma introdução ao direito brasileiro do consumidor. *Revista de Direito do Consumidor*. n. 69,, p. 43-44. São Paulo, jan.-mar. 2009). Sobre o tema, v. CHIAVENATO, Júlio José. *Ética globalizada & Sociedade de consumo*. 2. ed. São Paulo: Moderna. 2004, p. 12; SODRÉ, Marcelo Gomes. *Formação do sistema nacional de defesa do consumidor*. São Paulo: Revista dos Tribunais, 2007, p. 60-66.
148 FARIAS, Cristiano Chaves de. A proteção do consumidor na era da globalização. *Revista de Direito do Consumidor*. n. 41, p. 88. São Paulo, jan.-mar. 2002.
149 HABERMAS, Jürgen. *A constelação pós-nacional: ensaios políticos*. Trad. Márcio Seligmann-Silva. São Paulo: Littera Mundi, 2001, p. 84. Também Beck, em ensaio a respeito do tema, percebe o fenômeno da globalização como "... a ação sem fronteiras nas dimensões da economia, da informação, da ecologia, da técnica, dos conflitos transculturais e da sociedade civil" (BECK, Ulrich. *O que é a globalização?* Trad. André Carone. São Paulo: Paz e Terra. 1999, p. 46). Na doutrina brasileira, v., por todos: FARIA, José Eduardo. *Direito e globalização econômica*. Implicações e perspectivas. São Paulo: Malheiros, 1996, p. 10.
150 FARIAS, Cristiano Chaves de. Op. cit., p. 89. Em interessante análise, reconhece a professora Vera Fradera que o fenômeno da globalização econômica, associado aos processos de integração regional dos mercados, impõem a necessidade de uma nova concepção de contrato, desvinculada da tradicional concepção contratual, submetida apenas aos critérios normativos das ordens jurídicas nacionais. Trata-se, pois, da concepção *metanacional* de contrato (FRADERA, Vara Maria Jacob. O direito dos contratos no século XXI: a construção de uma noção metanacional de contrato decorrente da globalização, da integração regional e sob influência da doutrina comparatista. In: DINIZ, Maria Helena; LISBOA, Roberto Senise (Coord.). *O Direito Civil no Século XXI*. São Paulo: Saraiva, 2003, p. 556-570).
151 Sobre a existência e as funções assumidas pelo Estado Social de Direito nas ordens jurídicas democráticas, v., por todos, VERDÚ, Pablo Lucas. *A luta pelo estado de direito*. Trad. Agassiz Almeida Filho. Rio de Janeiro: Forense, 2007, p. 75-154.
152 LÔBO, Paulo Luiz Netto. A informação como direito fundamental do consumidor. In: NERY JÚNIOR, Nelson; NERY, Rosa Maria de Andrade (Org.). *Doutrinas Essenciais*. Responsabilidade Civil. São Paulo: Revista dos Tribunais, 2010, v. VIII, p. 96. Sobre o tema, v. SANTOS, Milton. *Por uma outra globalização*. 6. ed. Rio de Janeiro: Record, 2001, p. 61-69.
153 IRTI, Natalino. Le categorie giuridiche della globalizzazione. *Rivista di Diritto Civile*. n. 5, anno XLVIII, p. 631. Padova, set.-ott. 2002.
154 Segundo Eliana Calmon "A globalização e os avanços tecnológicos diminuíram distâncias, aceleraram o tempo, dinamizaram a vida, mobilizando os capitais em tal velocidade que resultou na impossibilidade de acompanhamento pela nossa compreensão, disciplinada para um tempo e um espaço que

se tornou inadequado" (CALMON, Eliana. As gerações de direitos e as novas tendências. *Revista de Direito do Consumidor*. n. 39, p. 47. São Paulo, jul.-set. 2001. Para o professor Milton Santos, a globalização econômica e cultural "...tem de ser encarada a partir de dois processos paralelos. De um lado, a produção de uma materialidade, ou seja, das condições materiais que nos cercam e que são a base da produção econômica, dos transportes e das comunicações. De outro há a produção de novas relações sociais entre países, classes e pessoas. A nova situação, conforme já acentuamos, vai se alicerçar em duas colunas centrais. Uma tem como base o dinheiro e a outra se funda na informação" (SANTOS, Milton. Op. cit., p. 65).

155 Sobre a possibilidade dos Estados Nacionais exercerem seu poder coercitivo no contexto do mercado global, v. IRTI, Natalino. Le categorie giuridiche della globalizzazione. *Rivista di Diritto Civile*. n. 5, anno XLVIII, p. 630-631. Padova, set.-ott. 2002.

156 Sobre o tema geral da intervenção do Estado na ordem econômica, v. MOREIRA, Vital. *A ordem jurídica do capitalismo*. Coimbra: Centelha, 1978 e; GRAU, Eros Roberto. *A ordem econômica na Constituição de 1988*. 5. ed. São Paulo: Malheiros, 2000.

157 FARIAS, Cristiano Chaves de. A proteção do consumidor na era da globalização. *Revista de Direito do Consumidor*. n. 41, p. 90-91. São Paulo, jan.-mar. 2002.

158 LÔBO, Paulo Luiz Netto. A informação como direito fundamental do consumidor. In: NERY JÚNIOR, Nelson; NERY, Rosa Maria de Andrade (Org.). *Doutrinas Essenciais*. Responsabilidade Civil. São Paulo: Revista dos Tribunais, 2010, v. VIII, p. 97.

159 JOSSERRAND, Louis. A proteção aos fracos pelo direito. Trad. Francisco de Assis Andrade. *Revista Forense*. v. 128, p. 363. Rio de Janeiro, mar. 1950. A afirmação do jurista francês, na década de 50, mantém-se mais do que nunca atual, quando se percebe, inclusive, a necessidade de uma efetiva coordenação das fontes jurídicas nacionais e supranacionais para a resolução de relações de consumo que ultrapassam as fronteiras nacionais, como as que envolvem, p. ex., as contratações pela *internet*, típicas da chamada "sociedade da informação". A propósito, Claudia Lima Marques sustenta a necessidade de um "direito internacional privado para os negócios jurídicos do comércio eletrônico com consumidores" (MARQUES, Claudia Lima. *Confiança no comércio eletrônico e a proteção do consumidor*. São Paulo: Revista dos Tribunais, 2004, p. 303-466). Por isso é que, em outra passagem, afirma a eminente jurista: "... o Direito do Consumidor pertence hoje aos temas juspolíticos mais importantes de nossos tempos: ao mesmo tempo um ramo de direito universal e nacional, com normas jurídicas que espelham os interesses e a conjuntura global e nacional" (Idem. A proteção dos consumidores em um mundo globalizado: *Studium Generale* sobre o consumidor como *homo novus*. *Revista de Direito do Consumidor*. n. 85, p. 31-32. São Paulo, jan.-fev. 2013).

160 MARQUES, Claudia Lima. *Contratos no Código de Defesa do Consumidor*. 2. ed. São Paulo: Revista dos Tribunais, 2005, p. 173.

161 Idem, p. 589. Ronaldo Porto Macedo Júnior, a propósito, considera "... o direito do consumidor como uma área do saber jurídico acerca da disciplina da ordem econômica e não apenas uma técnica para a introdução de 'boas maneiras' no 'mercado'" (MACEDO JÚNIOR, Ronaldo Porto. *Contratos relacionais e defesa do consumidor*. São Paulo: Max Limonad, 1998, p. 261).

162 Observa o professor e jurista alemão Norbert Reich: "... este direito [o Direito do Consumidor] foi criado para resolver problemas econômicos e sociais, que realmente existem. Não se trata de uma simples instrusão ineficiente do Estado e do Direito na economia" (REICH, Norbert. Algumas proposições para a filosofia da proteção do consumidor (Trad. Débora Gozzo). In: MARQUES, Claudia Lima; MIRAGEM, Bruno (Org.). *Doutrinas Essenciais*. Direito do Consumidor. São Paulo: Revista dos Tribunais, 2011, v. I, p. 318-319. Sobre o tema, v. também STIGLITZ, Gabriel. La función del Estado para la protección del consumidor. In: STIGLITZ, Gabriel (Dir.). *Defensa de los consumidores de productos y servicios*. Daños-contratos. Buenos Aires: La Rocca, 1994, p. 113-127.

163 A propósito, tratamos, em outra oportunidade, dos serviços públicos como atividades econômicas prestadas no mercado de consumo e da necessidade de sua regulação estatal: AZEVEDO, Fernando Costa de. *Defesa do consumidor e regulação*. Porto Alegre: Livraria do Advogado, 2002, p. 33-49.

164 O tema será analisado no Capítulo 2 (subitem 2.2).

165 Sobre o tema, v. NORONHA, Carlos Silveira. Revisitando a tutela do consumidor nos precendentes históricos e no Direito Pátrio. *Revista da Faculdade de Direito (UFRGS)*. v. 24, p. 62. Porto Alegre, 2004. Sobre o tema, v. SODRÉ, Marcelo Gomes. *A construção do direito do consumidor*. São Paulo: Atlas, 2009, p. 27; e DORNELES, Renato Moreira. A intervenção estatal brasileira nas relações de consumo: estrutura legislativa e fundamentos. *Revista de Direito do Consumidor*. n. 50, p. 58. São Paulo, abr.-jun. 2004.

166 IRTI, Natalino. Le categorie giuridiche della globalizzazione. *Rivista di Diritto Civile*., n. 5, anno XLVIII,, p. 628-629. Padova set.-ott. 2002.

167 Trata-se do sistema capitalista ordenado juridicamente pela matriz liberal do Estado de Direito. Sobre o tema do Estado de Direito Liberal, v. NOVAIS, Jorge Reis. Contributo para uma teoria do Estado de Direito. *Boletim da Faculdade de Direito*. v. XXIX,, p. 299 et. seq. Coimbra, 1986; MOREIRA, Vital. *A ordem jurídica do capitalismo*. Coimbra: Centelha, 1978, p. 73 et. seq.; VERDÚ, Pablo Lucas. *A luta pelo estado de direito*. Trad. Agassiz Almeida Filho. Rio de Janeiro: Forense, 2007, p. 15 et. seq.

168 NORONHA, Carlos Silveira. Revisitando a tutela do consumidor nos precendentes históricos e no Direito Pátrio. *Revista da Faculdade de Direito (UFRGS)*. v. 24, p. 62. Porto Alegre, 2004.

169 Sobre a expressão "consumerismo" – que, em linhas gerais, equivale à expressão "movimento consumerista" – importa a observação de Ronaldo Porto Macedo Júnior: "O termo consumerismo é ele mesmo polêmico. Num sentido mais amplo ele é utilizado para descrever todos os movimentos e esforços historicamente realizados no campo do direito, política, administração etc., em defesa de todas as questões de alguma forma abrangidas pelo direito do consumidor (...) Num sentido mais restrito que denomino 'consumerismo econômico', contudo, o consumerismo designa a preocupação em defender os interesses exclusivamente econômicos do consumidor, isto é, custo e benefício economicamente mensuráveis" (MACEDO JÚNIOR, Ronaldo Porto. *Contratos relacionais e defesa do consumidor*. São Paulo: Max Limonad, 1998, p. 262 – nota n. 396).

170 Entende-se que o marco histórico do movimento consumerista no contexto da sociedade de consumo contemporânea ocorreu nos Estados Unidos, na década de 60, destacando-se o conhecido pronunciamento do presidente John F. Kennedy ao Congresso Norte Americano, cuja mensagem alertou, principalmente, para o fato de que a importância dos consumidores para a dinâmica do sistema econômico capitalista e para as principais decisões político econômicas ao redor do mundo contrastava, até o presente momento, com a ausência de políticas públicas necessárias para "dar voz" a esse importante grupo da sociedade contemporânea. Já era tempo, portanto, de estabelecer políticas de proteção aos consumidores, baseadas em direitos legalmente reconhecidos, como *o direito à saúde, à segurança, à informação, direito de escolha e direito a serem ouvidos* nas questões políticas e econômicas que efetassem seus interesses. A experiência do consumerismo norte americano – levada a efeito, sobretudo, pela efetividade dos programas de proteção aos consumidores propostos por Kennedy – serviu de modelo para importantes decisões jurídico políticas no âmbito internacional, com destaque para a Declaração de direitos dos consumidores realizada em Genebra (1973), por ocasião da 29ª sessão da Comissão de Direitos Humanos da ONU, para a Resolução n. 543, *Carta de Proteção*, da Assembleia Consultiva dos Conselhos da Europa que, no mesmo ano, elaborou a Carta de Proteção ao Consumidor, para a Resolução do Conselho da Comunidade Europeia, de 1975 – que teve, como base, a Carta de Proteção ao Consumidor de 1973 e adotou, como direitos básicos do consumidor, a mesma relação proposta no pronunciamento do Presidente Kennedy, em 1962 – e para a Resolução n. 39/248 da Assembleia Geral da ONU). Além disso, inspirou políticas públicas de proteção aos consumidores no âmbito interno de países vinculados à tradição jurídica anglo saxã (*common law*) e à tradição romano germânica (*civil law*). Sobre o tema v. KENNEDY, John F. Special Message to the Congress on Protecting the Consumer Interest (March 15, 1962). In: Woolley, John T.; PETERS, Gerhard. *The American Presidency Project*. Santa Bárbara (Califórnia). Disponível em: http://www.presidency.ucsb.edu. Acesso em: 20 ago. 2011. Sobre o tema, na doutrina brasileira, v. BENJAMIN, Antonio Herman V.; MARQUES, Claudia Lima; BESSA, Leonardo Roscoe. *Manual de Direito do Consumidor*. 3. ed. São Paulo: Revista dos Tribunais, 2010, p. 30; SODRÉ, Marcelo Gomes. *A construção do direito do consumidor*. São Paulo: Atlas, 2009, p. 22; CAVALIERI FILHO, Sergio. *Progama de Direito do Consumidor*. São Paulo: Atlas, 2008, p. 05; DORNELES, Renato Moreira. A intervenção estatal brasileira nas relações de consumo: estrutura legislativa e fundamentos. *Revista de Direito do Consumidor*. n. 50, p. 58. São Paulo, abr.-jun. 2004; AMARAL, Luiz Otávio de Oliveira. História e fundamentos do direito do consumidor. *Revista dos Tribunais*. v. 648, p. 32. São Paulo, out. 1989.

171 Sobre o tema: ALMEIDA, Carlos Ferreira de. *Os direitos dos consumidores*. Coimbra: Almedina, 1982, p. 31-35.

172 Sobre o surgimento do consumerismo (ou movimento consumerista) no Brasil e sobre a legislação de proteção dos consumidores anterior à Constituição Federal de 1988 e ao Código de Defesa do Consumidor v., por todos: SODRÉ, Marcelo Gomes. *Formação do sistema nacional de defesa do consumidor*. São Paulo: Revista dos Tribunais, 2007, p. 84-147; e RIOS, Josué. *A defesa do consumidor e o direito como instrumento de mobilização social*. Rio de Janeiro: Mauad, 1998.

173 MARQUES, Claudia Lima. Três tipos de diálogo entre o Código de Defesa do Consumidor e o Código Civil de 2002. Superação das antinomias pelo "diálogo das fontes". In: PASQUALOTTO, Adalberto; PFEIFFER, Roberto A. C. *Código de Defesa do Consumidor e o Código Civil de 2002. Convergências e assimetrias*. São Paulo: Revista dos Tribunais, 2005, p. 56-80. Afirma, pois, a eminente jurista: "Todas estas linhas têm como convergência o fato de procurarem dar respostas efetivas para o desafio da imposição, em nossas sociedades pós-modernas (sejam em países industrializados ou em países emergentes, como o Brasil), de uma nova coexistência de leis especiais e gerais, que regulam o mercado de consumo em massa" (Ibidem, p. 60).

174 Segundo Efing "...a expressão em português direito do consumo corresponde ao normalmente empregado no direito francês e nas obras belgas e canadenses redigidas em francês como droit de la consommation, e pode ainda ser encontrada em obras espanholas (derecho de consumo) e italianas (diritto del consumo) (...) Embora seja possível afirmar, inicialmente, que tanto o direito do consumidor quanto o direito do consumo se debrucem sobre o complexo de normas jurídicas de proteção aos consumidores, divergem em relação à extensão desta proteção: se, de maneira mais restrita, tenha-se por objeto somente as normas que diretamente digam respeito aos consumidores, ou se, de maneira mais ampla, abarcam-se as normas de proteção de 'outras pessoas que estão à mercê da organização econômica da sociedade', regulando também o mercado de consumo" (EFING, Antônio Carlos. Direito do consumo e direito do consumidor: reflexões oportunas. *Revista Luso-Brasileira de Direito do Consumo*. v. 1, p. 107. Curitiba, mar. 2011). Em outros termos, significa que "Derecho del consumo pone en primer plano la tutela del *mercado de consumo*, mientras que derecho del consumidor realza la protección de la *persona* del consumidor" (BENJAMIN, Antonio Herman V. El derecho del consumidor (Trad. Instituto Nacional del Consumo – España). In: STIGLITZ, Gabriel (Dir.). *Defensa de los consumidores de productos y servicios*. Daños-contratos. Buenos Aires: La Rocca, 1994, p. 90).

175 As experiências jurídicas representativas de um Direito *do Consumo* (a experiência francesa e a italiana) manifestam-se na sistematização da matéria através de codificações específicas (o "Code de la Consommation" na França; o "Codice del Consumo" na Itália).Sobre o tema v., por todos: CALAIS-AULOY, Jean. *Propositions pour un code de la consummation* (rapport de la commission pour la codification du droit de la consommation au Premier ministre). [S.I.:s.n.]. Avril/1990, p. 09-25; PIZZIO, Jean-Pierre. *Code de la Consommation* (Commenté par J. P. Pizzio). Paris: Montchrestien, 1995, p. 01-03; MARQUES, Claudia Lima. Três tipos de diálogo entre o Código de Defesa do Consumidor e o Código Civil de 2002. Superação das antinomias pelo "diálogo das fontes". In: PASQUALOTTO, Adalberto; PFEIFFER, Roberto A. C. *Código de Defesa do Consumidor e o Código Civil de 2002. Convergências e assimetrias*. São Paulo: Revista dos Tribunais, 2005, p. 59-64 e; MARIGUETTO, Andrea. Proposta de leitura comparativa e sistemática do Código de Consumo Italiano. *Revista de Direito do Consumidor*. n. 80, p. 13-47. São Paulo, out.-dez. 2011.

176 MARQUES, Claudia Lima. Três tipos de diálogo entre o Código de Defesa do Consumidor e o Código Civil de 2002. Superação das antinomias pelo "diálogo das fontes". In: PASQUALOTTO, Adalberto; PFEIFFER, Roberto A. C. *Código de Defesa do Consumidor e o Código Civil de 2002. Convergências e assimetrias*. São Paulo: Revista dos Tribunais, 2005, p. 65-68. Sobre o tema, v. ainda NORDMEIER, Carl Friedrich. O novo direito das obrigações no Código Civil alemão – A reforma de 2002. In: MARQUES, Claudia Lima (Coord.). *A nova crise do contrato*. São Paulo: Revista dos Tribunais, 2007, p. 137-175.

177 Sobre o tema, destaca Nordmeier a influência das Diretivas Europeias no processo de reforma do BGB, em especial a Diretiva 93/13/CEE, sobre cláusulas abusivas, responsável pela inclusão das definições de consumidor (*Verbraucher*) e empresário/fornecedor (*Unternehmer*) no texto do Código Civil Alemão (NORDMEIER, Carl Friedrich. Op. cit., p. 138).

178 MARQUES, Claudia Lima. Op. cit., p. 68.

179 Idem, p. 67. Segundo a autora "No Direito das Obrigações, os §305 a 310 receberam o conteúdo da famosa AGBG de 1976 (...) Outro bom exemplo são as pequenas cláusulas gerais para beneficiar os consumidores, como o famoso §9 da AGBGesetz que transformou o §307 do BGB-Reformado, com o título "Controle de conteúdo" dos contratos de adesão ou com condições gerais contratuais, que continua a aplicar – de forma mais forte – a boa-fé nestas relações, sem prejuízo da manutenção do §242 como sempre foi!" (Ibidem, p. 66-67). Sobre o tema, na doutrina brasileira, v. ainda NORDMEIER, Carl Friedrich. Op. cit., p. 171 et seq.

180 MARQUES, Claudia Lima. Três tipos de diálogo entre o Código de Defesa do Consumidor e o Código Civil de 2002. Superação das antinomias pelo "diálogo das fontes". In: PASQUALOTTO, Adalberto; PFEIFFER, Roberto A. C. *Código de Defesa do Consumidor e o Código Civil de 2002*. Convergências e assimetrias. São Paulo: Revista dos Tribunais, 2005, p. 67-68. Complementando a conclusão da eminente jurista, observa Nordmeier: "Influências do direito comunitário e internacional encontram-se agora no cerne do Código Civil alemão, reforçando, novamente, a proteção a contratantes que estão numa posição mais fraca, como os consumidores. Com tudo isso, o novo BGB/2002 encara a realidade pós-moderna e traz novas soluções para as questões jurídicas da atualidade" (NORDMEIER, Carl Friedrich. O novo direito das obrigações no Código Civil alemão – A reforma de 2002. In: MARQUES, Claudia Lima (Coord.). *A nova crise do contrato*. São Paulo: Revista dos Tribunais, 2007, p. 175).

181 MARQUES, Claudia Lima. *Contratos no Código de Defesa do Consumidor*. 5. ed. São Paulo: Revista dos Tribunais, 2005, p. 374-375. Importa destacar que a experiência alemã é a que mais se aproxima da brasileira, notadamente com a entrada em vigor do Código Civil de 2002 e seus princípios harmonizados com os do CDC. Nesse sentido, observa Marques: "O sistema geral e social alemão atual não difere em muito do sistema brasileiro, após a entrada em vigor do novo Código Civil de 2002, que traz esta visão social e de controle para todos os contratos, mas que deixa ao CDC a tarefa de proteger de forma especial o consumidor" (Ibidem, p. 316-317).

182 BENJAMIN, Antonio Herman V. El derecho del consumidor (Trad. Instituto Nacional del Consumo – España). In: STIGLITZ, Gabriel (Dir.). *Defensa de los consumidores de productos y servicios*. Daños--contratos. Buenos Aires: La Rocca, 1994, p. 95.

183 Sobre a história da legislação brasileira de *direitos* para os consumidores v., por todos, SODRÉ, Marcelo Gomes. *Formação do Sistema Nacional de Defesa do Consumidor*. São Paulo: Revista dos Tribunais, 2007, p. 84-130.

184 BENJAMIN, Antonio Herman V. O Código Brasileiro de Proteção do Consumidor. In: MARQUES, Claudia Lima; MIRAGEM, Bruno (Org.). *Doutrinas Essenciais*. Direito do Consumidor. São Paulo: Revista dos Tribunais, 2011, *v*. I p. 98-102.

185 CAVALIERI FILHO, Sergio. *Programa de direito do consumidor*. São Paulo: Atlas, 2008, p. 10. Para Herman Benjamin "... as conquistas dos consumidores, hoje estampadas no texto da Constituição de 1988 e no próprio CDC, decorrem muito menos do trabalho de um *lobby forte*, permanente e efetivo por parte de suas organizações (ao contrário do que ocorreu com a questão ambiental) do que de uma percepção quase que espontânea dos legisladores da problemática insustentável do mercado de consumo brasileiro e de uma certa vontade de introduzir no sistema jurídico tudo aquilo que o regime anterior negava" (BENJAMIN, Antonio Herman V. O Código Brasileiro de Proteção do Consumidor. In: MARQUES, Claudia Lima; MIRAGEM, Bruno (Org.). *Doutrinas Essenciais*. Direito do Consumidor. São Paulo: Revista dos Tribunais, 2011, v. I, p. 100).

186 Sobre o tema v., por todos: IRTI, Natalino. *L'età della decodificazione*. Milano: Giuffrè, 1979, p. 33; LORENZETTI, Ricardo Luis. *Fundamentos do direito privado*. Trad. Vera J. Fradera. São Paulo: Revista dos Tribunais, 1998, p. 280-281.

187 MARQUES, Claudia Lima. *Contratos no Código de Defesa do Consumidor*. 5. ed. São Paulo: Revista dos Tribunais, 2005, p. 595-599.

188 MIRAGEM, Bruno. O direito do consumidor como direito fundamental – Conseqüências jurídicas de um conceito. *Revista de Direito do Consumidor*. n. 43, p. 116. São Paulo, jul.-set. 2002.

189 Sobre o conceito de *status*, anteriormente referido, v. DOSI, Laurence Klesta. Lo *status* del consumatore: prospettive di diritto comparato. *Rivista di Diritto Civile*. n. 6, anno XLIII,, p. 667. Padova, nov.-dic.

1997 e; RESCIGNO, Pietro. Situazione e status nell'esperienza del diritto. *Rivista di Diritto Civile*. Parte I, anno XIX, p. 211. Padova, 1973.

190 No expresso reconhecimento constitucional do *status* de consumidor percebe-se a importância do conceito de *status* para construção de uma teoria dos direitos fundamentais, compreendidos como direitos subjetivos públicos, isto é, direitos relacionados à pessoa do Estado. Assim, o jurista alemão Georg Jellinek, considerado um pioneiro na análise do tema, conceitua *status* como "uma condizione giuridica spettante ad un uomo determinato ou ad una determinita classe di persone" (JELLINEK, Georg. *Sistema dei diritti pubblici subbietivi*. Trad. Gaetano Vitagliano. Milano: Società Editrice Libraria. 1912, p. 94 Apud GAVIÃO FILHO, Anizio Pires. A atualidade da teoria do *status* de Georg Jellinek como estrutura para o sistema de posições fundamentais jurídicas. *Revista da Faculdade de Direito (FMP-RS)*. n. 1, 2007, p. 52. Porto Alegre). Sobre o tema, v. ALEXY, Robert. *Teoria de los derechos fundamentales*. Madrid: Centro de Estudios Constitucionales. 1993, p. 247-266.

191 DORNELES, Renato Moreira. A intervenção estatal brasileira nas relações de consumo: estrutura legislativa e fundamentos. *Revista de Direito do Consumidor*. n. 50, p. 61. São Paulo, abr.-jun. 2004.

192 Sobre o tema, v. OLIVEIRA, José Ernesto Furtado de. *Reformatio in pejus* do Código de Defesa do Consumidor: impossibilidade em face das garantias de proteção. *Revista de Direito do Consumidor*. n. 42, p. 130-148. São Paulo, abr.-jun. 2002. Contudo, não obstante a garantia constitucional de *proibição do retrocesso* quanto à modificação, intepretação e aplicação das normas de proteção jurídica dos consumidores, o fato é lamentáveis expedientes da jurisprudência brasileira têm violado aquela garantia fundamental, em claro desacordo com o mandamento constitucional de proteção aos consumidores (CF, art. 5º, XXXII) e com a própria legislação infraconstitucional (CC, art. 168, parágrafo único). Nesse sentido, tem-se a Súmula n. 381 do STJ, que veda ao juiz conhecer de ofício a nulidade de cláusulas abusivas em contratos bancários. Sobre o tema, v. MIRAGEM, Bruno. Nulidades de cláusulas abusivas nos contratos de consumo: entre o passado e o futuro do direito do consumidor. *Revista de Direito do Consumidor*. n. 72, p. 41-77. São Paulo, out.-dez. 2009.

193 ALEXY, Robert. *Teoria de los derechos fundamentales*. Madrid: Centro de Estudios Constitucionales, 1993, p. 256-260). Na lição de Marques "É um direito fundamental (direito humano de nova geração, social e econômico) a uma prestação protetiva do Estado, a uma atuação positiva do Estado, por todos os seus poderes: Judiciário, Executivo, Legislativo" (BENJAMIN, Antonio Herman V.; MARQUES, Claudia Lima; BESSA, Leonardo Roscoe. *Manual de Direito do Consumidor*. 3. ed. São Paulo: Revista dos Tribunais, 2010, p. 31).

194 A questão é, portanto, relativa ao tema da vinculação dos direitos fundamentais à atuação estatal e aos particulares, nas suas relações jurídico privadas. Sobre o tema, na doutrina alemã, v. CANARIS, Claus-Wilhelm. *Direitos Fundamentais e Direito Privado*. Trad. Ingo W. Sarlet e Paulo Mota Pinto. Coimbra: Almedina, 2006, p. 34; na doutrina brasileira, v. SARLET, Ingo Wolfgang. *A eficácia dos direitos fundamentais*. Porto Alegre: Livraria do Advogado, 1998 e; DUQUE, Marcelo Schenk. Direitos fundamentais e direito privado: a busca de um critério para o controle do conteúdo dos contratos. In: MARQUES, Claudia Lima (Coord.). *A nova crise do contrato*. São Paulo: Revista dos Tribunais, 2007, p. 87-136.

195 MIRAGEM, Bruno. O direito... cit., p. 125. No mesmo sentido, v. NISHIYAMA, Adolfo Mamoru. *A proteção constitucional do consumidor*. 2. ed. São Paulo: Atlas, 2010, p. 163.

196 Sobre o processo de elaboração do Código de Defesa do Consumidor, v., por todos, BENJAMIN, Antonio Herman V. O Código Brasileiro de Proteção do Consumidor. In: MARQUES, Claudia Lima; MIRAGEM, Bruno (Org.). *Doutrinas Essenciais*. Direito do Consumidor. São Paulo: Revista dos Tribunais, 2011, v. I, p. 102-109.

197 Sobre o surgimento e a finalidade dos *microssistemas jurídicos*, v. IRTI, Natalino. *L'età della decodificazione*. Milano: Giuffrè, 1979, p. 22 et. seq.; na doutrina brasileira, v. LISBOA, Roberto Senise. *Responsabilidade civil nas relações de consumo*. São Paulo: Revista dos Tribunais, 2001, p. 46-52. A propósito, tivemos a oportunidade de, em outra oportunidade, nos manifestar sobre o tema: AZEVEDO, Fernando Costa de. *Lições de Teoria Geral do Direito Civil*. Porto Alegre: Livraria do Advogado, 2008, p. 50-53.

198 Nesse sentido, a observação de Miragem "O significado de Código para a doutrina jurídica guarda em si, desde o seu advento, uma idéia de sistematização a partir de princípios e cláusulas gerais, com uma

função de organização do ordenamento jurídico" (MIRAGEM, Bruno. O direito do consumidor como direito fundamental – Conseqüências jurídicas de um conceito. *Revista de Direito do Consumidor*. n. 43, p. 125. São Paulo, jul.-set. 2002).

199 Segundo Marques "A opção brasileira foi de elaborar, na 'idade da descodificação', um novo Código" (MARQUES, Cláudia Lima. *Contratos no Código de Defesa do Consumidor*. 5. ed. São Paulo: Revista dos Tribunais, 2005, p. 591). Sobre o tema, v. IRTI, Natalino. Op. cit., p. 33 et seq; ANTUNES VARELA, João de Matos. O movimento de descodificação do Direito Civil. In: BARROS, Hamilton de Moraes e (Org.). *Estudos em homenagem ao Professor Caio Mário da Silva Pereira*. Rio de Janeiro: Forense, 1984, p. 499-531 e; LORENZETTI, Ricardo Luis. *Fundamentos do Direito Privado*. Trad. Vera J. Fradera. São Paulo: Revista dos Tribunais, 1998, p. 45. Na doutrina brasileira v. o interessante trabalho de ALBUQUERQUE, Ronaldo Gatti de. Constituição e codificação: a dinâmica atual do binômio. In: MARTINS-COSTA, Judith H. (Org.). *A reconstrução do direito privado*. São Paulo: Revista dos Tribunais, 2002. p. 72-87.

200 Como ensina Canaris "as normas de direito privado também podem servir para a concretização de imperativos de tutela de direitos fundamentais, e, mesmo que elas representam, muitas vezes, ambas as coisas *simultaneamente*: intervenções nos direitos fundamentais de uma parte e garantias de protecção dos direitos fundamentais da outra" (CANARIS, Claus-Wilhelm. *Direitos fundamentais e direito privado*. Trad. Ingo W. Sarlet e Paulo Mota Pinto. Coimbra: Almedina, 2006, p. 34).

201 Na sequência deste Capítulo (subitem 1.2.2).

202 LORENZETTI, Ricardo Luis. *Comércio Eletrônico*. Trad. Fabiano Menke. São Paulo: Revista dos Tribunais, 2004, p. 384.

203 Albuquerque, fundamentado em Judith Martins-Costa, ensina que o código tradicional seria "... o código total, totalizador e totalitário, aquele que, pela interligação sistemática de regras casuísticas, teve a pretensão de cobrir a plenitude dos atos possíveis e dos comportamentos devidos na esfera privada" (ALBUQUERQUE, Ronaldo Gatti. Constituição e codificação: a dinâmica atual do binômio. In: MARTINS-COSTA, Judith H. (Org.). *A reconstrução do direito privado*. São Paulo: Revista dos Tribunais, 2002, p. 84). Sobre o tema, v. o prefácio de António Menezes Cordeiro em: CANARIS, Claus-Wilhelm. *Pensamento sistemático e conceito de sistema na ciência do direito*. 2. ed. Lisboa: Calouste Gulbenkian, 1996, p. XX-XXIV). Com efeito, podem ser citados como exemplos de codificações típicas da modernidade jurídica os Códigos Civis Francês (1804) e o Brasileiro de 1916, concebidos à luz das concepções ideológicas do liberalismo e do positivismo jurídico clássicos (séculos XVIII e XIX). Sobre o tema, v. AGUIAR JÚNIOR, Ruy Rosado de. Os contratos nos Códigos Civis francês e brasileiro. *Revista do CEJ*. n. 28, p. 05-14. Brasília, jan.-mar. 2005.

204 ALBUQUERQUE, Ronaldo Gatti. Op. cit., p. 81. No mesmo sentido v. MARQUES, Claudia Lima; MIRAGEM, Bruno. *O novo direito privado e a proteção dos vulneráveis*. São Paulo: Revista dos Tribunais, 2012, p. 116.

205 Análise realizada no Capítulo 1 (subitem 1.1).

206 ALBUQUERQUE, Ronaldo Gatti de. Op. cit., p. 84. Com efeito, a expressão "código flexível" indica que o CDC representa modelo legislativo típico de um sistema jurídico "tendente à abertura sistemática". Herman Benjamin, a propósito, chama atenção para o fato de que o Direito do Consumidor no Brasil é um *sistema flexível*, isto é, "... asume características de verdadero *marco maleable*, en vez de pura *regulación* del mercado (...) engloba al mismo tiempo tipos rígidos, *cláusulas generales* (...) instrumentos de educación y de prevención de las desviaciones del mercado..." (BENJAMIN, Antonio Herman V. El derecho del consumidor (Trad. Instituto Nacional del Consumo – España). In: STIGLITZ, Gabriel (Dir.). *Defensa de los consumidores de productos y servicios*. Daños-contratos. Buenos Aires: La Rocca, 1994, p. 94).

207 RIZZATTO NUNES, Luiz Antônio. *Curso de direito do consumidor*. 2. ed. São Paulo: Saraiva, 2005, p. 66.

208 MARQUES, Claudia Lima. *Contratos no Código de Defesa do Consumidor*. 5. ed. São Paulo: Revista dos Tribunais, 2005, p. 589-591.

209 Nesse sentido, esclarece Aguiar Júnior que há uma relativa harmonia (convergência) entre os princípios jurídicos do Código Civil e do Código de Defesa do Consumidor, o que não exclui a possibilidade de

conflitos entre princípios do CDC e regras jurídicas do Código Civil, ou ainda entre regras jurídicas de ambas as codificações (AGUIAR JÚNIOR, Ruy Rosado de. O novo Código Civil e o Código de Defesa do Consumidor – Pontos de convergência. *Revista de Direito do Consumidor*. n. 48, p. 56-58. São Paulo, out.-dez. 2003). A posição do eminente jurista encontra respaldo do Enunciado n. 167, da III Jornada de Direito Civil (CJF/CEJ): "Com o advento do Código Civil de 2002, houve forte aproximação principiológica entre esse Código e o Código de Defesa do Consumidor no que respeita à regulação contratual, uma vez que ambos são incorporadores de uma nova teoria geral dos contratos" (AGUIAR JÚNIOR, Ruy Rosado de (Org.). *Jornadas de Direito Civil*. Brasília: CJF, 2007, p. 46).

210 Para Marques, porém, grande parte dos conflitos normativos entre essas leis é apenas aparente e pode ser solucionado a partir do método que a jurista, com base na obra do professor Erik Jayme, denomina *Diálogo das Fontes*, isto é, a aplicação sistemática, coerente e coordenada de suas normas, norteada, sobretudo, pelas normas e valores constitucionais. Sobre o tema. v. MARQUES, Claudia Lima. Três tipos de diálogo entre o Código de Defesa do Consumidor e o Código Civil de 2002. Superação das antinomias pelo "diálogo das fontes". In: PASQUALOTTO, Adalberto; PFEIFFER, Roberto A. C. *Código de Defesa do Consumidor e o Código Civil de 2002. Convergências e assimetrias*. São Paulo: Revista dos Tribunais, 2005, p. 11-82; da mesma autora: O "diálogo das fontes" como método da nova teoria geral do direito: um tributo à Erik Jayme. In: MARQUES, Cláudia Lima (Coord.). *Diálogo das Fontes*. São Paulo: Revista dos Tribunais, 2012, p. 17-66; sobre o tema, v. ainda: MIRAGEM, Bruno. *Eppur si muove*: diálogo das fontes como método de interpretação sistemática no direito brasileiro. In: MARQUES, Cláudia Lima (Coord.). *Diálogo das fontes*. São Paulo: Revista dos Tribunais, 2012, p. 67-110; MARIGUETTO, Andrea. O "diálogo das fontes" como forma de passagem da teoria *sistemático-moderna* à teoria *finalística* ou *pós-moderna* do Direito. In: MARQUES, Cláudia Lima (Coord.). *Diálogo das fontes*. São Paulo: Revista dos Tribunais, 2012, p. 111-124; e DUQUE, Marcelo Schenk. O transporte da teoria do diálogo das fontes para a teoria da Constituição. In: MARQUES, Claudia Lima (Coord.). *Diálogo das fontes*. São Paulo: Revista dos Tribunais, 2012, p. 125-160.

211 É de se ressaltar, nesse sentido, que também nas experiências jurídicas de um *Direito do Consumo* – centrado, diretamente, na regulação do mercado de consumo e, indiretamente, na proteção do sujeito vulnerável desse mercado (o consumidor) – se discute a respeito da autonomia e influência desse ramo jurídico em relação ao Direito Obrigacional Civil. Sobre o tema, na doutrina jurídica francesa, v. SAUPHANOR, Nathalie. *L'influence du droit de la consommation sur le système juridique*. Paris: LGDJ, 2000, p. 41 et seq.; CALAIS-AULOY, Jean. L'influence du droit de la consommation sur le droit des contrats. *Revue Trimestrielle de Droit Commercial et de Droit Économique*. n. 51 (1), p. 115-119. Paris, janvier-mars 1998 e; MAZEAUD, Denis. L'attraction du droit de la consommation. *Revue Trimestrielle de Droit Commercial et de Droit Économique*. n. 51 (1),, p. 95-114. Paris, janvier-mars 1998.

212 BENJAMIN, Antonio Herman V. El derecho del consumidor (Trad. Instituto Nacional del Consumo – España). In: STIGLITZ, Gabriel (Dir.). *Defensa de los consumidores de productos y servicios*. Daños-contratos. Buenos Aires: La Rocca, 1994, p. 100.

213 BENJAMIN, Antonio Herman V. El derecho del consumidor (Trad. Instituto Nacional del Consumo – España). In: STIGLITZ, Gabriel (Dir.). *Defensa de los consumidores de productos y servicios*. Daños-contratos. Buenos Aires: La Rocca, 1994, p. 100 e 102. No mesmo sentido, v. EFING, Antônio Carlos. Direito do consumo e direito do consumidor: reflexões oportunas. *Revista Luso-Brasileira de Direito do Consumo*. v. 1, p. 109-110. Curitiba, mar. 2011.

214 Sobre o tema, v. BENJAMIN, Antonio Herman V.; MARQUES, Claudia Lima; BESSA, Leonardo Roscoe. *Manual de direito do consumidor*. 3. ed. São Paulo: Revista dos Tribunais, 2010, p. 46.

215 RIZZATTO NUNES, Luiz Antônio. *Curso de direito do consumidor*. 2. ed. São Paulo: Saraiva, 2005, p. 65-67.

216 Idem, p. 66.

217 O tema será abordado na Parte II (Capítulo 4).

218 Por óbvio, não se pode descuidar da existência de *princípios infraconstitucionais* de proteção dos consumidores, previstos no próprio CDC, dentre os quais o próprio princípio da vulnerabilidade (CDC, art. 4º, I). Contudo, compreende-se que também esses princípios são momentos de concretização dos princípios fundamentais (constitucionais) do Direito do Consumidor.

219 A Lei de Introdução às Normas do Direito Brasileiro – LINDB (denominação atual da Lei de Introdução ao Código Civil – Decreto-lei 4.657/42), dispõe, em seu art. 4º: Quando a lei for omissa, o juiz decidirá o caso de acordo com a analogia, os consumes e os *princípios gerais do direito* (grifou-se). Com efeito, o papel dos princípios jurídicos, no tempo histórico cultural da modernidade jurídica, era o de suprir, na qualidade de *princípios gerais do direito* (enunciados ou valores extraídos do sistema geral de direito positivo ou mesmo, para alguns, de direito natural), eventuais lacunas do texto legal. Encontravam-se, portanto, despidos da necessária *força normativa* que atualmente os caracteriza. Sobre o tema dos princípios gerais do direito, na doutrina brasileira, v. LIMONGI FRANÇA, R. *Princípios gerais do direito*. 2. ed. Revista dos Tribunais, 1971.

220 Sobre o tema, v. DWORKIN, Ronald. *Taking Rights seriously*. Cambridge: Harvard Univ. Press. 1977; ALEXY, Robert. *Teoria de los derechos fundamentales*. Madrid: Centro de Estudios Constitucionales, 1993). Ávila, a propósito, traz uma síntese das contribuições de outros juristas, como Josef Esser, Karl Larenz e Claus-Wilhelm Canaris (ÁVILA, Humberto. *Teoria dos princípios*. 7. ed. São Paulo: Malheiros, 2007, p. 35-36).

221 CANARIS, Claus-Wilhelm. *Pensamento sistemático e conceito de sistema na ciência do direito*. Trad. Menezes Cordeiro. 2. ed. Lisboa: Calouste Gulbenkian, 1996, p. 87; ALEXY, Robert. Op. cit., p. 138 et. seq.; na doutrina brasileira, v. GRAU, Eros Roberto. *O direito posto e o direito pressuposto*. 5. ed. São Paulo: Malheiros, 2003, p. 112-113.

222 Sobre o tema, v. ALEXY, Robert. *Teoria de los derechos fundamentales*. Madrid: Centro de Estudios Constitucionales. 1993, p. 83.

223 Idem, p. 83.

224 Segundo Nery Júnior "Em virtude de estudos recentes de filosofia do direito, de teoria geral do direito e de direito constitucional, acirrou-se a discussão a respeito dos conceitos e conteúdos de norma, princípio, regra e direito (...) Todas as construções têm elementos positivos e elementos negativos, vantagens e desvantagens, que podem adaptar-se ao direito positivo interno de um Estado ou não" (NERY JÚNIOR, Nelson. *Princípios do processo na Constituição Federal*. 10. ed. São Paulo: Revista dos Tribunais, 2010, p. 21). A propósito, Humberto Ávila sustenta a distinção entre regras, princípios (normas de primeiro grau) e *postulados* (normas de segundo grau) (ÁVILA, Humberto. *Teoria dos princípios*. 7. ed. São Paulo: Malheiros, 2007, p. 122). No presente trabalho, não obstante o reconhecimento à autoridade do eminente jurista brasileiro, não será adotada essa distinção e a denominação *princípio* será empregada mesmo para normas caracterizadas, pelo autor, como postulados (e.g., a igualdade e a proporcionalidade).

225 A referência ao notável jurista alemão não é aleatória, mas se deve, sobretudo, a grande receptividade e influência de sua obra no Direito Brasileiro, notadamente da sua *Teoria dos Direitos Fundamentais*. Convém destacar, porém, que essa receptividade e influência não significam uma adesão absoluta à obra de Alexy pelos juristas brasileiros. A propósito, observa Nery Júnior: "Não adotamos a teoria de Alexy porque ela se desenvolve no *campo semântico*, já que permite a existência de normas em abstrato antes do caso concreto, na medida em que trata a *norma* como gênero do qual seriam espécies as regras e os princípios" (NERY JÚNIOR, Nelson. *Princípios do processo na Constituição Federal*. 10. ed. São Paulo: Revista dos Tribunais, 2010, p. 35).

226 Em outros termos, pode-se dizer que "...los principios son *mandatos de optimización*, que están caracterizados por el hecho de que pueden ser cumplidos en diferente grado y que la medida debida de su cumplimiento no sólo depende de las posibilidades reales sino también de las jurídicas. El âmbito de las posibilidades jurídicas es determinado por los principios y reglas opuestos. En cambio, las reglas son normas que sólo pueden ser cumplidas o no. Si una regla es válida, entonces de hacerse exactamente lo que ella exige, ni más ni menos. Por lo tanto, las reglas contienen *determinaciones* en el âmbito de lo fáctica y jurídicamente posible. Esto significa que la diferencia entre reglas y principios es cualitativa y no de grado (ALEXY, Robert. *Teoria de los derechos fundamentales*. Madrid: Centro de Estudios Constitucionales, 1993, p. 86-87). Como observa Barroso "Princípios não são, como as regras, comandos imediatamente descritivos de condutas específicas, mas sim normas que consagram determinados valores ou indicam fins públicos a serem realizados por diferentes meios" (BARROSO, Luís Roberto. Neoconstitucionalismo e Constitucionalismo do Direito: o triunfo tardio do Direito Constitucional no Brasil. *Boletim da Faculdade de Direito*. v. LXXXI, p. 244-245. Coimbra, 2005).

227 ALEXY, Robert. Op. cit., p. 87-95. Sustenta o notável jurista que no primeiro caso (conflito de regras) a existência de regras incompatíveis (as antinomias jurídicas) é solucionada com a declaração de ilegalidade de uma das regras – e consequente supressão do sistema jurídico – ou com a manutenção de ambas as regras pela aplicação de expressa "cláusula de exceção" em uma delas, como a que se apresenta no CDC, art. 39, I (a *"justa causa"* na limitação quantitativa de produtos e serviços). No segundo caso (colisão de princípios), a solução da incompatibilidade não será a supressão definitiva de um dos princípios do sistema jurídico, mas tão somente a *precedência condicionada* de determinado princípio (a chamada "lei de colisão"), isto é, a aplicação do princípio que teve um *peso* maior para aquele caso em especial, levando-se em conta, para tal decisão, a *ponderação* (argumentação) acerca de todos os interesses e bens (individuais e coletivos) aos quais os princípios colidentes estão sendo invocados. Assim, levando-se em conta que os princípios são *mandatos de otimização* (serão aplicados considerando a ponderação, no caso concreto, das possibilidades fáticas e jurídicas existentes), deve-se levar em conta as *máximas de proporcionalidade*, isto é, as razões (máximas) de *adequação e necessidade* (que dizem respeito às possibilidades fáticas de aplicação do princípio) e a razão (máxima) de *proporcionalidade em sentido* estrito (que diz respeito à possibilidade jurídica, isto é, a prevalência ou não do princípio colidente oposto).

228 GRAU, Eros Roberto. *A Ordem Econômica na Constituição Federal de 1988*. 5. ed. São Paulo: Malheiros, 2000, p. 262 e; DERANI, Cristiane. Política nacional das relações de consumo e o Código de Defesa do Consumidor. In: MARQUES, Claudia Lima; MIRAGEM, Bruno. *Doutrinas Essenciais*. Direito do Consumidor. São Paulo: Revista dos Tribunais, 2011, v. I, p. 1371. Na doutrina portuguesa, v. PRATA, Ana. *A tutela constitucional da autonomia privada*. Coimbra: Almedina, 1982, p. 207-211.

229 Sobre a evolução histórica do conceito de ordem econômica, na doutrina brasileira, v., por todos: GRAU, Eros Roberto. Op. cit., p. 54-55; MARTINS-COSTA, Judith. Mercado e solidariedade social entre *cosmos* e *taxis*: a boa-fé nas relações de consumo. In: MARTINS-COSTA, Judith (Org.). *A reconstrução do direito privado*. São Paulo: Revista dos Tribunais, 2002, p. 617). Na doutrina portuguesa, observa Moreira que "... o capitalismo, como sistema social, não é apenas um facto económico: é também um facto jurídico e um facto político. Exige uma determinada ordem jurídica e um determinado estado; possui também a sua ordem jurídico-política fundamental: a sua constituição" (MOREIRA, Vital. *A ordem jurídica do capitalismo*. Coimbra: Centelho, 1978, p. 11-12).

230 Nesse sentido, decidiu o Supremo Tribunal Federal: "Em face da atual Constituição, para conciliar o fundamento da livre iniciativa e do princípio da livre concorrência com os da defesa do consumidor e da redução das desigualdades sociais, em conformidade com os ditames da justiça social, pode o Estado, por via legislativa, regular a política de preços de bens e de serviços, abusivo que é poder econômico que visa ao aumento arbitrário dos lucros (STF.ADI 319-QO, Rel. Min. Moreira Alves, j. 03.03.1993, DJ 30.04.1993).

231 ALEXY, Robert. *Teoria de los derechos fundamentales*. Madrid: Centro de Estudios Constitucionales, 1993, p. 90-95. A propósito, ensina o Min. Barroso (STF) que "A existência de *colisões de normas constitucionais*, tanto as de princípios como as de direitos fundamentais, passou a ser percebida como um fenômeno natural – até porque inevitável – no constitucionalismo contemporâneo. As Constituições modernas são documentos dialéticos, que consagram bens jurídicos que se contrapõem. Há choques potenciais entre a promoção do desenvolvimento e a proteção ambiental, entre a livre-iniciativa e a proteção do consumidor" (BARROSO, Luís Roberto. Neoconstitucionalismo e Constitucionalismo do Direito: o triunfo tardio do Direito Constitucional no Brasil. *Boletim da Faculdade de Direito*. v. LXXXI, p. 245. Coimbra, 2005).

232 Sobre o tema, v. MIRAGEM, Bruno. Direito do consumidor e ordenação do mercado: o princípio da defesa do consumidor e sua aplicação na regulação da propriedade intelectual, livre concorrência e proteção do meio ambiente. *Revista de Direito do Consumidor*. n. 81, p. 39-88. São Paulo, jan.-mar. 2012.

233 Sobre a relação entre os princípios da defesa do consumidor e da livre concorrência na doutrina brasileira, v. CARPENA, Heloisa. *O consumidor no direito da concorrência*. Rio de Janeiro: Renovar, 2005; GLÓRIA, Daniel Firmato de Almeida. *A livre concorrência como garantia do consumidor*. Belo Horizonte: Del Rey, FUMEC, 2003; MARTINEZ, Ana Paula. A defesa dos interesses dos consumidores pelo direito da concorrência. *Revista do IBRAC*. v. 11, n. 1,, p. 67-99. São Paulo, 2004; OLIVEIRA,

Amanda Flávio de. Defesa da concorrência e proteção do consumidor. *Revista do IBRAC*. v. 14, n. 1, p. 169-181. São Paulo, 2007; PFEIFFER, Roberto Augusto Castellanos. Proteção do consumidor e defesa da concorrência: paralelo entre práticas abusivas e infrações contra a ordem econômica. *Revista de Direito do Consumidor*. n. 76, p. 131-151. São Paulo, out.-dez. 2010 e; SCHMITT, Cristiano Heineck. A proteção do interesse do consumidor por meio da garantia à liberdade de concorrência. *Revista dos Tribunais*. v. 880, p. 09-32. São Paulo, fev. 2009.

234 Note-se que o dispositivo constitucional referente ao princípio da defesa do meio ambiente (CF, art. 170, VI) foi alterado pela Emenda Constitucional 43/2003, acrescentando-se a seguinte redação: "VI – defesa do meio ambiente, *inclusive mediante tratamento diferenciado conforme o impacto ambiental dos produtos e serviços e de seus processos de elaboração e prestação*" – grifou-se. Vale dizer que a redação acrescida ao dispositivo constitucional em comento demonstra a necessária relação – que pode levar, por isso mesmo, a eventuais conflitos de interesse – entre a defesa do meio ambiente e o mercado de consumo de bens e serviços. A propósito, decidiu o Supremo Tribunal Federal: "A atividade econômica não pode ser exercida em desarmonia com os princípios destinados a tornar efetiva a proteção do meio ambiente. A incolumidade do meio ambiente não pode ser comprometida por interesses empresariais nem ficar dependente de motivações de índole meramente econômica, ainda mais se se tiver presente que a atividade econômica, considerada a disciplina constitucional que a rege, está subordinada, dentre outros princípios gerais, àquele que privilegia a 'defesa do meio ambiente' (CF, art. 170, VI), que traduz conceito amplo e abrangente das noções de meio ambiente natural, de meio ambiente cultural, de meio ambiente artificial (espaço urbano) e de meio ambiente laboral. Doutrina. Os instrumentos jurídicos de caráter legal e de natureza constitucional objetivam viabilizar a tutela efetiva do meio ambiente, para que não se alterem as propriedades e os atributos que lhe são inerentes, o que provocaria inaceitável comprometimento à saúde, segurança, cultura, trabalho e bem-estar da população, além de causar graves danos ecológicos ao patrimônio ambiental, considerado este em seu aspecto físico ou natural" (ADI 3.540-MC, Rel. Min. Celso de Mello, julgamento em 1º.09.2005, *DJ* de 03.02.2006).

235 MIRAGEM, Bruno. Direito do consumidor e ordenação do mercado: o princípio da defesa do consumidor e sua aplicação na regulação da propriedade intelectual, livre concorrência e proteção do meio ambiente. *Revista de Direito do Consumidor*. n. 81, p. 42. São Paulo, jan.-mar. 2012. Sobre a importância de harmonização da defesa do consumidor com a defesa do meio ambiente, v., na doutrina brasileira: HARTMANN, Ivar Alberto Martins. O princípio da precaução e sua aplicação no direito do consumidor: dever de informação. *Revista de Direito do Consumidor*, n. 70, p. 172-235. São Paulo, abr.-jun. 2009.

236 MIRAGEM, Bruno. Direito do consumidor e ordenação do mercado: o princípio da defesa do consumidor e sua aplicação na regulação da propriedade intelectual, livre concorrência e proteção do meio ambiente. *Revista de Direito do Consumidor*. n. 81, p. 42 et seq. São Paulo, jan.-mar. 2012.

237 No Capítulo 2 (subitem 2.2.1) será analisado o modo como o Código de Defesa do Consumidor positivou norma que determina a harmonização da defesa do consumidor com os princípios da ordem econômica, compreendida essa harmonia como condição para o chamado "equilíbrio mínimo" da relação de consumo em sua *perspectiva externa* (CDC, art. 4º, III).

238 Aqui, importa destacar o Enunciado n. 23, da I Jornada de Direito Civil (CJF/CEJ), a respeito da *função social do contrato*: "A função social do contrato, prevista no art. 421 do novo Código Civil, não elimina o princípio da autonomia contratual, mas atenua ou reduz o alcance desse princípio quando presentes *interesses metaindividuais* ou interesse individual relativo à dignidade humana" (AGUIAR JÚNIOR, Ruy Rosado de. (Org.). *Jornadas de Direito Civil – I, III e IV. Enunciados Aprovados*. Brasília: CJF, 2007, p. 19).

239 A análise das dimensões externa e interna – e, consequentemente, da ideia de "equilíbrio mínimo – da relação jurídica de consumo será desenvolvida na Parte II (Capítulo 4).

240 MIRAGEM, Bruno. *Abuso do Direito*. Proteção da confiança e limite ao exercício das prerrogativas jurídicas no direito privado. Rio De Janeiro: Forense, 2009, p. 200.

241 Pois como bem observa Miragem: "As cláusulas gerais presentes nas normas infraconstitucionais, ao serem concretizadas pelo intérprete e aplicador do direito, devem ter em consideração a promoção e otimização da eficácia dos direitos fundamentais constitucionais. Isto porque, em um sistema jurídico

harmônico, a interpretação e o significado das cláusulas gerais não podem estar em contradição com o ordenamento jurídico, em especial com as disposições previstas na Constituição" (MIRAGEM, Bruno. *Abuso do direito*. Proteção da confiança e limite ao exercício das prerrogativas jurídicas no direito privado. Rio de Janeiro: Forense, 2009, p. 199-200).

242 SARLET, Ingo Wolfgang. *Dignidade da pessoa humana e direitos fundamentais na Constituição Federal de 1988*. 2. ed. Porto Alegre: Livraria do Advogado, 2002, p. 63-80; ROSENVALD, Nelson. *Dignidade humana e boa-fé no Código Civil*. São Paulo: Saraiva, 2005, p. 34-62; CUNHA, Alexandre Santos. Dignidade da pessoa humana: conceito fundamental do direito civil. In: MARTINS-COSTA, Judith. (Org.). *A reconstrução do direito privado*. São Paulo: Revista dos Tribunais, 2002, p. 230-264; RIZZATTO NUNES, Luiz Antônio. *Curso de direito do consumidor*. 2. ed. São Paulo: Saraiva, 2005, p. 24-26 e; NISHIYAMA, Adolfo Mamoru. *A proteção constitucional do consumidor*. 2. ed. São Paulo: Atlas, 2010, p. 120-122.

243 Sobre a importância do conceito de dignidade humana para a construção, interpretação a aplicação da ordem jurídica, v. CUNHA, Alexandre dos Santos. Op. cit., p. 260.

244 ROSENVALD, Nelson. Op. cit., p. 08.

245 Ingo Sarlet, a propósito do tema, traz importante contribuição a respeito da evolução do conceito de dignidade humana no pensamento filosófico ocidental, destacando-se, como modelo para o pensamento jurídico (sobretudo para o Direito Privado), a matriz kantiana, na qual a dignidade humana está associada à capacidade de autonomia (autodeterminação) de cada pessoa (SARLET, Ingo W. Op. cit., p. 45).

246 ALEXY, Robert. *Teoria de los derechos fundamentales*. Madrid: Centro de Estudios Constitucionales. 1993, p. 107). E quanto à relação existente entre a regra e o princípio jurídicos da dignidade humana, entende que "La relación de preferencia del principio de la dignidad de la persona con respecto a principios opuestos decide sobre el contenido de la regla de la dignidad de la persona" (Ibidem, p. 108).

247 Dispõe a Lei Fundamental de Bonn, Art. 1º, §1º, frase 1 "A dignidade da pessoa é intangível. Respeitá-la e protegê-la é obrigação de todos os poderes estatais".

248 ALEXY, Robert. *Teoria de los derechos fundamentales*. Madrid: Centro de Estudios Constitucionales. 1999., p. 109.

249 Rosenvald, a propósito, expõe alguns exemplos de prevalência do princípio da dignidade humana sobre outros princípios constitucionais a partir da jurisprudência brasileira (ROSENVALD, Nelson. *Dignidade humana e boa-fé no Código Civil*. São Paulo: Saraiva, 2005, p. 58-62).

250 ALEXY, Robert. Op. cit., p. 107.

251 A posição de Alexy parece ser, sem dúvida, a mais correta, não obstante os posicionamentos contrários, isto é, partidários de um caráter absoluto do princípio. Nesse sentido, na doutrina brasileira, RIZZATTO NUNES, Luiz Antônio. *O princípio constitucional da dignidade da pessoa humana*. São Paulo: Saraiva, 2002, p. 51. Em adesão ao posicionamento de Alexy, na doutrina brasileira, v. SARLET, Ingo W. *Dignidade da pessoa humana e direitos fundamentais na Constituição Federal de 1988*. 2. ed. Porto Alegre: Livraria do Advogado, 2002, p. 77.

252 ALEXY, Robert. Op. cit., p. 108.

253 CUNHA, Alexandre. Dignidade da pessoa humana: conceito fundamental do direito civil. In: MARTINS-COSTA, Judith. (Org.). *A reconstrução do direito privado*. São Paulo: Revista dos Tribunais, 2002, p. 243-261.

254 MARQUES, Claudia Lima; MIRAGEM, Bruno. *O novo direito privado e a proteção dos vulneráveis*. São Paulo: Revista dos Tribunais, 2012, p. 117-124.

255 ROSENVALD, Nelson. *Dignidade Humana e Boa-fé no Código Civil*. São Paulo: Saraiva, 2005, p. 31-34. A propósito, dispõe o Enunciado n. 274, da IV Jornada de Direito Civil (CJF/CEJ): "Os direitos da personalidade, regulados de maneira não exaustiva pelo Código Civil, são expressões da cláusula geral de tutela da pessoa humana, contida no art. 1º, inc. III, da Constituição (*princípio da dignidade da pessoa humana*). Em caso de colisão entre eles, como nenhum pode sobrelevar os demais, deve-se aplicar a técnica da *ponderação*" – grifou-se. (AGUIAR JÚNIOR, Ruy Rosado de. (Org.). *Jornadas de Direito Civil* – I, III e IV. Enunciados Aprovados. Brasília: CJF, 2007, p. 19).

256 ROSENVALD, Nelson. Op. cit., p. 32. Junqueira de Azevedo, sobre a importância do Direito Civil no direito pós moderno, enfatiza que "... é o próprio direito civil que voltou a ser disciplina jurídica de ponta (...) É o direito civil que, atualmente, por ter como objeto a *vida* e, em especial, a *vida* e a *dignidade da pessoa humana*, dá sentido e conteúdo ao sistema" (AZEVEDO, Antônio Junqueira de. O direito pós-moderno e a codificação. *Revista de Direito do Consumidor*. n. 33, p. 127. São Paulo, jan.-mar. 2000).

257 ALEXY, Robert. *Teoria de los derechos fundamentales*. Madrid: Centro de Estudios Constitucionales, 1993, p. 106.

258 Em significativo exemplo, extraído da jurisprudência do STJ, tem-se a pretensão do prestador de serviço público essencial (energia elétrica) ao pagamento da remuneração pelo consumidor pessoa física que, apesar de inadimplente, demonstrou que seu completo *estado de miserabilidade* foi a causa da inadimplência, justificando-se, em razão da norma (princípio/regra) constitucional de dignidade da pessoa humana, a imposição da obrigação de continuidade (CDC, art. 22, *caput*) ao referido prestador (STJ. REsp. 684442/RS. 1ª T, Rel. Min. Luiz Fux, *DJ* 05.09.2005).

259 NISHIYAMA, Adolfo Mamoru. *A proteção constitucional do consumidor*. 2. ed. São Paulo: Atlas, 2010, p. 120.

260 ALEXY, Robert. Op. cit., p. 107. Sobre o tema, observa Bessa que "...o mercado de consumo, principalmente em face de sua conformação massificada, enseja, em diversos aspectos, ofensa a dignidade da pessoa humana..." (BESSA, Leonardo Roscoe. *Relação de consumo e aplicação do Código de Defesa do Consumidor*. 2. ed. São Paulo: Revista dos Tribunais, 2009, p. 39).

261 Segundo Nishiyama "A dignidade da pessoa humana está interligada às liberdades públicas, em sentido amplo, impondo-se ao Estado uma atuação para a proteção de certos grupos, classes ou categorias de pessoas" (NISHIYAMA, Adolfo Mamoru. Op. cit., p. 120).

262 SARLET, Ingo W. *Dignidade da pessoa humana e direitos fundamentais na Constituição Federal de 1988*. 2. ed. Porto Alegre: Livraria do Advogado, 2002, p. 72. No mesmo sentido, na doutrina alemã, v. CANARIS, Claus-Wilhelm. *Direitos fundamentais e direito privado*. Trad. Ingo W. Sarlet e Paulo Mota Pinto. Coimbra: Almedina, 2006, p. 34; e na doutrina brasileira, v. ainda: CUNHA, Alexandre dos Santos. Dignidade da pessoa humana: conceito fundamental do direito civil. In: MARTINS-COSTA, Judith. (Org.). *A reconstrução do direito privado*. São Paulo: Revista dos Tribunais, 2002, p. 255.

263 TARTUCE, Flávio; NEVES, Daniel Amorin Assumpção. *Manual de direito do consumidor*. São Paulo: Gen/Método, 2012, p. 29.

264 CDC, arts. 4º, IV; 6º, III; 8º, parágrafo único; 9º; 10; §1º; 3; 3; 36; 42-A; 43; 46; 52 etc.

265 CDC, arts. 4º, *caput*; 6º, I; 8º; 9º; 10; 12, §1º; 14, §1º; 22, *caput* etc.

266 CDC, arts. 4º, VII; 6º, III; 18; 19; 20; 22, *caput* etc.

267 SARLET, Ingo W. *Dignidade da pessoa humana e direitos fundamentais na Constituição Federal de 1988*. 2. ed. Porto Alegre: Livraria do Advogado, 2002, p. 41.

268 Idem, p. 39.

269 SARLET, Ingo W. Op. cit., p. 41. Vale ressaltar aqui a reflexão de Rosenvald: "...a cláusula geral de tutela à personalidade (art. 12 do CC) permite um rico diálogo de fontes entre a Constituição Federal – por intermédio da dignidade da pessoa humana – e o Código Civil (...) conferindo à pessoa uma tutela ilimitada, exceto naquilo que contrastar com interesses alheios. A proteção se estenderá a outros campos da personalidade que porventura possam ser ofendidos em virtude de alterações no tecido social ou inovações tecnológicas" (ROSENVALD, Nelson. *Dignidade humana e boa-fé no Código Civil*. São Paulo: Saraiva, 2005, p. 30).

270 Segundo Alexy trata-se do *direito* à igualdade (ALEXY, Robert. *Teoria de los derechos fundamentales*. Madrid: Centro de Estudios Constitucionales, 1993, p. 381 et. seq.). Na doutrina brasileira, entende Ávila que a igualdade, além de princípio e regra jurídicos, deve ser compreendida também como um *postulado jurídico*, isto é, como uma norma que estabelece critérios para interpretação de outras normas, sejam regras ou princípios (ÁVILA, Humberto. *Teoria dos princípios*. 7. ed. São Paulo: Malheiros, 2007, p. 150). No presente trabalho, não obstante o reconhecimento à autoridade dos juristas citados, a igualdade será compreendida, de modo geral, como um *princípio jurídico*.

271 Bandeira de Mello, em obra clássica sobre o princípio da igualdade, observa: "Rezam as constituições – e a brasileira estabelece no art. 5º, *caput* – que todos são iguais perante a lei. Entende-se, em concorde unanimidade, que o alcance do princípio não se restringe a nivelar os cidadãos diante da norma legal posta, mas que a própria lei não pode ser editada em desconformidade com a isonomia" (MELLO, Celso Antônio Bandeira de. *Conteúdo jurídico do princípio da igualdade*. 3. ed. São Paulo: Malheiros, 2000, p. 09).

272 BERTHIAU, Dennis. *Le principe d'égalité et le droit civil des contrats*. Paris: LGDJ, 1999, p. 151-152.

273 ALEXY, Robert. Op. cit., p. 386. Sobre a distinção entre a igualdade perante a lei (*devant la loi*) e a igualdade na lei (*dans la loi*), v., na doutrina brasileira: SILVA, Luis Renato Ferreira da. O princípio da igualdade e o Código de Defesa do Consumidor. *Revista de Direito do Consumidor*. n. 08, p. 151-156. São Paulo, out.-dez. 1993 e; NISHIYAMA, Adolfo Mamoru. *Proteção constitucional do consumidor*. 2. ed. São Paulo: Atlas, 2010, p. 126-127.

274 MELLO, Celso Antônio Bandeira de. *Conteúdo jurídico do princípio da igualdade*. 3. ed. São Paulo: Malheiros, 2000, p. 12-13.

275 Como ensina Alexy a igualdade perante a lei (ou igualdade *na aplicação do direito*) "Exige que toda norma jurídica sea aplicada a *todo* caso que cae bajo su supesto de hecho y a *ningún* caso que no caiga bajo él, es decir, que las normas jurídicas tienen que ser obedecidas" (ALEXY, Robert. *Teoria de los derechos fundamentales*. Madrid: Centro de Estudios Constitucionales, 1993, p. 382).

276 ALEXY, Robert. *Op. cit.*, p. 396-398. A propósito, observa Marques que "O direito é a arte de distinguir" (MARQUES, Claudia Lima. *Contratos no Código de Defesa do Consumidor*. 5. ed. São Paulo: Revista dos Tribunais, 2005, p. 337-338).

277 OLIVEIRA, José Ernesto Furtado de. *Reformatio in pejus* do Código de Defesa do Consumidor: impossibilidade em face das garantias de proteção. *Revista de Direito do Consumidor*. n. 42, p. 135. São Paulo, abr.-jun. 2002.

278 ÁVILA, Humberto. *Teoria dos princípios*. 7. ed. São Paulo: Malheiros, 2007, p. 151.

279 MARQUES, Claudia Lima. *Contratos no Código de Defesa do Consumidor*. 5. ed. São Paulo: Revista dos Tribunais, 2005, p. 320-330.

280 Idem, p. 590.

281 *ALEXY, Robert. Op. cit.*, p. 396-398.

282 Como adverte Marques "O desequilíbrio significativo de direitos e deveres, em detrimento do consumidor, na relação contratual, vista como um todo passa a ser indício de abuso, a chamar a ação reequilibradora do novo direito contratual em sua visão social" (MARQUES, Cláudia Lima. Op. cit., p. 290). O tema das práticas abusivas como fatores de desequilíbrio excessivo das relações de consumo será analisado na Parte II deste trabalho (Capítulo 4).

283 MARQUES, Claudia Lima; MIRAGEM, Bruno. *O novo direito privado e a proteção dos vulneráveis*. São Paulo: Revista dos Tribunais, 2012, p. 184-196.

284 Na doutrina brasileira, entende Ávila que a proporcionalidade, assim como a igualdade, deve ser compreendida também como um *postulado jurídico*, isto é, como uma norma que estabelece critérios para interpretação de outras normas, sejam regras ou princípios (ÁVILA, Humberto. *Teoria dos princípios*. 7. ed. São Paulo: Malheiros, 2007, p. 150). No presente trabalho, não obstante o reconhecimento à autoridade do eminente jurista, a proporcionalidade não será tratada como postulado, mas, de modo geral, como um *princípio jurídico*.

285 Idem, p. 160-161.

286 Na lição de Miguel Reale vê-se que o próprio Direito "... não é uma relação qualquer entre os homens, mas sim aquela relação que implica uma proporcionalidade, cuja medida é o homem mesmo" (REALE, Miguel. *Lições preliminares de direito*. 27. ed. São Paulo: Saraiva, 2004, p. 60).

287 ÁVILA, Humberto. Op. cit., p. 160-173; NISHIYAMA, Adolfo Mamoru. *Proteção constitucional do consumidor*. 2. ed. São Paulo: Atlas, 2010, p. 122-124.

288 No campo das relações contratuais, observa Perlingieri que "...il principio da proporcionalità si realizza con modalità diverse secondo i contratti, i soggetti" (PERLINGIERI, Pietro. Equilibrio normativo e

principio di proporzionalità nei contratti. *Revista Trimestral de Direito Civil.* v. 12, p. 151. Rio de Janeiro, out.-dez. 2002).

289 MARQUES, Claudia Lima. *Contratos no Código de Defesa do Consumidor.* 5. ed. São Paulo: Revista dos Tribunais, 2005, p. 288-290.

290 PERLINGIERI, Pietro. Equilibrio normativo e principio di proporzionalità nei contratti. *Revista Trimestral de Direito Civil.* v. 12, p. 143. Rio de Janeiro, out.-dez. 2002.

291 O tema será analisado na Parte II (Capítulo 3).

292 Sobre o tema, ensina Larenz: "El princípio da proporcionalidad, en su sentido de prohibición de la excesividad, es un principio del Derecho justo que deriva inmediatamente de la idea de justicia. Indudablemente conecta con la idea de 'moderación' y de 'medida justa' en el sentido de equilíbrio. Nagativamente, de los conceptos citados resulta una prohibición de excesividad, que siempre ha regido como exigencia de legislador que debe establecer un Derecho justo" (LARENZ, Karl. *Derecho Justo.* Fundamentos de Etica Juridica. Trad. Luis Díez-Picazo. Madrid: Civitas, 1993, p. 145. Na doutrina portuguesa, v. CANOTILHO, J. J. Gomes. *Direito Constitucional.* Coimbra: Almedina, 1993, p. 382.

293 Sobre o tema das cláusulas gerais no CDC, em especial aquela que entendo seja a "norma fundamental de correção do abuso nas relações jurídicas de consumo", v. AZEVEDO, Fernando Costa de. A cláusula geral de proibição de vantagem excessiva – norma fundamental de correção do abuso nas relações de consumo. *Revista de Direito do Consumidor.* n. 109, p. 207-233. São Paulo, 2017.

294 FERNANDES NETO, Guilherme. *Cláusulas, práticas e publicidades abusivas.* São Paulo: Atlas, 2012, p. 82.

295 Sobre os objetivos e os princípios gerais da Política Nacional das Relações de Consumo, previstos no art. 4º do CDC, v., por todos: GRAU, Eros Roberto. Interpretando o Código de Defesa do Consumidor: algumas notas. *Revista de Direito do Consumidor.* n. 5, p. 183-189. São Paulo, 1993; DERANI, Cristiane. Política nacional das relações de consumo e o Código de Defesa do Consumidor. In: MARQUES, Claudia Lima; MIRAGEM, Bruno (Org.). *Doutrinas Essenciais.* Direito do Consumidor. São Paulo: Revista dos Tribunais, 2011, v. I p. 1359-1372; VAL, Olga Maria do. Política Nacional das Relações de Consumo. In: MARQUES, Claudia Lima; MIRAGEM, Bruno (Org.). *Doutrinas Essenciais.* Direito do Consumidor. São Paulo: Revista dos Tribunais, 2011, v. I, p. 1373-1396e; LOPES, José Reinaldo de Lima. Direito Civil e Direito do Consumidor – Princípios. In: PFEIFFER, Roberto A. C.; PASQUALOTTO, Adalberto. *Código de Defesa do Consumidor e o Código Civil de 2002.* Convergências e assimetrias. São Paulo: Revista dos Tribunais, 2005, p. 99-101.

296 Segundo Eros Roberto Grau, não se trata propriamente de um princípio jurídico, mas do que denomina, com fundamento em Dworkin, uma *norma-objetivo,* isto é, uma diretriz (*policy*) a exigir políticas públicas para sua implementação, uma diretriz para a interpretação de normas de conduta, isto é, de regras e de princípios jurídicos (GRAU, Eros Roberto. Interpretando o Código de Defesa do Consumidor: algumas notas. *Revista de Direito do Consumidor.* n. 5, p. 185-189. São Paulo, 1993). No mesmo sentido, v. MARTINS-COSTA, Judith. Mercado e solidariedade social entre *cosmos* e *taxis:* a boa-fé nas relações de consumo. In: MARTINS-COSTA, Judith (Org.). *A reconstrução do direito privado.* São Paulo: Revista dos Tribunais, 2002, p. 622. Sobre o tema, v. também NORONHA, Carlos Silveira. Distinção entre princípio, regra e "norma-objetivo". *Revista da Faculdade de Direito (UFRGS).* Porto Alegre, 2011, p. 91-104. Neste trabalho, não obstante o reconhecimento à autoridade dos eminentes juristas, a norma constitucional contida no art. 3º, I, CF será tratada, de modo geral, como *princípio jurídico.*

297 SILVA, Luis Renato Ferreira da. A função social do contrato no novo Código Civil e sua conexão com a solidariedade social. In: SARLET, Ingo Wolfgang (Org.). *O novo Código Civil e a Constituição.* 2. ed. Porto Alegre: Livraria do Advogado, 2006, p. 147-153.

298 MARTINS-COSTA, Judith. Op. cit., p. 620. Sobre as espécies de vagueza presentes nas normas jurídicas, v., na doutrina italiana: LUZZATI, Claudio. *La vaguezza delle norme.* Um'analisi del linguaggio giuridico. Milano: Giuffrè, 1990, p. 279 et seq.

299 SILVA, Luis Renato Ferreira da. A função social do contrato no novo Código Civil e sua conexão com a solidariedade social. In: SARLET, Ingo Wolfgang (Org.). *O novo Código Civil e a Constituição.* 2. ed. Porto Alegre: Livraria do Advogado, 2006, p. 152-153.

300 MARTINS-COSTA, Judith. Mercado e solidariedade social entre *cosmos* e *taxis*: a boa-fé nas relações de consumo. In: MARTINS-COSTA, Judith (Org.). *A reconstrução do direito privado*. São Paulo: Revista dos Tribunais, 2002, p. 620-621.

301 MARTINS-COSTA, Judith. Mercado e solidariedade social entre *cosmos* e *taxis*: a boa-fé nas relações de consumo. In: MARTINS-COSTA, Judith (Org.). *A reconstrução do direito privado*. São Paulo: Revista dos Tribunais, 2002, p. 631.

302 Segundo o magistério de Fernando Noronha as relações jurídicas obrigacionais classificam-se em *obrigações negociais, responsabilidade civil em sentido estrito* e *obrigações de restituição por enriquecimento sem causa*. (NORONHA, Fernando. *Direito das obrigações*. São Paulo: Saraiva, 2003, v. I, p. 419).

303 COUTO E SILVA, Clóvis V. *A obrigação como processo*. São Paulo: José Bushatsky Editor, 1976, p. 29. Na doutrina portuguesa, Carneiro da Frada distingue entre os comportamentos (deveres) que pretendem garantir a satisfação do interesse da outra parte (o credor), dos que denomina "deveres de proteção", i.e., dos comportamentos (deveres) que "...pretendem proteger a contraparte dos riscos de danos na sua pessoa e património que nascem da (e por causa da) relação particular estabelecida" (CARNEIRO DA FRADA, Manuel António C. P. Contrato e deveres de protecção. *Boletim da Faculdade de Direito*. v. XXXVIII, p. 40-4. Coimbra, 1994).

304 Sobre o tema, v., por todos: MARTINS-COSTA, Judith. Op. cit., p. 633; NEGREIROS, Teresa. *Teoria do contrato*: novos paradigmas. 2. ed. Rio de Janeiro: Renovar, 2006, p. 150.

305 Sobre as funções exercidas pela cláusula geral de boa fé objetiva no atual sistema geral de Direito Privado brasileiro (cânone hermenêutico-integrativo, limite ao exercício de direitos subjetivos e fonte de deveres jurídicos) v., por todos: MARTINS-COSTA, Judith. *A boa-fé no direito privado*. São Paulo: Revista dos Tribunais, 1999, p. 427-472. Na doutrina portuguesa, v. MENEZES CORDEIRO, António Manuel da Rocha. *A Boa fé no Direito Civil*. Coimbra: Almedina, 1984. v. II. Por fim, importa considerar a referência hermenêutica dos Enunciados das Jornadas de Direito Civil – CJF/CEJ (Enunciados 24, 25, 26, 27, 37, 139, 167, 168, 169, 170, 361, 362, 363, 412, 413, 414, 421 e 422).

306 Sobre a cláusula geral de boa-fé objetiva no CDC v., por todos: MARQUES, Cláudia Lima. *Contratos no Código de Defesa do Consumidor*. 5. ed. São Paulo: Revista dos Tribunais, 2005, p. 267-299; MARTINS--COSTA, Judith. Mercado... cit., p. 639-658; AGUIAR JÚNIOR, Ruy Rosado de. A boa-fé na relação de consumo. *Revista de Direito do Consumidor*. n. 14, p. 20-27. São Paulo, 1995 e; TEPEDINO, Gustavo; SCHERIBER, Anderson. A boa-fé objetiva no Código de Defesa do Consumidor e no Código Civil de 2002. In: PASQUALOTTO, Adalberto; PFEIFFER, Roberto A. C. *Código de Defesa do Consumidor e o Código Civil de 2002*. Convergências e assimetrias. São Paulo: Revista dos Tribunais, 2005, p. 216-231.

307 MARTINS-COSTA, Judith. Mercado... cit., p. 633-634.

308 Sobre a cláusula geral de *função social do contrato* no atual sistema geral do Direito Privado brasileiro (CC, art. 421) v., por todos: MIRAGEM, Bruno. Função social do contrato, boa-fé e bons costumes: nova crise dos contratos e a reconstrução da autonomia negocial pela concretização das cláusulas gerais. In: MARQUES, Claudia Lima (Coord.). *A nova crise do contrato*. São Paulo: Revista dos Tribunais, 2007, p. 200-214; SILVA, Luis Renato Ferreira da. A função social do contrato no novo Código Civil e sua conexão com a solidariedade social. In: SARLET, Ingo Wolfgang (Org.). *O novo Código Civil e a Constituição*. 2. ed. Porto Alegre: Livraria do Advogado, 2006, p. 151-170 e; AZEVEDO, Antonio Junqueira de. Relatório brasileiro sobre revisão contratual apresentado para as Jornadas Brasileiras da Associação Henri Capitant. In: AZEVEDO, Antonio Junqueira. *Novos estudos e pareceres de direito privado*. São Paulo: Saraiva, 2009, p. 197-198. Por fim, sobre a cláusula geral de *função social do contrato* (CC, art. 421) importa considerar os Enunciados das Jornadas de Direito Civil – CJF/CEJ (Enunciados 21, 22, 23, 166, 167, 360, 361 e 431).

309 DELFINO, Lúcio. Reflexões acerca do art. 1º do Código de Defesa do Consumidor. *Revista de Direito do Consumidor*. n. 48, p. 161-195. São Paulo, out.-dez. 2003.

310 MIRAGEM, Bruno. Função social do contrato, boa-fé e bons costumes: nova crise dos contratos e a reconstrução da autonomia negocial pela concretização das cláusulas gerais. In: MARQUES, Claudia Lima (Coord.). *A nova crise do contrato*. São Paulo: Revista dos Tribunais, 2007, p. 201.

311 GHESTIN, Jacques. L'utile et le juste dans les contrats. *Archives de Philosophie du Droit*, Paris, 1981, t. 26, p. 40. Na doutrina brasileira, v., por todos: NORONHA, Fernando. *Direito das obrigações*. São Paulo: Saraiva, 2003, v. 1, p. 32-33.
312 Sobre o tema, na doutrina brasileira, v. USTÁRROZ, Daniel. O solidarismo no direito contratual brasileiro. In: MARQUES, Claudia Lima (Org.). *Diálogo das fontes*. São Paulo: Revista dos Tribunais, 2012, p. 240-241 e; MIRAGEM, Bruno. *Curso de direito do consumidor*. 3. ed. São Paulo: Revista dos Tribunais, 2012, p. 106-109. Na doutrina francesa, v. GRYNBAUM, Luc. La notion de solidarisme contractuel. In: GRYNBAUM, Luc; NICOD, Marc. *Le Solidarisme Contractuel* (Collection Études Juridiques Dirigée par Nicolas Molfessis). Paris: Economica, v. 18, p. 25-37.
313 Vale destacar, contudo, o argumento de Grau, para quem "Os consumidores são protegidos não por *solidariedade*, como querem alguns; vale dizer: a *proteção* de que gozam não é produto de sentimento de *solidariedade*, porém expressiva de uma *estratégia para a promoção da fluência do mercado*" (GRAU, Eros Roberto. Um novo paradigma dos contratos? *Revista da Faculdade de Direito (USP)*. v. 96, p. 432-433. São Paulo, 2001).
314 USTÁRROZ, Daniel. Op. cit., p. 250-257.
315 SILVA, Luis Renato Ferreira da. A função social do contrato no novo Código Civil e sua conexão com a solidariedade social. In: SARLET, Ingo Wolfgang (Org.). *O novo Código Civil e a Constituição*. 2. ed. Porto Alegre: Livraria do Advogado, 2006, p. 156). A propósito, o Enunciado n. 21, da I Jornada de Direito Civil (CJF/CEJ): "A função social do contrato, prevista no art. 421 do novo Código Civil, constitui cláusula geral a impor a revisão do princípio da relatividade dos efeitos do contrato *em relação a terceiros*, implicando a tutela externa do crédito" – grifou-se (AGUIAR JÚNIOR, Ruy Rosado de (Org.). *Jornadas de Direito Civil* – I, III e IV. Enunciados Aprovados. Brasília: CJF, 2007, p. 19).
316 SILVA, Luiz Renato Ferreira da. Op. cit., p. 156.
317 MARQUES, Claudia Lima; MIRAGEM, Bruno. *O novo direito privado e proteção dos vulneráveis*. São Paulo: Revista dos Tribunais, 2012, p. 154). Sobre o tema, v. ainda: USTÁRROZ, Daniel. O solidarismo no direito contratual brasileiro. In: MARQUES, Claudia Lima (Org.). *Diálogo das fontes*. São Paulo: Revista dos Tribunais, 2012, p. 258.
318 Nessa linha de raciocínio, importa destacar a contribuição de Negreiros ao estudo da teoria contratual contemporânea, ao defender a existência de um *paradigma da essencialidade* nos contratos, reformulando-se a própria classificação geral dos contratos a partir da natureza social dos bens contratados (NEGREIROS, Teresa. *Teoria do contrato*: novos paradigmas. 2. ed. Rio de Janeiro: Renovar, 2006, p. 346-347). A propósito do tema, v. a classificação dos contratos em *existenciais* e *empresariais*, proposta por Antônio Junqueira de Azevedo (AZEVEDO, Antônio Junqueira de. Relatório brasileiro sobre revisão contratual apresentado para as Jornadas Brasileiras da Associação Henri Capitant. In: AZEVEDO, Antônio Junqueira de. *Novos estudos e pareceres de direito privado*. São Paulo: Saraiva, 2009, p. 185-186).
319 MARQUES, Claudia Lima. *Contratos no Código de Defesa do Consumidor*. 5. ed. São Paulo: Revista dos Tribunais, 2005, p. 258.
320 MARTINS, Fernando Rodrigues. *Princípio da justiça contratual*. São Paulo: Saraiva, 2009, p. 20.
321 LOPES, José Reinaldo de Lima. O aspecto distributivo do direito do consumidor. *Revista de Direito do Consumidor*. n. 41, p. 146-149. São Paulo, jan.-mar. 2002. Segundo o jurista "O caso mais exemplar de todos está no âmbito da responsabilidade civil por acidente de consumo ou por defeito de produtos e serviços. Os arts. 12 e 14 do CDC redefinem as regras de responsabilidade, assumindo explicitamente, creio eu, a perspectiva do risco e do risco comum para atribuir aos fornecedores uma responsabilidade objetiva, sem culpa. O risco dos acidentes deve ser internalizado pelos fornecedores. A moralidade que se adota não é a da culpa, da psicologia subjetiva, que as unidades de produção não têm. A moralidade que se aceita é a da solidariedade social" (Ibidem. p. 147).
322 MARTINS-COSTA, Judith. Mercado e solidariedade social entre *cosmos* e *taxis*: a boa-fé nas relações de consumo. In: MARTINS-COSTA, Judith (Org.). *A reconstrução do direito privado*. São Paulo: Revista dos Tribunais, 2002, p. 641.
323 Trata-se do Enunciado n. 23, da I Jornada de Direito Civil (CJF/CEJ): "A função social do contrato, prevista no art. 421 do novo Código Civil, não elimina o princípio da autonomia contratual, mas atenua

ou reduz o alcance desse princípio quando presentes interesses metaindividuais ou interesse individual relativo à dignidade da pessoa humana" (AGUIAR JÚNIOR, Ruy Rosado de (Org.). *Jornadas de Direito Civil* – I, III e IV. Enunciados Aprovados. Brasília: CJF, 2007, p. 19).

324 Interesses metaindividuais (ou transinviduais), definidos no CDC, art. 81, parágrafo único, I e II, são, p. ex.: a) os interesses dos consumidores enquanto coletividade indeterminada de pessoas – CDC, arts. 2º, parágrafo único e 29; b) os interesses sociais na proteção de bens jurídicos ambientais – CDC, arts. 37, § 2º e 51, XIV.

325 Dispõe o Enunciado n. 360, da IV Jornada de Direito Civil (CJF/CEJ): "O princípio da função social dos contratos também pode ter eficácia interna entre as partes contratantes" (AGUIAR JÚNIOR, Ruy Rosado de (Org.). Op. cit., p. 73).

326 Nesse caso, a título exemplificativo, o interesse da pessoa que, diante da total insuficiência de recursos para pagar a remuneração (tarifa) do serviço público essencial, não pode ter suspensa a prestação do serviço contratado com o prestador (STJ. REsp. 684442/RS. 1ª T, Rel. Min. Luiz Fux, *DJ* 05.09.2005).

327 Sobre o tema, v., por todos: MARQUES, Claudia Lima. *Contratos no Código de Defesa do Consumidor*. 5. ed. São Paulo: Revista dos Tribunais, 2005, p. 276-277; SILVA, Luis Renato Ferreira da. A função social do contrato no novo Código Civil e sua conexão com a solidariedade social. In: SARLET, Ingo Wolfgang (Org.). *O novo Código Civil e a Constituição*. 2. ed. Porto Alegre: Livraria do Advogado, 2006, p. 158-164; MIRAGEM, Bruno. Função social do contrato, boa-fé e bons costumes: nova crise dos contratos e a reconstrução da autonomia negocial pela concretização das cláusulas gerais. In: MARQUES, Claudia Lima (Coord.). *A nova crise do contrato*. São Paulo: Revista dos Tribunais, 2007, p. 209-214.

328 NEGREIROS, Teresa. *Teoria do Contrato*: novos paradigmas. 2. ed. Rio de Janeiro: Renovar, 2006, p. 150. Essa "ordem de cooperação" fundamenta, em última instância, a necessidade de um regime jurídico especial para a prevenção e o tratamento dos consumidores em situação de *superendividamento pessoal e familiar*, compreendida como situação de desequilíbrio excessivo *sistêmico* das relações de consumo. O tema será abordado na Parte II (Capítulo 4 – subitem 4.3).

329 Sobre o tema, v., por todos: MARTINS-COSTA, Judith. *A boa-fé no direito privado*. São Paulo: Revista dos Tribunais, 1999, p. 427 et. seq. No Direito do Consumidor, esse *standard* ético jurídico constitui-se em critério de interpretação do chamado princípio do equilíbrio (ou "equilíbrio mínimo") da relação de consumo, previsto expressamente no CDC, art. 4º, III, e que será tratado na Parte II (Capítulo 4).

330 Sobre o tema, na doutrina alemã, v. LARENZ, Karl. *Derecho Justo*. Fundamentos de Etica Juridica. Trad. Luis Díez-Picazo. Madrid: Civitas, 1993, p. 90-98 e; Idem. *Derecho de Obligaciones*. Trad. Jaime S. Briz. Madrid: Editorial Revista de Derecho Privado, 1958, t. I, p. 144-156. Na doutrina brasileira v., por todos: BRANCO, Gerson Luiz Carlos. A proteção das expectativas legítimas derivadas das situações de confiança: elementos formadores do princípio da confiança e seus efeitos. *Revista de Direito Privado*. n. 12, p. 169-225. São Paulo, out.-dez. 2002; MARTINS, Raphael Manhães. O princípio da confiança legítima e o Enunciado 362 da IV Jornada de Direito Civil. *Revista CEJ*. Brasília, n. 40, janeiro-março de 2008, p. 11-19. Sobre o tema, v. ainda MARQUES, Cláudia Lima. *Contratos no Código de Defesa do Consumidor*. 5. ed. São Paulo: Revista dos Tribunais, 2005, p. 280-288 e; Idem. Novos temas na teoria dos contratos: confiança e conjunto contratual. *Revista da AJURIS*. n. 100,, p. 73-97. Porto Alegre, dez. 2005.

331 MARTINS, Raphael Manhães. Op. cit., p. 14.

332 LUHMANN, Niklas. *Confianza*. Introducción Darío Rodriguez Mansilia. México: Universidad Iberoamericana, 1996, p. 39-52. Com efeito, a relação entre a proteção da confiança e a preservação da segurança das relações sociais, sobretudo as relações privadas, é apresentada por Larenz, para quem "...la desaparición de la confianza, pensada como un modo general de comportamiento, tiene que impedir y privar de seguridad al tráfico interindividual. Aquí entra en juego la idea de una seguridad garantizada por el Derecho" (LARENZ, Karl. *Derecho Justo*. Fundamentos de Etica Juridica. Trad. Luis Díez-Picazo. Madrid: Civitas, 1993, p. 91).

333 BRANCO, Gerson Luiz Carlos. A proteção das expectativas legítimas derivadas das situações de confiança: elementos formadores do princípio da confiança e seus efeitos. *Revista de Direito Privado*. n. 12, p. 177. São Paulo, out.-dez. 2002. Segundo o jurista: "A confiança é um fato, é um valor e também uma estrutura normativa, quando considerada como princípio jurídico" (Ibidem, p. 180).

334 LARENZ, Karl. Op. cit., p. 96. Sobre a incidência do princípio da confiança nas relações entre Administração Pública e administrados, v. COUTO E SILVA, Almiro do. O princípio da segurança jurídica (proteção da confiança) no Direito Público brasileiro e o direito da administração pública de anular os seus próprios atos administrativos: o prazo decadencial do art. 54 da lei do processo administrativo da União (Lei n. 9.784/99). *Revista de Direito Administrativo*. n. 237, Rio de Janeiro, jul.-set. 2004; MAFFINI, Rafael. *Princípio da proteção substancial da confiança no Direito Administrativo Brasileiro*. Porto Alegre: Verbo Jurídico, 2006 e; MARTINS-COSTA, Judith. A proteção da legítima confiança nas relações obrigacionais entre a Administração e os particulares. *Revista da Faculdade de Direito (UFRGS)*. v. 22, Porto Alegre, set. 2002.

335 CARNEIRO DA FRADA, Manuel António C. P. *Teoria da confiança e responsabilidade civil*. Coimbra: Almedina, 2004, p. 19 e 346. No mesmo sentido, observa Larenz: "El ordenamiento jurídico protege la confianza suscitada por el comportamiento de outro y no tiene más remédio que protegerla, porque poder confiar, como hemos visto, es condición fundamental para una pacífica vida colectiva y una conducta de cooperación entre los hombres y, por tanto, de la paz jurídica" (LARENZ, Karl. Op. cit., p. 91).

336 Na doutrina portuguesa, v. CARNEIRO DA FRADA, Manuel António C. P. *Teoria da confiança e responsabilidade civil*. Coimbra: Almedina, 2004, p. 345 et seq. Na doutrina brasileira, observa Branco: "Expectativas legítimas, portanto, são o nome que se atribui a uma relação jurídica específica, nascida de atos e fatos que não se enquadram dentro da tradicional classificação das fontes das obrigações, mas que, em razão da necessidade de proteção da confiança, produzem uma eficácia específica (BRANCO, Gerson Luiz Carlos. A proteção das expectativas legítimas derivadas das situações de confiança: elementos formadores do princípio da confiança e seus efeitos. *Revista de Direito Privado*. n. 12, p. 179. São Paulo, out.-dez. 2002).

337 BRANCO, Gerson Luiz Carlos. Op. cit., p. 189. Segundo Marques "A teoria da confiança, como já mencionamos anteriormente, pretende proteger prioritariamente as expectativas legítimas que nasceram no outro contratante, que confiou na postura, nas obrigações assumidas e no vínculo criado através da declaração do parceiro" (MARQUES, Claudia Lima. *Contratos no Código de Defesa do Consumidor*. 5. ed. São Paulo: Revista dos Tribunais, 2005, p. 281).

338 Sobre o tema, v. ainda WEINGARTEN, Celia. El valor economico de la confianza para empresas y consumidores. *Revista de Direito do Consumidor*. n. 33, p. 33-50. São Paulo, 2000.

339 ROPPO, Enzo. *O contrato*. Trad. Ana Coimbra e M. Januário C. Gomes. Coimbra: Almedina, 1988, p. 297-311.

340 Assim, no âmbito da responsabilidade civil, tem-se a importância da *culpa*; e no âmbito do contrato, a importância da *vontade*. Sobre o tema, na doutrina brasileira, v. CATALAN, Marcos. *A morte da culpa na responsabilidade contratual*. São Paulo: Revista dos Tribunais, 2013.

341 LARENZ, Karl. O estabelecimento de relações obrigacionais por meio de comportamento social típico (1956). Trad. Alessandro Hirata. *Revista DireitoGV*. v. 2, n. 1, p. 55-64. São Paulo, jan.-jun. 2006. Com efeito, esse comportamento refere-se ao "contato social" estabelecido entre sujeitos com uma finalidade negocial. Não cabe, porém, apreciá-lo nos mesmos moldes tradicionais de uma declaração de vontade tendente à conclusão de um contrato, sobretudo no contexto das contratações massificadas. Sobre o tema, na doutrina italiana, v., por todos: ROPPO, Enzo. Op. cit., p. 303-304. Na doutrina brasileira, v, por todos: GOMES, Orlando. *Contratos de adesão*. Condições gerais dos contratos. São Paulo: Revista dos Tribunais, 1972, p. 88.

342 A realidade do *sinalagma* enquanto característica fundamental da relação jurídica de consumo será analisada no Capítulo 2 (subitem 2.3).

343 Segundo Martins "...a noção de justiça contratual guarda espaço bem mais amplo que a reservada ao equilíbrio contratual, já que, enquanto este se liga mais a uma ótica de intercâmbio de prestações, aquela se reveste de um julgamento ético, que absorve o sentido mercadológico" (MARTINS, Fernando Rodrigues. *Princípio da justiça contratual*. São Paulo: Saraiva, 2009, p. 21). Sobre o tema, v. ainda ITURRASPE, Jorge Mosset. *Justicia contractual*. Buenos Aires: Ediar, 1978, p. 44-56.

344 CARNEIRO DA FRADA, Manuel António C. P. *Teoria da confiança e responsabilidade civil*. Coimbra: Almedina, 2004, p. 361.

345 CARNEIRO DA FRADA, Manuel António C. P. *Teoria da confiança e responsabilidade civil*. Coimbra: Almedina, 2004, p. 361-362.
346 O conceito de vulnerabilidade e o princípio da vulnerabilidade dos consumidores em razão do desequilíbrio estrutural da relação de consumo (CDC, art. 4º, I) será analisado no Capítulo 2 (subitem 2.1).
347 Nesse sentido, dispõe o CDC em seus arts. 12, §1º: O produto é considerado defeituoso quando não oferece a segurança que dele *legitimamente se espera*, levando-se em consideração as circunstâncias relevantes, dentre as quais: I – *sua apresentação;* II – *os riscos que razoavelmente dele se esperam;* III – a época em que foi colocado em circulação – (grifou-se). Para Cavalieri Filho, encontra-se aqui o chamado *princípio da segurança* (CAVALIERI FILHO, Sergio. *Programa de direito do consumidor*. São Paulo: Atlas, 2008, p. 43-45), norma fundamental para imputação de responsabilidade civil objetiva nas relações de consumo. *Data maxima venia*, a segurança parece ser, antes, o valor tutelado pela norma que, em razão das expressões grifadas (supra), visa proteger a *confiança* dos consumidores na aparência de segurança do produto, levando-se em conta, p. ex., a maneira como foi apresentado pelo fornecedor. Logo, o princípio de maior importância parece ser, nesse contexto normativo, o da *confiança*.
348 COMPARATO, Fábio Konder. A proteção do consumidor: importante capítulo de direito econômico. *Revista de Direito do Consumidor*. n. 79, p. 28-29. São Paulo, jan.-mar. 2011.
349 Vale dizer que a *transparência* no mercado de consumo é diretriz (norma-objetivo) expressa no Código de Defesa do Consumidor (art. 4º, *caput*), sendo realizada pelo cumprimento do dever de prestar *informações* claras e adequadas, imposto aos fornecedores (CDC, art. 6º, III). Assim, a proteção da confiança no Direito do Consumidor está associada, em grande parte, ao grau de transparência (qualidade da informação) no mercado de consumo. Sobre o tema, v., por todos: FABIAN, Christoph. *O dever de informar no direito civil*. São Paulo: Revista dos Tribunais, 2002, p. 68-70 e 117-120.
350 Gerson Branco, em interessante análise, demonstra bem a necessidade de proteção jurídica da confiança depositada pelo consumidor contemporâneo na aparência das informações, bens e serviços ofertados no mercado de consumo: "No início do século XX qualquer pessoa que celebrasse um contrato de transporte tinha consciência exata das conseqüências fáticas de tal contrato. Provavelmente examinaria o cavalo, a carroça ou outro veículo que iria lhe transportar e poderia emitir um parecer sobre as condições de tal transporte. O mesmo não acontece quando o homem contemporâneo entra em um avião. O passageiro só tem uma alternativa: confiar que todo o sistema tecnológico e as pessoas que estão trabalhando vão agir conforme o previsto" (BRANCO, Gerson Luiz Carlos. A proteção das expectativas legítimas derivadas das situações de confiança: elementos formadores do princípio da confiança e seus efeitos. *Revista de Direito Privado*. n. 12, p. 189-190. São Paulo, out.-dez. 2002).
351 LORENZETTI, Ricardo Luis; MARQUES, Claudia Lima. *Contratos de servicios a los consumidores*. Buenos Aires/Santa Fé: Rubinzal-Culzoni Editores, p. 39 et seq.
352 MARQUES, Claudia Lima. *Contratos no Código de Defesa do Consumidor*. 5. ed. São Paulo: Revista dos Tribunais, 2005, p. 187-210.
353 Idem, p. 190. Miragem, a propósito, refere acerca da "...crise da confiança pela qual passa a sociedade de informação, cuja hipercomplexidade e hiperinformação dão conta de uma ruptura na crença em comportamentos tradicionais, em comportamentos padrões, reclamando-se a necessidade de estabelecimento da garantia de aplicação e efetividade do direito" (MIRAGEM, Bruno. *Curso de direito do consumidor*. 3. ed. São Paulo: Revista dos Tribunais, 2012, p. 199).
354 MARQUES, Claudia Lima. Op. cit., p. 195. Em relação a essa crise de confiança no Direito, observa a eminente jurista que "No Brasil, esta desconfiança generalizada pode estar ligada às insuficiências de nossa dogmática ou da forma como interpretamos, aplicamos e concretizamos nossas normas de direito privado" (Ibidem, p. 195).
355 MIRAGEM, Bruno. *Abuso do direito*. Proteção da Confiança e limite ao exercício das prerrogativas jurídicas no direito privado. Rio de Janeiro: Forense, 2009, p. 159.
356 Nesse sentido, v. MIRAGEM, Bruno. *Abuso do direito*. Proteção da confiança e limite ao exercício das prerrogativas jurídicas no direito privado. Rio de Janeiro: Forense, 2009, p. 245.

357 PASQUALOTTO, Adalberto. Proteção contra produtos defeituosos: das origens ao Mercosul. *Revista de Direito do Consumidor*. n. 42,, p. 66. São Paulo, abr.-jun. 2002.
358 MARQUES, Claudia Lima. *Contratos no Código de Defesa do Consumidor*. 5. ed. São Paulo: Revista dos Tribunais, 2005, p. 281-282.
359 BRANCO, Gerson Luiz Carlos. A proteção das expectativas legítimas derivadas das situações de confiança: elementos formadores do princípio da confiança e seus efeitos. *Revista de Direito Privado*. n. 12, p. 222. São Paulo, out.-dez. 2002.
360 LARENZ, Karl. *Derecho Justo*. Fundamentos de etica juridica. Trad. Luis Díez-Picazo. Madrid: Civitas, 1993, p. 95-96. Em outra passagem, referiu o mestre alemão: "La salvaguardia de la buena fe y el mantenimiento de la confianza forman la base del tráfico jurídico y en particular de toda vinculación jurídica individual" (Idem. *Derecho de Obligaciones*, p. 144). Na doutrina italiana, v. GALLO, Paolo. Buona fede oggettiva e transformazioni del contratto. *Rivista di Diritto Civile*. n. 2, anno XLVIII, p. 252 et seq. Padova, mar.-apr. 2002.
361 BRANCO, Gerson Luiz Carlos. A proteção das expectativas legítimas derivadas das situações de confiança: elementos formadores do princípio da confiança e seus efeitos. *Revista de Direito Privado*. n. 12, p. 184-185. São Paulo, out.-dez. 2002.
362 Idem, p. 184-185. Como bem observa Pasqualotto "A confiança tem raízes éticas que lhe conferem um conteúdo material a ser comunicado à boa-fé" (PASQUALOTTO, Adalberto. Proteção contra produtos defeituosos: das origens ao Mercosul. *Revista de Direito do Consumidor*. n. 42, p. 65. São Paulo, abr.-jun. 2002).
363 MARQUES, Claudia Lima. *Contratos no Código de Defesa do Consumidor*. 5. ed. São Paulo: Revista dos Tribunais, 2005, p. 208.
364 Os conhecidos deveres anexos (laterais ou instrumentais) próprios da boa-fé objetiva. Com efeito, há um grande número de deveres, reconhecidos pela doutrina e jurisprudência, e que se destinam a regular, pelo raciocínio tópico e sistemático, as condutas dos sujeitos nas relações obrigacionais privadas. Martins-Costa apresenta um elenco exemplificativo dos mesmos, dentre os quais se pode destacar, por sua incidência nas relações obrigacionais de consumo: *a) deveres de cuidado, previdência e segurança; b) deveres de aviso e esclarecimento; c) deveres de informação; d) deveres de colaboração e; e) deveres de proteção e cuidado* (MARTINS-COSTA, Judith. *A boa-fé no direito privado*. São Paulo: Revista dos Tribunais, 1999, p. 439).
365 A importância da boa-fé objetiva na funcionalização do conceito de "equilíbrio mínimo" da relação de consumo será analisada na Parte II (Capítulo 4). Sobre a boa-fé objetiva no Direito do Consumidor (como princípio jurídico e cláusula geral), v., por todos: MARTINS-COSTA, Judith. Mercado e solidariedade social entre *cosmos* e *taxis*: a boa-fé nas relações de consumo. In: MARTINS-COSTA, Judith (Org.). *A reconstrução do direito privado*. São Paulo: Revista dos Tribunais, 2002, p. 642) e;. MARQUES, Claudia Lima. Op. cit., p. 288-301.
366 MARQUES, Claudia Lima. *Contratos no Código de Defesa do Consumidor*. 5. ed. São Paulo: Revista dos Tribunais, 2005, p. 291.

Capítulo 2

367 PASQUALOTTO, Adalberto. O destinatário final e o "consumidor intermediário". In: MARQUES, Claudia Lima; MIRAGEM, Bruno (Org.). *Doutrinas Essenciais*. Direito do Consumidor. São Paulo: Revista dos Tribunais, 2011, v. I, p. 914). Sobre a distinção entre conceito e tipo, v. MARINO, Francisco Paulo De Crescenzo. *Contratos coligados no direito brasileiro*. São Paulo: Saraiva, 2009, p. 07-12.
368 Como ensina Bessa, a relação jurídica de consumo (com seus elementos constitutivos) é o *principal* critério para avaliar a possibilidade ou não de incidência do CDC a determinada relação social. No entanto, não é o único critério, como será visto a seguir (BESSA, Leonardo Roscoe. *Relação de consumo e aplicação do Código de Defesa do Consumidor*. 2. ed. São Paulo: Revista dos Tribunais, 2009, p. 48-54).
369 A definição legal de consumidor será analisada na sequência (subitem 2.1.1).
370 BESSA, Leonardo Roscoe. *Relação de Consumo e Aplicação do Código de Defesa do Consumidor*. 2. ed. São Paulo: Revista dos Tribunais, 2009, p. 51, 54 e 59.

371 Marques denomina essa postura da jurisprudência do STJ de *finalismo aprofundado*: "Em casos difíceis envolvendo pequenas empresas que utilizam insumos para a sua produção, mas não em sua área de *expertise* ou com uma utilização mista, principalmente na área dos serviços; provada a vulnerabilidade, conclui-se pela destinação final de consumo prevalente" (BENJAMIN, Antonio Herman V.; MARQUES, Claudia Lima; MIRAGEM, Bruno. *Comentários ao Código de Defesa do Consumidor*. 2. ed. São Paulo: Revista dos Tribunais, 2006, p. 85).

372 BESSA, Leonardo Roscoe. *Relação de consumo e aplicação do Código de Defesa do Consumidor*. 2. ed. São Paulo: Revista dos Tribunais, 2009, p. 65-66.

373 Entenda-se a interpretação fixada apenas nos elementos da definição jurídica de consumidor (CDC, art. 2º, *caput*), em especial, na expressão "destinatário final".

374 Segundo lição de Miguel Reale "A analogia atende ao princípio de que o Direito é um sistema de fins. Pelo processo analógico, estendemos a um caso não previsto aquilo que o legislador previu para outro semelhante, em igualdade de razões. Se o sistema do Direito é um todo que obedece a certas finalidades fundamentais, é de se pressupor que, havendo identidade de razão jurídica, haja identidade de disposição nos casos análogos, segundo um antigo e sempre novo ensinamento: *ubi eadem ratio, ibi eadem juris dispositio* (onde há a mesma razão deve haver a mesma disposição de direito)" (REALE, Miguel. *Lições Preliminares de direito*. 27 ed. São Paulo: Saraiva, 2004, p. 296).

375 Nessas relações contratuais civis (natureza mercantil/empresarial) a empresa franqueadora tem direito de estabelecer unilateralmente as condições gerais da contratação, caracterizando-se, nesse aspecto, a existência do desequilíbrio estrutural de posições jurídicas. Contudo, observa Pasqualotto que a existência do desequilíbrio estrutural da relação não pode, por si só, levar a uma equiparação absoluta com a relação de consumo, pois "... se é verdade que tanto o consumidor quanto a empresa débil se sujeitam a cláusulas predispostas, esta, ao contrário daquele, em alguns casos é credora de informações pré-contratuais consistentes, como nos contratos de *franchising*, e é sempre conhecedora do mercado em que atua" (PASQUALOTTO, Adalberto. O destinatário final e o "consumidor intermediário". In: MARQUES, Claudia Lima; MIRAGEM, Bruno (Org.). *Doutrinas Essenciais*. Direito do Consumidor. São Paulo: Revista dos Tribunais, 2011, v. I, p. 924). No mesmo sentido, manifesta-se Claudia Lima Marques: "Parece-me que podemos aceitar, no máximo, a contratação por adesão intercomercial apenas como um indício de vulnerabilidade, nunca uma presunção (relativa ou absoluta), sob pena de destruirmos – com a banalização e a injustiça dos resultados concretos dessa conclusão – o sistema de proteção dos diferentes, dos verdadeiramente mais fracos, o CDC" (MARQUES, Claudia Lima. *Contratos no Código de Defesa do Consumidor*. 5 ed. São Paulo: Revista dos Tribunais, 2005, p. 336).

376 O tema será analisado neste Capítulo (subitem 2.3).

377 O tema será abordado na Parte II (Capítulo 3).

378 O tema será abordado na Parte II (Capítulo 4).

379 ANDRADE, Manuel A. Domingues de. *Teoria Geral da Relação Jurídica*. 3. reimp. Coimbra: Almedina, 1972, v. I. (Sujeitos e Objecto), p. 03-04.

380 Nesse sentido, a observação precisa de Adalberto Paqualotto: "No direito do consumidor, há uma relação jurídica típica, a relação jurídica de consumo. O que a peculiariza entre as demais relações jurídicas são os seus sujeitos, não o objeto. Tratando-se de um direito especial, o direito do consumidor é centrado na figura da pessoa que ele busca proteger" (PASQUALOTTO, Adalberto. O destinatário final e o "consumidor intermediário". In: MARQUES, Claudia Lima; MIRAGEM, Bruno (Org.). *Doutrinas Essenciais*. Direito do Consumidor. São Paulo: Revista dos Tribunais, 2011, v. I, p. 913).

381 Acredita-se que, de certo modo, essa primeira fase já se esgotou, pois o CDC consolidou na sociedade brasileira um grau satisfatório de efetividade, sobretudo no campo da tutela civil, constituída pelos seguintes temas: a) prevenção (CDC, art. 6º, I, III, VI, VII, VIII e X c/c os arts. 8º a 10) e repressão de danos extrapatrimoniais (CDC, art. 6º, I, III, VI, VII, VIII e X c/c os arts. 12 a 17 e art. 27) e patrimoniais (CDC, art. 6º, I, III, VI, VII, VIII e X c/c os arts. 18 a 26); b) desconsideração da personalidade jurídica da empresa fornecedora para a satisfação dos direitos dos consumidores (CDC, art. 6º, VI, VII, VIII c/c o art. 28) e; c) coibição de abusos no mercado de consumo (art. 6º, I a X c/c os arts. 29 a 54). Nesse sentido, entende-se que a proteção jurídica dos consumidores passa por uma nova fase, não apenas no Brasil, mas em praticamente todos os atuais sistemas jurídicos nacionais e comunitários (a

exemplo da CEE), onde a efetividade dos sistemas jurídicos de proteção dos consumidores é desafiada pelas características da sociedade globalizada da informação e pelo fenômeno da "democratização do acesso ao crédito" (AZEVEDO, Fernando Costa de. Os desafios do direito brasileiro do consumidor para o Século XXI. In: AZEVEDO, Fernando Costa de (Org.). *Consumo e vulnerabilidade na sociedade contemporânea*. (E-book). Erechim: Editora Deviant, 2022, p. 17-52). Em 2021, a aprovação da Lei 14.181/21, que atualizou o CDC inserindo o tão esperado regime jurídico de prevenção e tratamento dos consumidores (e famílias) em situação de *superendividamento*, houve um grande avanço no enfrentamento desses novos desafios, próprios dessa nova fase da proteção jurídica dos consumidores. Atualmente (2023), aguarda-se a aprovação do Projeto de Lei 3514/2015, que também pretende atualizar o CDC na temática da proteção dos consumidores o comércio eletrônico.
382   BENJAMIN, Antonio Herman V. O Código Brasileiro de Proteção do Consumidor. In: MARQUES, Claudia Lima; MIRAGEM, Bruno (Org.). *Doutrinas Essenciais*. Direito do Consumidor. São Paulo: Revista dos Tribunais, 2011, v. I, p. 100-101.
383   Sobre o tema, v. GOMES, Orlando. *Introdução ao Direito Civil*. 18. ed. Rio de Janeiro: Forense, 2001, p. 71.
384   Vale lembrar que a sociedade brasileira no início do Século XX, quando entrou em vigor o primeiro Código Civil, ainda não havia experimentado as transformações provocadas pela revolução industrial e pelo advento da sociedade (cultura) do consumo de massa, realidades já existentes em boa parte da Europa e nos Estados Unidos. Sobre o tema, v. AMARAL, Francisco. *Direito Civil*. Introdução. 3. ed. Rio de Janeiro: Renovar, 2000, p. 129-130.
385   BENJAMIN, Antonio Herman V. O Código Brasileiro de Proteção do Consumidor. In: MARQUES, Claudia Lima; MIRAGEM, Bruno (Org.). *Doutrinas Essenciais*. Direito do Consumidor. São Paulo: Revista dos Tribunais, 2011, v. I, p. 112.
386   MARQUES, Claudia Lima. *Contratos no Código de Defesa do Consumidor*. 5. ed. São Paulo: Revista dos Tribunais, 2005, p. 346. Convém notar que esse quadro permaneceu até a revogação do Código Civil de 1916 pela edição e vigência do Código de 2002. Com efeito, a proteção dos contratantes civis em posição de maior fragilidade na relação jurídica interempresarial (duas empresas) ou na relação civil não empresarial (dois particulares) passou a ocorrer pelas normas do novo Código, como as cláusulas gerais de função social do contrato (art. 421), de boa-fé objetiva (art. 422), de interpretação mais favorável ao contratante aderente (art. 423) etc. A propósito, estabelece o Enunciado 167 da III Jornada de Direito Civil (CJF/CEJ): "Com o advento do Código Civil de 2002, houve forte aproximação principiológica entre esse Código e o Código de Defesa do Consumidor no que respeita à regulação contratual, uma vez que ambos são incorporadores de uma nova teoria geral dos contratos" (AGUIAR JÚNIOR, Ruy Rosado de (Org.). *Jornadas de Direito Civil – I, III e IV. Enunciados Aprovados*. Brasília: CJF, 2007, p. 46).
387   MARQUES, Claudia Lima. *Contratos no Código de Defesa do Consumidor*. 5. ed. São Paulo: Revista dos Tribunais, 2005, p. 337.
388   Como ensina Benjamin "É a definição de consumidor que estabelecerá a dimensão da comunidade ou grupo a ser tutelado e, por esta via, os limites de aplicabilidade do Direito especial" (BENJAMIN, Antonio Herman V. O conceito jurídico de consumidor. In: MARQUES, Claudia Lima; MIRAGEM, Bruno (Org.). *Doutrinas Essenciais*. Direito do Consumidor. São Paulo: Revista dos Tribunais, 2011, v. I, p. 939). Sobre a definição jurídica de consumidor no CDC, v., por todos: *Idem*. O Código Brasileiro de Proteção do Consumidor. In: MARQUES, Claudia Lima; MIRAGEM, Bruno (Org.). *Doutrinas Essenciais*. Direito do Consumidor. São Paulo: Revista dos Tribunais, 2011, v. I, p. 112-114; MARQUES Claudia Lima. Op. cit., p. 302 et. seq; BESSA, Leonardo Roscoe. *Relação de consumo e aplicação do Código de Defesa do Consumidor*. 2. ed. São Paulo: Revista dos Tribunais, 2009, p. 54-87 e; ZANELLATO, Marco Antonio. Considerações sobre o conceito jurídico de consumidor. *Revista de Direito do Consumidor*. n. 45, p. 172-176. São Paulo, jan.-mar. 2003.
389   BESSA, Leonardo Roscoe. Op. cit., p. 55; ZANELLATO, Marco Antonio. Op. cit., p. 172.
390   MIRAGEM, Bruno. *Curso de Direito do Consumidor*. 3. ed. São Paulo: Revista dos Tribunais, 2012, p. 119.
391   MARQUES, Claudia Lima. *Contratos no Código de Defesa do Consumidor*. 5. ed. São Paulo: Revista dos Tribunais, 2005, p. 302.

392 Dispõe o CDC, art. 2º, *caput*: "Consumidor é toda pessoa física ou jurídica que adquire ou utiliza produto ou serviço como destinatário final".
393 Vale aqui o registro de que a definição de consumidor prevista no CDC não reflete a tendência de outros importantes sistemas jurídicos da família *civil law*. Assim, observa Marques que "...na Alemanha, de um lado o §13 do BGB-Reformado define consumidor como a *pessoa física* que 'conclui um negócio jurídico, cuja finalidade não tem ligação comercial ou com sua atividade profissional'" (MARQUES, Claudia Lima. Op. cit., p. 310).
394 BENJAMIN, Antonio Herman V. O conceito... cit., p. 939-940.
395 PASQUALOTTO, Adalberto. O destinatário final e o "consumidor intermediário". In: MARQUES, Claudia Lima; MIRAGEM, Bruno (Org.). *Doutrinas Essenciais*. Direito do Consumidor. São Paulo: Revista dos Tribunais, 2011, v. I, p. 905.
396 Sobre o tema, v. MARQUES, Claudia Lima. Op. cit., p. 302-305; MIRAGEM, Bruno. *Curso de Direito do Consumidor*. 3. ed. São Paulo: Revista dos Tribunais, 2012, p. 127-131; PASQUALOTTO, Adalberto. O destinatário final e o "consumidor intermediário". In: MARQUES, Claudia Lima; MIRAGEM, Bruno (Org.). *Doutrinas Essenciais*. Direito do Consumidor. São Paulo: Revista dos Tribunais, 2011, v. I, p. 903-912 e; BESSA, Leonardo Roscoe. *Relação de consumo e aplicação do Código de Defesa do Consumidor*. 2. ed. São Paulo: Revista dos Tribunais, 2009, p. 55-57.
397 A tese finalista é também resultado das experiências jurídicas do direito comparado. Assim, a análise do professor Thierry Bourgoignie (Bélgica) traz importantes argumentos em defesa de uma concepção mais subjetiva da figura do consumidor (BOURGOIGNIE, Thierry. O conceito de abusividade em relação aos consumidores e a necessidade de seu controle através de uma cláusula geral. Trad. Maria Henriqueta A. F. Lobo. *Revista de Direito do Consumidor*. n. 06, p. 08. São Paulo, abr.-jun. 1993).
398 Sobre o papel do Superior Tribunal de Justiça na construção de jurisprudência consumerista v., por todos: BENETI, Sidnei. O "fator STJ" no direito do consumidor brasileiro. *Revista de Direito do Consumidor*. n. 79, p. 11-44. São Paulo, jul.-set. 2011.
399 PASQUALOTTO, Adalberto. O destinatário final e o "consumidor intermediário". In: MARQUES, Claudia Lima; MIRAGEM, Bruno (Org.). *Doutrinas Essenciais*. Direito do Consumidor. São Paulo: Revista dos Tribunais, 2011, v. I, p. 905-906.
400 Idem, p. 905.
401 Idem, p. 907-909. Com efeito, o jurista afirma que a tendência maximalista na jurisprudência do STJ encerrou-se a partir do ano de 2004 e cita *leading case* (REsp 541.867/BA, 2ª Seção, j. 10.11.2004, rel. Min. Antonio de Pádua Ribeiro, rel. para o acórdão Min. Barros Monteiro) que inaugura o começo da mudança de posicionamento do Tribunal, i. e, a mudança para a teoria finalista (Ibidem, p. 907-908).
402 MARQUES, Claudia Lima. *Contratos no Código de Defesa do Consumidor*. 5. ed. São Paulo: Revista dos Tribunais, 2005, p. 338-339.
403 Idem, p. 347 et. seq. Sobre o finalismo *aprofundado*, v. ainda: MIRAGEM, Bruno. *Curso de Direito do Consumidor*. 3 ed. São Paulo: Revista dos Tribunais, 2012, p. 127-135 e; BESSA, Leonardo Roscoe. *Relação de Consumo e Aplicação do Código de Defesa do Consumidor*. 2. ed. São Paulo: Revista dos Tribunais, 2009, p. 66.
404 Sobre o tema, v. MARQUES, Claudia Lima. *Contratos no Código de Defesa do Consumidor*. 5. ed. São Paulo: Revista dos Tribunais, 2005, p. 353 et seq.
405 BESSA, Leonardo Roscoe. *Op. cit.*, p. 67. Ocorre que esse entendimento não é unânime. Assim, em sentido contrário, v. ZANELLATO, Marco Antonio. Considerações sobre o conceito jurídico de consumidor. *Revista de Direito do Consumidor*. n. 45, p. 175. São Paulo, jan.-mar. 2003.
406 Ocorre que a noção de *ato de consumo* (elemento objetivo da definição padrão de consumidor) pressupõe, como regra geral, a existência de uma relação *contratual*, quase sempre *por adesão* (CDC, art. 54, *caput*). A propósito, v. BENJAMIN, Antonio Herman V. O conceito jurídico de consumidor. In: MARQUES, Claudia Lima; MIRAGEM, Bruno (Org.). *Doutrinas Essenciais*. Direito do Consumidor. São Paulo: Revista dos Tribunais, 2011, v. I, p. 943.
407 Segundo interessante argumento de Benjamin essas definições de consumidor por equiparação – em especial as dos arts. 17 e 29 – acabam por tornar *residual* a definição padrão, na medida em que os elementos que a compõem (em especial o teleológico) só se aplicam a poucas situações onde não é

possível a incidência das normas equiparadoras (Idem. O Código Brasileiro de Proteção do Consumidor. In: MARQUES, Claudia Lima; MIRAGEM, Bruno (Org.). *Doutrinas Essenciais*. Direito do Consumidor. São Paulo: Revista dos Tribunais, 2011, v. I, p. 113).

408 Dispõe o CDC, art. 2º, parágrafo único: "Equipara-se a consumidor a coletividade de pessoas, ainda que indetermináveis, que haja intervindo nas relações de consumo".

409 MARQUES, Claudia Lima. *Contratos no Código de Defesa do Consumidor*. 5. ed. São Paulo: Revista dos Tribunais, 2005, p. 356.

410 Sobre o tema: GRINOVER, Ada Pellegrini et al. *Código Brasileiro de Defesa do Consumidor*. Comentado pelos Autores do Anteprojeto. 7. ed. Rio de Janeiro: Forense Universitária. 2001, p. 34-35 e; MIRAGEM, Bruno. *Curso de Direito do Consumidor*. 3. ed. São Paulo: Revista dos Tribunais, 2012, p. 122.

411 Sobre o tema v., por todos: GRINOVER, Ada Pellegrini et al. Op. cit., p. 737 et. seq. e; ARAÚJO FILHO, Luiz Paulo da Silva. *Comentários ao Código de Defesa do Consumidor*. Direito Processual. São Paulo: Saraiva, 2002, p. 51 et seq e; TARTUCE, Flávio, NEVES, Daniel Amorim Assumpção. *Manual de direito do conusmidor*. Direito material e processual. São Paulo: Gen/Método. 2012, p. 533 et seq.

412 MIRAGEM, Bruno. *Curso de direito do consumidor*. 3. ed. São Paulo: Revista dos Tribunais, 2012, p. 122.

413 Dispõe o CDC, art. 17: "Para os efeitos desta seção [Seção II – Da Responsabilidade pelo Fato do Produto e do Serviço], equiparam-se aos consumidores todas as vítimas do evento".

414 Sobre o tema, v, por todos: SANSEVERINO, Paulo de Tarso Vieira. *Responsabilidade civil no Código do Consumidor e a defesa do fornecedor*. São Paulo: Saraiva, 2002.

415 Vale lembrar que sendo *objetiva*, como regra, a responsabilidade civil nas relações de consumo, fundamenta-se, em última instância, nos já examinados princípios constitucionais da *solidariedade social* e da *confiança*, que implicam uma justa distribuição dos riscos na sociedade de consumo contemporânea. Sobre o tema, v. LOPES, José Reinaldo de Lima. O aspecto distributivo do direito do consumidor. *Revista de Direito do Consumidor*. n. 41, p. 147. São Paulo, jan.-mar. 2002.

416 BESSA, Leonardo Roscoe. *Relação de consumo e aplicação do Código de Defesa do Consumidor*. 2. ed. São Paulo: Revista dos Tribunais, 2009, p. 70.

417 O tema foi abordado no Capítulo 1, quando da análise dos princípios fundamentais do Direito do Consumidor (em especial, a análise do *princípio da proteção da confiança*). Sobre o tema, v. LARENZ, Karl. O estabelecimento de relações obrigacionais por meio de comportamento social típico (1956). Trad. Alessandro Hirata. *Revista DireitoGV*. v. 2, n. 1, p. 55-64. São Paulo, jan.-jun. 2006 e; ROPPO, Enzo. *O contrato*. Trad. Ana Coimbra e M. Januário C. Gomes. Coimbra: Almedina, 1988, p. 303-304. Na doutrina brasileira, v., COUTO E SILVA, Clóvis V. *A obrigação como processo*. São Paulo: José Bushatsky, 1976, p. 88-92 e; GOMES, Orlando. *Contratos de adesão*. Condições gerais dos contratos. São Paulo: Revista dos Tribunais, 1972, p. 88.

418 PASQUALOTTO, Adalberto. *Os efeitos obrigacionais da publicidade no Código de Defesa do Consumidor*. São Paulo: Revista dos Tribunais, 1997, p. 182. Sobre o tema, v. ainda: SANSEVERINO, Paulo de Tarso Vieira. *Responsabilidade civil no Código do Consumidor e a defesa do fornecedor*. São Paulo: Saraiva, 2002, p. 197 a 199 e; CHAISE, Valéria Falcão. *A publicidade em face do Código de Defesa do Consumidor*. São Paulo: Saraiva, 2001, p. 66-68.

419 MARQUES, Claudia Lima. *Contratos no Código de Defesa do Consumidor*. 5 ed. São Paulo: Revista dos Tribunais, 2005, p. 353).Ver ainda: Idem. Proposta de uma teoria geral dos serviços com base no Código de Defesa do Consumidor – A evolução das obrigações envolvendo serviços remunerados direta ou indiretamente. *Revista da Faculdade de Direito (UFRGS)*. v. 18, p. 48-53. Porto Alegre, 2000.

420 BESSA, Leonardo Roscoe. Op. cit., p. 71. Ocorre que o CDC estabelece "compreensão unitária" da responsabilidade civil, realizando a superação da tradicional dicotomia entre responsabilidade contratual e extracontratual. Sobre o tema, v. MARQUES, Claudia Lima. Proposta... cit., p. 58-60.

421 Dispõe o CDC, art. 29: "Para fins deste Capítulo e do seguinte [Capítulo V – Das Práticas Comerciais; Capítulo VI – Da Proteção Contratual], equiparam-se aos consumidores todas as pessoas determináveis ou não, expostas às práticas nele previstas".

422 Sobre o tema, na doutrina brasileira, v., por todos: MARQUES, Claudia Lima. *Contratos no Código de Defesa do Consumidor*. 5. ed. São Paulo: Revista dos Tribunais, 2005, p. 709 et seq.; MIRAGEM,

Bruno. *Curso de Direito do Consumidor*. 3. ed. São Paulo: Revista dos Tribunais, 2012, p. 190 et seq.; SCHMITT, Cristiano Heineck. *Cláusulas abusivas nas relações de consumo*. 2. ed. São Paulo: Revista dos Tribunais, 2008, p. 93 et seq.; BONATTO, Cláudio. *Código de Defesa do Consumidor. Cláusulas abusivas nas relações contratuais de consumo*. 2. ed. Porto Alegre: Livraria do Advogado, 2004, p. 33 et seq.; CAVALIERI FILHO, Sergio. *Programa de direito do consumidor*. São Paulo: Atlas, 2008, p. 127 et seq. e; FERNANDES NETO, Guilherme. *Cláusulas, práticas e publicidades abusivas*. São Paulo: Atlas, 2012, p. 112 et seq.

423   MIRAGEM, Bruno. *Curso de direito do consumidor*. 3. ed. São Paulo: Revista dos Tribunais, 2012, p. 124.

424   BESSA, Leonardo Roscoe. *Relação de consumo e aplicação do Código de Defesa do Consumidor*. 2. ed. São Paulo: Revista dos Tribunais, 2009, p. 81.

425   PASQUALOTTO, Adalberto. O destinatário final e o "consumidor intermediário". In: MARQUES, Claudia Lima; MIRAGEM, Bruno (Org.). *Doutrinas Essenciais. Direito do Consumidor*. São Paulo: Revista dos Tribunais, 2011, v. I, p. 930.

426   MARQUES, Claudia Lima. *Contratos no Código de Defesa do Consumidor*. 5. ed. São Paulo: Revista dos Tribunais, 2005, p. 347 et seq.

427   PASQUALOTTO, Adalberto. Op. cit., p. 932. Na feliz expressão do jurista gaúcho, o art. 29 do CDC "...é o portal dos vulneráveis não consumidores" (Ibidem, p. 930).

428   MARQUES, Claudia Lima. Op. cit., p. 337.

429   Veja-se, como exemplo, a decisão do Superior Tribunal de Justiça: "Processual civil e consumidor. Rescisão contratual cumulada com indenização. Fabricante. Adquirente. Freteiro. Hipossuficiência. Relação de consumo. Vulnerabilidade. Inversão do ônus probatório. Consumidor é toda pessoa física ou jurídica que adquire produto como destinatário final econômico, usufruindo do produto ou do serviço em benefício próprio. Excepcionalmente, o profissional freteiro, adquirente de caminhão zero quilômetro, que assevera conter defeito, também poderá ser considerado consumidor, quando a vulnerabilidade estiver caracterizada por alguma hipossuficiência fática, técnica ou econômica. Nesta hipótese está justificada a aplicação das regras de proteção ao consumidor, notadamente a concessão do benefício processual da inversão do ônus da prova. Recurso especial provido" (STJ. REsp 1080719/MG. rel. Min. Nancy Andrighi. *DJ* 10.02.2009).

430   PASQUALOTTO, Adalberto. Op. cit., p. 931). No mesmo sentido, v. BESSA, Leonardo Roscoe. Op. cit., p. 84 e 87. Em sentido contrário aos juristas citados – i.e., defendendo posição segundo a qual o art. 29 deve ser aplicado apenas aos "destinatários finais" do art. 2º – v. ZANELLATO, Marco Antonio. Considerações sobre o conceito jurídico de consumidor. *Revista de Direito do Consumidor*. n. 45, p. 175. São Paulo, jan.-mar. 2003.

431   MARQUES, Claudia Lima. *Contratos no Código de Defesa do Consumidor*. 5. ed. São Paulo: Revista dos Tribunais, 2005, p. 347 et seq. e; BESSA, Leonardo Roscoe. *Relação de consumo e aplicação do Código de Defesa do Consumidor*. 2. ed. São Paulo: Revista dos Tribunais, 2009, p. 59-66.

432   PASQUALOTTO, Adalberto. O destinatário final e o "consumidor intermediário". In: MARQUES, Claudia Lima; MIRAGEM, Bruno (Org.). *Doutrinas Essenciais. Direito do Consumidor*. São Paulo: Revista dos Tribunais, 2011, v. I, p. 932.

433   BESSA, Leonardo Roscoe. *Relação de consumo e aplicação do Código de Defesa do Consumidor*. 2. ed. São Paulo: Revista dos Tribunais, 2009, p. 59.

434   Essa é, precisamente, a posição de Marques: "...concordamos com a interpretação finalista das normas do CDC. A regra do art. 2º deve ser interpretada de acordo com o sistema da *tutela especial* do Código e conforme a *finalidade* da norma, que vem determinada de maneira clara pelo art. 4º do CDC. Só uma interpretação teleológica da norma do art. 2º permitirá definir quem são os consumidores no sistema do CDC. Mas, além dos consumidores *stricto sensu*, conhece o CDC os *consumidores-equiparados*, os quais, por determinação legal, merecem a proteção especial de suas regras. Trata-se de um sistema tutelar que prevê exceções em seu campo de aplicação sempre que a pessoa física ou jurídica preencher qualidades objetivas de seu conceito e as qualidades subjetivas (vulnerabilidade), mesmo que não preencha a de destinatário final econômico do produto ou serviço" (MARQUES, Claudia Lima. *Contratos no Código de Defesa do Consumidor*. 5. ed. São Paulo: Revista dos Tribunais, p. 338).

435 Como bem observa Benjamin "O consumidor pode ser definido não apenas quanto a si mesmo, mas por oposição a alguém. Do mesmo modo que o conceito de *trabalhador* é contrastado ao de *empregador*, o vocábulo *consumidor* pode ser oposto ao termo *produtor*" (BENJAMIN, Antonio Herman V. O conceito jurídico de consumidor. In: MARQUES, Claudia Lima; MIRAGEM, Bruno (Org.). *Doutrinas Essenciais*. Direito do Consumidor. São Paulo: Revista dos Tribunais, 2011, v. I, p. 941). No mesmo sentido, v. MIRAGEM, Bruno. *Curso de direito do consumidor*. 3. ed. São Paulo: Revista dos Tribunais, 2012, p. 135).

436 Dispõe o CDC, art. 3º, *caput*: "Fornecedor é toda pessoa física ou jurídica, pública ou privada, nacional ou estrangeira, bem como os entes despersonalizados, que desenvolvem atividades de produção, montagem, criação, construção, transformação, importação, exportação, distribuição ou comercialização de produtos ou prestação de serviços".

437 Sobre o tema, v., por todos: RIZZATTO NUNES, Luiz Antonio. *Curso de direito do consumidor*. 2. ed. São Paulo: Saraiva, 2005, p. 88-89.

438 Sobre o tema, v, por todos: MARQUES, Claudia Lima. *Contratos no Código de Defesa do Consumidor*. 5. ed. São Paulo: Revista dos Tribunais, p. 393 e; MIRAGEM, Bruno. *Curso de Direito do Consumidor*. 3. ed. São Paulo: Revista dos Tribunais, 2012, p. 136-137.

439 MIRAGEM, Bruno. Op. cit., p. 135.

440 Sobre o tema, por todos, v. SANSEVERINO, Paulo de Tarso Vieira. *Responsabilidade civil no Código do Consumidor e a defesa do fornecedor*. São Paulo: Saraiva, 2002, p. 181-188. A propósito, v. o Enunciado n. 460, da V Jornada de Direito Civil (CJF/CEJ), sobre a necessidade do "diálogo" entre o art. 14, § 4º do CDC e o art. 951 do CC.

441 Sobre o ente público (Estado) como fornecedor no CDC, v. PASQUALOTTO, Adalberto. Os serviços públicos no Código de Defesa do Consumidor. *Revista de Direito do Consumidor*. n. 1, p. 130-147. São Paulo, 1992.

442 Nesse sentido, observa Leonardo Bessa que o conceito de fornecedor no CDC (art. 3º, *caput*) "... por ser mais amplo, nem sempre coincide com a definição de *empresário* constante no art. 966 do CC" (BESSA, Leonardo Roscoe. *Relação de consumo e aplicação do Código de Defesa do Consumidor*. 2. ed. São Paulo: Revista dos Tribunais, 2009, p. 90). Sobre a figura do *fornecedor empresário*, importa observar também que a entrada em vigor do Código Civil de 2002 ampliou o conceito daquele nas relações de consumo, visto que o art. 931 reconheceu a figura do *empresário individual*, não prevista na definição geral de fornecedor no CDC (art. 3º, *caput*). Sobre a interpretação do art. 931 do Código Civil de 2002, v. o Enunciado n. 42, da I Jornada de Direito Civil – CJF/CEJ (AGUIAR JÚNIOR, Ruy Rosado de (Org.). *Jornadas de Direito Civil – I, III e IV. Enunciados Aprovados*. Brasília: CJF, 2007, p. 22) e; FACCHINI NETO, Eugênio. Da responsabilidade civil no novo Código. In: SARLET, Ingo Wolfgang (Org.). *O novo Código Civil e a Constituição*. 2. ed. Porto Alegre: Livraria do Advogado, 2006, p. 194-195.

443 A propósito, considera Bessa que "...tanto as associações como as fundações, embora não visem o lucro, podem exercer atividade econômica e remunerada. Se o fazem profissionalmente, são, para fins de aplicação do CDC, considerados 'fornecedores'" (Idem, p. 89). Sobre o tema v. ainda MIRAGEM, Bruno. Op. cit., p. 136-137.

444 Segundo o disposto no art. 3º, *caput* do CDC os fornecedores são aqueles " (...) que desenvolvem *atividades de produção, montagem, criação, construção, transformação, importação, exportação, distribuição ou comercialização de produtos ou prestação de serviços*" – grifou-se. Do mesmo modo, o art. 12, *caput* do CDC refere-se ao "...*fabricante, o produtor, o construtor, nacional e estrangeiro, e o importador...*" – grifou-se; o art. 13, *caput* refere-se ao "...*comerciante...*" – grifou-se e; o art. 14, *caput* refere-se ao "...*fornecedor de serviços...*" – grifou-se.

445 BESSA, Leonardo Roscoe. *Relação de consumo e aplicação do Código de Defesa do Consumidor*. 2. ed. São Paulo: Revista dos Tribunais, 2009, p. 91-94; *Idem*. Fornecedor equiparado. *Revista de Direito do Consumidor*. n. 61, p. 136-141. São Paulo, jan.-mar. 2007 e; BENJAMIN, Antonio Herman V.; MARQUES, Claudia Lima; BESSA, Leonardo Roscoe. *Manual de direito do consumidor*. 3. ed. São Paulo: Revista dos Tribunais, 2010, p. 104-105.

446 BENJAMIN, Antonio Herman V.; MARQUES, Claudia Lima; BESSA, Leonardo Roscoe. Op. cit., p. 105.
447 BESSA, Leonardo Roscoe. Fornecedor... cit., p. 141.
448 BESSA, Leonardo Roscoe. Fornecedor equiparado. *Revista de Direito do Consumidor*. n. 61, p. 136-141. São Paulo, jan.-mar. 2007.
449 MARQUES, Claudia Lima. *Contratos no Código de Defesa do Consumidor*. 5. ed. São Paulo: Revista dos Tribunais, 2005, p. 402-403. A cadeia de fornecimento é o fundamento *fático* da solidariedade jurídica (obrigacional) entre os fornecedores. No âmbito *jurídico normativo*, o fundamento da solidariedade obrigacional imposta pelo CDC, como já observado no Capítulo anterior, reside, sobretudo, nos *princípios constitucionais da solidariedade social* (CF, art. 3º, I) e *da confiança* (CF, art. 5º, § 2º), dos quais se deduz a necessária "ordem de *cooperação*" imposta aos sujeitos mais fortes (cadeia de fornecedores) para com os mais fracos (consumidores).
450 MARQUES, Claudia Lima. *Contratos no Código de Defesa do Consumidor*. 5. ed. São Paulo: Revista dos Tribunais, 2005, p. 402.
451 Idem, p. 403 et seq.
452 Sobre o tema, v. *Idem*. Proposta de uma Teoria Geral dos Serviços com Base no Código de Defesa do Consumidor – A evolução das obrigações envolvendo serviços remunerados direta ou indiretamente. *Revista da Faculdade de Direito (UFRGS)*. v. 18, p. 56-58. Porto Alegre, 2000.
453 MARQUES, Claudia Lima. Proposta de uma teoria geral dos serviços com base no Código de Defesa do Consumidor – A evolução das obrigações envolvendo serviços remunerados direta ou indiretamente. *Revista da Faculdade de Direito (UFRGS)*. v. 18, p. 57. Porto Alegre, 2000.
454 Relembre-se aqui a importante reflexão de Marques sobre o fato/valor (paradigma) confiança na sociedade de consumo contemporânea: "...é um paradigma mais *visual* (...) mais voltado para as percepções coletivas e para o resultado fático da conduta de um agente..." – grifou-se (*Idem. Contratos no Código de Defesa do Consumidor*. 5. ed. São Paulo: Revista dos Tribunais, 2005, p. 208).
455 MARQUES, Claudia Lima. Proposta... cit., p. 58.
456 Análise realizada no Capítulo 1 (subitem 1.1.).
457 Em trecho da ementa lê-se: "II – O mercado consumidor, não há como negar, vê-se hoje 'bombardeado' diuturnamente por intensa e hábil propaganda, a induzir a aquisição de produtos, notadamente os sofisticados de procedência estrangeira, levando em linha de conta diversos fatores, dentre os quais, e com relevo, a respeitabilidade da marca. III – Se empresas nacionais se beneficiam de marcas mundialmente conhecidas, incumbe-lhes responder também pelas deficiências dos produtos que anunciam e comercializam, não sendo razoável destinar-se ao consumidor as consequências negativas dos negócios envolvendo objetos defeituosos (STJ. REsp 63981/SP. 4ª T. rel. Min. Aldir Passarinho Júnior (rel. p/ acórdão Min. Sálvio F. Teixeira). DJ 11.04.2000).
458 Sobre o tema, v., por todos: MARQUES, Claudia Lima. Proposta... cit., p. 56; Idem. *Contratos no Código de Defesa do Consumidor*. 5. ed. São Paulo: Revista dos Tribunais, 2005, p. 91-109; KUHN, Adriana Menezes de Simão. O tempo e a cativdade nos contratos: elementos para uma abordagem sistêmica da teoria dos contratos. In: MARQUES, Claudia Lima (Coord.). *A nova crise do contrato*. São Paulo: Revista dos Tribunais, 2007, p. 455-481 e; SILVEIRA, Marco Antonio Karam. Contratos cativos de longa duração: tempo e equilíbrio nas relações contratuais. In: MARQUES, Claudia Lima (Coord.). *A nova crise do contrato*. São Paulo: Revista dos Tribunais, 2007, p. 482-503.
459 MARQUES, Claudia Lima. *Contratos no Código de Defesa do Consumidor*. 5. ed. São Paulo: Revista dos Tribunais, 2005, p. 91-109 e; LORENZETTI, Ricardo Luis; _____. *Contratos de servicios a los consumidores*. Buenos Aires/Santa Fé: Rubinzal-Culzoni Editores, p. 79 et seq. Na doutrina brasileira, v. ainda: KUHN, Adriana Menezes de Simão. Op. cit., p. 455-481 e; SILVEIRA, Marco Antonio Karam. Op. cit., p. 482-503.
460 KUHN, Adriana Menezes de Simão. Op. cit., p. 460. Segundo Silveira "São exemplos desses contratos os contratos bancários, de seguro-saúde, de assistência médico-hospitalar, de previdência privada, de cartão de crédito, de transmissão de informações e lazer por cabo, telefone, televisão, computadores, assim como os conhecidos serviços públicos básicos, de fornecimento de água, luz e telefone" (SILVEIRA, Marco Antonio Karam. Contratos cativos de longa duração: tempo e equilíbrio nas relações

contratuais. In: MARQUES, Claudia Lima (Coord.). *A nova crise do contrato*. São Paulo: Revista dos Tribunais, 2007, p. 484).

461 O principal fator de complexidade das redes e grupos contratuais é apontado por Lorenzetti: "Los consumidores se vinculan jurídicamente con un integrante de la red, pero los que realmente intervienen en el proceso de fabricación y distribución del producto o servicio son numerosos sujetos" (LORENZETTI, Ricardo Luis; MARQUES, Claudia Lima. *Contratos de servicios a los consumidores*. Buenos Aires/Santa Fé: Rubinzal-Culzoni, p. 30).

462 MARQUES, Claudia Lima. Contratos... cit., p. 102-109. Na doutrina brasileira, v., dentre outros: Idem. Novos temas na teoria dos contratos: confiança e o conjunto contratual. *Revista da AJURIS*. n. 100, p. 73-97. Porto Alegre, dez. 2005; RIBEIRO, Luciana Antonini. A nova pluralidade de sujeitos e vínculos contratuais: contratos conexos e grupos contratuais. In: MARQUES, Claudia Lima (Coord.). *A nova crise do contrato*. São Paulo: Revista dos Tribunais, 2007, p. 429-454; SOARES, Marcos Cáprio Fonseca. A interpretação do conjunto contratual sob a perspectiva do diálogo das fontes. In: MARQUES, Claudia Lima (Coord.). *Diálogo das fontes*. São Paulo: Revista dos Tribunais, 2012, p. 279-306 e; MARINO, Francisco Paulo De Crescenzo. *Contratos coligados no direito brasileiro*. São Paulo: Saraiva, 2009.

463 Sobre o tema, v. LORENZETTI, Ricardo Luis; MARQUES, Claudia Lima. Op. cit., p. 29 et. seq.

464 Sobre a noção de "processo obrigacional" v., por todos: COUTO E SILVA, Clóvis V. *A obrigação como processo*. São Paulo: José Bushatsky Editor. 1976, p. 97-121.

465 Sobre o tema, v. MARQUES, Claudia Lima. Novos temas na teoria dos contratos: confiança e o conjunto contratual. *Revista da AJURIS*. n. 100, p. 73-97. Porto Alegre, dez. 2005 e; SOARES, Marcos Cáprio Fonseca. A interpretação do conjunto contratual sob a perspectiva do diálogo das fontes. In: MARQUES, Claudia Lima (Coord.). *Diálogo das fontes*. São Paulo: Revista dos Tribunais, 2012, p. 279-306.

466 MARQUES, Claudia Lima. *Contratos no Código de Defesa do Consumidor*. 5. ed. São Paulo: Revista dos Tribunais, 2005, p. 104-105. Observa ainda a eminente jurista: "Tendo em vista esta conexidade com o consumo é que o art. 52 e o art. 3º, § 2º do CDC expressamente incluem o crédito e financiamento ao consumidor entre serviços de consumo. Ora, se os serviços envolvendo financiamentos (diretos ou indiretos) para o consumo são regulados expressamente pelo CDC, é porque são de consumo, assim como os bancos de dados regulados pelo art. 43 do CDC (SERASA, CADIN, SPC) também são serviços de consumo, apesar de sua acessória posição em relação ao consumo e ao crédito. Um bom exemplo de conexidade é a contratação de qualquer produto ou serviço através do uso de cartões de crédito" (*Ibidem*, p. 107). Sobre o "financiamento de venda para consumo", v. MARINO, Francisco Paulo De Crescenzo. *Contratos coligados no direito brasileiro*. São Paulo: Saraiva, 2009, p. 215-222.

467 PASQUALOTTO, Adalberto. O destinatário final e o "consumidor intermediário". In: MARQUES, Claudia Lima; MIRAGEM, Bruno. *Doutrinas Essenciais*. Direito do Consumidor. São Paulo: Revista dos Tribunais, 2011, v. I p. 918. E Benjamin, por sua vez, distingue *ato profissional* de *ato de consumo* (BENJAMIN, Antonio Herman V. O conceito jurídico de consumidor. In: MARQUES, Claudia Lima; MIRAGEM, Bruno. *Doutrinas Essenciais*. Direito do Consumidor. São Paulo: Revista dos Tribunais, 2011, v. I, p. 943).

468 MARQUES, Claudia Lima. *Contratos no Código de Defesa do Consumidor*. 5. ed. São Paulo: Revista dos Tribunais, 2005, p. 337.

469 Sobre o tema, v. MARQUES, Claudia Lima. Op. cit., p. 347 et seq. e; BESSA, Leonardo Roscoe. *Relação de consumo e aplicação do Código de Defesa do Consumidor*. 2. ed. São Paulo: Revista dos Tribunais, 2009, p. 59 et seq.

470 MARQUES, Claudia Lima. Op. cit., p. 402-426.

471 MIRAGEM, Bruno. *Curso de direito do consumidor*. 3. ed. São Paulo: Revista dos Tribunais, 2012, p. 141.

472 Dispõe o CDC, art. 3º, §1º: "Produto é qualquer bem, móvel ou imóvel, material ou imaterial".

473 Dispõe o CC, art. 86: "São consumíveis os bens móveis cujo uso importa destruição imediata da própria substância, sendo também considerados tais os destinados à alienação"

474 A propósito, já nos manifestamos, em outra oportunidade, sobre o tema: AZEVEDO, Fernando Costa de. *Lições de teoria geral do direito civil*. Porto Alegre: Livraria do Advogado, 2008, p. 96.

475 Assim, o CDC utiliza a expressão produtos "duráveis" e "não duráveis" em relação ao exercício do direito potestativo à garantia contra vícios redibitórios (art. 26). Rizzatto Nunes, por sua vez, chama a atenção para o conceito de produto "descartável" que, segundo o jurista, não deve ser confundido com produto "não durável": "Um produto 'descartável' (termo não definido em lei) é o 'durável' com baixa durabilidade, ou que somente pode ser utilizado uma vez. É uma invenção do mercado contemporâneo, que acaba aproximando o produto 'durável' em sua forma de desgaste ao produto 'não durável' em sua forma de extinção" (NUNES, Luiz Antonio Rizzatto. *Curso de direito do consumidor.* 2. ed. São Paulo: Saraiva, 2005, p. 93).

476 Sobre o tema, v. PASQUALOTTO, Adalberto. O destinatário final e o "consumidor intermediário". In: MARQUES, Claudia Lima; MIRAGEM, Bruno. *Doutrinas Essenciais. Direito do Consumidor.* São Paulo: Revista dos Tribunais, 2011, v. I, p. 906.

477 Vale lembrar que a definição de bens consumíveis no Código Civil (art. 86) alcança apenas os bens materiais de natureza *móvel.*

478 MIRAGEM, Bruno. *Curso de direito do consumidor.* 3. ed. São Paulo: Revista dos Tribunais, 2012, p. 141. E complementa o jurista: "Neste caso, as normas do CDC aplicam-se conjuntamente com as normas do Código Civil e da legislação civil extravagante. Ou seja, aplicam-se as normas do Código Civil, quanto às solenidades, regras de transmissão da propriedade, e outras pertinentes, sobretudo, ao direito das coisas. E ao CDC cumpre regular o aspecto dinâmico da contratação, assegurando o equilíbrio das prestações, o direito à informação do consumidor, assim como a repressão a práticas e cláusulas abusivas, dentre outros" (Ibidem, p. 141-142).

479 Sobre o tema, v., por todos: GHEZZI, Leandro Leal. *A incorporação imobiliária. À luz do Código de Defesa do Consumidor e do Código Civil.* São Paulo: Revista dos Tribunais, 2007.

480 Sobre a "coligação contratual no âmbito do Sistema Financeiro da Habitação" v. MARINO, Francisco Paulo De Crescenzo. *Contratos Coligados no Direito Brasileiro.* São Paulo: Saraiva, 2009, p. 211-215.

481 Marques apresenta alguns julgados do STJ que demonstram essa postura: STJ.REsp 266625/GO. 5ª T. rel. Min Edson Vidigal, j. 26.09.2001; STJ. REsp 302603/SP, 5ª T. rel. Min. Gilson Dipp, j. 06.04.2001 e; STJ. REsp 239578/SP, rel. Min. Felix Fischer, j. 08.02.2000 (MARQUES, Claudia Lima. *Contratos no Código de Defesa do Consumidor.* 5. ed. São Paulo: Revista dos Tribunais, 2005, p. 431-432 – nota n. 350).

482 MARQUES, Claudia Lima. *Contratos no Código de Defesa do Consumidor.* 5. ed. São Paulo: Revista dos Tribunais, 2005, 430-436.

483 Sobre a posição jurídica do fiador nos contratos de locação, observa Marques: "relembre-se a posição extremamente vulnerável do terceiro, o fiador que, como garantidor de uma relação de consumo, nesta intervém (parágrafo único do art. 2º do CDC) e é exposto (art. 29 do CDC) às práticas comerciais dos fornecedores, por exemplo, as imobiliárias, que, de posse do contrato e, muitas vezes, sem a real anuência nem mesmo do locador, modificam e aditam os termos do contrato" (Idem, p. 435).

484 Sobre o tema, v. MARQUES, Claudia Lima. Novos temas na teoria dos contratos: confiança e conjunto contratual. *Revista da AJURIS.* n. 100, p. 80. Porto Alegre, dez. 2005.

485 Sobre o tema, na doutrina brasileira, v. MARTINS, Guilherme Magalhães; LONGHI, João Victor Rozatti. A tutela do consumidor nas redes sociais virtuais – Responsabilidade civil por acidentes de consumo na sociedade da informação. *Revista de Direito do Consumidor.* n. 78, p. 191-221. São Paulo, abr.-jun. 2011.

486 Sobre o tema, na doutrina brasileira, v., por todos: LORENZETTI, Ricardo Luis. *Comércio Eletrônico.* Trad. Fabiano Menke. São Paulo: Revista dos Tribunais, 2004; MARQUES, Claudia Lima. *Confiança no Comércio eletrônico e a proteção do consumidor.* São Paulo: Revista dos Tribunais, 2004.

487 MARQUES, Claudia Lima. Confiança... cit., p. 84.

488 Por essa razão, reconhece Miragem que "...a importância desta definição [de produto como bem imaterial] é ainda maior quando se observa o crescimento da importância econômica da informática e dos bens e serviços produzidos exclusivamente por este meio" (MIRAGEM, Bruno. *Curso de direito do consumidor.* 3. ed. São Paulo: Revista dos Tribunais, 2012, p. 143). Importa destacar que o presente processo de atualização do Código de Defesa do Consumidor tem, como um de seus temas fundamentais, a regulação específica do comércio eletrônico. Sobre o tema, v., dentre outros: SANTOLIM,

Cesar. Anotações sobre o Anteprojeto da Comissão de Juristas para a atualização do Código de Defesa do Consumidor, na parte referente ao comércio eletrônico. *Revista de Direito do Consumidor*. n. 83, p. 73-82. São Paulo, jul.-set. 2012 e; AZEVEDO, Fernando Costa de; KLEE, Antonia Espíndola Longoni. Considerações sobre a proteção dos consumidores no comércio eletrônico e o atual processo de atualização do Código de Defesa do Consumidor. *Revista de Direito do Consumidor*. n. 85, p. 209-260. São Paulo, jan.-fev. 2013.

489 Dispõe o CDC, art. 3º, § 2º: "Serviço é qualquer atividade fornecida no mercado de consumo, mediante remuneração, inclusive as de natureza bancária, financeira, de crédito e securitária, salvo as decorrentes das relações de caráter trabalhista".

490 MARQUES, Claudia Lima. *Contratos no Código de Defesa do Consumidor*. 5. ed. São Paulo: Revista dos Tribunais, 2005, p. 180.

491 Em outra passagem, observa e eminente jurista: "Hoje se pode imaginar que praticamente 70% das causas judiciais envolvem serviços, dos de pequena monta, como marcenaria, serviços educacionais, de conserto e pintura, locações de vídeo, serviços de informação, de lazer, de embelezamento, de telecomunicações, consórcios, assinaturas de revistas, telefonia e de acesso à Internet, geralmente discutidos nos juizados especiais de pequenas causas, até aqueles serviços de valor maior, como empreitadas, seguros, transporte de passageiros, serviços turísticos, serviços médicos, advocatícios, de consultoria, de planos e seguros de saúde, de crédito, de *leasing* massificado, de financiamento e serviços bancários em geral" (Idem. Proposta de uma teoria geral dos serviços com base no Código de Defesa do Consumidor – A evolução das obrigações envolvendo serviços remunerados direta ou indiretamente. *Revista da Faculdade de Direito (UFRGS)*. n. 18, p. 36. Porto Alegre, 2000).

492 NUNES, Luiz Antonio Rizzatto. *Curso de direito do consumidor*. 2. ed. São Paulo: Saraiva, 2005, p. 97.

493 MARQUES, Claudia Lima. Proposta de uma Teoria Geral dos Serviços com Base no Código de Defesa do Consumidor – A Evolução das Obrigações Envolvendo Serviços Remunerados Direta ou Indiretamente. *Revista da Faculdade de Direito (UFRGS)*. n. 18, p. 39. Porto Alegre, 2000. Sobre o tema, v. ainda MIRAGEM, Bruno. *Curso de Direito do Consumidor*. 3. ed. São Paulo: Revista dos Tribunais, 2012, p. 144-148.

494 MARQUES, Claudia Lima. Proposta... cit., p. 37-38.

495 A ideia de onerosidade e o conceito de contrato oneroso serão analisados na sequência (subitem 2.3).

496 Sobre a distinção entre remuneração direta e indireta, v. NUNES, Luiz Antonio Rizzatto. *Curso de Direito do Consumidor*. 2. ed. São Paulo: Saraiva, 2005, p. 97-98.

497 A remuneração, assim como os produtos e serviços, é bem jurídico (objeto imediato) das relações de consumo, pois constitui prestação devida pelos consumidores *stricto sensu* em razão da contratação de serviços e, regra geral, pela contratação de aquisição e utilização de produtos. Assim, apenas os serviços prestados de modo *oneroso* (contratos comutativos e aleatórios) enquadram-se na condição de objeto das relações de consumo. Contudo, há situações em que mesmo a existência de remuneração pode suscitar dúvidas quanto à incidência do CDC, devido à pluralidade do próprio sistema remuneratório. É o que ocorre com a prestação de *serviços públicos*, que podem ser remunerados por impostos, taxas ou por tarifas (preço público). O STJ, a propósito, vem adotando posicionamento restritivo, no sentido de incluir na tutela do CDC apenas os serviços remunerados por *tarifas* (STJ. REsp 793422/RS, rel. Min. Eliana Calmon. *DJ* 17.08.2006). Há, porém, entendimentos diversos, que vão desde uma interpretação extensiva (são objeto das relações de consumo os serviços públicos remunerados por impostos, taxas e tarifas) até uma interpretação extensiva mitigada (apenas os serviços remunerados por taxas e tarifas). A propósito, já nos manifestamos, em outra oportunidade, sobre o tema: AZEVEDO, Fernando Costa de. A suspensão do fornecimento de serviço público essencial por inadimplemento do consumidor-usuário. Argumentos doutrinários e entendimento jurisprudencial. *Revista de Direito do Consumidor*. n. 62, p. 89-94. São Paulo, abr.-jun. 2007.

498 Veja-se que o CDC estabeleceu, em seu art. 3º, § 2º, que serviços são atividades prestadas "*no mercado de consumo (...) salvo as decorrentes das relações de caráter trabalhista*"; e no art. 4º, I, estabeleceu, como princípio jurídico norteador da Política Nacional das Relações de Consumo, o reconhecimento da vulnerabilidade dos consumidores *no mercado de consumo*. As relações provenientes do *mercado trabalhista (empregatício)*, regidas por sistema jurídico distinto (CLT e legislação trabalhista extravagente),

ficam de fora do âmbito do CDC. Por fim, cumpre observar que a ideia sobre o que seja o "mercado de consumo" é fundamental para a compreensão do "sinalagma" como característica fundamental da relação de consumo. O tema será analisado a seguir.

499 O conceito de contrato oneroso será analisado na sequência (subitem 2.3).
500 Sobre o tema, v. NORONHA, Fernando. *Direito das obrigações*. São Paulo: Saraiva, 2003, v. I, p. 19 e 22-23.
501 Sobre o tema, v. PASQUALOTTO, Adalberto. O destinatário final e o "consumidor intermediário". In: MARQUES, Claudia Lima; MIRAGEM, Bruno. *Doutrinas Essenciais*. Direito do Consumidor. São Paulo: Revista dos Tribunais, 2011, v. I, p. 918 e; BENJAMIN, Antonio Herman V. O conceito jurídico de consumidor. In: MARQUES, Claudia Lima; MIRAGEM, Bruno. *Doutrinas Essenciais*. Direito do Consumidor. São Paulo: Revista dos Tribunais, 2011, v. I, p. 943).
502 Miragem, a propósito, observa a tendência atual do STJ, de afastar a incidência do CDC nas relações envolvendo prestação de serviços *advocatícios*, sob o argumento de que não seriam atividades fornecidas no mercado de consumo (MIRAGEM, Bruno. *Curso de direito do consumidor*. 3. ed. São Paulo: Revista dos Tribunais, 2012, p. 139).
503 BESSA, Leonardo Roscoe. *Relação de consumo e aplicação do Código de Defesa do Consumidor*. 2. ed. São Paulo: Revista dos Tribunais, 2009, p. 97 e 115-130. Sobre o tema, v. AZEVEDO, Fernando Costa de. A suspensão do fornecimento de serviço público essencial por inadimplemento do consumidor-usuário. Argumentos doutrinários e entendimento jurisprudencial. *Revista de Direito do Consumidor*. n. 62, p. 89-94. São Paulo, abr.-jun. 2007 e; BONATTO, Claudio; MORAES, Paulo Valério Dal Pai.*Questões controvertidas no Código de Defesa do Consumidor*. 4. ed. Porto Alegre: Livraria do Advogado, 2003, p. 99-111.
504 MARTINS-COSTA, Judith. Mercado e solidariedade social entre *cosmos* e *taxis*: a boa-fé nas relações de consumo. In: MARTINS-COSTA, Judith (Org.). *A reconstrução do direito privado*. São Paulo: Revista dos Tribunais, 2002, p. 613-619.
505 MARTINS-COSTA, Judith. Mercado e solidariedade social entre *cosmos* e *taxis*: a boa fé nas relações de consumo. In: MARTINS-COSTA, Judith (Org.). *A reconstrução do direito privado*. São Paulo: Revista dos Tribunais, 2002, p. 617 e 619. Não é por acaso que o CDC estabelece objetivos e específicos princípios jurídicos (diretrizes) da *Política* Nacional das Relações de Consumo (art. 4º). Sobre o tema, v. DERANI, Cristiane. Política Nacional das Relações de Consumo e o Código de Defesa do Consumidor. In: MARQUES, Claudia Lima; MIRAGEM, Bruno. *Doutrinas Essenciais*. Direito do Consumidor. São Paulo: Revista dos Tribunais, 2011, v. I, p. 1359-1372 e; VAL, Olga Maria do. Política Nacional das Relações de Consumo. In: MARQUES, Claudia Lima; MIRAGEM, Bruno. *Doutrinas Essenciais*. Direito do Consumidor. São Paulo: Revista dos Tribunais, 2011, v. I, p. 1373-1396.
506 Sobre o tema, v. MIRAGEM, Bruno. *Curso de direito do consumidor*. 3. ed. São Paulo: Revista dos Tribunais, 2012, p. 138.
507 DERANI, Cristiane. Op. cit., p. 1.363.
508 Considerando apenas as prestações *principais* da relação de consumo, pode-se dizer que há reciprocidade, interdependência e equivalência econômica entre a prestação pecuniária do consumidor (*remuneração* – CDC, art. 3º, § 2º) e as prestações de dar (entrega do produto) e fazer (prestação do serviço) dos fornecedores.
509 Ensina Boselli, em obra clássica na doutrina italiana, que "... il sinallagma si precisa e qualifica come rapporto di corrispettività temporale, teleológica ed econômica fra le prestazioni" (BOSELLI, Aldo. *La risoluzione del contratto per eccessiva onerosità*. Torino: Torinese, 1952, p. 102).
510 MARTINS-COSTA, Judith. *A boa-fé no direito privado*. São Paulo: Revista dos Tribunais, 1999, p. 465. No mesmo sentido, observa Aguiar Júnior: "O nexo ou sinalagma que liga as obrigações das duas partes, mantendo-as numa relação de correspectividade e interdependência, deve estar presente na celebração do contrato (sinalagma genético) (...) e também durante a sua execução, no momento das prestações correspectivas (sinalgma funcional)" (AGUIAR JÚNIOR, Ruy Rosado de. *Extinção dos contratos por incumprimento do devedor*. Resolução. 2. ed. Rio de Janeiro: Aide, 2004, p. 82). Assim, segundo a clássica lição de Boselli, entende-se que o contrato sinalagmático é aquele "...le cui presta-

zioni, secondo la più recente dottrina, risultano vincolate da um rapporto di recíproca interdipendenza genética e funcionale" (BOSELLI, Aldo. Op. cit., p. 99-100).

511 SILVA, Luis Renato Ferreira da. *Reciprocidade e contrato*. A Teoria da causa e sua aplicação nos contratos e nas relações "paracontratuais". Porto Alegre: Livraria do Advogado, 2013, p. 74 et seq.

512 ITURRASPE, Jorge Mosset. *Justicia Contractual*. Buenos Aires: Ediar, 1978, p. 204. Na doutrina alemã, ensina Larenz que "... es inmanente al contrato sinalagmático como tipo la idea de un equilíbrio aproximado entre prestación y contraprestación, de modo que cada uno pueda encontrar una ventaja" (LARENZ, Karl. *Derecho Justo*. Fundamentos de Etica Juridica. Trad. Luis Díez-Picazo. Madrid: Civitas, 1993, p. 76).

513 Cumpre destacar que embora as prestações tenham conteúdo patrimonial (imediatamente econômico), o interesse do credor poderá ser apenas *mediatamente econômico* (ex: o interesse do consumidor (credor) que contrata um plano de saúde é a expectativa de cobertura da empresa). Nesse caso, pode-se dizer que o interesse do consumidor é *existencial* e não patrimonial. O tema será abordado mais adiante, sobretudo quando da análise acerca da cláusula geral de vantagem excessiva no CDC (Parte II, Capítulo 4).

514 Como ensina Pontes de Miranda: "No momento em que se conclui o negócio jurídico bilateral, em que há prestação e contraprestação, os figurantes implicitamente as tiveram por equivalentes" (PONTES DE MIRANDA, Francisco Cavalcanti. *Tratado de Direito Privado*. 3. ed. São Paulo: Revista dos Tribunais, 1984, t. XXV, p. 285). Segundo o mestre brasileiro a equivalência não é necessariamente perfeita, mas "aproximada", i.e., estabelecida pelos valores objetivos de mercado ou por circunstâncias próprias da natureza do negócio ou da situação dos contratantes (Ibidem, p. 236-237).

515 SILVA, Luis Renato Ferreira da. *Reciprocidade e contrato*. A teoria da causa e sua aplicação nos contratos e nas relações "paracontratuais". Porto Alegre: Livraria do Advogado, 2013, p. 161.

516 Justifica-se, nessas situações, o princípio constitucional da *proporcionalidade* como um dos fundamentos do Direito do Consumidor. Com efeito, as normas infraconstitucionais de Direito do Consumidor (sobretudo as do CDC) concretizam o princípio da proporcionalidade enquanto mandamento jurídico a impor uma "proibição de excessividade", i.e., uma proibição de situações que envolvam "desproporção manifesta de prestações e direitos". Considerando a lição de Pontes de Miranda segundo a qual a equivalência é sempre "aproximada" (presumida), ganha destaque a já citada observação de Perlingieri, de que o princípio da proporcionalidade, aplicado no âmbito das relações contratuais "...vige nel senso non di imporre una equivalenza delle prestazioni, ma di vietare una sproporzione macroscopica e ingiustificata tra queste" (PERLINGIERI, Pietro. Equilibrio normativo e principio di proporzionalità nei contratti. *Revista Trimestral de Direito Civil*. v. 12, p. 143. Rio de Janeiro, out.-dez. 2002). Sobre o tema, v. ainda MARTINS, Fernando Rodrigues. *Princípio da justiça contratual*. São Paulo: Saraiva, 2009, p. 283-287.

517 Na lição de Aguiar Júnior "Contrato oneroso é aquele em que o benefício do sujeito tem um sacrifício como contraprestação equivalente. Não sendo assim, o contrato é gratuito" (AGUIAR JÚNIOR, Ruy Rosado de. *Extinção dos contratos por incumprimento do devedor*. Resolução. 2. ed. Rio de Janeiro: Aide, 2004, p. 85). Sobre a noção de equilíbrio como bilateralidade (equivalência/reciprocidade de prestações) nos contratos *onerosos*, v. ITURRASPE, Jorge Mosset. *Justicia Contractual*. Buenos Aires: Ediar, 1978, p. 206.

518 Idem, p. 87. Na lição de Messineo "... es conmutativo (o cierto) el contrato, en el cual la estimación del respectivo sacrifício y ventaja puede hecerla cada una de las partes en el mismo acto en que el contrato se perfeciona. Tales son, en general, todos los contratos con prestaciones recíprocas, con excepción de los que ahora hemos catalogado como aleatorios" (MESSINEO, Francesco. *Doctrina general del contrato*. Trad. R. O. Fontanorrosa, S Sentís Mellendo e M. Volterra. Buenos Aires: EJEA, 1986, p. 425).

519 Nesse sentido, v. DELFINI, Francesco. *Autonomia Privata e Rischio Contrattuale*. Milano: Giuffrè, 1999, p. 200-202.

520 LORENZETTI, Ricardo Luis. *Fundamentos do Direito Privado*. Trad. Vera Maria J. Fradera. São Paulo: Revista dos Tribunais, 1998, p. 141.

521 MARQUES, Claudia Lima. *Contratos no Código de Defesa do Consumidor*. 5. ed. São Paulo: Saraiva, 2005, p. 288.

522 FRISON-ROCHE, Marie-Anne. Remarques sur la distinction de la volonté et du consentement en droit des contrats. *Revue Trimestrielle de Droit Civil*. n. 3, p. 573-578. Paris, juillet-septembre/1995.

523 Embora a definição padrão (*standard* ou *stricto sensu*) de consumidor (CDC, art. 2º, *caput*) sugira que o "ato de consumo", regra geral, deva ocorrer por meio de contrato, quase sempre por adesão (BENJAMIN, Antonio Herman V. O conceito jurídico de consumidor. In: MARQUES, Claudia Lima; MIRAGEM, Bruno (Org.). *Doutrinas Essenciais*. Direito do Consumidor. São Paulo: Revista dos Tribunais, 2011, v. I, p. 943).

524 SILVA, Luis Renato Ferreira da. *Reciprocidade e contrato*. A teoria da causa e sua aplicação nos contratos e nas relações "paracontratuais". Porto Alegre: Livraria do Advogado, 2013, p. 119 et seq.

525 LARENZ, Karl. O estabelecimento de relações obrigacionais por meio de comportamento social típico (1956). Trad. Alessandro Hirata. *Revista DireitoGV*. v. 2, n. 1, p. 55-64. São Paulo, jan.-jun. 2006.

526 Na doutrina brasileira, v., por todos: PASQUALOTTO, Adalberto. *Os efeitos obrigacionais da publicidade no Código de Defesa do Consumidor*. São Paulo: Revista dos Tribunais, 1997, p. 182.

527 Cf. análise sobre o princípio constitucional da proteção da confiança, realizada no Capítulo 1. Na doutrina portuguesa, v. a oportuna reflexão de: CARNEIRO DA FRADA, Manuel António C. P. *Teoria da confiança e responsabilidade civil*. Coimbra: Almedina, 2004, p. 361-362. Sobre o tema, v. MIRAGEM, Bruno. *Abuso do direito*. Proteção da confiança e limite ao exercício das prerrogativas jurídicas no direito privado. Rio de Janeiro: Forense, 2009, p. 159.

528 MARQUES, Claudia Lima. *Contratos no Código de Defesa do Consumidor*. 5. ed. São Paulo: Revista dos Tribunais, 2005, p. 288.

529 Idem. Proposta de uma Teoria Geral dos Serviços com Base no Código de Defesa do Consumidor. *Revista da Faculdade de Direito (UFRGS)*. v. 18, p. 60. Porto Alegre, 2000.

530 MARQUES, Claudia Lima. *Contratos no Código de Defesa do Consumidor*. 5. ed. São Paulo: Revista dos Tribunais, 2005, p. 291.

531 Ressaltando a lição de Lorenzetti, o sinalagma da relação de consumo deve levar em conta a existência de uma posição permanente de "debilidade estrutural no mercado" (LORENZETTI, Ricardo Luis. *Fundamentos do Direito Privado*. Trad. Vera Maria J. Fradera. São Paulo: Revista dos Tribunais, 1998, p. 141).

532 O "equilíbrio mínimo" (princípio do equilíbrio ou da equivalência material) da relação de consumo, em sua perspectiva externa e interna, será analisado no Capítulo 2 (subitem 2.2.1).

533 Como observa Marques "O Estado passa, assim, a interessar-se pelo sinalagma interno das relações privadas e a revisar os excessos, justamente porque, convencido da desigualdade intrínseca e excludente entre os indivíduos, deseja promover o equilíbrio mínimo das relações sociais e a confiança do contratante mais fraco" (*Ibidem*, p. 292). Martins, a propósito, utiliza a expressão "justiça sinalagmática" (MARTINS, Fernando Rodrigues. *Princípio da justiça contratual*. São Paulo: Saraiva, 2009, p. 279).

Capítulo 3

534 BESSA, Leonardo Roscoe. *Relação de consumo e aplicação do Código de Defesa do Consumidor*. 2. ed. São Paulo: Revista dos Tribunais, 2009, p. 63. Pasqualotto, ao contrário, critica a expressão "consumidores intermediários", afirmando que se trata de uma "contradição em termos", pois "...ou há consumidor por ausência de atividade econômica, ou não há consumo por ausência de destinação final. Em outras palavras: onde há atividade econômica, não há consumo" (PASQUALOTTO, Adalberto. O destinatário final e o "consumidor intermediário". In: MARQUES, Claudia Lima; MIRAGEM, Bruno (Org.). *Doutrinas Essenciais*. Direito do Consumidor. São Paulo: Revista dos Tribunais, 2011, v. I, p. 930).

535 FIECHTER-BOULVARD, Frédérique. La notion de vulnérabilité et sa consecration par le droit. In: COHET-CORDEY, Frédérique. *Vulnérabilité et droit*. Le développement de la vulnérabilité et ses enjeux en droit. Presses Universitaires de Grenoble. 2000, p. 13-14.

536 Idem, p. 13.

537 Idem, p. 14.

538 FIECHTER-BOULVARD, Frédérique. La notion de vulnérabilité et sa consecration par le droit. In: COHET-CORDEY, Frédérique. *Vulnérabilité et droit*. Le développement de la vulnérabilité et ses

enjeux en droit. Presses Universitaires de Grenoble. 2000, p. 17. A propósito, reconhece Chazal que "Par vulnérable, on entend la personne ou la chose qui peut être blessée" (CHAZAL, Jean-Pascal. Vulnérabilité et droit de la consommation. In: COHET-CORDEY, Frédérique. *Vulnerabilité et droit. Le développement de la vulnérabilité et ses enjeux en droit*. Presses Universitaires de Grenoble. 2000, p. 243).

539 FIECHTER-BOULVARD, Frédérique. *Op. cit.*, p. 14; CHAZAL, Jean-Pascal. Op. cit., p. 244. Na doutrina brasileira, Marques e Miragem sugerem que a vulnerabilidade é "... um estado inerente de risco..." (MARQUES, Claudia Lima; MIRAGEM, Bruno. *O novo direito privado e a proteção dos vulneráveis*. São Paulo: Revista dos Tribunais, 2012, p. 117). Na sociedade contemporânea, já se identificam grupos cuja vulnerabilidade é agravada por certos fatores de ordem social ou natural (*"facteurs d'aggravation des risques"*), sendo denominados, na doutrina e jurisprudência brasileira, de *hipervulneráveis*. (MARQUES, Claudia Lima; MIRAGEM, Bruno. Op. cit., p. 184-196)

540 MORAES, Paulo Valério Dal Pai. *Código de Defesa do Consumidor. O princípio da vulnerabilidade*. 3. ed. Porto Alegre: Livraria do Advogado, 2009, p. 125. Fiechter-Boulvard, por sua vez, afirma que "...la vulnérabilité de l'homme precede l'esprit des lois" (FIECHTER-BOULVARD, Frédérique. La notion de vulnérabilité et sa consecration par le droit. In: COHET-CORDEY, Frédérique. *Vulnerabilité et droit. Le développement de la vulnérabilité et ses enjeux en droit*. Presses Universitaires de Grenoble. 2000, p. 16).

541 MORAES, Paulo Valério Da Pai. Op. cit., p. 125. Ensina ainda o autor que "Vulnerabilidade, sob o enfoque jurídico, é, então, o princípio pelo qual o sistema jurídico positivado reconhece a qualidade ou condição daquele(s) sujeito(s) mais fraco(s) na relação de consumo, tendo em vista a possibilidade de que venha(m) a ser ofendido(s) ou ferido(s), na sua incolumidade física ou psíquica, bem como no âmbito econômico, por parte do(s) sujeito(s) mais potente(s) da mesma relação (MORAES, Paulo Valério Dal Pai. Op. cit., p. 125). Na doutrina francesa, v ainda: FAVIER, Yann. A inacalçavel definição de vulnerabilidade aplicada ao direito: abordagem francesa. Trad. Vinícius Aquini e Káren Rick D. Bertoncello. *Revista de Direito do Consumidor*. n. 85, p. 16. São Paulo, jan.-fev. 2013).

542 CHAZAL, Jean-Pascal. Op. cit., p. 249. Como ensinam Marques e Miragem "... a vulnerabilidade é mais um estado da pessoa, um estado inerente de risco ou um sinal de confrontação excessiva de interesses identificado no mercado, é uma situação permanente ou provisória, individual ou coletiva, que fragiliza, enfraquece o sujeito de direitos, desequilibrando a relação (...) A noção de vulnerabilidade no direito associa-se à identificação de fraqueza ou debilidade de um dos sujeitos da relação jurídica em razão de determinadas condições que lhe são inerentes ou, ainda, de uma posição de força que pode ser identificada no outro sujeito da relação jurídica" (MARQUES, Claudia Lima; MIRAGEM, Bruno. *O novo direito privado e a proteção dos vulneráveis*. São Paulo: Revista dos Tribunais, 2012, p. 117 e 162).

543 Sobre o tema, v., por todos: NORONHA, Fernando. *O direito dos contratos e seus princípios fundamentais*. São Paulo: Saraiva, 1994, p. 64.

544 Cf. análise a respeito da sociedade *moderna* de consumo (Parte I, Capítulo 1).

545 Sobre o tema, na doutrina brasileira, v. por todos: GOMES, Orlando. *Transformações gerais no direito das obrigações*. 2. ed. São Paulo: Revista dos Tribunais, 1980, p. 09-12.

546 Sobre o tema, v. MARTINS, Fernando Rodrigues. *O princípio da justiça contratual*. São Paulo: Saraiva, 2009, p. 56-108. Na doutrina portuguesa, observa Ferreira de Almeida que a ordem jurídica liberal, com suas concepções formais de liberdade e igualdade, contribuiu em larga medida para o aumento dos desequilíbrios oriundos dessas revoluções sociais (ALMEIDA, Carlos Ferreira de. *Os direitos dos consumidores*. Coimbra: Almedina, 1982, p. 19).

547 Sobre o tema, na doutrina brasileira, v. por todos: GOMES, Orlando. *Transformações gerais no direito das obrigações*. 2. ed. São Paulo: Revista dos Tribunais, 1980, p. 09-12.

548 Sobre o tema, v., por todos: NOVAIS, Jorge Reis. Contributo para uma teoria do Estado de Direito. *Boletim da Faculdade de Direito*. v. XXIX, Coimbra, 1986 e; VERDÚ, Pablo Lucas. *A luta pelo estado de direito*. Trad. Agassiz Almeida Filho. Rio de Janeiro: Forense, 2007.

549 JOSSERAND, Louis. A proteção aos fracos pelo direito. Trad. Francisco de Assis Andrade. *Revista Forense*. v. 128, p. 363-364. Rio de Janeiro, mar. 1950.

550 Na ordem jurídica brasileira, sobretudo a partir das garantias constitucionais da Constituição Federal de 1988, intensificou-se o reconhecimento de grupos sociais em estado de vulnerabilidade (ou, ainda, de *hipervulnerabilidade*) como os consumidores (CF, art. 5º, XXXII), os portadores de deficiência (CF, art. 227, §§ 1º e 2º e art. 244), os idosos (CF, art. 230), as crianças e os adolescentes (CF, art. 227, *caput*) e ainda as "futuras gerações" (CF, art. 225). Sobre o tema, v. MARQUES, Claudia Lima; MIRAGEM, Bruno. *O novo direito privado e a proteção dos vulneráveis*. São Paulo: Revista dos Tribunais, 2012, p. 125 et seq.

551 Sobre o tema, v. AZEVEDO, Antonio Junqueira de. O direito pós-moderno e a codificação. *Revista de Direito do Consumidor*, n. 33, p. 123-129. São Paulo, jan.-mar. 2000.

552 MIRAGEM, Bruno. *Curso de Direito do Consumidor*. 3. ed. São Paulo: Revista dos Tribunais, 2012, p. 99 e; BESSA, Leonardo Roscoe. *Relação de consumo e aplicação do Código de Defesa do Consumidor*. 2. ed. São Paulo: Revista dos Tribunais, 2009, p. 37.

553 LOPES, José Reinaldo de Lima. Direito civil e direito do consumidor – Princípios. In: PFEIFFER, Roberto A. C.; PASQUALOTTO, Adalberto. *Código de Defesa do Consumidor e o Código Civil de 2002. Convergências e assimetrias*. São Paulo: Revista dos Tribunais, 2005, p. 100.

554 Idem, p. 100.

555 Convém lembrar que a vulnerabilidade, no contexto normativo do CDC (art. 4º, I), não se confunde com a *hipossuficiência* dos consumidores (CDC, art. 6º, VIII), que se apresenta como critério hermenêutico com finalidade processual, notadamente na concessão da "inversão do ônus da prova" como meio de *facilitação da defesa dos direitos* do consumidor em juízo. Sobre o tema, v. por todos: MARQUES, Claudia Lima. *Contratos no Código de Defesa do Consumidor*. 5. ed. São Paulo: Revista dos Tribunais, 2005, p. 326-327; MIRAGEM, Bruno. *Curso de Direito do Consumidor*. 3. ed. São Paulo: Revista dos Tribunais, 2012, p. 183; ARAÚJO FILHO, Luiz Paulo da Silva. *Comentários ao Código de Defesa do Consumidor. Direito Processual*. São Paulo: Saraiva, 2002, p. 15; LISBOA, Roberto Senise. *Responsabilidade civil nas relações de consumo*. São Paulo: Revista dos Tribunais, 2001, p. 85-91 e; TARTUCE, Flávio; NEVES, Daniel Amorin Assumpção. *Manual de Direito do Consumidor*. São Paulo: Gen/Método, 2012, p. 31-33.

556 MARQUES, Claudia Lima; MIRAGEM, Bruno. *O novo direito privado e a proteção dos vulneráveis*. São Paulo: Revista dos Tribunais, 2012, p. 117.

557 Como ensina Chazal "La relation entre le consommateur et le professionnel se caractérise par un desequilibre, le consommateur étant, face au professionnel, dans une relation d'inferiorité" (CHAZAL, Jean-Pascal. Vulnérabilité et droit de la consommation. In: COHET-CORDEY, Frédérique. *Vulnérabilité et droit. Le développement de la vulnérabilité et ses enjeux en droit*. Presses Universitaires de Grenoble. 2000, p. 249).

558 Cf. análise realizada na Parte I (Capítulo 1).

559 Nesse sentido, observam Marques e Miragem que "...nas últimas décadas, formou-se um consenso internacional em relação à vulnerabilidade do consumidor no mercado de consumo e consequente necessidade de proteção diferenciada" (MARQUES, Claudia Lima; MIRAGEM, Bruno. *O novo direito privado e a proteção dos vulneráveis*. São Paulo: Revista dos Tribunais, 2012, p. 33). A propósito, Sobre o reconhecimento da vulnerabilidade como princípio internacional de proteção dos consumidores v.: ILA – International Law Association/Committee on the International Protection of Consumers. *Resolution n. 4/2012 – Sofia Statement on the development of international principles on consumer protection*. Disponível em: http://www.brasilcon.org.br/?pag=noticia&id=2770. Acesso em: 12 set. 2012.

560 BESSA, Leonardo Roscoe. *Relação de consumo e aplicação do Código de Defesa do Consumidor*. 2. ed. São Paulo: Revista dos Tribunais, 2009, p. 30.

561 Por essa razão se afirma que o princípio constitucional da *defesa do consumidor* (CF, art. 170, V), densificado (concretizado) no princípio infraconstitucional da vulnerabilidade (CDC, art. 4º, I) é um "...princípio limitador da iniciativa privada ou da autonomia da vontade" (MARQUES, Claudia Lima; MIRAGEM, Bruno. *O novo direito privado e a proteção dos vulneráveis*. São Paulo: Revista dos Tribunais, 2012, p. 149).

562 Assim, observa Chazal: "La vulnérabilité du consommateur s'explique par la situation d'infériorité dans laquelle il se trouve généralement par rapport au professionnel. Cette infériorité se situe sur un double plan: au plan économique (1) et au plan cognitif, ou informationnel (2)" (CHAZAL, Jean-Pascal. Vulnérabilité et droit de la consommation. In: COHET-CORDEY, Frédérique. *Vulnérabilité et droit. Le développement de la vulnérabilité et ses enjeux en droit.* Presses Universitaires de Grenoble, 2000, p. 247).

563 Destaque para a obra de Claudia Lima Marques (MARQUES, Claudia Lima. *Contratos no Código de Defesa do Consumidor.* 5. ed. São Paulo: Revista dos Tribunais, 2005, p. 320 et seq; _____.; MIRAGEM, Bruno. *O novo direito privado e a proteção dos vulneráveis.* São Paulo: Revista dos Tribunais, 2012, p. 154-161), bem como: MORAES, Paulo Valério Dal Pai. *Código de Defesa do Consumidor.* O princípio da vulnerabilidade. 3. ed. Porto Alegre: Livraria do Advogado, 2009, p. 141 et seq.

564 Sobre o princípio da vulnerabilidade (CDC, art. 4º, I) como presunção absoluta de direito, v. MIRAGEM, Bruno. *Curso de Direito do Consumidor.* 3. ed. São Paulo: Revista dos Tribunais, 2012, p. 99.

565 MARQUES, Claudia Lima; MIRAGEM, Bruno. O novo... cit., p. 154 e 156.

566 *Idem*, p. 157-158. No mesmo sentido, v. MORAES, Paulo Valério Dal Pai. Op. cit., p. 175-180. Sobre a importância da proteção do "economicamente vulnerável" como fator de justiça contratual v. LARENZ, Karl. *Derecho justo.* Trad. Luis Díez-Picazo. Madrid: Editorial Civitas, 1993, p. 80.

567 Cf. análise realizada na Parte I (Capítulo 1).

568 Sobre o tema, v. IRTI, Natalino. Le categorie giuridiche della globalizzazione. *Rivista di Diritto Civile.* n. 5, anno XLVIII, p. 625-635. Padova, set.-ott. 2002. Na doutrina brasileira v., por todos: FARIAS, Cristiano Chaves de. A proteção do consumidor na era da globalização. *Revista de Direito do Consumidor.* n. 41, p. 81-95. São Paulo, jan.-mar. 2002.

569 Sobre o tema, observa Bessa que "A vulnerabilidade informativa representa hoje o maior fator de desequilíbrio da relação com o fornecedor" (BESSA, Leonardo Roscoe. *Relação de consumo e aplicação do Código de Defesa do Consumidor.* 2. ed. São Paulo: Revista dos Tribunais, 2009, p. 43).

570 Cf. análise realizada na Parte I (Capítulo 1).

571 MARQUES, Claudia Lima. *Contratos no Código de Defesa do Consumidor.* 5. ed. São Paulo: Revista dos Tribunais, 2005, p. 320-321 e; MARQUES, Claudia Lima; MIRAGEM, Bruno. *O novo direito privado e a proteção dos vulneráveis.* São Paulo: Revista dos Tribunais, 2012, p. 154-155. No mesmo sentido, v. MORAES, Paulo Valério Dal Pai. *Código de Defesa do Consumidor.* O princípio da vulnerabilidade. 3. ed. Porto Alegre: Livraria do Advogado, 2009, p. 141-145.

572 MORAES, Paulo Valério Dal Pai. Op. cit., p. 141-142.

573 Sobre a proteção dos grupos hipervulneráveis de consumidores v., a propósito: MARQUES, Claudia Lima; MIRAGEM, Bruno. *O novo direito privado e a proteção dos vulneráveis.* São Paulo: Revista dos Tribunais, 2012, p. 184-196; SCHMITT, Cristiano Heineck. *Consumidores hipervulneráveis.* A proteção do idoso no mercado de consumo. São Paulo: Atlas, 2014; D'AQUINO, Lucia Souza. *A criança consumidora e os abusos do comunicação mercadológica.* Passado, presente e futuro da proteção dos hipervulneráveis. Curitiba: Editora CRV, 2021.

574 MARQUES, Claudia Lima; MIRAGEM, Bruno. O novo... cit, p. 159.

575 Idem. Contratos... cit., p. 321.

576 MARQUES, Claudia Lima; MIRAGEM, Bruno. *O novo direito privado e a proteção dos vulneráveis.* São Paulo: Revista dos Tribunais, 2012, p. 155-156 e; MARQUES, Claudia Lima. *Contratos no Código de Defesa do Consumidor.* 5. ed. São Paulo: Revista dos Tribunais, 2015, p. 322-323.

577 MARQUES, Claudia Lima. Op. cit., p. 323.

578 MORAES, Paulo Valerio Dal Pai. *Código de Defesa do Consumidor.* O princípio da vulnerabilidade. 3. ed. Porto Alegre: Livraria do Advogado, 2009, p. 146.

579 Idem, p. 146.

580 Importa destacar a lição de Moraes a respeito da existência de uma "vulnerabilidade tributária" dos consumidores, relacionada, sobretudo, a falta de informações adequadas sobre o valor e os critérios de cobrança dos tributos cujo fato gerador é a aquisição e utilização de produtos e serviços no mercado de consumo (Ibidem, p. 191-203). Entende-se que essa específica vulnerabilidade, por tratar de um

déficit informacional de natureza jurídica (e, também, econômica e contábil), pode ser compreendida no contexto mais amplo de uma *vulnerabilidade jurídica (científica)* dos consumidores.

581 Sobre o tema, v. SODRÉ, Marcelo Gomes. *Formação do Sistema Nacional de Defesa do Consumidor.* São Paulo: Revista dos Tribunais, 2007, p. 148 et seq.

582 Sobre o tema, v. CAVALIERI FILHO, Sergio. *Programa de direito do consumidor.* São Paulo: Atlas, 2008, p. 81.

583 MARQUES, Claudia Lima; MIRAGEM, Bruno. *O novo direito privado e a proteção dos vulneráveis.* São Paulo: Revista dos Tribunais, 2012, p. 159.

584 Idem, p. 158 e; MARQUES, Claudia Lima. *Contratos no Código de Defesa do Consumidor.* 5. ed. São Paulo: Revista dos Tribunais, 2005, p. 329.

585 Cf. análise realizada no Capítulo 1 (subitem 1.1.1).

586 MARQUES, Claudia Lima. Contratos... cit., p. 330.

587 Sobre o tema, v., por todos: MARQUES, Claudia Lima. *Confiança no comércio eletrônico e a proteção do consumidor.* São Paulo: Revista dos Tribunais, 2004 e; LORENZETTI, Ricardo Luis. *Comércio eletrônico.* Trad. Fabiano Menke. São Paulo: Revista dos Tribunais, 2004 e; KLEE, Antonia Espindola Longoni. *Comércio eletrônico.* São Paulo: Revista dos Tribunais, 2014.

588 MIRAGEM, Bruno. *Curso de Direito do Consumidor.* 3. ed. São Paulo: Revista dos Tribunais, 2012, p. 442.

589 MARQUES, Claudia Lima; MIRAGEM, Bruno. *O novo direito privado e a proteção dos vulneráveis.* São Paulo: Revista dos Tribunais, 2012, p. 158. Na sociedade da informação, essa extrema valorização da quantidade e da velocidade de acesso à informação parece identificar-se com a ideia de "qualidade". Sobre o tema, v. GUERSI, Carlos Alberto. Derecho e información. In: NERY JÚNIOR, Nelson; NERY, Rosa Maria Andrade (Org.). *Doutrinas Essenciais.* Responsabilidade Civil. São Paulo: Revista dos Tribunais, 2010, v. VIII, p. 57.

590 MARQUES, Claudia Lima. *Confiança no comércio eletrônico e a proteção do consumidor.* São Paulo: Revista dos Tribunais, 2004, p. 72. No mesmo sentido, v. LORENZETTI, Ricardo Luis. *Comércio Eletrônico.* Trad. Fabiano Menke. São Paulo: Revista dos Tribunais, 2004, p. 44-45.

591 Segundo Zuboff esse controle das informações, dos dados dos consumidores, instrumentalizado pelas atuais tecnologias de informação e pelo chamado *sistema de algoritmos* permite ao capitalismo ingressar em uma nova era, onde o poder concentra-se menos na força bruta e mais nesse controle constante de dados com vista à persuasão e manipulação (ZUBOFF, Shoshana. *A era do capitalismo de vigilância.* Rio de Janeiro: Editora Intrínseca, 2021). No Brasil, André Perin Schmidt Neto produziu interessante reflexão sobre a "liberdade de escolha na sociedade de consumo" relacionada a esse contexto de controle e manipulação exercido pelo sistema de algoritmos na sociedade de consumo contemporânea (SCHMIDT NETO, André Perin. *O livre-arbítrio na era do big data.* São Paulo: Tirant lo Blanch, 2021).

592 MORAES, Paulo Valério Dal Pai. *Código de Defesa do Consumidor.* O princípio da vulnerabilidade. 3. ed. Porto Alegre: Livraria do Advogado, 2009, p. 166-175.

593 Sobre o conceito de *marketing* v. SANTOS, Fernando Gherardini. *Direito do marketing.* São Paulo: Revista dos Tribunais, 2000, p. 20 e; CHAISE, Valéria Falcão. *A Publicidade em face do Código de Defesa do Consumidor.* São Paulo: Saraiva, 2001, p. 12-13.

594 MORAES, Paulo Valério Dal Pai. Op. cit., p. 171-172.

595 Idem, p. 173. Destaca-se aqui a existência de tipo publicitário conhecido como "publicidade simulada" que é considerada ilícita por violar o chamado *princípio da identificação da mensagem publicitária* (CDC, art. 36). Sobre o tema, v., por todos: SANTOS, Fernando Gherardini. Op. cit., p. 228.

596 Cf. análise realizada na Parte I (Capítulo 1).

597 A propósito do tema, v. CAMARGO, Pedro de. *Neuromarketing.* A nova pesquisa de comportamento do consumidor. São Paulo: Atlas, 2013.

598 Neste caso, destaca-se a hipervulnerabilidade das *crianças* e do próprio *núcleo familiar* em que estão inseridas, sendo os representantes deste núcleo (pais, avós etc.) tão hipervulneráveis quanto os menores. A propósito, v. AZEVEDO, Fernando Costa de. O núcleo familiar como coletividade hipervulnerável

e sua proteção contra os abusos da publicidade dirigida ao público infantil. *Revista de Direito do Consumidor*. n. 123, p. 17-35. São Paulo, maio-jun. 2019. Ainda sobre a hipervulnerabilidade infantil, v. D'AQUINO, Lucia Souza; AZEVEDO, Fernando Costa de. Proteção da criança consumidora: comunicação mercadológica, assédio de consumo e hipervulnerabilidade do núcleo familiar. In: MARQUES, Claudia Lima; RANGEL, Andréia Fernandes de Almeida (Org.). *Superendividamento e proteção do consumidor*. Estudos da I e II Jornada de Pequisa CDEA. Porto Alegre: Editora Fundação Fênix. 2022. Disponível em: https://www.fundarfenix.com.br/_files/ugd/9b34d5_fce4881103004178aa4a0992c1bf8bb7.pdf. Acesso em: 28 dez. 2022.

599 ANDREAZZA, Cauê Molina; AZEVEDO, Fernando Costa de. A vulnerabilidade comportamental do consumidor. *Revista de Direito do Consumidor*. n. 138, p. 109-130, São Paulo, nov.-dez. 2021.

600 LIPOVETSKY, Gilles. *A felicidade paradoxal*. Ensaio sobre a sociedade do hiperconsumo. Trad. Maria Lucia Machado. São Paulo: Companhia das Letras, 2007, p .38 et. seq.

601 Razão pela qual o filósofo francês chama a atenção para uma "espiritualidade consumista" (Ibidem, p. 131-133).

602 MORAES, Paulo Valério Dal Pai. *Código de Defesa do Consumidor*. O princípio da vulnerabilidade. 3. ed. Porto Alegre: Livraria do Advogado, 2009, p. 154-166 e 180-191. No primeiro caso, a coletividade difusa de consumidores não possui o mesmo nível de organização sócio política dos fornecedores para a defesa dos seus interesses econômicos e sociais, em que pese a trajetória, nas últimas três décadas, de instituições privadas com finalidade de representação dos consumidores (notadamente, o IDEC e o BRASILCON). A *vulnerabilidade ambiental,* por sua vez, diz respeito ao impacto que a própria sociedade de produção e consumo massificados pode trazer ao meio ambiente e, por consequência, ao ser humano, bem como ao grau ainda insuficiente de políticas públicas capazes de estabelecer patamares satisfatórios de "consumo sustentável". Sobre esses dois temas, a doutrina brasileira v., por todos: SODRÉ, Marcelo Gomes. *Formação do sistema nacional de defesa do consumidor*. São Paulo: Revista dos Tribunais, 2007, p. 251 et seq.; TRAJANO, Fábio de Souza. O princípio da sustentabilidade e o direito do consumidor. *Revista de Direito do Consumidor*. n. 71, p. 65-76. São Paulo, jul.-set. 2009 e; AZEVEDO, Fernando Costa de. O direito do consumidor e a questão ambiental. In: LOBATO, Anderson O. Cavalcante; MAGALHÃES, José Luiz Quadros de; LONDERO, Josirene Candido. *Direito e sociedade na América Latina do Século XXI*. Pelotas: Editora e Gráfica Univeristária/UFPel, 2009, p. 345-354.

603 Há ainda outras importantes análises sobre a vulnerabilidade dos consumidores que, no entanto, representam desdobramentos dos fatores gerais aqui apresentados. Nesse sentido, a interessante proposta de uma "vulnerabilidade religiosa" do consumidor (SILVA, Ivan de Oliveira. *Relação de Consumo Religiosa*. A vulnerabilidade do fiel-consumidor e a sua tutela por meio do Código de Defesa do Consumidor. São Paulo: Atlas, 2012).

Capítulo 4

604 Sobre o tema, v. ITURRASPE, Jorge Mosset. *Justicia contractual*. Buenos Aires: Ediar, 1978; na doutrina brasileira v., por todos: MARTINS, Fernando Rodrigues. *Princípio da justiça contratual*. São Paulo: Saraiva, 2009, p. 56-137.

605 Sobre o tema, v. GHESTIN, Jacques. L'utile et le juste dans les contrats. *Archives de Philosophie du Droit*. Paris, 1981, t. 26, p. 36; RIPERT, Georges. *A regra moral nas obrigações civis*. Trad. Osório de Oliveira. 2. ed. Campinas: Bookseller, 2002, p. 53-55; ALTERNI, Atilio A.; LÓPEZ CABANA, Roberto M. *La autonomía de la voluntad en el contrato moderno*. Buenos Aires: Abeledo-Perrot, 1989, p. 17 et. seq. Na doutrina brasileira v., por todos: PONTES DE MIRANDA, Francisco Cavalcanti. *Tratado de Direito Privado*. 2. ed. Rio de Janeiro: Borsói, 1962, t. XXXVIII, p. 39; SAN TIAGO DANTAS, F. C. de. *Problemas de direito positivo*. Estudos e pareceres. Rio de Janeiro: Forense, 1953, p. 14-16; GOMES, Orlando. *Transformações gerais do direito das obrigações*. 2. ed. São Paulo: Revista dos Tribunais, 1980, p. 09-11; NORONHA, Fernando. *O direito dos contratos e seus princípios fundamentais*. São Paulo: Saraiva, 1994, p. 64 e; MARQUES, Claudia Lima. *Contratos no Código de Defesa do Consumidor*. 5. ed. São Paulo: Revista dos Tribunais, 2005, p. 51-54.

606 MARQUES, Claudia Lima. Op. cit., p. 282. Sobre o tema, v. ainda: NORONHA, Fernando. Op. cit., p. 63-73 e; MARTINS, Fernando Rodrigues. Op. cit., p. 21.
607 GHESTIN, Jacques. Op. cit., p. 39. Sobre a centralidade do princípio da autonomia da vontade nos *contratos comerciais internacionais*, v. FRADERA, Vera Maria Jacob de. O direito dos contratos no século XXI: a construção de uma noção metanacional de contrato decorrente da globalização, da integração regional e sob influência da doutrina comparatista. In: DINIZ, Maria Helena; LISBOA, Roberto Senise (Coord.). *O direito civil no Século XXI*. São Paulo: Saraiva, 2003, p. 552.
608 No direito interno (ordem jurídica brasileira), veja-se que o Código Civil de 2002, sistema jurídico concebido para regular as relações contratuais "entre iguais", apresenta instrumentos para correção do desequilíbrio contratual, como os arts. 317 e 478 (revisão e resolução contratuais por alteração superveniente da base negocial). A propósito, já nos manifestamos, em outra oportunidade, sobre o tema: AZEVEDO, Fernando Costa de. O desequilíbrio contratual provocado pela alteração superveniente da base negocial: a resolução e a revisão contratual por onerosidade excessiva no Código Civil e no Código de Defesa do Consumidor. *Revista Jurídica Empresarial*. n. 16, p. 68-78. Sapucaia, set.-out. 2010.
609 LARENZ, Karl. *Derecho Justo*. Fundamentos de Etica Juridica. Trad. Luis Díez-Picazo. Madrid: Civitas, 1993, p. 80.
610 Cf. análise realizada na Parte I (Capítulo 1).
611 MARQUES, Claudia Lima. *Contratos no Código de Defesa do Consumidor*. 5. ed. São Paulo: Revista dos Tribunais, 2005, p. 210 – grifou-se.
612 MARQUES, Claudia Lima. *Contratos no Código de Defesa do Consumidor*. 5. ed. São Paulo: Revista dos Tribunais, 2005, p. 275-276.
613 Como ensina Marques: "O Estado passa, assim, a interessar-se pelo *sinalagma interno* das relações privadas e a revisar os excessos, justamente porque, convencido da desigualdade intrínseca e excludente entre os indivíduos, deseja proteger o *equilíbrio mínimo* das relações sociais e a *confiança do contratante mais fraco*" – grifou-se (Ibidem, p. 292).
614 Dispõe o CDC, art. 4º, III: "A Política Nacional das Relações de Consumo tem por objetivo o atendimento das necessidades dos consumidores, o respeito à sua dignidade, saúde e segurança, a proteção de seus interesses econômicos, a melhoria de sua qualidade de vida, bem como a transparência e harmonia das relações de consumo, atendidos os seguintes princípios: III – a harmonização dos interesses dos participantes das relações de consumo e compatibilização da proteção do consumidor com a necessidade de desenvolvimento econômico e tecnológico, de modo a viabilizar os princípios nos quais se funda a ordem econômica (art. 170 da Constituição Federal), sempre com base na boa-fé e *equilíbrio* nas relações entre consumidores e fornecedores" – grifou-se.
615 MIRAGEM, Bruno. *Curso de direito do consumidor*. São Paulo: Revista dos Tribunais, 2012, p. 112-114.
616 LÔBO, Paulo Luiz Netto. Princípios sociais dos contratos no Código de Defesa do Consumidor e no novo Código Civil. *Revista de Direito do Consumidor*. n. 42, p. 192-193. São Paulo, abr.-jun. 2002.
617 Cf. análise realizada na Parte I (Capítulo 1).
618 Sobre o tema, v. AGUIAR JÚNIOR, Ruy Rosado de. A boa-fé na relação de consumo. *Revista de Direito do Consumidor*. n. 14, p. 21-23. São Paulo, 1995. Miragem, a propósito, faz oportuna reflexão: "O CDC, ao estabelecer normas de proteção do consumidor, o faz em consideração a uma série de interesses reconhecidos pela própria norma como legítimos. Não se restringe, portanto, ao interesse meramente econômico, representado pelo equilíbrio das prestações de consumidores e fornecedores. Nem tampouco se pode reconhecer a proteção endereçada apenas aos interesses de conteúdo patrimonial do consumidor, em que pese sejam estes os que se manifestam *prima facie*" (MIRAGEM, Bruno. *Curso de Direito do Consumidor*. 3. ed. São Paulo: Revista dos Tribunais, 2012, p. 431-432).
619 Sobre o tema, v. MIRAGEM, Bruno. Direito do consumidor e ordenação do mercado: o princípio da defesa do consumidor e sua aplicação na regulação da propriedade intelectual, livre concorrência e proteção do meio ambiente. *Revista de Direito do Consumidor*. n. 81, p. 42 et seq. São Paulo, jan.-mar. 2012.
620 Cf. análise realizada na Parte I (Capítulo 1).

621 Nesse sentido, observa Aguiar Júnior que "...a boa-fé aparece aqui [no art. 4º, III] como princípio orientador da interpretação e não como cláusula geral para a definição das regras de conduta" (AGUIAR JÚNIOR, Ruy Rosado de. A boa-fé na relação de consumo. *Revista de Direito do Consumidor*. n. 14,, p. 21. São Paulo, 1995). Segundo o eminente jurista a caracterização da boa-fé objetiva como cláusula geral ocorre apenas no art. 51, IV do CDC (Ibidem, p. 23-24). Sobre o "princípio" da boa-fé objetiva no CDC (art. 4º, III) v. ainda: MARTINS-COSTA, Judith. Mercado e solidariedade social entre *cosmos* e *taxis*: a boa-fé nas relações de consumo. In: MARTINS-COSTA, Judith (Org.). *A reconstrução do direito privado*. São Paulo: Revista dos Tribunais, 2002, p. 640-641.

622 AGUIAR JÚNIOR, Ruy Rosado de. A boa-fé na relação de consumo. *Revista de Direito do Consumidor*. n. 14, p. 22. São Paulo, 1995.

623 Cf. análise realizada na Parte I (Capítulo 1).

624 AGUIAR JÚNIOR, Ruy Rosado de. A boa-fé na relação de consumo. *Revista de Direito do Consumidor*. n. 14., p. 22. São Paulo, 1995. Outro bom exemplo pode ser extraído da decisão do Supremo Tribunal Federal, relativa ao tema do "campo eletromagnético das linhas de transmissão de energia" e seu possível impacto na saúde e segurança dos consumidores (no caso, moradores do Bairro de Boaçava em São Paulo): Direito Constitucional e Administrativo. Ação Civil Pública. Ambiental. Imposição de obrigação à recorrente para redução do campo eletromagnético de uma de suas linhas transmissão. Necessidade de composição de princípios e regras constitucionais. Matéria passível de milhares de repetição em inúmeros processos, a repercutir na esfera de interesse de milhares de pessoas. Tema com repercussão geral (STF. RE n. 627.189 RG/SP. Rel. Min. Dias Toffoli. DJ 22.09.2011).

625 MARQUES, Claudia Lima. *Contratos no Código de Defesa do Consumidor*. 5. ed. São Paulo: Revista dos Tribunais, 2005, p. 289-290.

626 Cf. análise realizada na Parte I (Capítulo 1).

627 MARQUES, Claudia Lima. Op. cit., p. 281-282.

628 Miragem, nesse sentido, refere a existência de equilíbrio como "equiparação ou equidade informacional" (MIRAGEM, Bruno. *Curso de Direito do Consumidor*. 3. ed. São Paulo: Revista dos Tribunais, 2012, p 171). O tema está relacionado, sobretudo, aos deveres *transparência* (CDC, art. 4º, *caput*) e *equidade* no mercado de consumo (CDC, art. 51, IV). Sobre esses temas, na doutrina brasileira, v. MARQUES, Claudia Lima. Op. cit., p. 192; 714-720 e 873-874 e; FABIAN, Christoph. *O dever de informar no direito civil*. São Paulo: Revista dos Tribunais, 2002, p. 68-71.

629 MIRAGEM, Bruno. *Curso de Direito do Consumidor*. 3. ed. São Paulo: Revista dos Tribunais, 2012, p. 112-113.

630 Aqui, vale relembrar a lição de Carneiro da Frada no que diz respeito à confiança como "termo teleológico das normas jurídicas em especial" (CARNEIRO DA FRADA, Manuel António C. P. *Teoria da confiança e responsabilidade civil*. Coimbra: Almedina, 2004, p. 361-362).

631 MARQUES, Claudia Lima. *Contratos no Código de Defesa do Consumidor*. 5. ed. São Paulo: Revista dos Tribunais, 2005, p. 208.

632 Idem, p. 270 e 289.

633 Sobre o tema, na doutrina brasilera, v. COUTO E SILVA, Clóvis V. *A obrigação como processo*. São Paulo: José Bushatsky, 1976, p. 97 et seq. e; MARTINS-COSTA, Judith. *A Boa-Fé no Direito Privado*. São Paulo: Revista dos Tribunais, 1999, p. 383-409.

634 LÔBO, Paulo Luiz Netto. Princípios sociais dos contratos no Código de Defesa do Consumidor e no novo Código Civil. *Revista de Direito do Consumidor*. n. 42, p. 192. São Paulo, abr.-jun. 2002.

635 MARQUES, Claudia Lima. Op. cit., p. 292.

636 SILVA, Luis Renato Ferreira da. A lesão enorme e o Direito brasileiro. In: MEDEIROS, Antonio Paulo Cachapuz de (Org.). *Faculdade de Direito da PUCRS*: o ensino jurídico no limiar do novo século. Porto Alegre: EDIPUCRS, 1997, p. 97.

637 MIRAGEM, Bruno. *Abuso do direito*. Proteção da confiança e limite ao exercício das prerrogativas jurídicas no direito privado. Rio de Janeiro: Forense, 2009, p. 245. Em verdade, convém observar que o controle do desequilíbrio excessivo das relações de consumo encontra seu fundamento jurídico não apenas na proteção da confiança (o princípio constitucional da confiança – CF, art. 5º, § 2º), mas em

todos os demais princípios constitucionais analisados nesta pesquisa (Capítulo 1, subitem 1.1.2.2), com especial destaque para o princípio da *proporcionalidade* que, como já observado, gera, sobretudo no âmbito das relações privadas, um dever negativo, uma "proibição de excessividade", compreendida como vedação das situações que se traduzem em excessiva desproporção entre prestações e direitos, justificando-se ainda mais nas relações marcadas pelo desequilíbrio estrutural das posições jurídicas. Sobre o tema, v., por todos: PERLINGIERI, Pietro. Equilibrio normativo e principio di proporzionalità nei contratti. *Revista Trimestral de Direito Civil*. v. 12, p. 143. Rio de Janeiro, out.-dez. 2002 e; LARENZ, Karl. *Derecho Justo*. Fundamentos de Etica Juridica. Trad. Luis Díez-Picazo. Madrid: Civitas, 1993, p. 145 e; CANOTILHO, J. J. Gomes. *Direito constitucional*. Coimbra: Almedina, 1993, p. 382.

638 MARQUES, Claudia Lima. *Contratos no Código de Defesa do Consumidor*. 5. ed. São Paulo: Revista dos Tribunais, 2005, p. 291.

639 MIRAGEM, Bruno. *Abuso do direito*. Proteção da confiança e limite ao exercício das prerrogativas jurídicas no direito privado. Rio de Janeiro: Forense, 2009, p. 160.

640 Cf. análise realizada no Parte I (Capitulo 1).

641 Cf. análise realizada na Parte I (Capítulo 1).

642 Sobre o tema, na doutrina brasileira, v. MARQUES, Claudia Lima. *Contratos no Código de Defesa do Consumidor*. 5. ed. São Paulo: Revista dos Tribunais, 2005, p. 1.142-1.221 e; MIRAGEM, Bruno. *Curso de Direito do Consumidor*. 3. ed. São Paulo: Revista dos Tribunais, 2012, p. 425. Com efeito, cumpre observar que a ênfase dada ao princípio da confiança não elimina a importância dos demais fundamentos (princípios constitucionais) do Direito do Consumidor que foram anteriormente apresentados (Capítulo 2, subitem 2.2.2).

643 Sobre o tema, na doutrina brasileira, v., por todos: MARQUES, Claudia Lima. *Contratos no Código de Defesa do Consumidor*. 5. ed. São Paulo: Revista dos Tribunais, 2005, p. 1.199-1.221; SANSEVERINO, Paulo de Tarso Vieira. *Responsabilidade civil no Código do Consumidor e a defesa do fornecedor*. São Paulo: Saraiva, 2002; LISBOA, Roberto Senise. *Responsabilidade civil nas relações de consumo*. São Paulo: Saraiva, 2001, p. 221 et seq.; BENJAMIN, Antonio Herman V.; MARQUES, Claudia Lima; BESSA, Leonardo Roscoe. *Manual de direito do consumidor*. 3. ed. São Paulo: Revista dos Tribunais, 2010, p. 125 et seq.; MIRAGEM, Bruno. Op. cit., p. 428-486; CAVALIERI FILHO, Sergio. *Programa de Direito do Consumidor*. São Paulo: Atlas, 2008, p. 238-264 e 273-279; RIZZATTO NUNES, Luiz Antonio. *Curso de direito do consumidor*. 2. ed. São Paulo: Saraiva, 2005, p. 258 et seq.;PASQUALOTTO, Adalberto. Proteção contra produtos defeituosos. Das origens ao Mercosul. *Revista de Direito do Consumidor*. n. 42, p. 49-85. São Paulo, abr.-jun. 2002; SILVA FILHO, Artur Marques da. Código do Consumidor – Responsabilidade civil pelo fato do produto e do serviço. In: MARQUES, Claudia Lima; MIRAGEM, Bruno (Coord.). *Doutrinas Essenciais*. Direito do Consumidor. São Paulo: Revista dos Tribunais, 2011, v. I, p. 621-643; STOCO, Rui. Defesa do consumidor e responsabilidade pelo risco do desenvolvimento. In: MARQUES, Claudia Lima; MIRAGEM, Bruno (Coord.). *Doutrinas Essenciais*. Direito do Consumidor. São Paulo: Revista dos Tribunais, 2011, v. I, p. 277-288 e PASQUALOTTO, Adalberto. A responsabilidade civil do fabricante e os riscos do desenvolvimento. *Revista da AJURIS*, s/d, p. 07-24.

644 Sobre o tema, na doutrina brasileira, v., por todos: MARQUES, Claudia Lima. Op. cit., p. 1.145-1.199; LISBOA, Roberto Senise. *Responsabilidade civil nas relações de consumo*. São Paulo: Saraiva, 2001, p. 193-219; BENJAMIN, Antonio Herman V.; MARQUES, Claudia Lima; BESSA, Leonardo Roscoe. *Manual de direito do consumidor*. 3. ed. São Paulo: Revista dos Tribunais, 2010, p. 125 et seq.; MIRAGEM, Bruno. Op. cit., p. 486-511; CAVALIERI FILHO, Sergio. *Programa de Direito do consumidor*. São Paulo: Atlas, 2008, p. 265-272 e 279-282; RIZZATTO NUNES, Luiz Antonio. *Curso de Direito do consumidor*. 2. ed. São Paulo: Saraiva, 2005, p. 170-257 e; AMARAL JÚNIOR, Alberto do. Os vícios dos produtos e o Código de Defesa do Consumidor. In: MARQUES, Claudia Lima; MIRAGEM, Bruno (Coord.). *Doutrinas Essenciais*. Direito do Consumidor. São Paulo: Revista dos Tribunais, 2011, v. I, p. 341-358.

645 MARQUES, Claudia Lima. *Contratos no Código de Defesa do Consumidor*. 5. ed. São Paulo: Revista dos Tribunais, 2005, p. 1.199. No mesmo sentido, v. MIRAGEM, Bruno. *Curso de direito do consumidor*. 3. ed. São Paulo: Revista dos Tribunais, 2012, p. 431.

646 MARQUES, Claudia Lima. Op. cit., p. 1.148.
647 MIRAGEM, Bruno. Op. cit., p. 489. Sobre o tema, v. ainda: MARQUES, Claudia Lima. Op. cit., p 1.150 e; BENJAMIN, Antonio Herman V; MARQUES, Claudia Lima; BESSA, Leonardo Roscoe. *Manual de direito do consumidor*. 3. ed. São Paulo: Revista dos Tribunais, 2010, p. 125-136.
648 Sobre a extensão da responsabilidade civil às vítimas equiparadas a consumidores: TJRS. AC. 70029656725, Décima Câmara Cível, Rel. Des. Paulo Antônio Kretzmann, DJ 20.08.2009; TJRS. AC. 70025112376, Décima Câmara Cível, Rel. Des. Paulo Antônio Kretzmann, DJ 30.10.2008; TJRS. AC. 70023905433, Décima Câmara Cível, Rel. Des. Paulo Antônio Kretzmann, DJ 24.07.2008.
649 Sobre o tema, v., por todos: MIRAGEM, Bruno. *Curso de direito do consumidor*. 3. ed. São Paulo: Revista dos Tribunais, 2012, p. 487-488.
650 Assim, observa Miragem que "... a princípio não se aplica o regime do Código Civil aos vícios dos produtos e serviços nas relações de consumo, os quais serão regulados integralmente pelo regime estabelecido no CDC, tendo as disposições do Código Civil mera aplicação subsidiária" (*Ibidem*, p. 488). Sobre o tema, v. ainda: SANSEVERINO, Paulo de Tarso Vieira. *Responsabilidade civil no Código do Consumidor e a proteção do fornecedor*. São Paulo: Saraiva, 2002, p. 153-155 e; SANTANA, Héctor Valverde. *Prescrição e decadência nas relações de consumo*. São Paulo: Revista dos Tribunais, 2002, p. 110-115.
651 BENJAMIN, Antonio Herman V; MARQUES, Claudia Lima; BESSA, Leonardo Roscoe. *Manual de direito do consumidor*. 3. ed. São Paulo: Revista dos Tribunais, 2010, p. 132-133.
652 Idem, p. 127-128.
653 Sobre a distinção entre os regimes de responsabilidade por vícios de inadequação no Código Civil e no CDC, v., por todos: BENJAMIN, Antônio Herman V; MARQUES, Claudia Lima; BESSA, Leonardo Roscoe. Op. cit., p. 127 et seq.
654 Cf. análise do princípio constitucional da solidariedade social, realizada na Parte I (Capítulo 1).
655 LOPES, José Reinaldo de Lima. O aspecto distributivo do direito do consumidor. *Revista de Direito do Consumidor*. n. 41, p. 147-149. São Paulo, jan.-mar. 2002. Sobre o tema, v. ainda: AMARAL JÚNIOR, Alberto do. Os vícios dos produtos no Código de Defesa do Consumidor. In: MARQUES, Claudia Lima; MIRAGEM, Bruno (Coord.). *Doutrinas Essenciais*. Direito do Consumidor. São Paulo: Revista dos Tribunais, 2011, v. I, p. 347.
656 MARQUES, Claudia Lima. *Contratos no Código de Defesa do Consumidor*. 5. ed. São Paulo: Revista dos Tribunais, 2005, p. 1.192-1.193.
657 Trata-se do "termo de garantia" (CDC, art. 50) que embora estabelecido pelo fabricante (regra geral), compromete toda a cadeia de fornecimento de produtos em razão da expressa solidariedade (CDC, arts. 18 a 20).
658 Isso significa que a ausência da garantia contratual não exclui a existência da garantia legal (CDC, art. 24), a qual poderá ser invocada dentro dos prazos fixados no CDC (art. 26).
659 MARQUES, Claudia Lima. *Contratos no Código de Defesa do Consumidor*. 5. ed. São Paulo: Revista dos Tribunais, 2005, p. 1.191.
660 Se, p. ex., determinado fabricante de televisores anuncia que o produto terá garantia "até a próxima Copa do Mundo", cria-se a legítima expectativa de cobertura do bem durante esse período, independentemente do motivo pelo qual tenha ocorrido a imperfeição.
661 MARQUES, Claudia Lima. *Contratos no Código de Defesa do Consumidor*. 5. ed. São Paulo: Revista dos Tribunais, 2005, p. 1.178 e 1.180.
662 Idem, p. 1.189.
663 Idem, p. 1.182-1.191.
664 Nesse sentido: "Apelação cível. Responsabilidade civil. Motocicleta. Vício. Uso inadequado. Culpa exclusiva do consumidor. Sentença de improcedência confirmada" (TJRS. AC. 70042737767, Sexta Câmara Cível, Rel. Des. Antônio Corrêa Palmeiro da Fontoura, DJ 28.02.2013).
665 A propósito, decidiu o Superior Tribunal de Justiça que: "...independentemente de prazo contratual de garantia, a venda de um bem tido por durável com vida útil inferior àquela que legitimamente se esperava, além de configurar um defeito de adequação (art. 18 do CDC), evidencia uma quebra da

boa-fé objetiva, que deve nortear as relações contratuais, sejam de consumo, sejam de direito comum. Constitui, em outras palavras, descumprimento do dever de informação e a não realização do próprio objeto do contrato, que era a compra de um bem cujo ciclo vital se esperava, de forma legítima e razoável, fosse mais longo" (STJ. REsp 984106/SC. 4ª T. Rel. Min. Luis Felipe Salomão. DJ 04.10.2012).

666 MARQUES, Claudia Lima. *Contratos no Código de Defesa do Consumidor*. 5. ed. São Paulo: Revista dos Tribunais, 2005, p. 1.191.

667 Os prazos para exercício do direito potestativo ao cumprimento da garantia de adequação, a exemplo do que ocorre com os vícios redibitórios nos contratos civis (CC, art. 445), têm natureza *decadencial* (v., a propósito, o Enunciado n. 28 da I Jornada de Direito Civil (CJF/CEJ): "O disposto no art. 445, §§1º e 2º, do Código Civil reflete a consagração da doutrina e jurisprudência quanto à natureza decadencial das ações edilícias" (AGUIAR JÚNIOR, Ruy Rosado de. (Org.). *Jornadas de Direito Civil* – I, III e IV. Enunciados Aprovados. Brasília: CJF, 2007, p. 20). Sobre o tema, no Direito do Consumidor, v., por todos: SANTANA, Hector Valverde. *Prescrição e Decadência nas Relações de Consumo*. São Paulo: Revista dos Tribunais, 2002, p. 110-133.

668 MARQUES, Claudia Lima. *Op. cit.*, p. 1.193-1.196. Na jurisprudência brasileira, contudo, ainda há a tendência de somar os prazos, sobretudo quando existente um vício oculto no produto ou serviço. A título exemplificativo: TJRS. AC 70050537448, Décima Câmara Cível, Rel. Des. Túlio de Oliveira Martins, DJ 13.12.2012.

669 Nesse sentido: TJRS. AC 70007694078, Décima Câmara Cível, Rel. Des. Luiz Ary Vessini de Lima, DJ 07.10.2004; TJRS. AC 70005576756, Nona Câmara Cível, Rel. Des. Iris Helena Medeiros Nogueira, DJ 06.10.2004.

670 MARQUES, Claudia Lima. *Contratos no Código de Defesa do Consumidor*. 5. ed. São Paulo: Revista dos Tribunais, 2005, p. 1.195-1.196.

671 Sobre a responsabilidade pelo fato do produto ou do serviço observa Lisboa: "No acidente de consumo, o produto ou o serviço apresenta um vício exógeno ou extrínseco, isto é, um defeito que extrapola a própria substância do bem e ofende a vida, a saúde (higidez física e psíquica) ou a segurança do consumidor (art. 6º, I, da Lei 8.078/90)" (LISBOA, Roberto Senise. *Responsabilidade civil nas relações de consumo*. São Paulo: Revista dos Tribunais, 2001, p. 237).

672 CARNEIRO DA FRADA, Manuel António C. P. Contrato e deveres de protecção. *Boletim da Faculdade de Direito*. v. XXXVIII, p. 40-41. Coimbra, 1994. Convém notar que essa "relação particular estabelecida" (a relação de consumo) não se constitui necessariamente por contrato. Ao contrário, e como será visto na sequência, resulta, para efeitos de responsabilidade civil, do contato social (ou "comportamento social típico") entre consumidores e fornecedores.

673 Cabe ressaltar que a responsabilidade dos fornecedores por vícios de insegurança alcança também as relações estabelecidas por meio virtual (*internet*), como decorrência da contemporânea *sociedade da informação* (Cf. análise realizada no Capítulo 1, subitem 1.2.3). Sobre o tema, na doutrina brasileira, v., por todos: MARTINS, Guilherme Magalhães. *Responsabilidade civil por acidente de consumo na Internet*. São Paulo: Revista dos Tribunais, 2008, p. 106 *et seq*.

674 MARQUES, Claudia Lima. *Contratos no Código de Defesa do Consumidor*. São Paulo: Revista dos Tribunais, 2005, p. 1.199. Por fim, ressalte-se novamente a importância da doutrina alemã para a compreensão dessa especial situação jurídica conhecida como "contato social" ou "comportamento social típico". Nesse sentido, v. LARENZ, Karl. O estabelecimento de relações obrigacionais por meio de comportamento social típico (1956). Trad. Alessandro Hirata. *Revista DireitoGV*. v. 2, n. 1, p. 55-64. São Paulo, jan.-jun. 2006.

675 LARENZ, Karl. O estabelecimento de relações obrigacionais por meio de comportamento social típico (1956). Trad. Alessandro Hirata. *Revista DireitoGV*. v. 2, n. 1, p. 55-64. São Paulo, jan.-jun. 2006.

676 SANSEVERINO. Paulo de Tarso Vieira. *Responsabilidade civil no Código do Consumidor e a defesa do fornecedor*. São Paulo: Saraiva, 2002, p. 188 et. seq.

677 PASQUALOTTO, Adalberto. Proteção contra produtos defeituosos: das origens ao Mercosul. *Revista de Direito do Consumidor*. n. 42, p. 65. São Paulo, abr.-jun. 2002.

678 MARQUES, Claudia Lima. Op. cit., p. 1.147.

679 LOPES, José Reinaldo de Lima. O aspecto distributivo do direito do consumidor. *Revista de Direito do Consumidor*. n. 41, p. 147. São Paulo, jan.-mar. 2002.
680 A responsabilidade objetiva, ensina Larenz, é uma responsabilidade fundada *no risco*, i.e., uma responsabilidade "...en que el suceso dañoso se imputa a un riesgo, del cual, según la ley, há de garantizar al dañado otra persona (...) El principio subyacente es el de la imputación de un determinado riesgo de daños al que lo ha creado, aunque lo haya hecho con autorización, y al que lo ha mantenido en su interés" (LARENZ, Karl. *Derecho Justo*. Fundamentos de Etica Juridica. Madrid: Civitas, 1993, p. 115 e 120). Os regimes de responsabilidade objetiva, na lição do mestre alemão, convivem com a tradicional responsabilidade subjetiva, fundada na *culpa* da conduta do agente (Ibidem, p. 121). E essa convivência é perceptível no atual direito privado brasileiro que, em sede de responsabilidade extracontratual, consagra os regimes gerais de responsabilidade subjetiva (CC, art. 927, *caput* c/c art. 186) e objetiva (CC, art. 927, *caput* c/c art. 187; art. 927, parágrafo único). Sobre o tema, v., por todos: FACCHINI NETO, Eugênio. Da responsabilidade civil no novo Código. In: SARLET, Ingo Wolgang (Org.). *O novo Código Civil e a Constituição*. 2. ed. Porto Alegre: Livraria do Advogado, 2006, p. 184 et seq.
681 FACCHINI NETO, Eugênio. . Da responsabilidade civil no novo Código. In: SARLET, Ingo Wolgang (Org.). *O novo Código Civil e a Constituição*. 2. ed. Porto Alegre: Livraria do Advogado, 2006, p. 175. Sobre o princípio da *reparação integral dos danos* no CDC, v. SANSEVERINO, Paulo de Tarso Vieira. *Responsabilidade civil no Código do Consumidor e a defesa do fornecedor*. São Paulo: Saraiva, 2002, p. 211 et seq.
682 Sobre o tema, v. SANSEVERINO, Paulo de Tarso Vieira. Op. cit., p. 176-177; MARQUES, Claudia Lima. Op. cit., p. 1.212 et seq e; PASQUALOTTO, Adalberto. Proteção contra produtos defeituosos: das origens ao Mercosul. *Revista de Direito do Consumidor*. n. 42, São Paulo, abr.-jun. 2002, p. 54 et seq.
683 Sobre o tema, v., por todos: SANSEVERINO, Paulo de Tarso Vieira. Op. cit., p. 15-18.
684 Idem, p. 177.
685 Idem, p. 19-24.
686 MARQUES, Claudia Lima. *Op. cit.*, p. 1.216. Sobre o tema, v. ainda: MARINONI, Luiz Ghilherme. A tutela específica do consumidor. *Revista de Direito do Consumidor*. n. 50, p. 78-90. São Paulo, abr.-jun. 2004.
687 MIRAGEM, Bruno. *Curso de Direito do Consumidor*. 3. ed. São Paulo: Revista dos Tribunais, 2012, p. 432-433.
688 SANSEVERINO, Paulo de Tarso. Op. cit., p. 177. Lopes, a propósito, observa que: "Os arts. 12 e 14 do CDC redefinem as regras de responsabilidade, assumindo explicitamente, creio eu, a perspectiva do risco e do risco comum para atribuir aos fornecedores uma responsabilidade objetiva, sem culpa. O risco dos acidentes deve ser internalizado pelos fornecedores" (LOPES, José Reinaldo de Lima. O aspecto distributivo do direito do consumidor. *Revista de Direito do Consumidor*. n. 41, p. 147. São Paulo, jan.-mar. 2002).
689 SANSEVERINO, Paulo de Tarso Vieira. Op. cit., p. 22-24. Miragem, a propósito, reconhece que "... a disciplina europeia para a responsabilidade pelo fato do produto foi fonte direta de inspiração do legislador brasileiro ao disciplinar a matéria no CDC. Daí sua importância para efeito de compreensão do sistema brasileiro de responsabilidade do produtor do produto ou do serviço, ainda que em relação a este último, não haja até o presente momento, regulamentação no âmbito do direito comunitário europeu" (MIRAGEM, Bruno. Op. cit., p. 430).
690 MARQUES, Claudia Lima. *Contratos no Código de Defesa do Consumidor*. 5. ed. São Paulo: Revista dos Tribunais, 2005, p. 1.213-1.214.
691 MIRAGEM, Bruno. *Curso de Direito do Consumidor*. 3. ed. São Paulo: Revista dos Tribunais, 2012, p. 433.
692 Entende-se, assim, o disposto no CDC, art. 12, § 1º: "O produto é defeituoso quando *não oferece a segurança que dele legitimamente se espera,* levando-se em consideração as circunstâncias relevantes entre as quais: I – sua apresentação; II – o uso e os riscos que razoavelmente dele se esperam; III – a época em que foi colocado em circulação" – grifou-se. Segundo Cavalieri Filho, a norma em comento

evidencia o chamado "princípio da segurança" (CAVALIERI FILHO, Sergio. *Programa de direito do consumidor*. São Paulo: Atlas, 2008, p. 43-45. *Data maxima venia*, e como já observado (Capítulo 1, subitem 1.1.2.2), entende-se que a "segurança" é valor/bem jurídico constitutivo da *expectativa legítima* dos consumidores e que, nesse sentido, o princípio jurídico explicitado pela norma do CDC é o *princípio da confiança*.

693 SANSEVERINO, Paulo de Tarso Vieira. *Responsabilidade civil no Código do Consumidor e a defesa do fornecedor*.. São Paulo: Saraiva, 2002, p. 148.

694 Vale lembrar que a responsabilidade objetiva no CDC não é representativa de um regime de responsabilidade por *risco integral*. Assim, tem grande importância o exame das *excludentes de responsabilidade dos fornecedores* (CDC, arts. 12, § 3º e 14, § 3º), bem como a possibilidade de imputação de responsabilidade por defeitos. Sobre as excludentes de responsabilidade no CDC, v., por todos: MIRAGEM, Bruno. Op. cit., p. 451-462 e; SANSEVERINO, Paulo de Tarso Vieira. Op. cit., p. 259 et seq.

695 MARQUES, Claudia Lima. *Contratos no Código de Defesa do Consumidor*. 5. ed. São Paulo: Revista dos Tribunais, 2005, p. 1.215. Importa observar outro tema de grande importância na responsabilidade dos fornecedores por vícios de insegurança (defeitos). Trata-se da possibilidade de imputação de responsabilidade por defeitos cuja existência, em razão do *estado da ciência e da técnica* (grau de conhecimentos tecnológicos disponíveis para detectar a existência de vício de insegurança), era improvável para os fornecedores no momento em que o produto ou serviço foi colocado no mercado, i.e., da possibilidade dos fornecedores assumirem os chamados "riscos do desenvolvimento". Sobre o tema, v., por todos: MIRAGEM, Bruno. Op. cit., p. 462-465; LISBOA, Roberto Senise. *Responsabilidade civil nas relações de consumo*. São Paulo: Revista dos Tribunais, 2001, p. 245-250; SANSEVERINO, Paulo de Tarso Vieira. Op. cit, p. 312-321; STOCO, Rui. Defesa do consumidor e responsabilidade pelo risco do desenvolvimento. In: MARQUES, Claudia Lima; MIRAGEM, Bruno (Coord.). *Doutrinas Essenciais*. Direito do Consumidor. São Paulo: Revista dos Tribunais, 2011, v. I, p. 277-288 e; PASQUALOTTO, Adalberto. A responsabilidade civil do fabricante e os riscos do desenvolvimento. *Revista da AJURIS*, s/d, p. 07-24.

696 Nesse sentido, a título exemplificativo, a jurisprudência do Superior Tribunal de Justiça: STJ. REsp 1329189/RN, 3ª T., Rel. Min. Nancy Andrighi, DJ 13.11.2012; STJ. REsp 1281742/SP, 4ª T., Rel. Min. Marco Buzzi, DJ 13.11.2012; STJ. AgRg no REsp 1192792/PR, 3ª T., Rel. Min. Paulo de Tarso Sanseverino, DJ 20.09.2012 e; a jurisprudência do Tribunal de Justiça do RS: TJRS. AC 70052736949, Nona Câmara Cível, Rel. Des. Tasso Caubi Soares Delabary, DJ 27.03.2013; TJRS. AC 70052585601, Nona Câmara Cível, Rel. Des. Marilene Bonzanini Bernardi, DJ 26.03.2013; TJRS. AC 70051902393, Nona Câmara Cível, Rel. Des. Marilene Bonzanini Bernardi, DJ 13.03.2013; TJRS. AC 70051381119, Nona Câmara Cível, Rel. Des. Leonel Pires Ohlweiler, DJ 12.12.2012; TJRS. AC 70025196452, Quinta Câmara Cível, Rel. Des. Umberto Guaspari Sudbrack, DJ 26.08.2009; TJRS. AC 70024899130, Nona Câmara Cível, Rel. Des. Odone Sanguiné, DJ 18.02.2009.

697 Nesse sentido, a título exemplificativo, a jurisprudência do Superior Tribunal de Justiça: STJ. EREsp 422778/ SP, 2. Seção, Rel. Min. João Otávio de Noronha (Rel. p/Ac. Min. Maria Isabel Gallotti). DJ 29.02.2012 e; a jurisprudência do Tribunal de Justiça do RS: TJRS. AC 70046836581, Décima Quarta Câmara Cível, Rel. Des. Roberto Sbravati, DJ 16.08.2012; TJRS. AC 70023532963, Nona Câmara Cível, Rel. Des. Marilene Bonzanini Bernardi, DJ 03.09.2008; TJRS. AC 70008309304, Nona Câmara Cível, Rel. Des. Nereu José Giacomolli, DJ 04.08.2004.

698 MARQUES, Claudia Lima. *Contratos no Código de Defesa do Consumidor*. 5. ed. São Paulo: Revista dos Tribunais, 2005, p. 1.210 et seq. Sobre o tema, v. ainda: SANSEVERINO, Paulo de Tarso Vieira. Op. cit., p. 166-169 e; MIRAGEM, Bruno. *Curso de direito do consumidor*. 3. ed. São Paulo: Revista dos Tribunais, 2012, p. 469.

699 Nesse sentido, a título exemplificativo, a jurisprudência do Superior Tribunal de Justiça: STJ. REsp 1155730/ SP. 3ª T., Rel. Min. Sidnei Beneti. DJ 16.08.2011 e; a jurisprudência do Tribunal de Justiça do RS: TJRS. AC 70042165605, Nona Câmara Cível, Rel. Des. Leonel Pires Ohlweiler, DJ 10.08.2011.

700 MARQUES, Claudia Lima. Op. cit., p. 1.215.

701 O tratamento diferenciado dos profissionais liberais no CDC, sua responsabilidade mediante a verificação da *culpa* (dolo, imprudência ou negligência) não escapou a críticas da doutrina brasileira. Nesse

sentido, v. CATALAN, Marcos. *A morte da culpa na responsabilidade contratual.* São Paulo: Revista dos Tribunais, 2013. Sobre a interpretação do art. 14, § 4º do CDC v., por todos: MIRAGEM, Bruno. Op. cit., p. 471-478; SANSEVERINO, Paulo de Tarso Vieira. Op. cit., p. 181-188 e; LISBOA, Roberto Senise. Op. cit., p. 251-259.

702 Nesse sentido, a título exemplificativo, a jurisprudência do Superior Tribunal de Justiça: STJ. REsp 819008 / PR, 4ª T., Rel. Min. Raul Araújo, DJ 04.10.2012; STJ. REsp 992821 /SC, 4ª T., Rel. Min. Luis Felipe Salomão, DJ 14.08.2012; STJ. AgRg no Ag 1417754 /RJ, 3ª T., Rel. Min. Paulo de Tarso Sanseverino. DJ 27.03.2012; STJ. REsp 1238746 /MS, 4ª T., Rel. Min. Luis Felipe Salomão, DJ 18.10.2011 e; a jurisprudência do Tribunal de Justiça do RS: TJRS. AC 70029209376, Nona Câmara CíveL, Rel. Des. Marilene Bonzanini Bernardi, DJ 30.09.2009; TJRS. AC 70026403402, Sexta Câmara Cível, Rel. Des. Liege Puricelli Pires, DJ 18.12.2008; TJRS. AC 70022925077, Décima Câmara Cível, Rel. Des. Luiz Ary Vessini de Lima, DJ 14.08.2008; TJRS. AC 70020527602, Rel. Des. Marilene Bonzanini Bernardi, DJ 23.04.2008; TJRS. AC 70018927665, Nona Câmara Cível, Rel. Des. Marilene Bonzanini Bernardi, DJ 26.09.2007.

703 MIRAGEM, Bruno. Op. cit., p. 472 e; LISBOA, Roberto Senise. Op. cit., p. 252.

704 Nesse sentido, v. SANSEVERINO, Paulo de Tarso Vieira. *Responsabilidade civil no Código do Consumidor e a defesa do fornecedor.* São Paulo: Saraiva, 2002, p. 181-182 e; MIRAGEM, Bruno. *Curso de direito do consumidor.* 3. ed. São Paulo: Revista dos Tribunais, 2012, p. 471.

705 MIRAGEM, Bruno. Op. cit., p. 473.

706 Assim, ensina Lisboa que "A importância fundamental existente na diferença entre a obrigação de meio e a obrigação de resultado é a forma pela qual a responsabilidade subjetiva do fornecedor será analisada" (LISBOA, Roberto Senise. *Responsabilidade civil nas relações de consumo.* São Paulo: Revista dos Tribunais, 2001, p. 255). No mesmo sentido, v. SANSEVERINO, Paulo de Tarso Vieira. *Responsabilidade civil no Código do Consumidor e a defesa do fornecedor.* São Paulo: Saraiva, 2002, p. 184-185.

707 Assim, em posição contrária à concessão da inversão do ônus da prova, v. SANSEVERINO, Paulo de Tarso Vieira. Op. cit., p. 186-187; em posição favorável à inversão do ônus da prova, v. MIRAGEM, Bruno. *Curso de Direito do Consumidor.* 3. ed. São Paulo: Revista dos Tribunais, 2012, p. 475 e; LISBOA, Roberto Senise. Op. cit., p. 253-254.

708 MIRAGEM, Bruno. Op. cit., p. 177.

709 Idem, p. 177. Sobre o tema, v. ainda: MARQUES, Claudia Lima. 5. ed. *Contratos no Código de Defesa do Consumidor.* São Paulo: Revista dos Tribunais, 2005, p. 1.205-1.206 e; FABIAN, Christoph. *O dever de informar no direito civil.* São Paulo: Revista dos Tribunais, 2002, p. 145-151.

710 Idem, p. 177. Sobre o tema, v. ainda: MARQUES, Claudia Lima. Op. cit., p. 1.206-1.208 e; FABIAN, Christoph. Op. cit., p. 151-153.

711 Idem, p. 178. A propósito, já nos manifestamos, em outra oportunidade, sobre o tema: AZEVEDO, Fernando Costa de. Considerações sobre o direito administrativo do consumidor. *Revista de Direito do Consumidor.* n. 68, São Paulo, out.-dez. 2008, p. 64 et seq. Na doutrina brasileira, v. ainda: MARINONI, Luiz Guilherme. A tutela específica do consumidor. *Revista de Direito do Consumidor.* n. 50, p. 91-93. São Paulo, abr.-jun. 2004.

712 MIRAGEM, Bruno. *Curso de Direito do Consumidor.* 3. ed. São Paulo: Revista dos Tribunais, 2012, p. 178. Sobre o tema, v., por todos: ARAÚJO FILHO, Luiz Paulo da Silva. *Comentários ao Código de Defesa do Consumidor.* Direito Processual. São Paulo: Saraiva, 2002, p. 93-99; TARTUCE, Flávio; NEVES, Daniel Amorim Assumpção. *Manual de Direito do Consumidor.* Direito Material e Processual. São Paulo: Gen/Método. 2012, p. 446 et seq. e; MARINONI, Luiz Ghilherme. A tutela específica do consumidor. *Revista de Direito do Consumidor.* n. 50,, p. 93 et seq. São Paulo, abr.-jun. 2004

713 MIRAGEM, Bruno. Op. cit., p. 178 e 448. O tema, que não pode ser aprofundado pelas limitações da presente pesquisa, é um dos mais importantes no estudo da responsabilidade civil, notadamente a responsabilidade *extracontratual* por danos à pessoa (danos *extrapatrimoniais*). No que se refere à função punitiva da responsabilidade civil, trata-se da possibilidade de aplicação, no direito brasileiro, das *punitive damages,* com vasta tradição no sistema jurídico anglo saxão (*common law*), sobretudo no direito norte-americano. Sobre o tema, v., por todos: FACCHINI NETO, Eugênio. Da responsabilidade

civil no novo Código. In: SARLET, Ingo Wolfgang (Org.). *O novo Código Civil e a Constituição*. 2. ed. Porto Alegre: Livraria do Advogado, 2006, p. 183-184 e; MARTINS-COSTA, Judith; PARGENDLER, Mariana Souza. Usos e abusos da função punitiva (*punitive damages* e o Direito Brasileiro). *Revista do CEJ*. n. 28, p. 15-32. Brasília, jan.-mar. 2005. Por fim, cumpre destacar o Enunciado n. 379, da IV Jornada de Direito Civil (CJF/CEJ); "O art. 944, *caput*, do Código Civil não afasta a possibilidade de se reconhecer a *função punitiva* ou *pedagógica* da responsabilidade civil" (AGUIAR JÚNIOR, Ruy Rosado de (Org.). *Jornadas de Direito Civil* – I, III e IV. Enunciados Aprovados. Brasília: CJF, 2007, p. 75).

714 Dispõe o CDC, art. 27: "Prescreve em cinco anos a pretensão à reparação pelos danos causados por fato do produto ou do serviço prevista na Seção II deste Capítulo, iniciando-se a contagem do prazo a partir do conhecimento do dano e de sua autoria".

715 Sobre o tema, v., SANTANA, Héctor Valverde. *Prescrição e decadência nas relações de consumo*. São Paulo: Revista dos Tribunais, 2002, p. 74-109; SANSEVERINO, Paulo de Tarso Vieira. *Responsabilidade civil no Código do Consumidor e a defesa do fornecedor*. São Paulo: Saraiva, 2002, p. 297-312; LISBOA, Roberto Senise. *Responsabilidade civil nas relações de consumo*. São Paulo: Revista dos Tribunais, 2001, p. 277-278 e; MIRAGEM, Bruno. *Curso de Direito do Consumidor*. 3. ed. São Paulo: Revista dos Tribunais, 2012, p. 478-481.

716 SANTANA, Héctor Valverde. Op. cit., p. 99-101.

717 SANSEVERINO, Paulo de Tarso Vieira. Op. cit., p. 300.

718 MARQUES, Claudia Lima. *Contratos no Código de Defesa do Consumidor*. 5. ed. São Paulo: Revista dos Tribunais, 2005, p. 282. A eminente jurista parece acolher a experiência jurídica alemã na formulação do conceito de "prestação" enquanto *conduta* e *resultado*. Sobre o tema, na doutrina portuguesa, observa Carneiro da Frada que "O conceito de prestação (...) deixa-se descrever tanto enquanto ordem de deveres de comportamento que impedem sobre o devedor como enquanto resultado a que aqueles deveres intendem. O primeiro aspecto aponta para um comportamento que é devido, para um dever jurídico que atinge pessoalmente o devedor; o segundo faz ressaltar o interesse que a prestação realiza ou, por outras palavras, aquilo que é atribuído ao credor" (CARNEIRO DA FRADA, Manuel António C. P. Contrato e deveres de protecção. *Boletim da Faculdade de Direito*. v. XXXVIII, p. 86-87. Coimbra, 1994). Na doutrina brasileira, v. MIRAGEM, Bruno. *Abuso do direito*. Proteção da confiança e limite ao exercício das prerrogativas jurídicas no direito privado. Rio de Janeiro: Forense, 2009, p. 209.

719 MARQUES, Claudia Lima. Op. cit., p. 1.213.

720 MARQUES, Claudia Lima. *Contratos no Código de Defesa do Consumidor*. 5. ed. São Paulo: Revista dos Tribunais, 2005, p. 281-282.

721 A distinção entre interesses "imediata e mediatamente econômicos" dos consumidores será analisada na sequência (Capítulo 4).

722 MARQUES, Claudia Lima. *Contratos no Código de Defesa do Consumidor*. 5. ed. São Paulo: Revista dos Tribunais, 2005, p. 904. Para Miragem, o direito básico dos consumidores ao *equilíbrio contratual* consiste, justamente, em assegurar a correção dos desequilíbrios excessivos gerados por essas duas causas (MIRAGEM, Bruno. *Curso de direito do consumidor*. 3. ed. São Paulo: Revista dos Tribunais, 2012, p. 176). Sobre o tema, v. também: BARLETTA, Fabiana Rodrigues. *A revisão contratual no Código Civil e no Código de Defesa do Consumidor*. São Paulo: Saraiva, p. 130 et seq.

723 Sobre a distinção entre sinalagma genético e sinalagma funcional, na doutrina brasileira, v., por todos: MARTINS-COSTA, Judith. *A boa-fé no direito privado*. São Paulo: Revista dos Tribunais, 1999, p. 465. Na lição do mestre argentino Mosset Iturraspe: "La lesión tiende a superar un desequilíbrio genético; la imprevisión [a onerosidade excessiva superveniente], uno funcional. El primero aparece en la celebración o acta de nacimiento del negocio, y antes de la producción de los efectos (...) El segundo, el remediado por la imprevisión, se muestra, durante la vida del contrato, a contar desde que los efectos se desencadean" (ITURRASPE, Jorge Mosset. *Justicia Contractual*. Buenos Aires: Ediar, 1978, p. 206). Com efeito, o jurista se refere à "imprevisión" pelo fato de que o comentário supra trata do regime jurídico de Direito Civil Argentino que, pela influência do direito francês, adotou a chamada *Teoria da Imprevisão* para o regime legal da revisão/resolução contratuais, posição seguida também pelo atual Direito Civil Brasileiro (CC, art. 478). Como será visto a seguir, o Direito do Consumidor

adotou base teórica distinta da "Imprevisão" para o instituto da *onerosidade excessiva superveniente* (CDC, art. 6º, V, 2ª Parte).

724 Sobre o tema, na doutrina brasileira, v., por todos: MARQUES, Claudia Lima. Op. cit., p. 899 et seq.; MIRAGEM, Bruno. *Abuso do direito*. Proteção da confiança e limite ao exercício das prerrogativas jurídicas no direito privado. Rio de Janeiro: Forense; LIMA, Ricardo Seibel de Freitas. Pautas para a interpretação do art. 187 do novo Código Civil. *Revista da Procuradoria-Geral do RS*. v. 27, n. 57, p. 99-134. Porto Alegre, 2003; MARTINS-COSTA, Judith. Mercado e solidariedade social entre *cosmos* e *taxis*: a boa-fé nas relações de consumo. In: MARTINS-COSTA, Judith (Org.). *A reconstrução do direito privado*. São Paulo: Revista dos Tribunais, 2002, p. 651-655 e; FERNANDES NETO, Guilherme. *Cláusulas, práticas e publicidades abusivas*. O abuso do direito no Código Civil e no Código de Defesa do Consumidor. São Paulo: Atlas, 2012. Na doutrina alienígena, v. MENEZES CORDEIRO, António Manuel da Rocha. *Da boa-fé no direito civil*. Coimbra: Almedina, 1984, v. II; ASCENSÃO, José de Oliveira. *Direito Civil*. 2. ed. São Paulo: Saraiva, 2010, v. 3, p. 215 et seq. e; ITURRASPE, Jorge Mosset. Op. cit., p. 57 et seq.

725 Pois na lição de Pontes de Miranda "No momento em que se conclui o negócio jurídico bilateral, em que há prestação e contraprestação, os figurantes implicitamente as tiveram por equivalentes" (PONTES DE MIRANDA, Francisco Cavalcanti. *Tratado de Direito Privado*. 3. ed. São Paulo: Revista dos Tribunais, 1984, t. XXV, p. 285).

726 ITURRASPE, Jorge Mosset. *Justicia Contractual*. Buenos Aires: Ediar, 1978, p. 195.

727 A relação (e distinção) entre as situações de "exercício abusivo de direitos" e "exercício abusivo de posição jurídica" serão feitas na sequência.

728 MARQUES, Claudia Lima. *Contratos no Código de Defesa do Consumidor*. 5. ed. São Paulo: Revista dos Tribunais, 2005, p. 903.

729 Como bem observa Martins-Costa "...as práticas abusivas podem ser geradas também pela falta de informação do consumidor sobre produto ou serviço, ou pela informação deficiente ou errônea, pela agressividade dos métodos de venda, pela impossibilidade, para o aderente, de bem avaliar os riscos, fatores que, comumente, não se verificam numa relação em que os pólos contratuais estão em posição de relativa equilíbrio" (MARTINS-COSTA, Judith. Mercado e solidariedade social entre *cosmos* e *taxis*: a boa-fé nas relações de consumo. São Paulo: Revista dos Tribunais, 2002, p. 652).

730 Sobre o "contato social de consumo" na publicidade de produtos e serviços, v., por todos: PASQUALOTTO, Adalberto. *Os efeitos obrigacionais da publicidade no Código de Defesa do Consumidor*. São Paulo: Revista dos Tribunais, 1997, p. 182.

731 Como será visto na sequência (subitem 4.2.3) o exercício abusivo da posição jurídica dos fornecedores caracteriza o extenso campo das *práticas abusivas* no mercado de consumo, práticas essas que podem ser classificadas em *pré-contratuais, contratuais e pós-contratuais*.

732 Sobre o conceito de contratos onerosos (bilaterais), v., por todos: AGUIAR JÚNIOR, Ruy Rosado de. *Extinção dos contratos por incumprimento do devedor*. 2. ed. Rio de Janeiro: Aide, 2004, p. 85.

733 LIRA, Ricardo Pereira. A onerosidade excessiva nos contratos. *Revista de Direito Administrativo*. n. 159, p. 11. Rio de Janeiro, jan.-mar. 1985.

734 GOMES, Orlando. *Transformações gerais no direito das obrigações*. 2. ed. São Paulo: Revista dos Tribunais, 1980, p. 96. Contudo, observa Aguiar Júnior que tais situações podem afetar também os legítimos interesses do *credor* da prestação: "Pode ser excessivamente oneroso para o credor ter de suportar uma prestação que se tornou irrisória, em relação a sua própria obrigação, assim como ter de eventualmente cumprir com uma contraprestação extremamente dificultada ou supervalorizada" (AGUIAR JÚNIOR, Ruy Rosado de. Op. cit., p. 156).

735 MARTINS, Fernando Rodrigues. *Princípio da Justiça Contratual*. São Paulo: Saraiva, p. 380.

736 Sobre o tema, v., por todos: AGUIAR JÚNIOR, Ruy Rosado de. *Extinção dos contratos por incumprimento do devedor*. 2. ed. Rio de Janeiro: Aide, 2004, p. 114-115 e; GOMES, Orlando. *Transformações gerais no direito das obrigações*. 2. ed. São Paulo: Revista dos Tribunais, 1980, p. 103). Essa distinção é apresentada, a propósito, no Enunciado 166, da III Jornada de Direito Civil (CJF/CEJ): "A frustração do fim do contrato, como hipótese que não se confude com a impossibilidade da prestação ou com a excessiva onerosidade, tem guarida no Direito brasileiro pela aplicação do art. 421 do Código Civil".

Na doutrina italiana, v. por todos: ROPPO, Enzo. *O contrato*. Trad. Ana Coimbra e M. Januário C. Gomes. Coimbra: Almedina, 1988, p. 254.

737 AGUIAR JÚNIOR, Ruy Rosado de. O novo Código Civil e o Código de Defesa do Consumidor – Pontos de convergência. *Revista de Direito do Consumidor*. n. 48, p. 62. São Paulo, out.-dez. 2003.

738 Na lição de Pontes de Miranda: "O conceito de inexigibilidade distingue-se do conceito de impossibilidade da prestação em que *impossível* se diz a prestação que não pode ser feita, objetivamente (...) e inexigível a que, pôsto que seja possível, não se pode obrigar o devedor a prestar" (PONTES DE MIRANDA, Francisco Cavalcanti. *Tratado de Direito Privado*. 3. ed. São Paulo: Revista dos Tribunais, 1984, t. XXV, p. 235). Trata-se, em essência, da aplicação do tradicional princípio (ou "cláusula") *rebus sic stantibus*, que foi esquecido no direito contratual liberal pelo fato de que seria forma de desprestígio ao dogma da força obrigatória dos contratos (*pacta sut servanda*). Sobre o tema da cláusula *rebus sic stantibus*, v., na doutrina italiana: GIONENNE, Achille. *L'impossibilità della prestazione e la "sopravvenienza" – La dottrina della clausola rebus sic stantibus*. Padova: Cedam. 1941; na doutrina brasileira, v., por todos: PONTES DE MIRANDA, Francisco Cavancanti. *Tratado de Direito Privado*. 3. ed. São Paulo: Revista dos Tribunais, 1984, t. XXV, p. 216-218.

739 Sobre o conceito de "sinalagma funcional", v., por todos: MARTINS-COSTA, Judith. *A boa-fé no direito privado*. São Paulo: Revista dos Tribunais, 1999, p. 465. Sobre o tema, v. LIRA, Ricardo Pereira. A onerosidade excessiva nos contratos. *Revista de Direito Administrativo*. n. 159, p. 10. Rio de Janeiro, jan.-mar. 1985.

740 Sobre o papel da equidade no direito contratual contemporâneo, v., por todos: CAMINHA, Vivian Josete Pantaleão. *A equidade no direito contratual*: uma contribuição para o debate sobre o tema. 2010. 216 f. Tese (Doutorado em Direito) – Universidade Federal do Rio Grande do Sul, Porto Alegre. 2010.

741 LARENZ, Karl. *Derecho de Obligaciones*. Trad. Jaime Santos Briz. Madrid: Revista de Derecho Privado, 1958, t. I. p. 314-319.

742 ASCENSÃO, José de Oliveira. Alteração das circunstâncias e justiça contratual no novo Código Civil. *Revista CEJ*. n. 25, p. 60. Brasília, abr.-jun. 2004. Sobre a evolução do conceito de "base do negócio" v., na doutrina portuguesa: COSTA, Mário Júlio de Almeida. *Direito das obrigações*. 9. ed. Coimbra: Almedina, p. 291 et seq.; na doutrina brasileira, v., por todos: PONTES DE MIRANDA, Francisco Cavalcanti. *Tratado de Direito Privado*. 3. ed. São Paulo: Revista dos Tribunais, 1984, t. XXV, p. 220; GOMES, Orlando. Op. cit., p. 96 et seq.; AGUIAR JÚNIOR, Ruy Rosado de. *Extinção dos contratos por incumprimento do devedor*. 2. ed. Rio de Janeiro: Aide, 2004, p. 144 et seq. Sobre o tema, v. ainda: AZEVEDO, Fernando Costa de. O desequilíbrio contratual provocado pela alteração superveniente da base negocial: a resolução e a revisão contratual por onerosidade excessiva no Código Civil e no Código de Defesa do Consumidor. *Revista Jurídica Empresarial*. n. 16, p. 61-68. Sapucaia do Sul, set.-out. 2010.

743 BARLETTA, Fabiana Rodrigues. *A revisão contratual no Código Civil e no Código de Defesa do Consumidor*. São Paulo: Saraiva, 2002, p. 149.

744 AGUIAR JÚNIOR, Ruy Rosado de. Op. cit., p. 156.

745 BUFFA, Alberto. Di alcuni principi interpretativi in matéria di risoluzione per onerosità eccessiva. *Rivista del Diritto Commerciale e del Diritto Generale delle Obbligazioni*. anno XLVI (Parte Seconda), p. 53-61. Milano: Casa Editrice, 1948; BOSELLI, Aldo. *La risoluzione del contratto per eccessiva onerosità*. Torino: Editrice Torinese, 1952; MIRABELLI, Giuseppe. Eccessiva onerosità e inadempimento. *Rivista del Diritto Commerciale e del Diritto Generale delle Obbligazioni*. anno LI (Parte Sconda), p. 84-93. Milano: Casa Editrice, 1953; FISSOTTI, Carlo. Risoluzione del contratto per eccessiva onerosità ed inadempimento della obbligazione. *Rivista del Diritto Commerciale e del Diritto Generale delle Obbligazioni*. anno LV. Gruppo 4º. n. 3-4, p. 102-138. Milano: Casa Editrice, mar.-apr. 1957; GAMBINO, Agostino. Eccessiva Onerosità della prestazione e superamento dell'alea normale del contratto. *Rivista del Diritto Commerciale e del Diritto Generale delle Obbligazioni*. anno LVII. Gruppo 4º, n. 1-2, p. 416-449. Milano: Casa Editrice, gen.-feb.1960; QUADRI, Enrico. Il comportamento del debitore nella dinâmica della risoluzione per eccessiva onerosità. *Rivista di Diritto Civile*. anno XXII. n. 4, p. 333-358. Padova: Cedam, lug.-ago. 1976; BESSONE, Mario. *Adempimento e rischio contrattuale*. Seconda

Ristampa Inalterata. Milano: Giuffrè, 1998, p. 07-16; DELFINI, Francesco. *Autonomia Privata e Rischio Contrattuale*. Milano: Giuffrè, 1999.

746   Com efeito, a redação dos arts. 478 a 480 do Código Civil de 2002 foi diretamente influenciada pelo *Codice Civile* (1942), arts. 1.467 a 1.469.

747   Sobre o tema v.: PONTES DE MIRANDA, Francisco Cavalcanti. *Tratado de Direito Privado*. 3. ed. São Paulo: Revista dos Tribunais, 1984, t. XXV, p. 215-265 e; AGUIAR JÚNIOR, Ruy Rosado de. *Extinção dos contratos por incumprimento do devedor*. 2. ed. Rio de Janeiro: Aide, 2004, p. 143-165.

748   Sobre o tema, inclusive com excelente análise em direito comparado (direito alemão, português e italiano), v. ainda: ODY, Lisiane Feiten Wingert. *O equilíbrio contratual nos contratos de crédito bancários e a aplicabilidade do Código Civil e do Código de Defesa do Consumidor*. 2010. Tese (Doutorado em Direito) – Universidade Federal do Rio Grande do Sul, Porto Alegre, 2010, p. 125-137.

749   BOSELLI, Aldo. *La risoluzione del contratto per eccessiva onerosità*. Torino: Editrice Torinese, 1952, p. 109-110.

750   Segundo Roppo os "contratti di durata" podem ser "... *contratos de execução prolongada ou periódica* (como um contrato de trabalho, uma locação, ou uma empreitada, ou um fornecimento) ou então de *contratos com execução diferida* (como uma venda de coisas genéricas, em que a individualização e a entrega são postergadas para um momento posterior, ou um transporte estabelecido para o mês subsquente ao da estipulação)" (ROPPO, Enzo. *O Contrato*. Trad. Ana Coimbra e M. Januário C. Gomes. Coimbra: Almedina, 1988, p. 260).

751   Sobre o tema, v. MESSINEO, Francesco. *Doctrina General del Contrato*. Trad. R. Fontanarrosa, S. Melendo e M. Volterra. Buenos Aires: Ediciones Jurídicas Europa-América, t. II p. 376 e; DELFINI, Francesco. *Autonomia Privata e Rischio Contrattuale*. Milano: Giuffrè, 1999, p. 206. Nas relações de consumo, cumpre observar que muitos desses contratos, notadamente os que envolvem a prestação de *serviços*, são denominados "cativos de longa duração". Sobre o tema, v. MARQUES, Claudia Lima. *Contratos no Código de Defesa do Consumidor*. 5. ed. São Paulo: Revista dos Tribunais, 2005, p. 91-109.

752   Nesse sentido, ensina Iturraspe que "Los contratos son por antonomasia un acto de previsión (...) En la medida que los hechos futuros sean previsibles, su invocación como pretexto de la revisión judicial (...) es inadmisible. Por ello la norma pertinente habla de hechos 'extraordinarios e imprevisibles', que escapan, por ende, a toda anticipación" (ITURRASPE, Jorge Mosset. *Justicia Contractual*. Buenos Aires: Ediar, 1978, p. 213-214).

753   ASCENSÃO, José de Oliveira. Alteração das circunstâncias e justiça contratual no novo Código Civil. *Revista CEJ*. n. 25, p. 63. Brasília, abr.-jun. 2004.

754   Nesse sentido, na doutrina brasileira, PONTES DE MIRANDA, Francisco Cavalcanti. *Tratado de Direito Privado*. 3. ed. São Paulo: Revista dos Tribunais, 1984, t. XXV, p. 246-252.

755   AZEVEDO, Antonio Junqueira de. Relatório brasileiro sobre revisão contratual apresentado para as Jornadas Brasileiras da Associação Henri Capitant. In: AZEVEDO, Antonio Junqueira de. *Novos estudos e pareceres de direito privado*. São Paulo: Saraiva, 2009, p. 184-185. Sobre o tema, v. ainda: MARTINS-COSTA, Judith. *Comentários ao novo Código Civil*. Rio de Janeiro: Forense, 2003, p. 230-235.

756   Nesse sentido, o Enunciado n. 175, da II Jornada de Direito Civil (CJF/CEJ): "Art. 478: A menção à imprevisibilidade e a extraordinariedade insertas no art. 478 do Código Civil, deve ser interpretada não somente em relação ao fato que gere o desequilíbrio, mas também em relação às consequências que ele produz" (AGUIAR JÚNIOR, Ruy Rosado (Org.). *Jornadas de Direito Civil* – I, III e IV. Enunciados Aprovados. Brasília: CJF, 2007, p. 47). Sobre o tema, v. *Idem*. *Extinção dos contratos por incumprimento do devedor*. 2. ed. Rio de Janeiro: Aide, 2004, p. 156.

757   AGUIAR JÚNIOR, Ruy Rosado de. O novo Código Civil e o Código de Defesa do Consumidor – Pontos de convergência. *Revista de Direito do Consumidor*. n. 48, p. 62. São Paulo, out.-dez. 2003.

758   Na doutrina italiana, v. GAMBINO, Agostino. Eccessiva Onerosità della prestazione e superamento dell'alea normale del contratto. *Rivista del Diritto Commerciale e del Diritto Generale delle Obbligazioni*. anno LVII. Gruppo 4º, n. 1-2, p. 441-442. Milano: Casa Editrice e; DELFINI, Francesco. *Autonomia Privata e Rischio Contrattuale*. Milano: Giuffrè, 1999, p. 210-217. A propósito, estabelece o Enunciado n. 366, da IV Jornada de Direito Civil (CJF/CEJ): "O fato extraordinário e imprevisível causador da

onerosidade excessiva é aquele que não está coberto objetivamente pelos riscos próprios da contratação" (AGUIAR JÚNIOR, Ruy Rosado de (Org.). *Jornadas de Direito Civil* – I, III e IV. Enunciados Aprovados. Brasília: CJF, 2007, p. 74).

759 ROPPO, Enzo. *O contrato*. Trad. Ana Coimbra e M. Januário C. Gomes. Coimbra: Almedina, 1988, p. 262). Nos contratos de consumo, cumpre observar que significativa parcela da doutrina brasileira considera cabível a aplicação das ações de revisão ou resolução por onerosidade excessiva superveniente a contratos de natureza *aleatória*, como os de seguro (BARLETTA, Fabiana Rodrigues. *A revisão contratual no Código Civil e no Código de Defesa do Consumidor*. São Paulo: Saraiva, 2002, p. 145-146).

760 ROPPO, Enzo. Op. cit., p. 264. Aguiar Júnior, no mesmo sentido, afirma que "A onerosidade é um aspecto da teoria da superveniência, e nela se afirma o princípio da responsabilidade do devedor moroso, pela impossibilidade posterior" (AGUIAR JÚNIOR, Ruy Rosado de. Op. cit., p. 157).

761 Sobre as críticas ao mencionado requisito legal, v., por todos: AGUIAR JÚNIOR, Ruy Rosado de. *Extinção dos contratos por incumprimento do devedor*. 2. ed. Rio de Janeiro: Aide, 2004 p. 152.

762 Como bem observa Ody: "O requisito da vantagem exagerada para outra parte deveria ser dispensado, porque não é comum às demais teorias que instrumentalizam a correção do desequilíbrio contratual superveniente. De fato, importa que uma das partes sofra de forma insuportável, obrigando-se a repartição dos riscos que excedem à álea normal do contrato, não interessando se a outra tenha com isso uma extrema vantagem" (ODY, Lisiane Feiten Wingert. *O equilíbrio contratual nos contratos de crédito bancários e a aplicabilidade do Código Civil e do Código de Defesa do Consumidor*. 2010. Tese (Doutorado em Direito) – Universidade Federal do Rio Grande do Sul, Porto Alegre, 2010, p. 128-129). Justifica-se, assim, a interpretação do Conselho da Justiça Federal, no Enunciado n. 365, da IV Jornada de Direito Civil (CJF/CEJ): "A extrema vantagem do art. 478 deve ser interpretada como *elemento acidental* da alteração das circunstâncias, que comporta a incidência da resolução do negócio por onerosidade excessiva, *independentemente de sua demonstração plena*" – grifou-se (AGUIAR JÚNIOR, Ruy Rosado de (Org.). *Jornadas de Direito Civil* – I, III e IV. Enunciados Aprovados. Brasília: CJF, 2007, p. 74).

763 Código Civil italiano (1942), art. 1.467, § 3º.

764 Segundo o Enunciado n. 176, da III Jornada de Direito Civil (CJF/CEJ): "Em atenção ao princípio da conservação dos negócios jurídicos, o art. 478 do Código Civil de 2002 deverá conduzir, sempre que possível, à revisão judicial dos contratos e não à resolução contratual" (AGUIAR JÚNIOR, Ruy Rosado de (Org.). Op. cit., p. 47). Cumpre observar que no Código Civil Brasileiro (2002) há alguns importantes instrumentos jurídicos de conservação dos contratos, como a norma prevista no art. 153, que estabelece a possibilidade de *redução do negócio jurídico inválido*. No CDC, por sua vez, ganha importância a previsão do art. 51, § 2º (conservação dos contratos com cláusulas inválidas). Sobre o tema, v. BELMONTE, Cláudio. *Proteção Contratual do Consumidor*. Conservação e redução do negócio jurídico no Brasil e em Portugal. São Paulo: Revista dos Tribunais, 2002, p. 23 et seq.

765 O instituto foi denominado *reductio ad aequitatem*. Sobre o tema, na doutrina italiana, v., por todos: BOSELLI, Aldo. *La risoluzione del contratto per eccessiva onerosità*. Torino: Editrice Torinese, 1952, p. 267. A propósito, estabelece o Enunciado n. 367, da IV Jornada de Direito Civil (CJF/CEJ): "Em observância ao princípio da conservação do contrato, nas ações que tenham por objeto da resolução do pacto por excessiva onerosidade, pode o juiz modificá-lo equitativamente, desde que ouvida a parte autora, respeitada sua vontade e observado o contraditório" (AGUIAR JÚNIOR, Ruy Rosado de (Org.). Op. cit., p. 74).

766 Naturalmente, o vocábulo "obrigações" está sendo aqui empregado no sentido de "deveres estritamente contratuais", i.e., as obrigações expressamente previstas no contrato. Com efeito, sabe-se que em qualquer contrato, seja bilateral (oneroso) ou unilateral (gratuito), os contratantes estão sujeitos, segundo as circunstâncias do caso, a natureza e os fins do contrato em questão, ao cumprimento dos *deveres anexos (laterais ou instrumentais)*, oriundos da cláusula geral de *boa-fé objetiva* (CC, art. 422).

767 ROPPO, Enzo. *O Contrato*. Trad. Ana Coimbra e M. Januário C. Gomes. Coimbra: Almedina, 1988, p. 263.

768 Sobre a interpretação do disposto no CC, art. 317 v., por todos: AGUIAR JÚNIOR, Ruy Rosado de. *Extinção dos contratos por incumprimento do devedor*. 2. ed. Rio de Janeiro: Aide, 2004, p. 152-153.

769 Aqui, importa destacar o disposto no CC, art. 313 c/c art. 356: "Art. 313. O credor não é obrigado a receber prestação diversa da que lhe é devida ainda que mais valiosa; Art. 356. O credor pode consentir em receber prestação diversa da que lhe é devida". Assim, em contrato de doação, após a aceitação do donatário, o doador pode ajuizar ação no sentido de modificar as condições do contrato (*e.g.* a entrega de outro imóvel ao donatário, com valor idêntico ao do imóvel prometido, em razão de que precisará do imóvel objeto da doação para determinada finalidade econômica).

770 Sobre a cláusula geral de boa-fé objetiva, na doutrina brasileira, v. MARTINS-COSTA, Judith. *A boa-fé no direito privado*. São Paulo: Revista dos Tribunais, 1999, p. 273 et seq.

771 DELL'UTRI, Marco. Poteri privati e situazioni giuridiche soggettive (Riflessioni sulla nozione di interesse legitimo in diritto privato). *Rivista di Diritto Civile*. n. 3, anno XXXIX, p. 315. Padova, 1993.

772 Segundo o mestre alemão "También es contrario a la buena fe sujetar a una persona al cumplimiento de un contrato y derivar de éste derechos cuando, a consecuencia de sucesos imprevistos que escapan a la influencia de la otra parte y no pertenecen al riesgo asumido por ninguno de los contratantes, desaparece de tal forma la base del contrato que éste conforme la intención de las partes, no puede subsistir" (LARENZ, Karl. *Derecho de Obligaciones*. Trad. Jaime Santos Briz. Madrid: Revista de Derecho Privado, 1958, t. I, p. 154).

773 COUTO E SILVA, Clóvis V. A teoria da base do negócio jurídico no direito brasileiro. *Revista dos Tribunais*. n. 655, p. 10. São Paulo, maio 1990. No mesmo sentido, entende Aguiar Júnior que as cláusulas gerais de função social do contrato (CC, art. 421) e boa-fé objetiva (CC, art. 422) devem ser compreendidas como "...fundamento para a modificação ou a extinção do contrato em razão de fato superveniente que desvirtue sua finalidade social, agrida as exigências da boa-fé e signifique enriquecimento indevido para uma das partes, em detrimento da outra. O que não se ajustar a tais soluções será examinado à luz da regra específica da onerosidade excessiva (art. 478 do Código Civil)" (AGUIAR JÚNIOR, Ruy Rosado de. *Extinção dos contratos por incumprimento do devedor*. 2. ed. Rio de Janeiro: Aide, 2004, p. 148).

774 Na doutrina francesa, observa Fin-Langer que "La bonne foi oblige les parties à renégocier le contrat en cas de bouleversement de l'equilibre contractuel" (FIN-LANGER, Laurence. *L'équilibre contractuel*. Paris: LGDJ, 2002, p. 277). Na doutrina italiana, v. GALLO, Paolo. Buona fede oggettiva e transformazioni del contratto. *Rivista di Diritto Civile*. n. 2, anno XLVIII, p. 255-256. Padova, 2002 e ainda o texto de Guido Alpa, traduzido para o francês: ALPA, Guido. Nouvelles frontières du droit des contrats. *Revue internationale de droit comparé*. n. 4 (1), p. 1.017. Paris, 1998.

775 AGUIAR JÚNIOR, Ruy Rosado de. Op. cit., p. 154.

776 LARENZ, Karl. Op. cit., p. 154.

777 MARQUES, Claudia Lima. *Contratos no Código de Defesa do Consumidor*. São Paulo: Revista dos Tribunais, 2005, p. 233-238.

778 É importante destacar que o dever anexo de cooperação, sobretudo no âmbito das relações contratuais *civis*, também pode ser exigido em favor do próprio *credor*, pois a situação de onerosidade excessiva superveniente, como já demonstrado, pode atingir também o credor da prestação (AGUIAR JÚNIOR, Ruy Rosado de. Op. cit., p. 153). Nesse sentido, tem-se o Enunciado 169, da III Jornada de Direito Civil (CJF/CEJ): "O princípio da boa-fé objetiva deve levar o credor a evitar o agravamento do próprio prejuízo" (AGUIAR JÚNIOR, Ruy Rosado de (Org.). Jornadas... cit., p. 46).

779 MACARIO, Francesco. Riesgo contractual y relaciones a largo plazo: de la presuposición a la obligación de renegociar. *Responsabilidad civil y seguros*. Buenos Aires: La Ley. 2005, p. 56-78. Apud MIRAGEM, Bruno. *Abuso do direito*. Proteção da confiança e limite ao exercício das prerrogativas jurídicas no direito privado. Rio de Janeiro: Forense, 2009, p. 211.

780 MARQUES, Claudia Lima. *Contratos no Código de Defesa do Consumidor*. 5. ed. São Paulo: Revista dos Tribunais, 2005, p. 236.

781 O dever de renegociar, como corolário da cláusula geral de boa-fé objetiva, surge da onerosidade excessiva superveniente em *uma* determinada relação contratual de consumo. Há, porém, uma situação mais grave, que não atinge apenas uma relação contratual, mas *um conjunto de relações de consumo* e que, por isso mesmo, pode ser compreendida como uma situação de *desequilíbrio excessivo sistêmico*: o *superendividamento* pessoal e familiar dos consumidores. O tema será brevemente analisado no

último tópico deste Capítulo (4.3). Com efeito o superendividamento é fenômeno complexo e pode ter, por isso mesmo, múltiplas causas, sendo uma delas a onerosidade excessiva superveniente.

782 Na jurisprudência brasileira v., a título exemplificativo: STJ. REsp 293778/RS. 4ª T., Rel. Min. Ruy Rosado de Aguiar. DJ 20.08.2001; STJ. REsp 469522/PR. 4ª T., Rel. Min. Ruy Rosado de Aguiar. DJ 25.02.2003 (as referências a estes julgados encontram-se em MARQUES, Claudia Lima. Contratos... cit., p. 237).

783 ROPPO, Enzo. *O contrato*. Trad. Ana Coimbra e M. Januário C. Gomes. Coimbra: Almedina, 1988, p. 262. Também Iturraspe, a respeito dos fatos, extraordinários e imprevisíveis, geradores da onerosidade excessiva superveniente nas relações contratuais *civis*, ensina que "...se dejan de lado, así mismo, los hechos que tienen una gravitación personal o individual, que sólo afectan a tal o cual persona, que es parte contratante, para considerar aquellos que perjudican a 'toda una categoria de deudores'" (ITURRASPE, Jorge Mosset. *Justicia Contractual*. Buenos Aires: Ediar, 1978, p. 223). Exemplos desses fatos de repercussão geral podem ser os atos de intervenção governamental na econômica e as crises econômicas, de repercussão regional, nacional ou mesmo global. Sobre o tema, v. MARTINS-COSTA, Judith. A teoria da imprevisão e a incidência dos planos econômicos governamentais na relação contratual. *Revista dos Tribunais*. v. 670, p. 45 et seq. São Paulo, ago. 1991.

784 AZEVEDO, Antonio Junqueira de. Relatório brasileiro sobre revisão contratual apresentado para as Jornadas Brasileiras da Associação Henri Capitant. In: AZEVEDO, Antonio Junqueira de. *Novos estudos e pareceres de direito privado*. São Paulo: Saraiva, 2009, p. 184.

785 Importante destacar que mesmo doutrinadores atentos à existência de um direito privado pós-moderno apresentam posições contrárias a esse entendimento da "onerosidade excessiva subjetiva". Nesse sentido, v. MARTINS, Fernando Rodrigues. *Princípio da justiça contratual*. São Paulo: Saraiva, 2009, p. 386.

786 Com efeito, dispõe o Enunciado n. 23, da I Jornada de Direito Civil (CJF/CEJ): "A função social do contrato, prevista no art. 421 do novo Código Civil, não elimina o princípio da autonomia contratual, mas atenua ou reduz o alcance desse princípio quando presentes interesses metaindividuais ou *interesse individual relativo à dignidade da pessoa humana*" – grifou-se. (AGUIAR JÚNIOR, Ruy Rosado de (Org.). *Jornadas de Direito Civil* – I, III e IV. Enunciados Aprovados. Brasília: CJF, 2007, p. 19).

787 Cf. análise realizada neste Capítulo (subitem 4.1).

788 Dispõe o Código Civil Português, art. 437/1: "Se as circunstâncias em que as partes fundaram a decisão de contratar tiverem sofrido uma alteração anormal, tem a parte lesada direito à resolução do contrato, ou à modificação dele segundo juízos de equidade, desde que a exigência das obrigações por ela assumidas *afecte gravemente os princípios da boa-fé* e não esteja coberta pelos riscos próprios do contrato" – grifou-se.

789 ASCENSÃO, José de Oliveira. *Direito Civil*. 2. ed. São Paulo: Saraiva, 2010, v. 3, p. 166. Do mesmo autor, v. Idem. Alteração das circunstâncias e justiça contratual no novo Código Civil. *Revista CEJ*. n. 25, p. 65. Brasília, abr.-jun. 2004. Na doutrina brasileira, observa Lira que a onerosidade excessiva superveniente deve ser apreciada a partir de uma "...avaliação objetiva da prestação, em si e por si, em confronto com a contraprestação" (LIRA, Ricardo Pereira. A onerosidade excessiva nos contratos. *Revista de Direito Administrativo*. n. 159, p. 11. Rio de Janeiro, jan.-mar. 1985).

790 MIRAGEM, Bruno. *Curso de direito do consumidor*. 3. ed. São Paulo: Revista dos Tribunais, 2012, p. 175. Na doutrina francesa, v. GHESTIN, Jacques. L'utile e le juste dans les contrats. *Archives de Philosophie du Droit*. Paris, 1981, t. 26, p. 41-45.

791 Importa considerar que os contratos de consumo, com finalidade *existencial*, diferenciam-se dos contratos civis, cuja finalidade pode ser existencial (como ocorre em determinados contratos paritários entre pessoas físicas) ou empresarial. Nesse sentido, estabelece o Enunciado n. 439, da V Jornada de Direito Civil (CJF/CEJ): "A revisão do contrato por onerosidade excessiva no Código Civil deve levar em conta a natureza do objeto do contrato. Nas relações empresariais, observar-se-á a sofisticação dos contratantes e a alocação de riscos por eles assumidas como o contrato".

792 Na doutrina brasileira, v. AGUIAR JÚNIOR, Ruy Rosado de. *Extinção dos contratos por incumprimento do devedor*. 2. ed. Rio de Janeiro: Aide, 2004, p. 154 et seq.; na doutrina argentina, v. ITURRASPE, Jorge Mosset. *Justicia Contractual*. Buenos Aires: Ediar, 1978, p. 223-224; na doutrina portuguesa, v.

ASCENSÃO, José de Oliveira. Alteração das circunstâncias e justiça contratual no novo Código Civil. *Revista CEJ.* n. 25, p. 62-63. Brasília, abr.-jun. 2004.
793 Cf. Enunciado n. 175, da III Jornada de Direito Civil (CJF/CEJ): "A menção à imprevisibilidade e à extraordinariedade, insertas no art. 478 do Código Civil, deve ser interpretada não somente em relação ao fato que gere o desequilíbrio, mas também em relação *às consequências que ele produz*" - grifou-se (AGUIAR JÚNIOR, Ruy Rosado de (Org). *Jornadas de Direito Civil* – I, III e IV. Enunciados Aprovados. Brasília: CJF, 2007, p. 47).
794 Sobre o tema, na doutrina brasileira, v., por todos: AGUIAR JÚNIOR, Ruy Rosado de. *Extinção dos contratos por incumprimento do devedor.* 2. ed. Rio de Janeiro: Aide, 2004, p. 153-154; Idem. O novo Código Civil e o Código de Defesa do Consumidor – Pontos de convergência. *Revista de Direito do Consumidor.* n. 48, p. 62-63. São Paulo, out.-dez. 2003 e; BARLETTA, Fabiana Rodrigues. *A revisão contratual no Código Civil e no Código de Defesa do Consumidor.* São Paulo: Saraiva, 2002, p. 139-153.
795 Dispõe o CDC, art. 6º, V (2ª Parte): "São direitos básicos do consumidor: V – a modificação das cláusulas contratuais que estabeleçam prestações desproporcionais *ou sua revisão em razão de fatos supervenientes que as tornem excessivamente onerosas*" – grifou-se.
796 AGUIAR JÚNIOR, Ruy Rosado de. Extinção... cit., p. 153.
797 Barletta, a propósito, apresenta um importante histórico a respeito do caso (BARLETTA, Fabiana Rodrigues. Op. cit., p. 153-180).
798 Outros precedentes do STJ a respeito do caso: STJ. AgRg no REsp 374.351/RS, 3ª T., Rel. Min. Nancy Andrighi. DJ 30.04.2002; STJ. REsp 376.877/RS, 3ª T., Rel. Min. Nancy Andrighi. DJ 06.05.2002; STJ. REsp 473.140, 2ª T., Rel. Min. Carlos Alberto Menezes Direito. DJ 12.02.2003; STJ. REsp 437.660, 4ª T., Rel. Min. Sálvio de Figueiredo Teixeira. DJ 08.04.2003.
799 AGUIAR JÚNIOR, Ruy Rosado de. *Extinção dos contratos por incumprimento do devedor.* 2. ed. Rio de Janeiro: Aide, 2004, p. 146 (nota n. 281).
800 O tema será analisado na sequência (subitem 4.2.3).
801 ASCENSÃO, José de Oliveira. Alteração das circunstâncias e justiça contratual no novo Código Civil. *Revista CEJ.* n. 25, p. 64. Brasília, abr.-jun. 2004.
802 AGUIAR JÚNIOR, Ruy Rosado de. *Extinção dos contratos por incumprimento do devedor.* 2. ed. Rio de Janeiro: Aide, 2004, p. 154.
803 Trata-se de importante dispositivo legal no CDC, cuja interpretação, não raras vezes, restringe-se apenas à possibilidade de concessão, no processo civil, da *inversão do ônus da prova* em favor dos consumidores. Contudo, o direito à facilitação da defesa do consumidor é bem mais abrangente do que aquele instrumento processual. Sobre o tema, v., por todos: ARAÚJO FILHO, Luiz Paulo da Silva. *Comentários ao Código de Defesa do Consumidor.* Direito processual. São Paulo: Saraiva, 2002, p. 04-27.
804 Como observado, o sistema jurídico de Direito Civil (CC, arts. 317 e 478) exige a demonstração de qualidade específica do fato superveniente (a imprevisibilidade de sua ocorrência e da extensão dos seus efeitos), ao passo que o sistema jurídico de Direito do Consumidor (CC, art. 6º, V) dispensa a demonstração desse qualificativo, focando-se apenas na existência da manifesta desproporção (a onerosidade excessiva superveniente) em desfavor do consumidor contratante.
805 Fatores de ordem geral, como visto, podem ser as mudanças de política econômica do governo, a desvalorização da moeda pela inflação etc; fatores de ordem particular, a perda do emprego pelo consumidor, uma doença grave em sua família etc.
806 Relembre-se o Enunciado 23, da I Jornada de Direito Civil (CJF/CEJ): "A função social do contrato, prevista no art. 421 do novo Código Civil, não elimina o princípio da autonomia contratual, mas atenua ou reduz o alcance desse princípio quando presentes interesses metaindividuais ou *interesse individual relativo à dignidade da pessoa humana*" – grifou-se (AGUIAR JÚNIOR, Ruy Rosado de (Org.). *Jornadas de Direito Civil* – I, III e IV. Enunciados Aprovados. Brasília: CJF, 2007, p. 19).
807 MIRAGEM, Bruno. *Abuso do direito.* Proteção da confiança e limite ao exercício das prerrogativas jurídicas no direito privado. Rio de Janeiro: Forense, 2009, p. 222.
808 Como ensina Rizzatto Nunes "Em produções seriadas é impossível assegurar como resultado final que o produto ou o serviço não terá vício/defeito. Para que a produção em série conseguisse um re-

sultado isento de vício/defeito, seria preciso que o fornecedor elevasse seu custo a níveis altíssimos, o que inviabilizaria o preço final do produto e do serviço e desqualificaria a principal característica da produção em série, que é a ampla oferta para um número enorme de consumidores. Dessa maneira, sem outra alternativa, o produtor tem de correr o risco de fabricar produtos e serviços a um custo que não prejudique o benefício (...) A falha é inexorável: por mais que o fornecedor queira, não consegue evitar que seus produtos ou serviços cheguem ao mercado sem vício/defeito" (RIZZATTO NUNES, Luiz Antônio. *Curso de Direito do Consumidor*. 2. ed. São Paulo: Saraiva, 2005, p. 155-156).

809 A propósito, a análise de Aguiar Júnior sobre o *leading case* das ações revisionais nos contratos de leasing (AGUIAR JÚNIOR, Ruy Rosado de. *Extinção dos contratos por incumprimento do devedor*. 2. ed. Rio de Janeiro: Aide, 2004, p. 146 – nota 281).

810 LARENZ, Karl. *Derecho Justo*. Fundamentos de Etica Juridica. Trad. Luis Díez-Picazo. Madrid: Editorial Civitas, p. 144-145.

811 Cf. análise do princípio fundamental da proporcionalidade, realizada na Parte I (Capítulo 1). Como ensina Marques essa violação independe do conhecimento da ilicitude da conduta ou mesmo da intenção de lesar os consumidores (MARQUES, Claudia Lima. *Contratos no Código de Defesa do Consumidor*. 5. ed. São Paulo: Revista dos Tribunais, 2005, p. 904). Como será visto na sequência, isso se justifica pelo fato de que a configuração atual do "abuso" no direito privado é objetiva (CC, art. 187), i.e., independe da existência de requisitos subjetivos.

812 MARQUES, Claudia Lima. *Contratos no Código de Defesa do Consumidor*. 5. ed. São Paulo: Revista dos Tribunais, 2005, p. 904.

813 AZEVEDO, Fernando Costa de. A cláusula geral de proibição de vantagem excessiva – norma fundamental de correção do abuso nas relações de consumo. *Revista de Direito do Consumidor*. n. 109, p. 225 et. seq. São Paulo, jan.-fev. 2017.

814 MARTINS-COSTA, Judith. Mercado e solidariedade social entre *cosmos* e *taxis*: a boa-fé nas relações de consumo. São Paulo: Revista dos Tribunais, 2002, p. 652.

815 Dispõe o art. 187 do Código Civil Brasileiro: "Também comete ato ilícito o titular de um direito que, ao exercê-lo, excede manifestamente os limites impostos pelo seu fim econômico ou social, pela boa-fé ou pelos bons costumes". Importa destacar que o dispositivo legal foi diretamente inspirado no art. 334 do Código Civil Português (1966): "É ilegítimo o exercício de um direito, quando o titular exceda manifestamente os limites impostos pela boa-fé, pelos bons costumes ou pelo fim social e econômico desse direito".

816 LIMA, Ricardo Seibel de Freitas. Pautas para a interpretação do art. 187 do novo Código Civil. *Revista da Procuradoria-Geral do Estado – RS*. v. 27, n. 57, p. 102-106. Porto Alegre, 2003. A essência desse movimento consistiu na mudança de percepção do *direito subjetivo* como poder absoluto do indivíduo e, consequentemente, no condicionamento do seu exercício a determinados limites (ou modos de exercício) relacionados ao cumprimento de sua finalidade (ou função) no âmbito social. Miragem, a propósito do tema, observa que "O reconhecimento do poder do indivíduo, um poder jurídico cujo exercício se estabelece nos termos da vontade do seu titular, não se admitirá, *a priori*, como uma determinada realidade dada. Exigirá, dentro do próprio sistema, uma justificação que não alcance apenas sua existência como direito subjetivo (contemplado, a princípio, no sistema de direito positivo, pela existência de previsão normativa), mas na própria ideia de finalidade para a qual é *concebido* e sua relação com o modo e os fins para os quais será *exercido*" (MIRAGEM, Bruno. *Abuso do direito*. Proteção da confiança e limite ao exercício das prerrogativas jurídicas no direito privado. Rio de Janeiro: Forense, 2009, p. 35-36).

817 MICHAÉLIDÈS-NOUAROS, G. L'évolution récent de la notion de droit subjectif. *Revue Trimestrielle de Droit Civil*. Paris, 1966, t. 64, p. 216.

818 JOSSERAND, Louis. *L'abus des droits*. Paris: Arthur Rousseau Éditeur, 1905.

819 Na precisa lição de Michaélidès-Nouaros o direito subjetivo é: "...une prérogative reconnue par l'ordre juridique au profit d'un particulier, en tant que personne et membre de la société, dans le but de déployer une activité utile à lui-même et au bien commun" (MICHAÉLIDÈS-NOUAROS, G. Op. cit., p. 235).

820 A mais conhecida delas é a objeção do jurista francês Planiol, para quem o abuso do direito seria uma expressão *logomáquica*, já que "o direito cessa onde começa o abuso". Sobre a famosa objeção do jurista

francês, pondera Ascensão que a existência do direito e do abuso é logicamente possível, na medida em que "... há direito, mas há também defeito no exercício" (ASCENSÃO, José de Oliveira. *Direito Civil*. 2. ed. São Paulo: Saraiva, 2010, v. 3, p. 216).

821 A análise sobre o desenvolvimento histórico do movimento de funcionalização dos direitos e do próprio instituto do abuso do direito (França) ou exercício inadmissível de direitos (Alemanha) – não obstante a sua inegável importância para a compreensão do desenvolvimento histórico desse instituto na experiência jurídica brasileira – transcende os limites desta pesquisa, voltada especificamente para as relações jurídicas de consumo e, portanto, para o Direito do Consumidor. Nesse sentido, para uma profunda análise do tema, recomenda-se, na doutrina brasileira: MIRAGEM, Bruno. Op. cit., p. 66-93; e também: LIMA, Ricardo Seibel de Freitas. Op. cit., p. 102-112. Ver ainda, na doutrina francesa: RIPERT, Georges. *A regra moral nas obrigações civis*. Trad. Osório de Oliveira. 2. ed. Campinas: Bookseller, 2002, p. 167 et seq.

822 MIRAGEM, Bruno. *Abuso do direito*. Proteção da confiança e limite ao exercício das prerrogativas jurídicas no direito privado. Rio de Janeiro: Forense, 2009, p. 131.

823 Dispõe o art. 187 do Código Civil: "Também comete ato ilícito o titular de um direito que, ao exercê-lo, excede manifestamente os limites impostos pelo seu fim econômico ou social, pela boa-fé ou pelos bons costumes".

824 MIRAGEM, Bruno. *Abuso do direito*. Proteção da confiança e limite ao exercício das prerrogativas jurídicas no direito privado. Rio de Janeiro: Forense, 2009, p. 130-151.

825 Nesse sentido, v. CAVALIERI FILHO, Sergio. *Programa de direito do consumidor*. São Paulo: Atlas, 2008, p. 143 e; AGUIAR JÚNIOR, Ruy Rosado de. O novo Código Civil e o Código de Defesa do Consumidor – Pontos de convergência. *Revista de Direito do Consumidor*. n. 48, p. 60. São Paulo, out.-dez. 2003. A propósito, esclarece o Enunciado 414, da V Jornada de Direito Civil (CJF/CEJ): "A cláusula geral do art. 187 do Código Civil tem fundamento constitucional nos princípios da solidariedade, devido processo legal e proteção da confiança, *e aplica-se a todos os ramos do direito*" – grifou-se.

826 MIRAGEM, Bruno. Op. cit., p. 95.

827 Sobre a expressão "direito", cumpre observar que o disposto no art. 187 do Código Civil refere-se não apenas ao exercício de um *direito subjetivo propriamente dito* (o poder de pretender de outrem o cumprimento de uma determinada prestação), mas também ao exercício de *direitos potestativos*, de *poderes-deveres* (ou *poderes funcionais*) e todas as demais espécies de liberdades e prerrogativas jurídicas conferidas, pela ordem jurídica, aos sujeitos de direito (Ibidem, p. 41 e 175).

828 Como visto anteriormente, a ideia de que o exercício dos direitos deve ser condicionado a uma finalidade social está na raiz das concepções finalistas da experiência jurídica francesa a respeito do conceito de abuso do direito. Sobre o tema, v. MICHAÉLIDÈS-NOUAROS, G. L'évolution récent de la notion de droit subjectif. *Revue Trimestrielle de Droit Civil*. t. 64, p. 233-234. Paris, 1966.

829 BOBBIO, Norberto. *Dalla struttura alla funzione*. Milano: Edizioni di comunità, 1977. A propósito, cumpre destacar que o pensamento do ilustre jurista italiano encontra-se há muito positivado no sistema jurídico brasileiro que, no art. 5º do Decreto-Lei 4.657/42 (Lei de Introdução às Normas do Direito Brasileiro – LINDB) dispõe: "Na aplicação da lei, o juiz atenderá aos *fins sociais a que ela se dirige* e às exigências do bem comum" – grifou-se.

830 MICHAÉLIDÈS-NOUAROS, G. L'évolution récent de la notion de droit subjectif. *Revue Trimestrielle de Droit Civil*. t. 64, p. 233. Paris, 1966. Na doutrina brasileira, v. MIRAGEM, Bruno. *Abuso do direito*. Proteção da confiança e limite ao exercício das prerrogativas jurídicas no direito privado. Rio de Janeiro: Forense, 2009, p. 139 e 144.

831 A propósito, v. o Enunciado n. 139, da III Jornada de Direito Civil (CJF/CEJ): "Os direitos da personalidade podem sofrer limitações, ainda que não especificamente previstas em lei, *não podendo ser exercidos com abuso de direito de seu titular*, contrariamente à boa-fé objetiva e aos bons costumes" (AGUIAR JÚNIOR, Ruy Rosado de (Org.). *Jornadas de Direito Civil – I, III e IV. Enunciados Aprovados*. Brasília: CJF, 2007, p. 43) – grifou-se.

832 MIRAGEM, Bruno. Op. cit., p. 135.

833 Idem, p. 137. Em relação ao exercício dos direitos de família o autor faz importante ressalva quanto à existência de determinados interesses econômicos decorrentes dos vínculos familiares, como se

dá com os direitos sucessórios. Aqui, com toda certeza, há que se reconhecer a existência de um fim econômico no exercício do direito (Ibidem, p. 137).
834 Um exemplo de critérios específicos de interpretação acerca da finalidade socioeconômica de um direito pode ser encontrado no art. 186 da Constituição Federal, que dispõe acerca da *função social da propriedade rural*: "Art. 186. A função social é cumprida quando a propriedade rural atende, simultaneamente, segundo critérios e graus de exigência estabelecidos em lei, aos seguintes requisitos: I – aproveitamento racional e adequado; II – utilização adequada dos recursos naturais disponíveis e preservação do meio ambiente; III – observância das disposições que regulam as relações de trabalho; IV – exploração que favoreça o bem-estar dos proprietários e dos trabalhadores".
835 MIRAGEM, Bruno. Op. cit., p. 136. No campo dos direitos contratuais, importante destacar a lição de Ghestin, segundo o qual a força obrigatória dos contratos reside na harmonia entre a utilidade particular (*l'utilité particulière*) do contrato – utilidade para o credor – e sua utilidade publica ou social (*l'utilité sociale*), referente à satisfação dos interesses sociais (GHESTIN, Jacques. L'utile et le juste dans les contrats. *Archives de Philosophie du Droit*. Paris, 1981, t. 26, p. 41-45).
836 MIRAGEM, Bruno. *Abuso do direito*. Proteção da confiança e limite ao exercício das prerrogativas jurídicas no direito privado. Rio de Janeiro: Forense, 2009, p. 136.
837 Trata-se do Enunciado 23, da I Jornada de Direito Civil (CJF/CEJ): "A função social do contrato, prevista no art. 421 do novo Código Civil, não elimina o princípio da autonomia contratual, mas atenua ou reduz o alcance desse princípio quando presentes *interesses metaindividuais* ou *interesse individual relativo à dignidade da pessoa humana*" (AGUIAR JÚNIOR, Ruy Rosado de (Org.). *Jornadas de Direito Civil – I, III e IV. Enunciados Aprovados*. Brasília: CJF, 2007, p. 19).
838 Interesses metaindividuais (ou transinviduais), definidos no CDC, art. 81, parágrafo único, I e II, são, p. ex.: a) os interesses dos consumidores enquanto coletividade indeterminada de pessoas – CDC, arts. 2º, parágrafo único e 29; b) os interesses sociais na proteção de bens jurídicos ambientais – CDC, arts. 37, § 2º e 51, XIV.
839 Dispõe o Enunciado 360, da IV Jornada de Direito Civil (CJF/CEJ): "O princípio da função social dos contratos também pode ter eficácia interna entre as partes contratantes" (AGUIAR JÚNIOR, Ruy Rosado de (Org.). Op. cit., p. 73).
840 Nesse caso, a título exemplificativo, o interesse da pessoa que, diante da total insuficiência de recursos para pagar a remuneração (tarifa) do serviço público essencial, não pode ter suspensa a prestação do serviço contratado com o prestador (STJ. REsp. 684442/RS. 1ª T, Rel. Min. Luiz Fux, *DJ* 05.09.2005). Da mesma forma, o interesse da pessoa em situação de *superendividamento pessoal e familiar*, realidade que pode ser compreendida como um desequilíbrio excessivo *sistêmico* da relação de consumo e que já tem, atualmente, um regime jurídico especial previsto no CDC por força da atualização da Lei 14.181/2021. A propósito, o tema será tratado no Capítulo 4 (subitem 4.3).
841 Cf. análise dos princípios fundamentais do Direito do Consumidor, realizada na Parte I (Capítulo 1).
842 MIRAGEM, Bruno. Op. cit., p. 137.
843 MARTINS-COSTA, Judith. *A boa-fé no direito privado*. São Paulo: Revista dos Tribunais, 1999, p. 411.
844 Idem, p. 411. Nesse sentido, a importante lição de Couto e Silva "A seu turno, o dever que promana da concreção do princípio da boa fé é dever de consideração com o 'alter'" (COUTO E SILVA, Clóvis V. *A obrigação como processo*. São Paulo: José Bushatsky, 1976, p. 29).
845 O direito privado contemporâneo, como será visto na Parte II (Capítulo 3) deste trabalho, é compreendido como um sistema jurídico tendente à abertura sistemática, cuja funcionalidade depende, sobretudo da concreção dos princípios jurídicos e das cláusulas gerais (como a da boa-fé objetiva). Sobre o tema, v., por todos: MARTINS-COSTA, Judith. O Direito Privado como um "sistema em contrução". As cláusulas gerais no Projeto do Código Civil brasileiro. *Revista de Informação Legislativa*. n. 139, p. 05-22. Brasília, jul.-set. 1998 e; Idem. As cláusulas gerais como fatores de mobilidade do sistema jurídico. *Revista de Informação Legislativa*. n. 112, p. 13-32. Brasília, out.-dez. 1991.
846 Destaque-se a influência da experiência jurídica alemã na obra do Professor Clóvis do Couto e Silva que, mesmo sem a positivação legal da boa-fé objetiva no Código Civil de 1916, entendia ser ela plenamente aplicável ao direito privado brasileiro, por se tratar "...de proposição jurídica, com significado de regra de conduta" (COUTO E SILVA, Clóvis V. Op. cit., p. 30 et seq). Sobre o tema, v. ainda:

MARTINS-COSTA, Judith. A boa-fé... cit., p. 411 e; LIMA, Ricardo Seibel de Freitas. Pautas para a interpretação do art. 187 do novo Código Civil. *Revista da Procuradoria-Geral do Estado-RS*. n. 27 (57), p. 118-120. Porto Alegre, 2004.

847 Martins-Costa aponta, além da função limitadora do exercício de direitos, as que se encontram expressamente previstas no Código Civil de 2002: a) *cânone hermenêutico-integrativo* dos negócios jurídicos (CC, art. 113) e b) *fonte de deveres jurídicos* (CC, art. 422) (MARTINS-COSTA, Judith. A boa-fé... cit., p. 427-472). Sobre a interpretação da boa-fé objetiva no art. 422 do Código Civil (boa-fé como fonte de deveres anexos de conduta), v. a posição dos Enunciados das Jornadas de Direito Civil (CJF/CEJ): 24, 25, 26, 27, 168, 169, 170, 361, 362 e 363).

848 Observa, a propósito, Ascensão: "A doutrina jurídica germânica não acolheu o abuso do direito. Desenvolve a figura do *Rechtsmissbrauch*, como limite geral, que atingiria as formas de exercício que afetassem gravemente os princípios gerais do direito ou de um instituto em particular" (ASCENSÃO, José de Oliveira. *Direito Civil*. 2. ed. São Paulo: Saraiva, 2010, v. 3. p. 222).

849 MARTINS-COSTA, Judith. A boa-fé... cit., p. 411.

850 A propósito, esclarece o Enunciado n. 412, da V Jornada de Direito Civil (CJF/CEJ): "As diversas hipóteses de exercício inadmissível de uma situação jurídica subjetiva, tais como *supressio, tu quoque, surrectio e venire contra factum proprium*, são concreções da boa-fé objetiva". Sobre o tema, na doutrina brasileira, v., por todos: MARTINS-COSTA, Judith. A boa-fé... cit., p. 457 et seq.; LIMA, Ricardo Seibel de Freitas. Op. cit., p. 122-130 e; MIRAGEM, Bruno. *Abuso do direito*. Proteção da confiança e limite ao exercício das prerrogativas jurídicas no direito privado. Rio de Janeiro: Forense, 2009, p. 142. Na doutrina portuguesa v., por todos: MENEZES CORDEIRO, António Manuel da Rocha e. *A boa-fé no direito civil*. Coimbra. Almedina, 2001, p. 719-860 e; ASCENSÃO, José de Oliveira. Op. cit., p. 234 et seq.

851 LIMA, Ricardo Seibel de Freitas. Pautas para a interpretação do art. 187 do novo Código Civil. *Revista da Procuradoria-Geral do Estado-RS*. n. 27 (57), Porto Alegre, 2004, p. 109 e 119.

852 Sobre o tema, na doutrina alemã, v. por todos: LARENZ, Karl. *Derecho Justo*. Fundamentos de Etica Juridica. Trad. Luis Díez-Picazo. Madrid: Editorial Civitas, 1993, p. 95-96.

853 Como já assinalado, v. COUTO E SILVA, Clóvis V. *Obrigação como processo*. São Paulo: José Bushatsky, 1976, p. 30 et seq.

854 MIRAGEM, Bruno. *Abuso do direito*. Proteção da confiança e limite ao exercício das prerrogativas jurídicas no direito privado. Rio de Janeiro: Forense, 2009, p. 243 et seq.

855 LIMA, Ricardo Seibel de Freitas. Op. cit., p. 121-122. Sobre o tema, v. ainda MIRAGEM, Bruno. Op. cit., p. 172-175. Esse raciocínio de concretização, como bem observa Miragem, não pode se limitar ao mero reconhecimento do ato abusivo pela violação de um dos limites jurídicos previstos no art. 187 do Código Civil. Ao contrário, como se trata de uma *cláusula geral*, exige-se do juiz "um *dever de fundamentação qualificado*", ou seja, "...que o juiz demonstre *qual* o limite para o exercício de direito subjetivo foi violado, assim como *de que modo* foi violado" (Idem, p. 174-175).

856 MARTINS-COSTA, Judith. *A boa-fé no direito privado*. São Paulo: Revista dos Tribunais, 1999, p. 457.

857 Sobre o tema, v. CAVALIERI FILHO, Sergio. *Programa de direito do consumidor*. São Paulo: Atlas, 2008, p. 143 e; AGUIAR JÚNIOR, Ruy Rosado de. O novo Código Civil e o Código de Defesa do Consumidor – Pontos de convergência. *Revista de Direito do Consumidor*. n. 48, p. 60. São Paulo, out.-dez. 2003.

858 Na doutrina alemã, v., por todos: LARENZ, Karl. *Derecho Justo*. Fundamentos de Etica Juridica. Trad. Luis Díez-Picazo. Madrid: Editorial Civitas, 1993, p. 96-97; na doutrina brasileira, v., por todos: COUTO E SILVA, Clóvis V. *A obrigação como processo*. São Paulo: São Paulo: José Bushatsky, 1976, p. 30-31; MARTINS-COSTA, Judith. Mercado e solidariedade social entre *cosmos* e *taxis*: a boa-fé nas relações de consumo. In: MARTINS-COSTA, Judith (Org.). *A reconstrução do direito privado*. São Paulo: Revista dos Tribunais, 2002, p. 631-632 e; NEGREIROS, Teresa. *Teoria do contrato*: novos paradigmas. 2. ed. Rio de Janeiro: Renovar, 2006, p. 150.

859 A propósito, esclarece o Enunciado n. 414, da V Jornada de Direito Civil (CJF/CEJ): "A cláusula geral do art. 187 do Código Civil *tem fundamento constitucional nos princípios da solidariedade, devido processo legal e proteção da confiança*, e aplica-se a todos os ramos do direito" – grifou-se.

860 COUTO E SILVA, Clóvis V. *A obrigação como processo*. São Paulo: São Paulo: José Bushatsky, 1976, p. 31.
861 LIMA, Ricardo Siebel de Freitas. Pautas para a interpretação do art. 187 do novo Código Civil. *Revista da Procuradoria-Geral do Estado-RS*. n. 27 (57), p. 120. Porto Alegre, 2004. Contudo, destaca Miragem a importância da cláusula geral de bons costumes (BGB, §826) no famoso "Caso Lüth" (1958), em que a cláusula geral foi confrontada com a necessidade do exercício da liberdade de expressão enquanto direito fundamental, representando, inclusive, caso paradigmático sobre a *eficácia dos direitos fundamentais nas relações privadas – Drittwirkung* (MIRAGEM, Bruno. *Abuso do Direito*. Proteção da confiança e limite ao exercício das prerrogativas jurídicas no direito privado. Rio de Janeiro: Forense, 2009, p. 148).
862 SILVA, Luis Renato Ferreira da. A lesão enorme no direito brasileiro. In: MEDEIROS, Antonio Paulo Cachapuz de (Org.). *Faculdade de Direito da PUCRS*: O ensino jurídico no limiar do novo século. Porto Alegre: Edipucrs, 1997, p. 98-99.
863 MIRAGEM, Bruno. *Abuso do direito*. Proteção da confiança e limite ao exercício das prerrogativas jurídicas no direito privado. Rio de Janeiro: Forense, 2009, p. 147. Como observa Ferreira da Silva a interpretação do próprio conceito indeterminado "vantagem excessiva" no CDC (art. 39, V c/c art. 51, IV e §1º), sobretudo quando remete aos "princípios gerais do sistema jurídico" (art. 51, § 1º, I) foi inspirada na experiência jurídica alemã quanto à cláusula geral de bons costumes (BGB, §138) (SILVA, Luis Renato Ferreira da. Op. cit., p. 99).
864 COUTO E SILVA, Clóvis V. *A obrigação como processo*. São Paulo: São Paulo: José Bushatsky, 1976, p. 31-32.
865 MIRAGEM, Bruno. Op. cit., p. 149.
866 Idem, p. 149.
867 Idem, p. 149-150.
868 MIRAGEM, Bruno. *Abuso do direito*. Proteção da confiança e limite ao exercício das prerrogativas jurídicas no direito privado. Rio de Janeiro: Forense, 2009, p. 144 et seq.
869 Idem, p. 149.
870 Nesse sentido, Fernandes Neto, em adequada definição do abuso de direito, revela a presença desses valores e instituições que formam o "interesse social dominante" próprio do conceito de *bons costumes*: "... entendemos que o abuso do direito ocorre quando se dá o desvio do direito *ou das relações e instituições por ele criadas* (...) é o excesso do direito que afronta a finalidade e as proporções delineadas na lei, nos *princípios gerais do direito e dos sistemas jurídicos a que pertencem*" – grifou-se (FERNANDES NETO, Guilherme. *Cláusulas, práticas e publicidades abusivas*. São Paulo: Atlas, 2012, p. 14-15).
871 MIRAGEM, Bruno. Op. cit., p. 147.
872 Na importante análise de Verdú o Estado de Direito, em todas as suas fases históricas, representa sempre uma *conquista civilizatória* (VERDÚ, Pablo Lucas. *A luta pelo estado de direito*. Trad. Agassiz Almeida Filho. Rio de Janeiro: Forense, 2007, p. 137).
873 MIRAGEM, Bruno. Op. cit., p. 151.
874 NOVAIS, Jorge Reis. Contributo para uma teoria do Estado de Direito. *Boletim da Faculdade de Direito*. v. XXIX, p. 264-265. Coimbra,1986. A propósito, observa Nery Júnior, a respeito da "Teoria dos Direitos Fundamentais" (Alexy), que "Os direitos fundamentais e humanos são institutos indispensáveis para a democracia, ou seja, são normas fundantes do Estado Democrático e sua violação descaracteriza o próprio regime democrático. Aquele que estiver interessado em correção e legitimidade deve estar interessado também em democracia e, necessariamente, em direitos fundamentais e humanos. O verdadeiro significado e importância desse argumento está em que se dirige, precipuamente, aos *direitos fundamentais e humanos* como realizadores dos procedimentos e instituições da democracia e faz com que reste patente a ideia de que esse discurso só pode realizar-se num Estado Constitucional Democrático, no qual os direitos fundamentais e democracia, apesar de todas as tensões, entram em uma inseparável associação" (NERY JÚNIOR, Nelson. *Princípios do processo na Constituição Federal*. 10 ed. São Paulo: Revista dos Tribunais, 2010, p. 21-22).
875 MIRAGEM, Bruno. *Abuso do direito*. Proteção da confiança e limite ao exercício das prerrogativas jurídicas no direito privado. Rio de Janeiro: Forense, 2009, p. 151.

876 Observa Miragem que essa moralidade objetiva, dirigindo-se aos interesses da maioria, não pode, porém, desconsiderar direitos fundamentais das chamadas "minorias sociais", sob pena de violação aos bons costumes (*Ibidem*, p. 151). Em Direito do Consumidor, ilustra bem essa ideia a proibição de publicidade abusiva que estabeleça mensagem *discriminatória de qualquer natureza* (CDC, art. 37, § 2º), estabelecendo-se, pela norma infraconstitucional, a concretização do direito fundamental à igualdade, que supõe tratamento sem discriminações de raça, gênero, religião etc. (CF, art. 5º).

877 MIRAGEM, Bruno. Op. cit., p. 130-151. Sobre o tema, v. ainda: ASCENSÃO, José de Oliveira. *Direito Civil*. 2. ed. São Paulo: Saraiva, 2010, v. 3, p. 223-224.

878 MIRAGEM, Bruno. Op. cit., p. 122-129.

879 *Idem*, p. 177-182. A propósito, observa o autor que "...o artigo 187 do Código Civil, ao prever o abuso do direito, o faz independente da caracterização de dano como elemento completante do ilícito ali indicado. A inexistência de previsão sobre dano no preceito, contudo, não significa – como já se referiu – que ele não possa existir. Ocorre que, havendo dano, o ilícito assume eficácia de indenização por força do artigo 927, *caput*, do Código Civil" (*Ibidem*, p. 120).

880 MIRAGEM, Bruno. *Abuso do direito*. proteção da confiança e limite ao exercício das prerrogativas jurídicas no direito privado. Rio de Janeiro: Forense, 2009, p. 176. Segundo o jurista, tais consequências são: "a) a invalidade do ato praticado em abuso; b) a ineficácia do ato abusivo e a ineficácia em razão do abuso; c) a tutela inibitória do abuso e; d) a não aplicação da regra jurídica no processo judicial (Ibidem, p. 175-196). Sobre o tema, v. ainda: LIMA, Ricardo Seibel de Freitas. Pautas para a interpretação do art. 187 do novo Código Civil. *Revista da Procuradoria-Geral do Estado – RS*. v. 27, n. 57, p. 120. Porto Alegre, 2003.

881 MIRAGEM, Bruno. *Abuso do direito*. Proteção da confiança e limite ao exercício das prerrogativas jurídicas no direito privado. Rio de Janeiro: Forense, 2009, p. 58. Na ordem jurídica brasileira, o abuso/ exercício inadmissível de direitos é reconhecido expressamente como ato *ilícito* (CC, art. 187). Sendo ilícito (expressa violação de preceito normativo) é também *antijurídico* (contrário à ordem jurídica). Já no Código Civil Português (art. 334) define-se o ato abusivo como *ilegítimo*, que não tem o mesmo significado de "ilícito", mas significa também *antijurídico*. Sobre a análise do art. 334 do Código Civil Português, v., por todos: ASCENSÃO, José de Oliveira. *Direito Civil*. 2. ed. São Paulo: Saraiva, 2010, v. 3, p. 226.

882 MIRAGEM, Bruno. Op. cit., p. 121.

883 Idem, p. 220.

884 LARENZ, Karl. *Derecho Justo*. Fundamentos de Etica Juridica. Trad. Luis Díez-Picazo. Madrid: Editorial Civitas, p. 144-145. Sobre o tema, v. ainda: PERLINGIERI, Pietro. Equilibrio normativo e principio di proporzionalità nei contratti. *Revista Trimestral de Direito Civil*. v. 12, p. 143. Rio de Janeiro, out.-dez. 2002.

885 Sobre o tema, v. CAVALIERI FILHO, Sergio. *Programa de direito do consumidor*. São Paulo: Atlas, 2008, p. 143 e; AGUIAR JÚNIOR, Ruy Rosado de. O novo Código Civil e o Código de Defesa do Consumidor – Pontos de convergência. *Revista de Direito do Consumidor*. n. 48, p. 60. São Paulo, out.-dez. 2003.

886 Pois como bem observa Aguiar Júnior "O nosso Código [refere-se ao CDC] não tentou definir a abusividade através de um enunciado abrangente" (AGUIAR JÚNIOR, Ruy Rosado de. Cláusulas abusivas no Código do Consumidor. In: MARQUES, Claudia Lima (Coord.). *A proteção do consumidor no Brasil e no Mercosul*. Porto Alegre: Livraria do Advogado, 1994, p. 14).

887 Esse é, precisamente, o entendimento de Tartuce: "Uma das categorias mais importantes para o Direito Privado Contemporâneo é o abuso de direito, conceito que consta tanto no Código Civil de 2002 quanto no Código de Defesa do Consumidor, o que possibilita, mais uma vez, uma interessante interação entre as normas, em *diálogo das fontes*. [Ou seja] ...para a esfera consumerista, servem como parâmetros os conceitos que constam no art. 187 do CC/02: o fim social e econômico, a boa-fé objetiva e os bons costumes, em *diálogo das fontes*" (TARTUCE, Flávio; ASSUMPÇÃO NEVES, Daniel Amorim. *Manual de direito do consumidor*. São Paulo: Gen/Método. 2012, p. 348 e 351). Sobre a utilização do diálogo das fontes, sobretudo na relação entre Código Civil e CDC, v., por todos: MARQUES, Claudia Lima. Três tipos de diálogos entre o Código de Defesa do Consumidor e o Código Civil de 2002: Superação

das antinomias pelo "diálogo das fontes". In: PASQUALOTTO, Adalberto; PFEIFFER, Roberto A. C. *Código de Defesa do Consumidor e o Código Civil de 2002*. Convergências e assimetrias. São Paulo: Revista dos Tribunais, 2005, p. 11-82.

888 MIRAGEM, Bruno. *Abuso do direito*. Proteção da confiança e limite ao exercício das prerrogativas jurídicas no direito privado. Rio de Janeiro: Forense, 2009, p. 244-245. A propósito, dispõe o Enunciado 37, da I Jornada de Direito Civil (CJF/CEJ): "A responsabilidade civil decorrente do abuso do direito independe de culpa e fundamenta-se somente no critério *objetivo-finalístico*" – grifou-se (AGUIAR JÚNIOR, Ruy Rosado de (Org.). *Jornadas de Direito Civil* – I, III e IV. Enunciados Aprovados. Brasília: CJF, 2007, p. 21).

889 MARQUES, Claudia Lima. *Contratos no Código de Defesa do Consumidor*. 5. ed. São Paulo: Revista dos Tribunais, 2005, p. 274.

890 Trata-se do que Marques denomina "uma aproximação objetiva" na análise do conceito de abusividade: um conceito onde o elemento principal passa a ser "o resultado objetivo que causa a conduta do sujeito", conduta essa que se desvia dos limites gerais impostos pela ordem jurídica (MARQUES, Claudia Lima. Op. cit., p. 899).

891 Sobre a aplicação das sanções de *invalidade* às práticas abusivas no CDC (arts. 39 e 51), sobretudo das *cláusulas contratuais abusivas*, observa Becker que "...o perfil do sistema de invalidades positivado no Código de Defesa do Consumidor (...) em nada se afasta daquele estabelecido no Código Civil brasileiro" (BECKER, Anelise. A natureza jurídica da invalidade cominada às cláusulas abusivas pelo Código de Defesa do Consumidor. *Revista de Direito do Consumidor*. n. 22, p. 123. São Paulo, abr.-jun. 1997). E Benjamin, a propósito, observa que além das sanções de natureza civil (invalidade e/ou ineficácia do ato, dever de indenizar etc.) também as sanções administrativas e penais podem ser aplicadas, dada a natureza interdisciplinar do microssistema jurídico do CDC (BENJAMIN, Antonio Herman V; MARQUES, Claudia Lima; BESSA, Leonardo Roscoe. *Manual de direito do consumidor*. 3. ed. São Paulo: Revista dos Tribunais, 2010, p. 253-254).

892 É o que ocorre no campo das práticas abusivas pré e pós-contratuais. Com efeito, o art. 39 do CDC estabelece a expressa vedação de determinadas práticas comerciais dos fornecedores sem, contudo, cominar a sanção para elas.

893 MIRAGEM, Bruno. *Abuso do direito*. Proteção da confiança e limite ao exercício das prerrogativas jurídicas no direito privado. Rio de Janeiro: Forense, 2009, p. 152.

894 Cf. análise realizada no Capítulo 1 (subitem 1.2.3).

895 A propósito, observa Ascensão que: "Posição jurídica é a posição unissubjetiva: é a posição de um sujeito" (ASCENSÃO, José de Oliveira. *Direito Civil*. 2. ed. São Paulo: Saraiva, 2010, v. 3, p. 10).

896 CASTRO, Torquato. *Teoria da situação jurídica em direito privado nacional*. São Paulo: Saraiva, 1985, p. 68. Sobre o tema, v. ainda: NORONHA, Fernando. *Direito das obrigações*. São Paulo: Saraiva, 2003, v.1, p. 87.

897 ASCENSÃO, José de Oliveira. *Direito Civil*. 2. ed. São Paulo: Saraiva, 2010, v. 3, p. 10.

898 Como ensina Ascensão, as situações jurídicas subjetivas "... são situações de pessoas, resultantes da valoração histórica da ordem jurídica" *(Ibidem*, p. 11).

899 Vale relembrar aqui o que foi dito acerca do conceito de "relação jurídica" como categoria autônoma ou como espécie do gênero "situação jurídica" (Capítulo 1, subitem 1.1). Em sentido contrário à autonomia do conceito de relação jurídica, v. ASCENSÃO, José de Oliveira, Op. cit., p. 09-10; em sentido favorável à autonomia do conceito, v. ANDRADE, Manuel A. Domingues de. *Teoria geral da relação jurídica*. 3. reimp. Coimbra: Almedina, 1972, v. I (Sujeitos e Objecto), p. 02.

900 PASQUALOTTO, Adalberto. O destinatário final e o "consumidor intermediário". In: MARQUES, Claudia Lima; MIRAGEM, Bruno. *Doutrinas Essenciais*. Direito do Consumidor. São Paulo: Revista dos Tribunais, 2011, v. I, p. 918.

901 Cf. análise realizada na Parte I (Capítulo 1).

902 Sobre o *status* de consumidor (CF, art. 5º, XXXII), convém lembrar a definição de Dosi: "...si configura come un nesso relazionale tra un soggetto e una collettività, volto al soddisfacimento di un interesse che integra un fine superiore rispetto a quello dell'individuo" (DOSI, Laurence Klesta. Lo *status* del

consumatore: prospettive di diritto comparato. *Rivista di Diritto Civile*. n. 6, anno XLIII, p. 675. Padova, nov.-dic. 1997).
903 Como ensina Dosi "Il consumatore, oltre ad agire per la soddisfazione di um proprio bisogno, va considerato anche nella sua qualità di membro di un gruppo le cui finalità convergono, senza tuttavia necessariamente coincidere" (Ibidem, p. 675).
904 MIRAGEM, Bruno. *Abuso do direito*. Proteção da confiança e limite ao exercício das prerrogativas jurídicas no direito privado. Rio de Janeiro: Forense, 2009, p. 220-222.
905 Idem, p. 56-57.
906 "Assim, o abuso do poder do acionista controlador da companhia, extensamente tratado pela doutrina e regulado pelo artigo 115 da Lei das Sociedades Anônimas (Lei Federal 6.404/76), em sua redação vigente (desde 2001)" (MIRAGEM, Bruno, *Abuso do direito*. Proteção da confiança e limite ao exercício das prerrogativas jurídicas no direito privado. Rio de Janeiro: Forense, 2009, p. 88-89).
907 A propósito, dispõe o art. 36 da Lei n. 12.529/2011: "*Constituem infração da ordem econômica*, independentemente de culpa, os atos sob qualquer forma manifestados, que tenham por objeto ou possam produzir os seguintes efeitos, ainda que não sejam alcançados: IV – *exercer de forma abusiva posição dominante*". E no parágrafo 2º do mesmo dispositivo, conceitua o abuso da posição jurídica dominante em matéria concorrencial: "§ 2º Presume-se posição dominante sempre que uma empresa ou grupo de empresas for capaz de alterar unilateral ou coordenadamente as condições de mercado ou quando controlar 20% (vinte por cento) ou mais do mercado relevante, podendo este percentual ser alterado pelo Cade para setores específicos da economia" – grifou-se. A norma supracitada é, com pequenas alterações, uma reprodução do art. 20 da Lei 8.884/94 (a chamada "Lei de Defesa da Concorrência"), que foi parcialmente revogada pela lei de 2011. Analisando o tema, ainda na vigência da lei de 1994, observou Pfeiffer que "...o objeto de repressão pela Constituição Federal e pela legislação de defesa da concorrência não é o *poder econômico* em si, mas sim o seu uso abusivo, que ocorrerá sempre que ele visar à dominação de mercado, à eliminação da concorrência ou ao aumento arbitrário dos lucros" (PFEIFFER, Roberto Augusto Castellanos. Proteção do consumidor e defesa da concorrência: paralelo entre práticas abusivas e infrações contra a ordem econômica. *Revista de Direito do Consumidor*, n. 76, p. 135. São Paulo, out.-dez. 2010).
908 BRUNA, Sérgio Varella. *O poder econômico e a conceituação do abuso do seu exercício*. São Paulo: Revista dos Tribunais, 2001, p. 158 Apud MIRAGEM, Bruno. Op. cit., p. 14.
909 AGUIAR JÚNIOR, Ruy Rosado de. Cláusulas abusivas no Código do Consumidor. In: MARQUES, Claudia Lima (Coord.). *A proteção do consumidor no Brasil e no Mercosul*. Porto Alegre: Livraria do Advogado, 1994, p. 13. No mesmo sentido, observa ainda Miragem outro ponto fundamental regulado pelo CDC em seu art. 28: o abuso da personalidade jurídica do fornecedor empresário, em detrimento dos consumidores e da própria concorrência empresarial (MIRAGEM, Bruno. Op. cit., p. 225).
910 Sobre o tema, v. MORAES, Paulo Valério Dal Pai. *Código de Defesa do Consumidor*. O princípio da vulnerabilidade. 3. ed. Porto Alegre: Livraria do Advogado, 2009, p. 309;
911 Na doutrina brasileira, v., por todos: MARQUES, Claudia Lima. *Contratos no Código de Defesa do Consumidor*. 5. ed. São Paulo: Revista dos Tribunais, 2005, p. 807-834 e 897-1.110; MIRAGEM, Bruno. *Abuso do direito*. Proteção da confiança e limite ao exercício das prerrogativas jurídicas no direito privado. Rio de Janeiro: Forense, 2009, p. 227-242; CHAISE, Valéria Falcão. *A publicidade em face do Código de Defesa do Consumidor*. São Paulo: Saraiva, 2001; MORAES, Paulo Valério Dal Pai. *Código de Defesa do Consumidor*. O princípio da vulnerabilidade. 3. ed. Porto Alegre: Livraria do Advogado, 2009, p. 204 et seq; FERNANDES NETO, Guilherme. *Cláusulas, práticas e publicidade abusivas*. São Paulo: Atlas, 2012, p. 112 et seq.; SCHMITT, Cristiano Heineck. *Cláusulas abusivas nas relações de consumo*. 2. ed. São Paulo: Revista dos Tribunais, 2008; BONATTO, Cláudio. *Código de Defesa do Consumidor*. Cláusulas abusivas nas relações contratuais de consumo. 2. ed. Porto Alegre: Livraria do Advogado, 2004, p.33 et seq.; AGUIAR JÚNIOR, Ruy Rosado de. Cláusulas abusivas no Código do Consumidor. In: MARQUES, Claudia Lima (Coord.). *A proteção do consumidor no Brasil e no Mercosul*. Porto Alegre: Livraria do Advogado, 1994, p. 13-32; BECKER, Anelise. A natureza jurídica da invalidade cominada às cláusulas abusivas pelo Código de Defesa do Consumidor. *Revista de Direito do Consumidor*. n. 22,

p. 123-134. São Paulo, abr.-jun. 1997 e; DALL'AGNOL JÚNIOR, Antonio Janyr. Cláusulas abusivas: a opção brasileira. *Revista de AJURIS*. n. 60, ano XXI, p. 129-142. Porto Alegre, mar. 1994.

912 BENJAMIN, Antonio Herman V; MARQUES, Claudia Lima; BESSA, Leonardo Roscoe. *Manual de direito do consumidor*. 3. ed. São Paulo: Revista dos Tribunais, 2010, p. 251.

913 Marques a define como "...publicidade antiética, que fere a vulnerabilidade do consumidor, que fere valores sociais básicos, que fere a própria sociedade como um todo" (MARQUES, Claudia Lima. *Contratos no Código de Defesa do Consumidor*. 5. ed. São Paulo: Revista dos Tribunais, p. 808). Percebe-se que a antijuridicidade (ou ilicitude) dessa prática comercial se justifica, sobretudo, pelo descumprimento dos limites gerais de boa-fé e dos bons costumes, pois o exercício da liberdade de expressão publicitária – inerente à posição dominante do fornecedor – viola a ordem de cooperação intersubjetiva ditada pela boa-fé e também os padrões/valores objetivos de moralidade social que correspondem aos bons costumes. Sobre o tema, v. ainda: MIRAGEM, Bruno. *Abuso do direito*. Proteção da confiança e limite ao exercício das prerrogativas jurídicas no direito privado. Rio de Janeiro: Forense, 2009, p. 241-242; MORAES, Paulo Valério Dal Pai. *Código de Defesa do Consumidor*. O princípio da vulnerabilidade. 3. ed. Porto Alegre: Livraria do Advogado, 2009, p. 292-295 e; FERNANDES NETO, Guilherme. Op. cit., p. 153-167.

914 Sobre o tema, v. a oportuna classificação proposta por Marques (MARQUES, Claudia Lima. Op. cit., p. 812-820).

915 Idem, p. 252-253.

916 Sobre o tema, é oportuna a lição de Marques: "...mister notar que, quanto ao preço, elemento essencial do contrato, e origem máxima da ideia de lesão enorme, a doutrina brasileira reluta em incluir as cláusulas que desequilibram o contrato, prevendo preços leoninos, entre aquelas submetidas ao regime jurídico das cláusulas abusivas. Como veremos adiante, mesmo o Código de Defesa do Consumidor indica sanções diferenciadas para estes dois casos: a de nulidade para as cláusulas abusivas *stricto sensu* e a possibilidade de o juiz modificar a cláusula que estabeleça prestações desproporcionais (art. 6º, incisos IV e V, do CDC)" (MARQUES, Claudia Lima. *Contratos no Código de Defesa do Consumidor*. 5. ed. São Paulo: Revista dos Tribunais, 2009, p. 903).

917 Como bem observa Martins-Costa "...as práticas abusivas podem ser geradas também pela falta de informação do consumidor sobre produto ou serviço, ou pela informação deficiente ou errônea, pela agressividade dos métodos de venda, pela impossibilidade, para o aderente, de bem avaliar os riscos, fatores que, comumente, não se verificam numa relação em que os pólos contratuais estão em posição de relativo equilíbrio" (MARTINS-COSTA, Judith. Mercado e solidariedade social entre *cosmos* e *taxis*: a boa-fé nas relações de consumo. São Paulo: Revista dos Tribunais, 2002, p. 652).

918 Nesse sentido v. MIRAGEM, Bruno. *Curso de direito do consumidor*. 3. ed. São Paulo: Revista dos Trbunais, 2012, p. 171.

919 O incidente/acidente de consumo (4.2.1); a perda de equivalência econômica (bilateralidade) contratual (4.2.2) e; o abuso no exercício da posição jurídica dos fornecedores (4.2.3).

920 BENJAMIN, Antonio Herman; MARQUES, Claudia Lima; LIMA, Clarissa Costa de; VIAL, Sophia Martini. *Comentários à Lei 14.181/2021*: a atualização do CDC em matéria de superendividamento. São Paulo: Revista dos Tribunais, 2022, p. 28-32. Sobre o tema, v. ainda: AZEVEDO, Fernando Costa de; PEDOTT, Nathércia. Superendividamento: um olhar a partir da sociedade de consumo. *Revista FIDES*. Natal, v. 11 (n. 01), janeiro-junho de 2020. Disponível em: http://www.revistafides.ufrn.br/index.php/br/article/view/460/474. Acesso em: 25 dez. 2022.

921 Segundo Monica Mora "O crédito aumentou expressiva e continuamente durante o governo Lula inclusive após a crise de 2008. Assim, o volume de credito, que representava 26% do produto interno bruto (PIB), em dezembro de 2002, atingiu 45,2% do PIB, em dezembro de 2010. Essa elevação do volume do credito, em um contexto macroeconômico caracterizado por elevadas taxas de juros (ainda que descendentes), inicialmente foi capitaneada pelos bancos privados e ocorreu tanto no âmbito da pessoa física quanto jurídica" (MORA, Monica. *A evolução do crédito no Brasil entre 2003 e 2010*. Texto para Discusão / IPEA – Instituto de Pesquisa Econômica Aplicada. 2015. Disponível em: http://repositorio.ipea.gov.br/bistream/11058/3537/1/td2022.pdf. Acesso em: 18 jan. 2022). Com relação às novas ofertas de crédito a Lei 10.820, de 17 de dezembro de 2003 instituiu uma das modalidades mais

importantes de concessão de crédito à pessoa física no Brasil: o empréstimo *consignado*, com desconto das prestações na folha de pagamento salarial do devedor.

922 Por óbvio não se nega os benefícios que a democratização do acesso ao crédito trouxe para a sociedade brasileira, especialmente para as classes sociais de menor poder aquisitivo que puderam ter acesso a produtos e serviços antes inalcançáveis sem a concessão do crédito junto a instituições financeiras. No entanto, sabe-se que o crédito tomado equivale sempre a uma dívida contraída e sua administração e pagamento exigem organização (planejamento) do orçamento doméstico e a manutenção de determinadas realidades de vida que permitam um mínimo grau de segurança, de previsibilidade quanto à possibilidade de pagamento. Nas famílias brasileiras, de um modo geral, não há a cultura do planejamento financeiro, o que já se torna um fator de risco. E quanto à manutenção de realidades de vida que tragam segurança quanto à possibilidade de pagamento das dívidas não há, de fato, controle, pois são, regra geral, circunstâncias aleatórias embora previsíveis (p. ex., uma doença familiar, a perda do emprego etc.). A convergência desses dois fatores agrava a vulnerabilidade das famílias, em especial as que têm a renda já comprometida com despesas essenciais como, p. ex., saúde e alimentação.

923 Até o início da Pandemia de COVID-19 estimava-se que o Brasil já possuía 60 milhões de famílias endividadas e 30 milhões em situação de superendividamento (IDEC – Instituto de Defesa do Consumidor. Senado pode melhorar PL do Superendividamento aprovado na Câmara (Notícias). Publicada em 11.05.2021. Disponível em: https://idec.org.br/noticia/com-pressao-do-idec-camara-aprova-projeto-de-lei-do-superendividamento. Acesso em: 25 nov. 2022).

924 Podem ser consideradas causas de superendividamento, dentre outras: a) práticas contratuais abusivas de fornecedores de crédito; b) situações de assédio ao consumo praticadas, inclusive, por membros da própria família do consumidor; b) acidentes da vida, como uma doença familiar, a perda de um emprego; d) créditos tomados para sanar problema financeiro gerado pela onerosidade excessiva contratual em razão de fato superveniente (ex: dívida excessivamente onerosa em razão dos efeitos da Pandemia da COVID-19) etc.

925 É importante compreender que a *insolvência* do consumidor não deve receber (e de fato não recebe) o mesmo tratamento jurídico da *insolvência civil tradicional*, cujo regime jurídico de resolução – ainda regulado pela antigo Código de Processo Civil/1973 em razão do disposto no art. 1.052 do CPC/2015 – busca apenas atender aos interesses do credor. Nas relações jurídicas de consumo, que têm o consumidor como titular de direito fundamental de proteção (CF, art. 5º, XXXII), o olhar deve ser outro, com foco na eficácia do princípio da dignidade da pessoa humana (CF, art. 1º, III); um olhar de *promoção* do devedor pessoa humana enquanto sujeito cuja situação de insolvência (de *superendividamento*) decorre de causas variadas, mas com a presença do estado de *boa-fé* em relação aos seus credores (o chamado "superendividamento *passivo*"). Como será visto na sequência, o regime jurídico de proteção/promoção dos consumidores superendividados passivos busca evitar sua exclusão social, reintegrando-os novamente na sociedade (mercado) de consumo.

926 OCHSENDORF, Karem. Ansiedade financeira: aprenda a atenuar os efeitos na sua vida. *Finanças, Direito e Renda (FDR)*. Publicado em 18.01.2022. Disponível em: https://fdr.com.br/2022/01/18/ansiedade-financeira-aprenda-atenuar-os-efeitos-na-sua-vida/. Acesso em: 20 jan. 2022.

927 Cf. análise realizada neste Capítulo (subitem 4.2).

928 BENJAMIN, Antonio Herman; MARQUES, Claudia Lima; LIMA, Clarissa Costa de; VIAL, Sophia Martini. *Comentários à Lei 14.181/2021*: a atualização do CDC em matéria de superendividamento. São Paulo: Revista dos Tribunais, 2022, p. 126-132.

929 Idem, p. 17-18.

930 Para uma análise pormenorizada dessas novas regras no CDC v. BENJAMIN, Antonio Herman; MARQUES, Claudia Lima; LIMA, Clarissa Costa de; VIAL, Sophia Martini. *Comentários à Lei 14.181/2021*: a atualização do CDC em matéria de superendividamento. São Paulo: Revista dos Tribunais, 2022, p. 179-351

931 Consumidores superendividados passivos inconscientes Sobre o tema v. LIMA, Clarissa Costa de. *O tratamento do superendividamento e o direito de recomeçar dos consumidores*. São Paulo: Revista dos Tribunais, 2014.

932 AZEVEDO, Fernando Costa de; LUZZARDI, Gabriel Marques. A lei 14.181/2021 como forma de efetivação do princípio da solidariedade, dos direitos sociais e do mínimo existencial dos consumidores. *Revista de Direito do Consumidor*. n. 142, p. 15-39. São Paulo, jul.-ago. 2022.

933 O tema foi analisado na Parte I (Capítulo 1 – subitem 1.1.2).

934 Destaque para a edição do Decredto 10.887/2021, que altera o regime estabelecido no Decreto 2181/1997 a respeito do funcionamento das ações de prevenção e repressão (processos administrativos) pelos Procons no Brasil.

935 Sobre o tema do mínimo existencial aplicado ao superendividamento dos consumidores v. BERTONCELLO, Káren Rick Danilevicz. *Superendividamento do consumidor*. Mínimo existencial – Casos concretos. São Paulo: Revista dos Tribunais, 2015.

936 Destaque para os cursos de capacitação promovidas pela *Escola Brasileira de Direito do Consumidor*, do Instituto Brasileiro de Política e Direito do Consumidor – BRASILCON (Disponível em: https//www.brasilcon.org/escola-de-direito-do-consumidor/. Acesso em: 19 jan. 2022.

937 O Decreto 11.150/2022 prevê que deve ser reservado percentual de 25% do salário mínimo para os consumidores de crédito sobreviverem, ficando o restante da sua renda disponível para o pagamento das dívidas de consumo. Ocorre que esse percentual, traduzido em valor monetário, não chega a trezentos e cinquenta reais (R$ 350,00) estando muitíssimo aquém no necessário para as famílias manterem suas despesas mais básicas. Em outros termos: o decreto viola o direito básico do consumidor à manutenção do mínimo existencial (CDC, art. 6º, XII), comprometendo a eficácia do direito fundamental a proteção do consumidor (CF, art. 5º, XXXII), razão pela qual tem sido invocada também sua inconstitucionalidade. Neste sentido, o Instituto Brasileiro de Política e Direito do Consumidor – BRASILCON, elaborou um projeto de Decreto regulamentador do CDC no tocante ao tema do mínimo existencial, estabelecendo critério compatível com a eficácia do CDC e da Constituição Federal de 1988. Sobre o tema, v. BRASILCON – Instituto Brasileiro de Política e Direito do Consumidor. Proposta de regulamentação do CDC por Decreto Presidencial – Mínimo Existencial. In: MARQUES, Claudia Lima; MARTINS, Fernando Rodrigues; MARTINS, Guilherme Magalhães; CAVALLAZZI, Rosângela Lunardelli. *Direito do consumidor aplicado*. Garantias do consumo. São Paulo: Foco, 2022, p. 253-258.

938 AZEVEDO, Fernando Costa de. Tolerância e diálogo no tratamento das famílias superendividadas. In: MARQUES, Claudia Lima; MARTINS, Fernando Rodrigues; MARTINS, Guilherme Magalhães; CAVALLAZZI, Rosângela Lunardelli. *Direito do consumidor aplicado*. Garantias do consumo. São Paulo: Foco, 2022, p. 459-460.

Anotações